|우|리|문|학|깊|이|읽|기|

김원일
깊이 읽기

권오룡 엮음

2002
문학과지성사

우리 문학 깊이 읽기 기획위원
권오룡 / 박혜경 / 성민엽 / 정과리 / 홍정선

김원일 깊이 읽기

엮은이__권오룡
펴낸이__채호기
펴낸곳__문학과지성사

등록__1993년 12월 16일 등록 제10-918호
주소__서울 마포구 서교동 363-12호 무원빌딩 4층(121-838)
편집부__전화 338-7224~5 팩스 323-4180
영업부__전화 338-7222~3 팩스 338-7221
홈페이지__www.moonji.com

제1판 제1쇄__2002년 3월 15일
ISBN 89-320-1318-7

ⓒ 권오룡
엮은이와 협의하여 인지는 생략합니다.
이 책의 판권은 엮은이와 문학과지성사에 있습니다.
양측의 서면 동의 없는 무단 전재 및 복제를 금합니다.

잘못된 책은 바꾸어드립니다.

|우|리|문|학|깊|이|읽|기|

김 원 일
깊이 읽기

―――――――――

권오룡 엮음

▲ 초등학교 소풍 때(1953년)

▲ 중학 시절 누나와(1956년)

▲ 고등학교 시절 친구 이일수와 함께(1959년)

▼ 군 복무 시절(1965년)

▲ 고등학교 친구들. 이오웅·이동선·박진용(1961년)

▼ 경북 청도에서 교직 시절(1967년)　　　인천 송도에서(1971년) ▼

◀ 결혼 초 가족(1971년)

◀ 일본 교토에서.
　하근찬·박완서·송영과 함께
　(1985년)

▼ 동인문학상 시상식장에서. 심사 위원인 선우휘·황순원·백철·김동리 선생들과 함께(1983년)

◀ 『노을』로 상을 받고.
양문길·조건상·김석중·
강우식·신중신·김수명·
김용성·이정환 (1978년)

◀ 요르단에서.
권영민·이제하·조세희
(1981년)

모스크바 근교 파스테르나크 묘지에서. ▶
시인 예프투셴코와 함께 (1991년)

▼ 백두산에 올라 (1989년)

◀ 『바람과 강』무대인 영일군 입암에서.
김주연·서종택·구활·
도광의와 함께 (1991년)

◀ 독일 베를린에서.
김광규·김주연·오규원과 함께
(1992년)

▼ 인도 갠지스 강변에서. 김주영·한승원·김화영·이문구와 함께 (1993년)

▲ 페루 마추픽추에서. 김병익·김혜순·김명자·김치수(1994년)

▲ 때와 장소를 가리지 않고. 김병익·김주연·정문길·김주영·정현기와 함께 경북 영양에서(1993년)

▲ 모스크바에서. 아나톨리 김과 함께(1991년)

◀ 한일문화교류회 회원들과 일본에서 (1993년)

◀ 김현문학비 제막식 날.
정현종 · 정문길 · 김주연 · 김병익
서우석 · 김승옥 · 김치수 · 홍성원과
함께 (1995년)

◀ 딸 대학 졸업식 날 가족과 함께
(1996년)

▼ 『동서문학』을 만드는 사람들. 김윤학 · 황경순 · 전숙희 · 이경희 선생과 함께 (1997년)

▲ 일본 아오모리에서. 신경숙·서하진·은희경·윤대녕(1999년)

▼ 처·아들·딸·사위·외손(2002년)

김원일

깊이 읽기

책을 엮으며

　20세기 한 세기의 한국 역사가 가혹한 것이었다면 그것은 특히 김원일에게 더욱 그러하다. 김원일은 전쟁과 분단의 고통을 온몸으로 겪으면서도 그것에 도덕적 성실성으로 저항하고 또 그것을 예술에의 의지로 승화시켜 삶과 문학 모두에서 승리한 거인으로 우뚝 섰다. 이제 환갑에 이른 그의 삶과 문학이 우리 가슴에 더욱 묵직한 울림으로 전해져오는 것은 그것이 삶의 위엄과 문학의 영광에 대한 진실한 증언이기 때문이다.
　김원일에게 세상에 대한 원체험은 고통이었지만, 오히려 그 고통을 통해 그는 세상으로 열리고 타인을 향해 열린다. '살아야 한다'는 실존적 자각의 의미는 김원일에게 있어 자기만의 요구에 대한 함몰이 아니라 삶의 의미 지평을 역사와 자연으로 확대시키는 것이었고 타인의 신음에 귀기울이는 것이었다. 그러므로 그 열림은 꿈이고 사랑이다. 꿈이기에 그것은 순진무구하고 사랑이기에 그것은 광대무변하다. 또한 이런 의미에서 그것은 거의 종교적인 거룩한 열림이기도 하다.
　김원일에게 있어 문학은 바로 이러한 열림의 매개물이다. 그러므로 그의 문학은 꿈과 사랑의 개척을 위한 끊임없는 탐험의 기록에 다름 아니다. 그것의 목표는 분명 꿈과 사랑이지만, 탐험의 기록으로 그칠 수밖에 없기에 여전히 그것은 고통스럽다. 짐짓 냉혹한 표정의 문학적 엄격성과 성실성으로 김원일은 문학이 사람들에게 선사할 수 있는 최고의 선물을 깊숙이 감춰버린다. 그렇게 끌어들이는 고통의 세계에 대한 체험을 통해 김원일은 우리 스스로 꿈과 사랑의 세계로 새롭게 열릴 것을 촉구하는 것이리라. 여기 모인 글들은 아마도 다 그렇게 꿈과 사랑의 세계를 열고자 했던 모험에 대한 동반의 흔적들일 것이다.

2002년 3월
권오룡

차 례

책을 엮으며 • 15

제1부 생활과 예술

대담

열정으로 지켜온 글쓰기의 세월(김원일/권오룡) • 23

자전 에세이 1 • 53

자전 에세이 2 • 58

인물 평전

밤낮없이 일만 하는 나의 형님(김원우) • 63

제2부 체험과 상상력

개인의 성장과 역사의 공동체화: 김원일론(권오룡) • 81

분단 문학의 확장과 현실 인식의 심화: 김원일론(오생근) • 98

장자(長子)의 소설, 소설의 장자(長者)(하응백) • 113

제3부 분단과 시대고

실존과 역사, 그 소설적 넘나듦의 세계(박혜경) • 143

기억의 굴레를 벗는 통과 제의(홍정선) • 164

이데올로기 혹은 짐승의 삶(정과리) • 174

분단 소설과 복합 소설(성민엽) • 186

제4부 달관과 통찰(痛察)

'핏빛'에서 '가을볕'으로: 김원일의 선집 『연』에서 보이는 문학적 진전(김병익) • 201

이야기의 뿌리, 뿌리의 이야기(김현) • 215

역사의 신화적 열림: 『바람과 강』을 통해 살펴본 식민지 경험의 극복(서정기) • 237

개인과 역사 2: 김원일의 『늘푸른소나무』에 관하여(김치수) • 263

못 깨닫는 기드온: 김원일의 「믿음의 충돌」을 읽고(김주연) • 279

소설 속에서의 상상력과 그 근원: 김원일의 『아우라지로 가는 길』을 중심으로(이창기) • 293

가족 이야기, 그 역사적 형식에 관하여: 김원일의 『가족』을 중심으로(권명아) • 323

제5부 사람과 글

김원일과 나

김원일의 내면 풍경(김병익) • 339 / 내가 본 김원일(김주영) • 344 / 내가 아는 인간 김원일(김용성) • 347 / 만난 지 어언 40년 세월이……(도광의) • 352 / 정직한 사제(司祭) 혹은 도스토예프스키(김주연) • 355 / 먹어야 할 술이 있지 않는가?(정문길) • 359 / 유일한 '형님' 김원일(이태수) • 361 / 늘푸른 소나무로 서서(구석본) • 366 / 나를 모처럼 주눅 들게 만드는 어른(김정환) • 368 / 그를 생각하면 내 귀가 근질거린다(박덕규) • 372

작가의 글들

잠언 1 • 377 / 잠언 2 • 377 / 잠언 3 • 377 / 잠언 4 • 378 / 잠언 5 • 378 / 잠언 6 • 378 / 아버지 • 379 / 어머니 • 379 / 소나무 • 380 / 잠언 7 • 380 / 잠언 8 • 380 / 잠언 9 • 381 / 잠언 10 • 381 / 잠언 11 • 381 / 잠언 12 • 381 / 잠언 13 • 382 / 잠언 14 • 382 / 잠언 15 • 382 / 잠언 16 • 383 / 잠언 17 • 383 / 잠언 18 • 384

어머니에 관한 두 편의 글 • 384 / 이산 가족에 관한 다섯 편의 글 • 389

자술 연보 • 404

참고 문헌 • 408

제 1 부
생활과 예술

대담

열정으로 지켜온 글쓰기의 세월

김원일/권오룡

권 오늘의 자리는 이제 갑년(甲年)에 이르신 선생님의 그 동안의 문학적 작업과 삶의 궤적을 새롭게 정리해보고자 하는 취지에서 마련된 자리입니다. 선생님께서 회갑에 이르신 것도 감회가 깊은 일이지만, 또한 저의 입장에서도 제가 문단에 발을 딛게 된 계기가 바로 선생님의 초기 작품들에 대한 글을 통해서였던 만큼 저로서도 뭔가 벅찬 느낌이 솟구치는 것을 누를 수 없습니다. 그러나 어쩌면 선생님께 다가온 회갑이라는 나이의 의미는 보통의 경우와는 달리 조금 착잡한 것일 수도 있겠다라는 생각이 들기도 합니다. 어느 글에선가 선생님께서는 어린 시절의 소망이 빨리 늙은이가 되고 싶다는 것이었다고 쓰신 적이 있는데, 연륜 60의 무게가 옛날보다는 많이 가벼워졌다고는 하나 이제 결코 젊다고는 말할 수 없는 나이에 이르시게 된 것이 한편으로는 어린 시절의 소망이 달성된 것이라고 할 수도 있겠지만, 이와 반대되는 의미에서는 이제 정말 젊음은 흘러가버리고 말았다는 상실의 의미로 다가올 수도 있을 것 같습니다. 작년, 그러니까 가장 최근에 출판된 연작 소설 『슬픈 시간의 기억』은 이런 늙음에 대한 선생님의 관심과 그 의미의 착잡함이 복합적으로 얽혀 맺힌 결실일 것 같다는 생각이 들기도 하는데요. 서두가 너무 길었습니다만, 환갑을 맞으시는 선생님의 감회부터 좀 피력해주시지요.

김 실제 남들이 갑년을 맞는다고 했을 때는 별다른 느낌이 없었는데, 막상 제 자신이 그 나이에 이르게 된다고 생각하니까 정말 감회가 새롭습니다. 어려서부터 나는 과연 내가 60까지 살 수 있을까, 그래서 모든 책무로부터 놓여나서 한가로이 지낼 수 있는 시간이 내게도 찾아올까 하고 반신반의해왔는데, 그러던 것이 이제 이 나이까지 이르게 되고 보니까 지나온 세월이 무척 지루했다고 느껴지는 면도 있고, 정말 흔히 하는 말처럼 살같이 빠르게 지나갔다는 느낌이 들기도 하는군요. 어쨌든 앞으로 얼마나 더 살게 될지는 모르지만, 이때까지 살아올 수 있었다는 것이 퍽 행복하다고나 할까, 그런 느낌입니다. 오랫동안 우울증에 시달리기도 하고 그랬는데 이 나이에 이르렀으니, 그저 기분이 좋습니다.

권 그 동안의 세월은 선생님께서 그냥 살아오신 것이 아니라 글쓰기와 더불어 살아오신 세월인데, 선생님의 글쓰기의 동기나 계기, 의미 같은 것은 선생님 자신의 회고나 소설 『마당깊은 집』을 통해 많이 알려진 부분도 있습니다만, 어려서 『학원』 잡지에 투고하신 것까지 계산에 넣는다면 40년 넘게 글쓰기와 더불어 살아오신 셈인데, 이런 점에서 선생님의 삶과 글쓰기는 뗄래야 뗄 수 없는 그런 관계가 아닌가 싶습니다.

김 그런 셈이지요. 중년을 넘고부터는 작품을 쓰면서 이번 작품만 끝나면 좀 쉬고 싶다고 생각한 적이 여러 번 있었어요. 그러면서도 아직까지 계속 써오고 있기는 하지만…… 요즘도 중편 소설을 하나 쓰고 있는데, 이젠 정말 좀 쉴 때가 되지 않았나 그런 생각이 좀 들어요. 그런데 만일 쉬게 된다면 어떻게 시간을 보낼 것인가, 이런 생각을 해보면 갑자기 남아돌게 될 그 시간을 보내기가 굉장히 힘들 것 같습니다. 역시 사람에게는 뭔가 몰두할 수 있는 그런 일이 있어야 하지 않겠나 싶고, 그렇다면 나에게 몰두할 수 있는 일이라는 것은 역시 글쓰기밖에 없을 것 같습니다. 나이가 들어서 소설을 쓸 소재가 고갈되어간다는 느낌이 들기도 하지만, 그런 건 핑계일 뿐이고 끊임없이 또다시 뭔가 쓸 거리를 찾아서 책을 읽고, 글을 쓰는 것이 내 자신의 미래의 모습일 것 같아요. 사실 한 작품을 완성할 때까지는 굉장히 지루한 시간이고, 일종의 고투라고까지 할 수 있지요. 더구나 저로서는 한 작품을 완성할 때까지 적어도 한 열 번 정도 고쳐 쓰는 버릇이 있다 보니, 계속 되풀이해서 읽고 또 고치고, 읽고 또 고치고, 그러면서 조금씩 진전시켜나가는 그런 스타일인데, 그런 것이 힘들면서도 즐거우니까 이 나이까지 해올 수 있었던 것이 아니겠는가, 그렇게 생각해요. 시집간 딸애가 전에 그런 얘기를 자주 했는데, 뭐 물을 게 있어서 아빠 서재 방문을 열어보면 돌아앉아 글을 쓰고 있어서 문을 닫고 나왔다가 한 두어 시간 후에 다시 문을 열어보면 여전히 그 자세로 글을 쓰고 있고, 다시 두어 시간 후에 문을 열어봐도 또 그 자세 그대로 글을 쓰고 있어서, 하루이틀도 아니고 매일같이 저런 식으로 어떻게 견뎌낼까, 그런 의구심을 가졌던 적도 여러 번 있었다고 그래요. 아마 그렇게 할 수 있었던 것은 역시 그것이 내가 몰두해서 할 수 있는 일이었기 때문이겠지요. 그러다 보니 글을 쓴다는 핑계로 많은 것을 희생할 수밖에 없었던 것 같습니다. 가족들에게 잘한 것도 없고…… 거의 평생을 글 쓰는 일과 술 마시는 일만 해오다 보니까, 세속적으로 재미난 일들이랄까, 그런 것도 다 놓치고, 도외시하고, 가족들 돌보는 일도 등한시하고…… 그래도 별 후회는 없습니다.

권 글을 마칠 때마다 그만 써야겠다고 생각하셨던 것은 그만큼 글쓰기가 힘들고 고통스럽다는 느낌 때문이었을 것 같고, 그러면서도 또 계속 쓸 수밖에 없었다는 것은 선생님께 글쓰기의 의미가 한편으로는 천형이기도 하면서 다른 한편으로는 구원이기도 했다는 그런 뜻이겠군요. 그런데 글쓰기 때문에 생활의 많은 부분이 희생되었다고 말씀하셨는데 『토니오 크뢰거』에 나오는 '생활하는 자는 창조하지 못한다'는 경구 속에 압축되어 있는 토마스 만의 예술에 대한 생각에 따른다면 생활의 희생이란 건 어쩔 수 없는 부분이 아니었을까요? 선생님도 토마스 만의 영향을 많이 받으신 걸로 알고 있습니다만……

김 토마스 만의 소설을 제가 처음 읽었던 때는 아마 고등학교 2학년 때 정도였던 것 같아요. 시민성과 예술성 사이의 갈등과 부조화, 그 두 가지 양면성이 융합되지 못하는 삶에 대한 고뇌를 주된 테마로 하는 토마스 만의 소설을 읽으면서 저도 '아! 나 자신도 앞으로 생활의 패배자가 될지는 모르지만 그렇다 하더라도 나에게도 조그마한 예술적 재능은 있지 않느냐'라는 것을 발견할 수 있었던 것이지요. 그 때는 제가 앞으로 어떻게 살아갈 것인가라는 문제를 두고 막막해하면서 불안감에 시달리던 때였는데, 토마스 만의 소설에서 그 탈출구를 찾을 수 있었던 것이죠. 그후로 그의 중편과 장편들을 두루 읽으면서 그의 해박한 교양적 지식에 매료되었고, 또 제가 예술가적 성장소설을 한번 써보고 싶다는 욕망을 갖게 되었던 것도 그의 영향이라고 할 수 있지요. 분단 문학 같은 것은 토마스 만과 아무런 관계도 없지만,『늘푸른소나무』같은 것은 그의 영향에 의해서 씌어진 작품이라고 볼 수 있겠습니다. 사실 생활과 창작의 관계 이야기가 나왔으니 말입니다만, 제가 직장 생활을 하는 동안은 창작에만 전념할 수 있는 여건은 되지 못했지요. 그러다가 1986년도에 직장을 그만두고 나서야 비로소 본격적으로 창작에만 매달릴 수 있게 되었지요. 사실 그 이전의 제 작품이라는 게 초기의 중·단편들하고『노을』, 그리고『불의 제전』1부 정도밖에 안 되잖아요. 직장을 그만둔 후에야『불의 제전』도 완성할 수 있었고,『늘푸른소나무』나『마당깊은 집』『바람과 강』같은 소설들을 쓸 수 있었지요. 그러니까 거의 40대 중반까지는 문학에 전력투구를 하지 못한 상태로 어정쩡한 활동을 해오다가 40대 중반 이후부터 시간적 여유를 갖고 문학에 대한 더욱 강한 애정과 열정을 가지고 작품 활동에 전념할 수 있었으니까 사실은 글쓰기에 의해 생활만 희생되었던 것이 아니라 생활에 의해 글쓰기가 희생되었던 부분도 많았다고 할 수 있겠네요.

권 토마스 만에 대해 이야기하시면서 삶에 대한 불안감을 달래는 데 그의 소설이 도움을 주었다고 말씀하셨는데, 또한 50년대 말, 60년대 초에 풍미했던 실존주의도 그런 불안감을 달래는 데 어느 만큼 일조를 하지 않았을까 싶습니다. 이와 더불어 이제 선생님의 소설 작품들에 대해 이야기해보도록 하지요. 선생님의 데뷔작인 「1961 · 알제리」는 얼핏 카뮈를 떠올리게 하여 이 이름과 결부된, '살아내야 한다'는 실존적 자각을 짐작할 수 있게 해주는 것과 함께, 또 한편으로는 이국 취향적 정서가 드러내는 '어디론가 떠나고 싶다'는 낭만적 도피 의식의 일단을 엿보게 해주는 측면도 있는 것 같습니다. 처음 그 소설을 쓰실 당시의 선생님의 생각은 어느 쪽이었습니까?

김 양쪽 모두 다겠지요. 제가 초등학교 다니던 시절에는 저 혼자만 식구와 함께 있지 못하고 고향 장터에서 국밥집을 하던 이인택씨라는 분 집에 얹혀 살았어요. 그때는 모든 것이 귀하기만 하던 시절이었지요. 공책도 없어서 백지를 잘라 바늘로 묶어서 공책 대신 쓰곤 했으니까…… 그러니 교과서 같은 것이 변변히 있을 리도 없었지요. 그런데 장터에서 굴러다니던 지도책 한 권이 어떻게인지도 모르게 내 손에 들어오게 되어 그 지도책을 들여다보는 것이 취미처럼 되어 버렸어요. 그러다가 초등학교 6학년 땐가, 사회 시간에 세계 지리에 대해 공부를 하다가 제가 세계 지리에 대해 많이 알고 있다는 걸 아신 선생님이 '너 그림 잘 그리니까 나와서 세계 지도를 한번 그려봐라'고 하시는 바람에 나가서 얼굴이 벌겋게 된 채로 지도를 그리고 제가 아는 걸 이러쿵저러쿵 얘기했던 적이 있기도 했는데, 아마 이런 것에서 남들보다 이국 취향적인 상상력이 좀더 일찍 발달되었던 게 아닌가 싶어요. 이국 취향적인 상상력을 불러일으키는, 전쟁 없는 그런 나라에 가서 굶지 않고 평화롭게 살면 얼마나 좋을까 하는 그런 꿈이 있었던 게지요. 그리고 실존주의 문학을 처음 접했던 것은 제가

만 열여덟 살에 대학에 들어간 뒤였는데, 남들도 다 그랬듯이 실존주의 문학이 갖는 어떤 폐쇄성, 전후의 혼돈과 불안, 위기 상황, 이런 것들이 그 당시 전쟁 후의 한국 현실과 많이 맞아떨어지니까, 그런 이유로 저도 실존주의 문학의 세례를 받은 셈이죠. 사실 「1961·알제리」는 발표된 것은 1966년이지만 실제 씌어진 것은 제목 그대로 1961년이었어요. 그 당시는 알제리가 프랑스의 지배에서 벗어나기 위한 해방 전쟁이 한창 진행 중이던 때라서 마치 요즘 아프간 사태가 매일 뉴스에 보도되는 것처럼 매일 그것에 관한 해외 토픽 기사가 나던 때였기 때문에 이런 사실들과 제 상상력을 연결시켜 써본 것인데…… 지금 생각하면 철없고 부끄러운 작품이지요.

권 어릴 때 그림을 잘 그리셨다고 했는데, 선생님께 그림에 대한 재능이 있다는 걸 어릴 때도 자각하셨나요?

김 초등학교 시절 교실 벽에 지도나 그림을 그려 붙인다든가 할 때에는 제가 그런 일을 도맡아 했지요. 또 제 고향이 김해군 진영읍인데, 김해 군내 초등학생 사생 대회에 대표로 뽑혀 나갔던 적도 있었습니다. 그런데 지금이면 진영에서 김해까지는 차로 20분 정도 거리밖에 안 되지만, 그 당시는 비포장 도로라서 두어 시간 가는 동안 몸이 약했던 제가 차멀미를 엄청나게 했던 탓에 막상 사생 대회장인 김수로왕릉에 도착했을 때는 완전히 파김치가 되어버린 데다가, 제가 가져갔던 물감 같은 것이 다른 애들 것보다 너무 초라해서 그림 그리기를 포기했던 적도 있었지요. 그래도 고등학교 2학년 때 정도까지는 그림을 계속 그렸던 것 같아요. 누구한테 배운 것도 아니고 순전히 혼자 그린 것이었지만……

권 가난하게 사시면서도 돈벌이하고는 관계 없는 재능만 키우셨던 것 같습니다. 어쨌든 생활의 압력만 아니었다면 어쩌면 소설가가 아니라 화가가 되어 있을지도 모르겠다는 생각이 들기도 하는군요.

김 사실 그래서 어머니한테 걱정도 많이 들었어요. 환쟁이 되면 밥 굶는다고…… 그래도 내가 신문 배달을 해서 조금 모은 돈을 가지고 물감을 사오면 그걸 패대기치면서 이런 것 하지 말고 공부만 하라고 심하게 꾸짖곤 하셨습니다. 매도 많이 맞았지요.

권 그런데 그런 이유에서인지 선생님의 소설에서는 뛰어난 회화적인 묘사가 많이 발견됩니다. 그리고 그 회화적인 묘사에는 색감까지 한데 혼합되어 있어 소설 전체의 분위기를 암시하는 상징적 기능을 훌륭히 수행하기도 하지요. 그래서 가령 김병익 선생님이 선생님 소설의 어떤 변모의 모습을 '핏빛에서 가을볕으로'라는 색감과 회화적 이미지로 압축해서 설명할 수 있었던 것도 이런 이유에서가 아닐까 싶은데……

김 그러니까 그게 제 나름의 상상력의 특징이랄까, 그런 것 같아요. 가령 소설을 쓸 때면 저에게는 머릿속에 한 영상 이미지가 먼저 떠오르고, 그런 다음에는 그것과 연관되는 다른 장면들이 계속 떠오르곤 해요. 이렇게 영상으로 떠오르는 장면들을 쫓아서 글을 쓰다 보니까 아마 읽는 사람들이 그렇게 느끼는 모양인데, 이런 걸 특별히 의식해서 쓰는 건 아니지만, 어떤 영상이 떠올라야 글이 잘 씌어지기 때문에 그쪽에 많이 의존하는 편이지요.

권 계속 상상력을 강조해서 말씀하시는데, 그래서 그런지 선생님의 초기 소설들은 여러 가지 면에서 리얼리즘에 충실한 소설들과는 일정한 거리를 두고 있는 것으로 보입니다. 선생님이 처음 소설을 쓰시던 60년대 중반이나 후반의 문단의 경향은 대략 어떠했는지요? 혹시 그 당시 주류를 이루고 있었던 흐름과 차별화된 작품을 써야겠다는 자각 같은 것이 있으셨던 건가요? 아니면 리얼리즘적 창작 방법에 대한 어떤 미흡함이라도 느끼고 계셨던 건가요?

김 글쎄요, 이런 말을 하기는 좀 거북하지만, 사실 60년대에 제가 문단에 데뷔할 그 당시에는 동시대 우리 소설들을 많이 읽지 못했어요. 우선 살아가는 일이 바빴고, 등단한 이후에는 내 글을 쓰는 것만도 벅찬 형편이었으니까요. 그전에 고등학교 3학년 전후해서는 김동리 선생이나 황순원 선생의 소설들을 좀 읽었고, 그래서 그분들의 영향은 많이 받았지만, 동시대 작가들이 무엇을 어떻게 쓰고 있는지에 대해서는 사실 무관심했어요. 문학에 대해 좀 자폐적이었다고나 할까…… 그러니까 주위를 둘러보면서 '아, 이렇게 써야겠구나' 하는 의식 없이 그저 내가 처한 상황에서 내가 쓸 수 있는 것을 쓴다는 생각만으로 외곬로 썼던 것이지요. 가령 「어둠의 혼」 같은 소설도, 처음 구상과 초고 집필은 이것도 60년대 초에 한 것이었는데, 구상 단계에서의 제 생각이란 건 제 고향에서의 전쟁 체험이 저에게는 무엇보다도 절실하고도 생생했기 때문에 이 체험을 바탕으로 한 소설을 써보겠다는 소박한 생각뿐이었습니다. 이제부터 내가 본격적으로 분단 문제를 계속 파헤쳐보겠다라는 거창한 의식을 가지고 있었던 것은 아니었지요.

권 기왕에 「어둠의 혼」 이야기가 나왔으니 화제를 그리로 옮겨볼까요. 이 소설은 선생님께 여러 가지 점에서 의미가 깊은 소설인 것으로 보입니다. 우선 어린 화자의 시점으로 관찰한 6·25 이야기라는 것은 분단 문학의 한 유형으로까지 정립되었는데, 60년대 초에 처음 초고를 쓰셨을 때도 화자가 이렇게 설정되어 있었던 건가요?

김 아니, 그 당시에는 3인칭 객관적 시점을 택했던 것 같아요. 그러니까 『불의 제전』 스타일로 썼던 건데, 그 초고가 그후에 다 없어져버리고 말았지요. 그런 뒤, 나중에 「어둠의 혼」을 쓸 때에도 나 자신은 그걸 꼭 그렇게 어린 화자의 시점을 통해 써야겠다는 확고한 생각을 가지고 썼던 것은 아니었어요. 다만 제 자신이 아버지 문제로 해서 겁이 좀 많았다 보니 이데올로기 문제에 대해 혹시 잘못 쓰면 그 당시 살벌했던 검열에 체크되지 않을까 싶어 조심스럽게 썼던 것인데, 나중에 평단에 의해 그 의미가 크게 부각이 되었던 것이지요. 그 소설이 계기가 되어 비평계의 주목을 받자 청탁도 여러 군데에서 들어오고, 그래서 바쁜 직장 생활 속에서도 술 안 마신 날이면 저녁에 집에 들어와서 매일 스무 장 가량 쓰는 식으로 작업을 해서 한 달에 한 편꼴로 발표를 하면서 더욱 본격적으로 글을 쓸 수 있게 되었죠.

권 대학에 다니시던 시절에 그 소설을 구상하셨다는 것은 그것이 뭔가 선생님이 작가로서 써야 할 근원적 테마이기 때문이었겠군요.

김 내가 가장 자신 있게 알고 있고, 또 가장 자신 있게 쓸 수 있는 것이 나로서는 내 소년기에 강하게 각인된 6·25 체험이었기 때문에, 이것에 대해서 내가 한번 반드시 써야겠다는 자각은 20세 전후부터 확고하게 간직되어 있었지요. 그러니 어쩌면 그것이 나를 작가의 길로 들어서도록 만든 동기라고도 말할 수 있겠네요.

권 네, 그렇겠군요. 그런데 선생님의 작품 세계 전체의 맥락에서 보면 「어둠의 혼」은 선생님 작품 세계의 기본적 의미 구조라 할 수 있는 모순적 대립성, 즉 저항 혹은 반항과 화해의 두 계기를 같이 품고 있는 그런 소설인 것 같습니다. 그러니까 이제 더 이상 어머니가 지서에 끌려다니면서 매를 맞지 않아도 된다든가 하는 그런 이유로 아버지의 죽음을 다행스럽다고 여겨야 하는 어린 주인공의 입장에서 본다면, 한편으로는 오이디푸스 콤플렉스적인 은밀한 죄의식이 거기에 깔려 있는 것이라 말할 수 있고, 그러면서 또 한편으로는 아버지의 죽음이라는 사건을 다행스러운 것으로 여길 수밖에 없도록 만드는 역사적 상황, 혹은 억압의 실체로서의 이데올로기에 대한 저항 의지, 이런 것도 이 소설에 함께 내포되어 있는 것 같습니다. 그런가 하면 아버지의 죽음이라는 엄청난 사건 앞에서도 어린 주인공을 시달리게 만드는 배고픔 같은 것은 허기로 표상되는 존재의 결핍감의 표현이라고 할 수 있을 것 같습니다. 이렇게 여러 가지 의미의 층위들이 중첩되어 있다 보니까 그 한 편의 소설 안에 선생님의 소설들이 펼쳐질 수 있는 여러 방향으로의 가능성이 다 내재되어 있다는 판단도 가능할 것 같습니다. 즉 선생님의 초기 소설들에서 보이는 폭력의 문제, 반항의 뿌리가 거기에 있기도 하고, 또는 성장 의지의 내면화를 통해 작가 의식의 성숙의 계기로 자리 잡고 있는 소설도 「어둠의 혼」이 아닌가 싶은데요……

김 사실 젊었을 때는 저에게도 사회에 대한 반항 의식이랄까 하는 것이 꽤 강하게 자리 잡고 있었습니다. 고등학교 다니던 시절 이상의 「날개」나 「종생기」 같은 작품들을 읽고는 매료되었던 나머지 나도 이상 나이만큼만 살자고 생각했던 적도 있었지요. 그러면서, 비록 실패하고 말았지만, 자살 시도를 해보기도 했고…… 그런 게 다 우선 살기가 너무 힘들고, 싫고, 또 이 각박한 사회에 내가 도저히 섞여 살아나갈 수 없을 것 같다는 부정적인 압박감 때문이었는데…… 그러다가 아까도 말했듯이 토마스 만의 소설에 나오는 예술가적 기질을 지닌 인물들을 접하게 되어 '아, 나도 이렇게 살 수는 있겠구나'라는 것을 깨닫게 되었던 것이죠. 그러니까 초기 소설의 폭력이나 살인 같은 것들은 사회에 대한 저의 심리적인 반항의 흔적으로 이해할 수 있을 것 같습니다. 지금 「어둠의 혼」에 대해 여러 가지로 그 의미를 분석했는데, 그 모든 것을 다 제가 의식해서 썼던 건 아니지요. 저 자신도 그렇지만 작가들이 글을 쓸 때 의식보다는 무의식이랄까 잠재 의식이랄까 하는 것에 더 많이 의존하는 것이 아닐까라고 생각하는데, 제 잠재 의식에는 아버지 쪽의 낭만적 기질과 어머니 쪽의 도덕적·윤리적 기질이 섞여 있는 것 같고, 그러다 보니 소설에서도 이런 이율배반적 양면성이 갈등의 양태로 드러나게 되는 게 아닌가 싶습니다.

권 다른 면으로는 잠재 의식 속에 어떤 억압 기제가 있는 건 아닐까요? 이데올로기 같은 문제에 대해 가급적 건드리기 싫다고 하는……

김 물론 그렇겠죠. 초기에는 말할 것도 없고, 7, 80년대의 민중 문학의 강렬한 논리 앞에서도 그쪽과는 자꾸 거리를 두고 밀쳐내려는 심리적 갈등을 겪었습니다. 하나 마나 한 생각이지만, 6·25 때 우리가 이산 가족이 되지 않고 아버지를 따라 북한에 가서 살게 되었더라면 내가 어떻게 되었을까라는 부질없는 생각도 해봅니다만, 아마 그런 체제에서는 글을 못 썼을 거예요. 그저 맡겨진 일이나 성실히 묵묵히 하면서 살았겠죠.

권 「어둠의 혼」은 어린 화자의 시점에서 관찰되고 서술된 소설이고, 『노을』도 절반은 이런 시점을 빌리고 있는 작품인데, 이런 시점을 택하신 이유는 물론 이 작품들을 쓰실 당시의 검열이라든가 하는 문제를 피하기 위한 이유도 있었겠습니다만, 그것 외에도 일종의 조급함이 개입되어 있었기 때문이 아닐까 생각되기도 합니다. 이 조급함이란 말하자면 그런 것을 쓸 수 있는 여건이 되어 있지 않았다라는 의미일 텐데요…… 선생님께서는 어느 글에선가 소설을 쓸 때에 항상 염두에 두는 것이 '과연 내가 시대의 핵심을 잘 짚어내고 있느냐'라는 문제 의식이라고 쓰셨던 적이 있는데, 해방 이후 6·25에 이르기까지의 기간 동안 좌우 이데올로기의 대립 같은 문제는 그 소설들을 쓰실 때만 하더라도 그 전모에 대해 총체적인 시각에서 접근해가기가 사실상 거의 불가능했던 상황이었지요. 그럼에도 불구하고 선생님으로서는 아버지의 이야기고, 가족의 이야기고, 가장 절실했던 체험의 이야기니까 써야겠다는 생각이 클 수밖에 없었을 것 같습니다. 그러다 보니 이중의 압박감 같은 것이 있었던 게 아닐까 싶습니다. 말하자면 쓰기는 써야 되겠는데 곧이곧대로 쓰기는 어렵다는 식의 문제가 있었던 게 아닐까요, 그 조급함 속에는……

김 네, 지금 지적한 대로 그런 문제가 있었지요. 『노을』의 주인공이 그런 것처럼, 그런 문제에 접근하는 데에 따르는 심리적 공포 같은 것이 계속 내 속에 내장되어 있었지요. 조금 아까 제 자신의 성향에 대해 이야기했지만, 과연 제가 그쪽 체제에서 태어나 살았다 하더라도 공산주의 체제 자체를 좋아할 수 있었을까라는 근본적인 의문이 듭니다. 물론 살아보지 않고서 비교한다는 게 무의미한 일이겠지만, 그래도 자유로운 이쪽 체제가 저 같은 기질을 가진 사람에게는 좀더 숨쉬기가 편한 사회가 아니겠나 싶고…… 물론 이쪽 체제라고 해서 문제가 없는 건 아니지요. 가령 빈부 차이에 따른 불평등 같은 것이 대표적인 것일 텐데, 이런 문제는 제가 기독교인이다 보니 더 심각하게 받아들이는 면도 있습니다만, 아무튼 이런 회의에 부딪힐 때는 저쪽 체제가 지향하는 평등에 대한 동경 같은 것이 생기기도 하고…… 저는 지금도 이런 갈등에서 헤매고 있는 게 아닌가 싶어요.

권 자유와 평등이라는 두 이념을 자로 긋듯 구분해서 비교하려 하는 것 자체가 성급함이라는 그런 말씀이겠군요. 기왕 『노을』에 대한 이야기가 나왔으니까 조금 주제를 바꿔서 이 작품에 대해 이야기해 볼까요. 글쓰기란 표현 이전의 상태에 머물러 있는 어떤 것을 표현의 차원으로 불러내는 행위라 할 수 있습니다. 그런데 어떤 것이 표현 이전의 상태에 머물러 있다는 것은 그것이 억압되어 있거나 은폐되어 있기 때문이겠지요. 그러니까 소설쓰기를 포함한 모든 쓴다는 행위의 의미는 이런 억압과 은폐에 맞서는 해방과 개진의 행위라는 것이 될 수 있을 것 같습니다. 이러한 글쓰기의 관점에서 보면 『노을』은 이 소설에서 다루어지고 있는 문제를 문제삼지 못하도록 억누르고 있는 이데올로기적·상황적 억압에 대한 저항 의지의 표현이라고 할 수 있을 것입니다. 그러나 『노을』에 대한 대부분의 이해와 평가가 글쓰기 차원에서가 아니라 씌어진 글의 내용의 수준에서 이루어진 나머지 저항으로서의 의미보다 화해로서의 의미가 더 부각되고 강조된 것 같습니다. 어쩌면 이 소설이 반공문학상을 수상했다는 사실이야말로 지독한 아이러니가 아닐까 하는 생각이 들기도 합니다만……

김 그런데 그 화해라는 게 어떤 차원에서의 화해인가를 생각해봐야 될 것 같아요. 그 화해라는 게 이념적 대립의 화해라고 한다면 그건 추상적인 문제니까 쉽게 이러쿵저러쿵 이야기할 수 있는 게 아닐 것 같고, 그게 현실적인 두 체제 사이의 화해라고 한다면 이것 역시 현실적으로는 거의 불가능에 가까울 정도로 어려운 문제가 아닐까 싶어요. 가령 지금 우리의 남북 문제만 보더라도 햇볕 정책이니 뭐니 해서 많은 시도가 이루어지고 있는데, 그 원칙과 목표에 동의한다면 서로 간에 대등하게 협력도 이루어지고, 그래서 점진적으로 통일을 위한 단계들을 열어가고, 이래야 하는데, 이런 것들이 될 듯 될 듯하면서도 현실적으로는 잘 안 되는 상태로 50년 가까이 끌어오고 있는 실정이잖아요. 그러니까 『노을』을 쓸 당시에는 저도 뒷부분에 가서 통일의 노래 같은 것을 만들어 넣기도 하고 그랬지만 그런 것을 통해 어떤 화해의 메시지를 보내보자는 것이 제가 정말로 의도했던 것은 아니었어요. 이 소설에서 제가 역점을 두었던 것은 주인공 갑수를 통해 나 자신을 다시 보는 식으로 어린 시절의 나의 체험을 세밀하게 되살려보는 것이었지, 분단 상황에 어떤 해결의 돌파구를 제시한다든가 하는 거창한 목표를 염두에 두고 썼던 건 아니었어요. 그러니까 그후로 이 작품이 반공문학상을 받았건, 분단 문제와 관련되어 어떤 식으로 평가를 받았건 저에게는 별 큰 의미가 없었어요. 이 소설에 대한 이해는 대개가 그걸 정치적인, 혹은 분단 논리에 입각한 이해의 틀 속에서 의미를 끄집어내려고 하는 식으로 이루어졌다고 할 수 있는데, 비평이야 비평 나름대로의 논리의 틀이 있으니까 그럴 수밖에 없기도 하겠지만, 작가들은 사실 그런 거대 논리가 아니라 단순한 삶의 체험을 따라 자기 삶의 또 다른 고백의 형식으로 글을 쓰는 게 아닌가 싶어요. 이런 점에서 본다면 내 자신의 생각의 결을 따라 『노을』을 이해해준 비평은 없었던 셈이지요.

권 공감의 비평의 필요성을 말씀하시는 것 같군요.

김 물론 창작과 비평의 차이가 분명히 있기는 하지요. 그러나 그렇다 하더라도 작가의 글쓰기 동기를 이해하며 작품을 꼼꼼하게 들여다보면서 작가의 내밀한 정서나 잠재 의식을 끄집어내는 그런 비평도 좀 필요하지 않나, 그런 생각이 듭니다. 아마도 유일하게 그런 쪽으로 글을 열심히 썼던 비평가가 김현씨였던 것 같은데, 그의 죽음이 안타까운 이유가 이런 점에도 있지 않은가 싶습니다.

권 비평가들의 분발을 촉구하는 말씀으로 이해하겠습니다. 그런데 앞에서 조급함에 대해 이야기했습니다만, 그 조급함이라는 것이 사실에 대한 객관적 인식보다 주관적 상상력이 앞설 수밖에 없었던 그런 시대, 그런 문제였기 때문에 빚어진 것이었다고 한다면, 바로 이런 문제, 혹은 미흡함을 보완해보겠다는 의지에서 「어둠의 혼」과 『노을』을 거쳐 『불의 제전』으로 확대되어갈 수밖에 없었던 필연적 이유가 비롯되는 것 같습니다. 그리고 이건 좀 사적인 측면이긴 합니다만, 『노을』 같은 데서는 아버지를 선생님의 진짜 아버지처럼 그리지 못했다는 것, 다시 말해 지식인이 아니라 백정의 모습으로밖에는 묘사할 수 없었던 사정에 비추어 진짜 아버지의 모습을 되찾아야 한다는 그런 생각도 강하게 있으셨던 게 아닐까 싶기도 합니다만……

김 네, 그래요. 『노을』을 쓸 때는 내 속에 있는 이데올로기에 대한 경계심, 좌파에 대한 사회적인 억압과 공포, 이로 인한 불안에 내가 억눌려 있었으니까, 인물을 그릴 때에도 그렇게 폭력적이고 무식한 사람 정도로 그려야 반공 논리에서 조금 비껴갈 수 있지 않을까 하는 고려가 크게 작용했던 게 사실이에요. 그러면서도 속으로는 '이게 아닌데'라는 불만감도 컸지요. 실제 내 아버지의 모습은 지식인이고 사려 깊고 따뜻한 그런 사람이다, 그런 공산주의자를 그려야 한다는……

권 「어둠의 혼」에서도 그런 묘사가 조금 나오지요?

김 네, 그래서 『불의 제전』에서 조민세 같은 인물을 그리게 된 것인데, 소설에서 그려진 이 인물의 행적은 제 부친의 행적과 비슷하기는 하지만 똑같은 사람은 아니고…… 어쨌든 나중에 알아본 바에 따르면 저의 부친께서도 조민세라는 인물과 비슷한 삶을 사셨던 것 같아요. 『불의 제전』을 쓸 때는 북한에서의 제 부친의 행적에 대해 전혀 몰랐는데, 이심전심이랄까, 저로서는 『불의 제전』을 쓰면서 제 아버님이 이런 삶을 살지 않았을까라고 상상하면서 조민세라는 인물을 그렸던 것인데, 정말 그 비슷한 삶을 살다가 돌아가셨더군요. 들은 바로는 1976년에 폐결핵으로 돌아가셨다는데…… 그렇지만 조민세가 철저한 공산주의자이고 자기가 나아가는 길에 큰 회의 없는 곧은 실천가이지만, 저의 부친께서는 자기가 생각하는 이상과 현실의 괴리에 시달리고 회의도 하고 좌절도 하면서, 그러면서도 또 그 길이 자신이 가야 할 유일한 길이라 생각하며 운명으로 받아들이고 살았던 회의적 지식인이었던 것 같습니다. 이에 비해 조민세는 말하자면 행복한 공산주의자지요.

권 「어둠의 혼」에서 『노을』을 거쳐 『불의 제전』으로 확대되어가는 과정 속에는 최초의 구상에서부터 집필을 거쳐 완성에 이르기까지 선생님의 창작 과정의 비밀이 숨어 있는 것 같습니다. 가령 『바람과 강』 같은 작품도 애초 구상은 짤막한 단편으로 구상하셨던 것이 장편으로 완성된 작품이고, 『마당깊은 집』도 이와 비슷한 과정을 거쳐 씌어진 작품이지요?

김 글쎄, 비밀이랄 것까지는 없지만…… 전 소설을 시작할 때 우선 원고지 한 장에 간단히 메모만 해두고 쓰는데, 그렇다고 해서 그 메모대로 씌어지는 건 아니지요. 그런데 「어둠의 혼」을 발표하고 나서는 고향을 무대로 3인칭 시점으로 한번 써보자라고 생각했던 것이 『노을』을 쓰게 되는 계기가 되었지요. 그렇지만 『노을』을 쓸 때만 하더라도 사회과학적 지식이 많이 모자랐기 때문에 그저 체험에 많이 의존해서 쓸 수밖에 없었는데, 1974년 민청학련 사건이 났을 때 큰 충격을 받고, 그때부터 사회과학 쪽의 공부를 하기 시작했지요. 그 덕분에 『불의 제전』은 좀 탄탄한 이론적 기반 위에서 쓰다 보니 조금 더 논리적으로 접근할 수 있었던 겁니다. 아까도 잠깐 그런 이야기를 했지만, 저에게 있어 소설의 구상은 간단한 장면 하나를 머리에 떠올리는 것으로부터 이루어지는 식이에요. 가령 『바람과 강』 같은 소설은 '어느 햇볕 좋은 가을날, 할아버지는 나를 데리고 자신의 묘터를 보러 떠났다'는 장면 하나를 가지고 쓰기 시작한 소설이었지요. 그러고 나면 햇볕도 따사롭고, 들에는 벼가 익고, 고추잠자리 떼가 날아다니고, 또 산에는 단풍도 좀 지고, 하는 식으로 장면들이 연이어 떠오르면 저는 이런 장면으로 한 스무 장, 또 저런 장면으로 한 스무 장, 이렇게 짜나가게 되는데, 그러다 보면 그 속에 풍수지리가 어떠느니 하는 등의 이야기들이 들어가게 되지요. 물론 이런 것들은 처음부터 생각하는 건 아니고 쓰는 과정에서 공부를 통해 덧붙여나가게 되는 것이긴 하지만, 아무튼 저는 모든 소설을 단순하고 간단하게 시작하는 편이에요. 소설가 중에는 가령 사르트르처럼 탄탄한 이론적 기반 위에서 소설을 쓰는 사람도 있긴 하겠지만, 저는 그런 식으로 쓰려고 해봐야 되지도 않을뿐더러, 그런 식으로는 쓰려고 생각도 하지 않아요.

권 그러니까 최초의 구상을 중심으로 소용돌이치면서 확대되어가는 그런 방식으로 소설쓰기가 이루어지는 셈이군요.

김 그래요, 그런 식이죠.

권 그런데 창작 과정에서 보이는 이런 확대의 축을 따라 사실은 선생님의 관심도 넓어지고, 소설 세계도 넓어지게 되는 것이겠지요. 그러면서 소재나 주제에 있어서도 선생님의 개인적이고 체험적인 테두리에서 벗어나 역사적이고 사회적인 차원으로 탈개인화·탈체험화되는 것이리라 생각합니다. 그런데 이렇게 선생님의 소설이 사적이고 체험적인 것에서 사회적이고 탈체험적인 것으로 변하게 되는 과정이 사실은 『불의 제전』을 쓰시는 동안, 뭐 『불의 제전』이 워낙 오랜 기간에 걸쳐 씌어진 거라서 그 동안이라고 말씀드릴 수밖에 없습니다만, 어쨌든 1부 정도가 완성된 80년대 중반 이후에 선생님의 소설 세계의 변화가 확연히 눈에 띄게 이루어지는 것 같습니다. 개인적으로 저는 그것이 선생님의 체험의 대상이었던 역사로부터의 해방이라고 생각하는데요······ 『불의 제전』을 쓰시면서 문학에 대한 선생님의 변화된 생각의 내용들을 선생님께서 직접 한번 짚어봐주시지요.

김 아까도 말했듯이 제가 직장에 다니던 80년대 중반까지는 사실 소설 쓰는 일에만 몰두할 수는 없었지요. 그러다 보니 『불의 제전』을 쓰는 것만으로도 벅찰 지경이었어요. 그러나 제 자신이 기독교인이다 보니 신에 대한 문제라든가, 기독교적인 정신을 통해 인간에 대한 사랑이 어떻게 구체화되어야 하느냐라는 문제는 꼭 한번 다뤄보고 싶었고, 또 제가 가벼운 자폐증이 있는 아이를 두었다 보니 그 애를 키우면서 알료샤와 같은 순진무구한 정신을 가진 선량한 인물을 그려보겠다는 생각도 있었지요. 사실 이런 문제는 사회가 복지의 차원에서 해결해주어야 하는 것임에도 불구하고 그렇지 못한 실정이잖아요. 그러다 보니 그런 소외된 사람들의 문제에도 접근해봐야 하겠다는 생각도 있었고…… 제 자신의 어린 시절의 가난 체험과 결부된 부분도 있다고 할 수 있겠죠. 그리고 「도요새에 관한 명상」은 환경 문제에 대한 관심에서 씌어진 소설인데, 인간의 탐욕에 의해 오염되는 자연의 문제에 대해서도 전부터 관심은 갖고 있었는데, 다만 쓸 기회를 갖지 못하다가 직장을 그만둔 이후 시간적 여유를 갖게 되어 「마음의 감옥」이라든가 『아우라지로 가는 길』 같은 소설들을 쓸 수 있었지요. 이런 소재는 제가 전부터 관심을 갖고 있었던 것이었지만 그런 관심의 폭의 확대가 구체화된 것은 80년대 중반 이후부터였지요. 그러나 또 한편으로는 어린 시절 토마스 만의 영향을 받은 이래 좋은 교양 소설, 성장 소설을 써보고 싶다는 생각이 떠난 적이 없었어요. 그러나 그 동안 제 자신이 쓴 소설들을 한번 돌아보니 어쩌면 내가 큰 공부도 없이 그저 상상력에만 의존하거나 아니면 체험과 결부된 그런 소설만 써온 것이 아닌가 싶은 반성과 더불어 저 자신에게 공부가 필요하다는 생각이 들더군요. 그래서 동양 고전도 다시 읽고, 불교에 관한 책, 우리나라 대종교의 발생 과정, 일제하 정치 현실과 경제 구조 등에 대해 폭넓게 공부해가면서 미천한 출신의 한 아이가 지혜롭게 성장해나가는 과정을 그린 『늘푸른소나무』를 쓰게 된 것이죠. 아마 누구든지 작가가 되기로 결심하게 되는 동기는 처음부터 이러저러한 소설들을 써야겠다는 원대한 구상에 따라서가 아니라 어떤 작은 부분의 자기 체험과 결부된 한 가지 문제를 천착하여 그걸 써보겠다고 시작하면서부터 이루어지는 게 아닌가 싶어요. 열린 마음으로 이 세상과 인간과 자연을 보면서 다른 세계를 그려나가게 되는 것이겠죠. 그러니 제 소설에 있어 관심의 폭이 확대되어나간 것은 저만의 장점이라기보다는 모든 작가가 다 가야 하는 길, 걷는 길을 나도 따라온 것에 지나지 않다는 생각입니다.

권 『불의 제전』을 쓰시는 것과 더불어 작가로서의 경력에 한 페이지가 넘어간다고나 할까요, 이제까지 시간이 없어서 못 썼다든가 아니면 다른 이유에서 미뤄둘 수밖에 없었던 소설들을 이제 새롭게 써 봐야겠다는 자각은 분명하게 있으셨던 거군요.

김 그래요. 그런데 나는 젊은 시절 문학 공부를 할 때 실존주의 영향만이 아니라 앙티 로망의 영향도 적지 않게 받았어요. 그런 소설들을 보면서, 소설쓰기가 창조적인 작업이라면 있었던 것을 또 쓴다는 건 별 의미가 없다, 있는 것에 대해 하나를 더 보태기보다는 없는 것 하나를 새로 만드는 것이 예술의 역할이다, 이런 생각을 가지게 되었던 것 같아요. 가령 윌리엄 포크너나 제임스 조이스 같은 작가들은 자기만이 쓸 수 있는 그런 작품을 쓴 작가들 아니겠어요? 이런 의미에서 저는 이인성이나 최수철처럼 다른 방법으로 소설을 쓰는 작가의 소설을 무척 좋아해요. 저도 새로운 스타일의 소설을 쓰고 싶다는 생각은 줄곧 갖고 있었지만 분단 문제에 관련된 소설들은 이런 식으로는 쓰기가 어렵죠. 그런데도 오랫동안 분단 소설에만 매달리게 되다 보니 이런 것과는 다른, 좀 새로운 작품을 반드시 써야 된다는 생각을 거의 강박관념처럼 품게 되었지요. 어쩌면 이런 생각은 문학 청년 시절부터 따라다녔던 게 아닌가 싶기도 합니다. 지금은 다 없어져 버렸지만 초기에 썼던 습작들에서도 저 나름대로는 많은 형식 실험을 시도해봤어요. 그러다 보니 번번이 신춘문예에 떨어져 결국 다 없애버리고 말았지만…… 그러니 『불의 제전』이니 『늘푸른소나무』 같은 장편들도 그저 두어 권 정도의 분량으로 짧게 마치고, 그 시간에 독자들을 낯설게 만들어서 정말 나의 생각 속으로 들어오는 독자들만이 읽을 수 있는 새로운 수법으로 소설을 썼더라면 어땠을까라는 생각도 해보게 됩니다. 결과적으로 그런 시간을 다 놓쳐버리고 어느새 환갑에 이르렀으니, 삶은 참 지루했는데, 글을 쓸 시간은 짧았던 것 같아요.

권 짧지만은 않았을 것 같은 게, 『불의 제전』은 한 15년 넘는 오랜 시간 동안 쓰셨잖아요.

김 허허허…… 그러니 그 시간이 아깝다는 거죠.

권 그런데 이렇게 『불의 제전』이 오랜 시간 동안에 걸쳐 씌어지다 보니 그 사이에 다른 작가들의 분단 소설들도 여러 편 발표가 되었지요. 그중 대표적인 것이 이문열씨의 『영웅시대』와 조정래씨의 『태백산맥』이라 할 수 있겠는데, 선생님 스스로 생각하시기에 이런 작품들과 구별되는 『불의 제전』만의 고유함이랄까 하는 것은 어떤 것이라고 생각하십니까?

김 글쎄요. 뭐 다른 작가들의 분단 소설과 내 소설의 변별성 같은 것에 대해서는 별로 생각해본 적이 없어서 어떻게 답을 해야 할지 잘 모르겠군요. 사실 『불의 제전』을 쓰는 동안만 해도 세상이 참 많이 달라졌지만, 그러나 저는 세상이 아무리 달라져도 변하지 않는 내 생각, 옛날 스무 살 전후에 가졌던 생각을 조금도 달라지지 않은 상태로 써보겠다는 생각에서 썼던 것이고, 또 그렇게 쓸 수 있었다는 것이 어떤 의미에서는 불행이기도 하고 또 다행이기도 하다는 생각이 듭니다. 소설을 쓴다는 게 결국은 자기와의 싸움일 뿐이지 남의 작품과 견주어가면서, 이 사람은 이런 관점으로 보니까 나는 다른 관점으로 봐야겠다는 식으로는 쓸 수 없는 게 아닐까 싶군요.

권 제가 좀 어리석은 질문을 드렸던 것 같습니다. 저는 선생님의 『불의 제전』이 선생님 개인에 대해서는 어려서부터 줄곧 선생님을 짓누르고 있었던 것, 즉 역사로부터 해방되는 계기로서의 의미를 갖는다고 생각합니다. 그런데 『불의 제전』 이전의 분단 소설들은 유형적으로는 분단 소설이지만 그 바탕은 선생님의 개인적 체험의 테두리 안에서 씌어진 소설들이라 생각되는 것과는 반대로 선생님이 개인적 체험을 이야기하는 것을 통해 그것을 대상화하는 데 이름으로써 체험의 테두리에서 벗어나게 되는 것이 『마당깊은 집』을 통해서라고 생각합니다. 개인적으로 저는 선생님이 『노을』이나 『불의 제전』 작가 못지 않게, 어쩌면 그 이상으로 『바람과 강』이나 『마당깊은 집』의 작가로 오래 기억되고 남을 것이라고 생각합니다. 그런데 『마당깊은 집』은 어렸을 때, 아주 가난하고 힘겹게 살았던 어린 시절의 성장 과정의 기록이고 또 어머니에 대한 기록인데, 혹시 그 소설을 쓰시면서 부끄럽다거나 하는 그런 느낌을 갖지는 않으셨습니까? 자신의 모든 것을 다 드러낸다라는……

김 사실은『마당깊은 집』도 절반 이상은 내 자신의 체험과는 상관 없는 허구의 산물이에요. 어머니가 바느질로 자식을 키웠다든가, 내가 신문을 배달했다는 정도만 실제와 부합할까, 다른 것들은 다 조합이지요. 여러 의미를 지닌 인물들이 한 집에 모여 산다는 것 자체가 현실적으로 불가능한 게 아니겠어요? 이렇게 허구가 많으니까 뭐 부끄럽게 느낄 것은 없었지만, 단, 어머니가 살아 계실 때는 내가 그런 소설을 쓸 수는 없었을 거라고 생각해요. 어머니의 중압감이 내 속에서 나를 누르고 있고, 나는 또 그걸 밀쳐내고 싶어하고, 또 한편으로는 어머니에 대한 일종의 증오심 같은 것까지 내 속에 있었던 상태에서는 그런 소설을 쓰기가 어렵겠지요. 어머니가 돌아가시고 나니까 그런 이야기들이 과거에 어머니와 연결된 비감한 추억으로 자리 잡게 되기 시작하면서, 어떤 격정이라든가 증오심이라든가, 이런 것들을 다 떠나서 자연스러운 감정으로 내 속에 들어오게 되니까 쓸 수 있게 되었던 것이지요.

권 부끄럽다는 것은 제가 좀 표현이 서툴렀던 것 같습니다만, 그 뜻은 김현 선생님이 '이야기의 뿌리'라는 표현으로 지적하신 가족 소설적 동기, 즉 가짜 이야기를 만들어서……

김 그래요, 그런 식으로 김현씨가 글을 썼고, 권선생도 짤막하게 어딘가에 썼지요?

권 네, 세계일보에 짧은 서평을 그런 식으로 썼던 적이 있었지요.

김 그런데 나 자신은 그 글들을 읽어보고 나서야, '아, 이렇게 볼 수도 있겠구나'라고 느꼈지, 처음 글을 쓸 때부터 프로이트의 이론 같은 걸 알고 그것에 맞춰서 써봐야지라는 생각이 있었던 건 아니에요. 실제로 어머니가 제게 가혹할 정도로 엄격하셨던 것은 사실이지만,

그건 또 그럴 수밖에 없는 필연성도 있었겠지요. 30대 중반까지는 내가 혹시 데려온 자식은 아닐까라는 의심을 가지고 있었던 건 사실이에요. 그런 어머니에 대해 그냥 그렇게 써봤을 뿐이에요.

권 제가 굳이 정신분석적 관점의 얘기를 꺼낸 것은, 그렇게 자기이야기를 하는 것이 자신의 무의식을 대상화함으로써 그것에서 벗어나게 되는 계기가 되는 것과 마찬가지로, 선생님의 경우도 『마당깊은 집』을 통해 선생님의 소설쓰기의 과정에 있어 가족으로부터의 해방이라는 또 하나의 단계가 이루어지는 것처럼 여겨진다는 점을 말해보기 위한 것이었습니다. 그런 벗어남이란 요컨대 자신의 체험을 굽어볼 수 있는 초월적 시점을 지닐 수 있게 됨으로써 가능한 것일 테고, 바로 이러한 초월적 시점을 통해 『바람과 강』 같은 소설에서 달관의 자세를 형상화할 수 있게 되는 게 아닐까 싶습니다. 그런데 조금 전에 글쓰기의 의미에 대해 제가 억압으로부터의 해방이라고 말씀드렸던 것과 이 달관이라는 테마를 연관지어서 생각해보면, 그 달관의 의미란 글쓰기를 억압하는 실체가 역사라든가 상황과 같이 바깥에 있는 것만이 아니라 자기 안에도 있다는 사실에 대한 깨달음의 의미까지도 내포하는 것이라 생각됩니다. 이렇게 자기 안에 있는 억압을 받아들이면서 마침내 벗어나는 인물이 『바람과 강』의 이인태라는 인물이 아닌가 싶습니다. 이인태라는 인물은 참으로 무서울 정도로 엄격한 도덕적 자기 규정 속에서 살아가는 인물인 것처럼 보입니다. 본의 아니게 저지른 배신 행위와, 그런 다음 그로 인해 '너는 개돼지처럼 살아라'라는 저주를 듣고 나서 평생을 그렇게 살아가려고 하는 태도는 참으로 엄격한 도덕적 자기 규정 속에 자신을 속박해놓은 것이라 할 수 있지 않겠습니까? 그런데 이러한 엄격한 도덕성은 소설 속의 한 인물의 성격만으로 그치는 것이 아니라 선생님 자신의 자의식의 반영으로도 볼 수 있지 않을까 합니다. 그래서 선생님께서 그런 도덕적 규정에 입각해서 현실을 바라보게 되니까 다시 선생님의 초기 소설들을 지배했던 부정적 현실관이 되돌아오는 게 아닌가,

그런 생각이 들기도 하는데요……

김 아까도 말했지만, 저는 아버지 쪽으로부터 낭만적 기질과 교양적 감수성을 물려받았다 여겨지고, 어머지 쪽으로부터는 강한 생활력과 함께 정직함과 근면 성실함을 강조하는 도덕성이랄까 윤리성 같은 것을 물려받았다고 생각돼요. 토마스 만이 유태인 아버지로부터 강한 생활력과 시민성을 물려받았고, 남미 계통 태생이었던 어머니로부터는 정열과 문학적 재능을 물려받았다고 했는데, 나는 그와는 반대가 된 셈이지요. 어쨌든 저로서는 부모님으로부터 다행스럽게도 양쪽의 좋은 점을 물려받았다고 생각되는데, 정열과 열정은 나이가 들수록 자꾸 떨어지는 것 아니겠어요? 그러다 보니 자꾸 나이 들수록 아버지 쪽의 영향은 소진되어가는 거라고 봐야 되겠지요. 아마 저 자신의 도덕성·윤리성이 강화되어가는 게 이런 이유에서가 아닐까 생각되지만, 이런 노년의 변화가 문학인으로서는 별로 좋은 게 아닐 거라는 생각도 없진 않지요.

권 그런 변화에 앞서 선생님의 소설에는 작가로서의 작업의 의미에 대한 선생님의 근원적인 성찰에서 비롯되었으리라 짐작되는 중요한 변화가 이루어지는 것으로 보입니다. 그것의 의미를 말하자면 개인적 체험을 역사의 맥락 속에서 구조화할 수 있게 되었다는 것으로 요약할 수 있지 않을까 싶습니다. 이렇게 탈체험적이고 역사 지향적인 관심에서 씌어진 선생님의 또 하나의 역작이 『늘푸른소나무』인데, 개인과 역사를 동시에 아우른다는 선생님의 소설적 관심의 완성은 『불의 제전』과 더불어 『늘푸른소나무』와 함께 짝을 이루어서 이루어지는 것으로 여겨집니다. 그만큼 『늘푸른소나무』의 비중이 『불의 제전』 못지 않게 크다는 저 나름대로의 판단인데요…

김 예, 뭐…… 그런데 이건 지금 하신 말과는 상관이 없는 이야기일지도 모르지만, 『늘푸른소나무』는 연재를 할 때 지지부진하게 늘린 부분도 있고, 한 사람의 성장 과정을 쫓아간 소설이 아홉 권이나 된다는 데 대한 일종의 부담감 같은 것도 있고 해서, 작년『슬픈 시간의 기억』을 끝낸 후부터 거의 1년에 걸쳐 다시 다 손을 봐서 5분지 2 정도는 덜어냈어요. 큰 줄기는 변함이 없지만 곁가지는 다 쳐내고, 군살도 빼고 해서 한 다섯 권 반 내지 여섯 권 정도 분량의 정본으로 다시 나오게 될 것 같습니다. 이렇게 한 이유는 소설이 너무 많은 정보를 담고 있어야 할 필요는 없을 것 같다는 생각에서지요. 사실 어떤 시대의 현실이건 그것을 알기 위해서는 가령 다큐멘터리나 사회과학적 이론서, 역사 서적들을 보면 되지, 소설이 그런 것을 독자들에게 다 알려주어야 할 필요는 없다고 생각돼요. 그렇게 하는 게 예술의 임무도 아닐 것 같고…… 다만 제가 이 소설에서 일제 시대를 시대 배경으로 삼은 것은 한 개인의 성장 과정을 미숙한 단계에서부터 그가 인격적으로 완성되어 모든 사람의 존경을 받는 큰 그릇이 될 때까지를 그리는 데 우리 민족이 피압박 민족으로서의 고통에 시달리던 일제 시대를 배경으로 하는 게 좀더 적합할 것 같아서 그 시대를 빌린 거죠. 이건 마치 예수가 로마의 지배를 받던 이스라엘에서 태어남으로 해서 예수가 될 수 있었던 것과 비슷한 것이라고나 할까요. 그러니 일제 시대 자체를 그려야겠다는 것이 제 관심사는 아니었고, 또 등장인물을 통해 한 시대의 전모를 백과사전식으로 보여준다는 게 19세기까지는 필요한 방식이었을지 몰라도 요즘처럼 세밀하게 전문화된 시대에 적합한 방식은 아니라고 봅니다. 그러니 어떤 시대를 배경으로 했건 『늘푸른소나무』는, 역사는 배경으로 깔고 그 시대에서 내가 그리고 싶은 인물의 행보를 따라갔다는 데에서 의의를 찾을 수 있을 거라 생각됩니다.

권 『늘푸른소나무』를 그렇게 다시 줄여 쓰시는 것과 같은 맥락일지 모르겠습니다만, 최근의 선생님의 소설은 어쩌면 좀 길게 써도 되지 않을까 싶은 것도 가급적 짧게 쓰시려 하는 게 아닌가라고 여겨지기도 합니다. 『가족』 같은 소설이 그런 경우인데요……

김 『가족』도 제 기본적인 관심의 축이라 할 수 있는 삶과 예술의 문제를 다루고 있는 소설이지요. 이런 의미에서 『가족』도 제 글쓰기의 과정에서는 매우 중요한 단계에 놓이는 작품이라고 말할 수 있겠습니다. 이 소설에서 할아버지와 아버지 세대가 강한 생활력을 대변한다면, 주인공 김준은 낭만적이고 예술 지향적이지만 예술적 감수성 때문에 현실에 잘 적응하지 못하고 결국 패배하고 마는 인물이라고 할 수 있지요. 저 자신은 이 두 유형의 중간에 위치해 있다고 늘 생각해왔습니다. 그러나 문제는 이런 인물들의 삶을 구체적이고 세세하게 그려나가는 것이 과연 요즘 같은 정보화 시대, 인터넷 시대에 적합한 방식일까 하는 점이죠. 과연 누가 그렇게 쓴 소설을 찬찬히 따라 읽겠어요? 이런 것이 혹시 현실에 대한 문학이나 예술의 패배를 의미하는 것이 아닌가라고 생각하면 절망감이 들기도 합니다.

권 문학의 계몽적인 역할은 이제 끝났다고 생각하시는 건가요?

김 『가족』에서 주인공이 마지막에 이르러 이제껏 써오던 「세기말, 파리의 예술」이라는 원고를 불태워버리고, 또 그러지 않을 수도 있는데 굳이 여자와도 헤어지고, 도시의 생활에도 적응하지 못하고 농촌에서의 자연 친화적인 삶에 대한 거리감도 극복하지 못하고 마는 것들이 모두 주인공의 입장에서 보면 일종의 허무주의의 현시죠. 작가는 이런 것을 제시해주는 것만으로 그쳐야 한다고 생각해요. 그러한 모습 속에서 오히려 그렇게 살지 않을 수 있는 길을 찾아내는 것은 독자의 몫이겠지요. 작가가 생각하는 명확한 결말로 독자를 이끌어가는 방식에 대해 저는 반대합니다. 그건 좋은 문학이 아니라고 생각해요.

권 그러나 그 허무주의가 선생님 내면의 도덕주의와 결부되어 있는 것이라는 점에 특이함이 있어 보입니다. 어쩌면 그것은 선생님의 도덕주의가 소설 작품의 표면으로 노출되는 것을 막기 위한 방어 기제처럼 생각되기도 합니다. 그런데 이렇게 내면의 도덕주의가 보이지 않는 통제력으로 작용하다 보니, 가령 소설 속에서의 인물들의 생동감 자체가 좀 떨어지게 되는 것과 같은 역기능을 하게 되는 측면도 생기게 되는 것이 아닌가 싶은 생각이 듭니다. 가령 『사랑아, 길을 묻는다』 같은 작품에서도 사랑을 추구하는 인물들의 동기나 행위가 아주 자유스럽지는 못하다는 느낌을 받게 되거든요.

김 글쎄요…… 그렇지만 내 자신이 이 나이 될 때까지 평생에 걸쳐 도덕성과 윤리성을 중요한 삶의 덕목으로 받아들이고 또 나름대로 실천해오다 보니까 사랑 이야기 같은 걸 쓸 틈이 없었어요. 게다가 어려서 강한 어머니 밑에서 자랐다 보니까 여성에 대한 일종의 기피증 같은 것이 있었다고나 할까, 그래서 사십 중반에 이를 때까지 소설에서 사랑 이야기 같은 걸 써본 적이 없었고, 그러다 보니 사랑 이야기는 아예 쓸 줄 모르는 작가처럼 되어버리고 말았는데…… 그렇지만 『사랑아, 길을 묻는다』를 쓸 때는, 마치 베토벤이 웅장한 교향곡만 작곡한 것이 아니라 「엘리제를 위하여」 같은 아주 가볍고 다감한 음악을 만들기도 했던 것처럼, '나도 사랑 이야기를 한번 써보자, 지독한 사랑의 여로 같은 걸 한번 그려보자'라는 동기에서 시작하게 되었던 것이죠. 그것도 처음에는 장편으로 구상했던 건 아니고 단순한 영화적 이미지로부터 시작했던 건데 책 한 권 분량이 되고 말았어요. 어쨌든 나이가 들면서 도덕주의적 색채가 강화되는 것을 나 스스로가 느낄 때, 내부에서는 또 그래서는 안 된다는 반발이 생겨나기도 하는 건 사실입니다.

권 그러나 지금으로서는 선생님의 도덕주의와 비관주의가 결합하다 보니 허무주의로까지 빠져드는 것이 아닌가 생각되기도 합니다. 물론 허무주의라는 것이 어떤 의미에서는 오늘날 사람들의 무반성적이고 맹목적인 삶을 되돌아보게 만드는 계기로서의 구실을 하는 것일 수 있지만, 다른 한편으로는 이것이 삶과 세계에 대한 선생님의 주관적 인식의 산물로 보이는 측면도 있는 것 같습니다. 만일 후자의 경우라면, 그래서 이것이 아직도 선생님이 머물러 계신 주관성의 세계의 잔재라 한다면, 이것 또한 치열한 작가 정신을 통해 극복해야 할 대상이 아니겠는가라는 생각을 하게 됩니다만……

김 예, 그런 면도 있긴 한데…… 그런데 저는 과연 세계가 점점 좋아지고 발전하고, 미래의 전망이 밝은 것이냐 하는 문제에 대해서는 좀 다른 생각을 가지고 있어요. 저는 진보다, 발전이다, 이렇게 주장하는 입장들과는 늘 반대되는 입장에 서 있어왔지요. 삶이나 세상이라는 것 자체가 우리가 이상적으로 바라보는 것처럼 그렇게 아름답고 행복하고 희망적인 것은 아니라는 게 젊은 시절부터 지금까지 변하지 않는 저의 일관된 생각이고 마음입니다. 예수나 부처 같은 성인들이 사랑이나 자비의 정신을 설파했지만 결국 인간은 그것을 실천하지 못한 채 종교 간의 갈등, 이민족의 차별성을 조장해왔고, 평등한 공동체의 아름다운 삶을 이루고자 했던 마르크스의 이론도 그 실천 과정에서 얼마나 많은 죄악을 저질렀습니까. 우리는 늘 희망을 꿈꾸고 가능성을 믿지만, 결국은 패할 수밖에 없는 게 인간의 조건이고 영원한 모순이 아닐까 싶습니다. 제 생각이 이렇다 보니 나의 허무주의라는 것도 좀처럼 극복될 것 같지도 않지만, 내가 가진 비관적 전망을 의식적으로 다르게 써봐야 그건 가식이고 거짓말에 지나지 않는 게 아니겠어요? 결국 문제는 내가 진정한 허무주의에 도달해 있느냐 아니냐라는 나와의 싸움이겠지요.

권 제가 그런 말씀을 드렸던 것은 사람들에게 거짓 희망을 심어주라는 뜻에서가 아니고, "우리에게 희망이 주어진 것은 희망이 없는 사람을 위해서이다"라는 벤야민의 말처럼 희망 없음의 희망이라고나 할까, 그런 역설적 진실의 경지를 계속 추구해주십사 하는 부탁의 말씀을 드려보고자 해서였습니다. 아무튼 작가가 작품 속에 희망의 흐릿한 윤곽조차 그려 보여주지 않고, 죽음 앞에 무방비로 노출되어 있는, 즉 시간 앞에서의 패배가 예정되어 있는 모습 그대로의 삶을 생생히 드러내어 독자로 하여금 삶의 의미와 유의미한 방식에 대해 스스로 생각해보도록 만들고 있는 또 하나의 작품이 『슬픈 시간의 기억』이라고 생각됩니다. 결국 역사, 혹은 시간의 진전이 갖는 그런 부정적 의미에 대한 선생님의 생각이 이 연작 소설을 쓰시게 만든 동기일 수 있겠군요.

김 그렇다고 할 수 있겠지요. 나이를 먹는 일이야 누구에게나 피할 수 없게 다가오는 일이지만, 이 연작 소설에 등장하는 인물들의 세대는 유난히 많은 아픈 상처와 고통의 기억을 간직하고 있는 세대라 생각돼요. 그러면서도 이제는 서서히 삶의 현장과 역사의 무대에서 사라져가고 있는 세대이기도 하지요. 따라서 이 소설에서 제가 의도했던 것은 이들의 혼란한 의식을 빌려서 독자들에게 역사를 추체험시키고자 하는 것이었습니다. 이런 생각을 효과적으로 구체화하는 데에는 약간의 치매 현상으로 인해 끊임없이 동요하는 이들의 혼란한 의식을 통해 현재와 과거를 마음대로 넘나들면서 한 시대와 그 속에서의 개인의 삶을 재구성해보는 방식이 적절할 것 같다는 판단에서 정통적인 리얼리즘의 방식에서 조금 벗어난 형식 실험을 시도해 보았던 것이죠.

권 혹시 선생님의 그러한 문제 의식의 배경에는 일제 시대의 피해 보상도 제대로 이루어지지 않고, 또 일종의 정치 이데올로기처럼 확산되고 있는 남북 화해의 분위기 속에서 6·25에 대한 기억도 희석되어가는 요즘의 정치적·사회적 분위기에 대해 반성을 촉구하는 의미도 포함되어 있는 것인가요?

김 『슬픈 시간의 기억』이 다루고 있는 문제는 정치적이거나 사회적인 분위기와는 상관없이, 이 시대만이 아니라 다음 시대에도 똑같이 제기될 수 있는 노인 문제의 한 패턴이라고 생각해요. 지금의 젊은 세대가 일제 시대나 전쟁을 경험하지 못했음으로 해서 노년 세대와의 사이에서 노출되고 있는 경험의 단절이라는 것은 어느 시대, 어느 세대에서나 일어날 수 있는 일이죠. 더구나 오늘날 엄청나게 빠른 속도로 이루어지고 있는 변화의 양상들로 미루어본다면 세대 간의 체험과 의식의 차이의 폭도 그만큼 더 커지게 되겠지요. 그러나 지금의 젊은 세대가 노년의 나이에 이르렀을 때 이들에게도 과거와 추억은 있게 마련일 것이고, 자신들이 살았던 삶과 시대를 의미 있는 것으로 승화시킨다는 것은 이들에게도 피할 수 없는 과제로 다가오게 되지 않겠어요? 이런 관점에서 본다면 노년에 이르러 직면하게 되는, 젊은 시절에 대한 기억과 의미화의 문제는 어느 한 시대로만 끝나는 것이 아니기 때문에 현재의 정치적·사회적 분위기와 직접적으로 연관되어 있는 것으로만 한정하여 이해할 필요는 없다고 생각합니다.

권 네, 그렇겠군요. 그런데 이처럼 보편적 성격을 갖는 문제를, 그래도 독자들이 낯설게 받아들여 스스로 각성의 계기를 마련할 수 있도록 해주는 독특한 형식을 통해 쓰시려 하셨다는 점이 무척 돋보입니다. 이런 형식 실험이 가능할 수 있었던 배경에는 선생님이 기본적으로 지니고 계신 문학적 탐구심이나 모험심 외에도 젊은 시절에 접하셨던 앙티 로망의 영향이나, 초기 소설들에서 시도하셨던 형식 실험의 경험이 많은 도움이 되었을 것 같습니다.

김 네, 아까도 잠깐 언급했지만 이미 습작을 하던 시절부터 저에게는 소설을 달리 써보고 싶다는 욕망, 달리 써야 한다는 의식이 강했어요. 가령「어둠의 혼」이나『노을』같은 작품에 있어서도 흔히 논의되는 대상은 분단 문제와 관련된 주제 의식이지만, 저로서는 저의 생생한 체험을 어떻게 표현할 것인가라는 방식이나 기법의 문제가 더 큰 관심사였다고 할 수 있겠습니다. 그런 고심의 결과로 어린 화자의 시점을 통한 서술 방식이라든가, 주인공이 고향에 돌아와 과거와 다시 만나게 된다는 귀향형 소설 형식이 만들어진 것인데, 이런 시도가 저만의 것으로 그치지 않고 하나의 유형으로까지 정립되기에 이르렀다는 점에서 적잖은 자부심 또한 느끼고 있습니다. 이것 외에도 판소리 양식이 그 정형성에 구애되지 않고 잠재적으로 지니고 있는 자유로움과 함께, 비극성을 극복하고자 하는 양식 자체의 의지와 근본 정서에 끌려「상사별곡」에서는 판소리 양식과 소설을 접맥시켜 보려고 시도하기도 했고, 또「농무일기」같은 작품에서는 한 인물의 죽음을 사이에 놓고 가해자의 아들과 피해자의 아들의 시점을 교대시키면서 행위를 진전시켜나가는 방식을 통해 패배하는 정의의 순교적 미학 같은 것을 형상화해보려 하기도 했지요. 이 밖에도 다양한 시도를 해봤지만, 초기 소설에서의 이런 시도들을 통해 아직도 생생하게 느껴지는 것은 젊었던 시절의 정열과 패기가 아닌가 합니다. 사실 훌륭한 작가들의 명작도 30세 이전의 젊은 시절에 씌어진 것이 많지 않습니까. 윌리엄 포크너의 『음향과 분노』 같은 것도 그렇고…… 그러나 저로서는 오랫동안 『불의 제전』 같은 리얼리즘 소설에 매달릴 수밖에 없었던 형편이어서 형식 문제에 대해 좀더 깊이 있게 천착해볼 수 있는 기회를 가질 수가 없었어요. 그러나 회갑을 앞두고 평소 관심을 갖고 있었던 노년 문제에 대해 쓰면서 그 동안 실현할 기회를 갖지 못했던 형식에 대한 관심을 구체화해보고 싶다는 욕심도 생기더군요. 그래서 저 나름으로는 『슬픈 시간의 기억』에서 어떤 서술 방식을 취할 것인가에 대해 고심하면서 젊은 시절의 꿈과 정열을 되살려보고자 했는데, 결과적으로 힘도 많이 들었지만 자부심 또한 큽니다.

권 그런 말씀을 듣고 보니 이제 갑년의 나이에 이르러서도 선생님의 문학적 정열과 모험심은 조금도 녹슬지 않았다고 생각하지 않을 수 없습니다. 사그라들 줄 모르는 그 문학적 정열이 앞으로는 또 어떤 새로운 모습으로 펼쳐질 것인가 사뭇 기대됩니다. 오랜 시간 말씀을 나눴어도 여전히 미흡한 느낌을 지울 수가 없습니다만, 미련은 일단 접고, 마지막으로 앞으로의 선생님의 글쓰기 계획 같은 것이 있으시면 말씀해주시지요.

김 네. 지금은 중편 소설을 하나 쓰고 있는 중이에요. 제목을 일단 「손풍금」이라고 붙여놓았는데, 생각보다 길어지고 있네요. 그걸 끝내고 난 뒤에는 피카소의 예술과 삶에 대한 전기를 책 한 권 분량으로 써보려는 생각을 갖고 있어요. 그런데 왜 피카소에 대해 써보고 싶은가 하면, 물론 내가 그림에 대한 관심도 있고 약간은 지식도 갖추고 있다고 생각하지만, 피카소에 대해 쓰고 싶다는 욕망의 내면을 들여다볼 때, 계속 도덕적으로 경직되어가는 것처럼 보이는 저 자신에 대한 내면의 반발에서 비롯되는 게 아닐까 싶어요. 피카소야말로 자유

분방한 삶을 살았던 예술가이고, 그림에서도 끊임없이 배반하고 변모하면서 세상의 도덕적·윤리적인 틀을 벗어나 더 큰 초월적 관점에서 자기 세계를 끊임없이 변화시키고 확장해나갔던 사람이 아니겠어요. 그러니까 아까도 이런 이야기를 조금 했지만, 이런 인물에 대한 글을 써보고 싶다는 것 자체가 내 속에 강하게 자리 잡고 있는 도덕성에 대한 반발, 그리고 점점 더 소시민화되어가는 나 자신을 깨부수고 싶은 또 다른 욕망의 소산이 아닐까 싶군요.

권 선생님은 소설을 통해 많은 새로운 소설의 영역을 개척해내신 공이 크신 작가라고 생각합니다. 이런 점에서 피카소와의 만남이란 것도 새로운 다른 것, 즉 타자와의 만남이라고 생각한다면 이를 통해 뭔가 또 새로운 영역이 새롭게 개척될 것이라는 기대를 갖게 됩니다. 저의 섣부른 생각까지를 곁들여 말씀드리면 그 새로운 영역은 선생님의 자아, 즉 도덕적 자아로부터의 해방을 통해 개척되는 그런 영역이 되지 않을까 여겨집니다. 오랜 시간 동안 많은 말씀 들려주셔서 대단히 감사합니다.

김 두서없이 지껄여대서 무슨 말이 될지 모르겠네요. 이만 하고 나가서 술이나 한잔하십시다.

자전 에세이 1

김원일

　나는 태평양 전쟁이 한창인 1942년 양력 3월 15일(음력 정월 그믐날) 해질 무렵 경상남도 김해시 진영읍 진영리 장터거리에서 네 살 터울 누나(복희) 아래 장남으로 태어났다. 말이 노역을 끝내고 여물 먹을 시간에 태어났으니 식복은 있겠다는 말을 들었다. 본은 함창이다.
　내가 태어날 무렵 부모의 불화가 극에 달해, 술어미 서방으로 장터거리에서는 유식자로 존경받던 한류객 이인택씨가 우리 집안 형편을 보다못해 내 이름을 源一(집안의 근원이 하나가 되라)로 지어주었다고 들었다. 울산 출신으로 어떻게 진영 땅까지 흘러들어와 장터에서 주막을 낸 이인택씨와 울산댁 내외는 부모님 혼사를 중매한 장본인이기도 했다. 당시 우리 식구는 장터 위쪽 성당 아래 막다른 골목 안에 살았는데, 셋집이었다. 그 집은 60년대 중반 성당 오르는 직선 길을 내느라 철거되어, 나는 생가가 없다. 고등학교 시절 방학을 맞아 고향에 들렀을 때 대문에서 돌아앉은 길보다 낮은 집을 두고, "저 집만 보면 네 생겨날 때 집안 꼴이 생각나 치를 떤다"고 할머니가 말했다. 어머니가 나를 배었을 당시, 아버지는 읍내에 야학당을 열며 만난 도

쿄 우에노음악학교 출신 신식 여자를 따로 두고 있었기에 구식 여자 어머니와는 이혼을 들먹이며 늘 집을 비웠고, 할아버지가 일찍 타계해 빈 집안에 고부간에 마주 앉았기가 거북해 어머니는 아장아장 걷는 누나를 데리고 역으로 나가 기차를 보며 먼 친정 땅 울산을 그리며 우셨다 한다. 나를 낳은 이듬해, 아버지가 좌익 운동 활동비를 염출하느라 공금을 횡령해 부산형무소에 수감됨으로써 이혼 문제는 가라앉은 모양이었다. 해방이 되어 아버지가 출감하고 공동 우물터 옆으로 네 칸 초가를 사서 이사했다.

 1947년 4월, 나는 읍내 대창초등학교에 입학했는데, 아버지가 입학식장에 데리고 갔던 기억이 남아 있다. 이어, 아버지는 수사 기관에 쫓기는 몸이 되자 읍내에서 잠적했고 어머니가 지서로 불려다니며 혹독한 고초를 겪다, 이듬해 3월 아버지 부름에 따라 가족이 서울로 솔가했다. 남로당 경남도당 부위원장으로 지하 활동을 했던 아버지가 궤멸 직전에 있던 서울시당의 소환을 받았던 모양이었다. 가족이 퇴계로 4가에 정착, 누나와 나는 영희초등학교에 편입했다. 우리가 살았던 발전기·변압기 도매상 영진공업사에는 마당 뒤꼍에 일자 함석집이 있었는데 여러 가족이 방 한 칸씩 들어 있었다. 그 구성원이 모두 지하 남로당원으로, 영진공업사는 그들의 위장 아지트였다. 이듬해 6월 전쟁이 나자, 아버지는 지상으로 복귀 집을 늘 비운 채 성동구 임시인민위원회 위원장을 거쳐 서울시당 재정부 부부장으로 활동했고, 9월 연합군의 인천 상륙 때는 구로 지역 방위선 후방부 부책임자(책임자는 서울시당 위원장 김응빈)로 동분서주하다 인민군 철수 때 가족을 챙길 경황 없이 마지막 철수팀 일원으로 월북했다(이런 사실도 자수한 북측 간첩을 접촉한 바 있는 이를 통해 듣게 되기가 1998년이었다). 전쟁 전후 그런 사정은 기억 속에 생생하게 남아 있어, 장편 『불의 제전』에 상세하게 썼다. 왕십리로 피신해 있던 가족 중 11월 초 누나와 내가 먼저 뚜껑 없는 무개 열차 편에 귀향했다. 고향에 도착할 나흘 간 혹독히 굶고 삼랑진에서 진영까지는 도보로 강행군했다. 11월 중순 어머니가 나머지 형제 둘(원우와 생후 7개월 난 막내아우 원도. 원도는 어린 시절 영양 장애가 원인이 되어 25세에 타계했고, 유고 시집 한 권을 남겼다)을 데리고 귀향했다. 어머니는 외가붙이가 있던 대구에 형제를 데리고 정착했고, 나만 고향에 떨어뜨려놓았다. 나는 장터거리 주막집 이인택씨 내외분께 불목하니로 얹혀 지냈다. 이인택씨는 어린 나를 친손자처럼 사랑해주었다. 초등학교 5학년 때 그분이 별세했지만, 나는 늘 마음으로 존경했다. 『불의 제전』에서 나는 그분을 안천총으로 묘사했다.

대창초등학교를 가까스로 졸업한 1954년, 나는 식구가 있는 대구로 나와 신문을 팔다 전봇대에 붙은 신입생 모집 공고를 보고 5월에 입학한 학교가 그해 신설된 수성중학교였다. 한 반이 40명 정도였는데 전쟁으로 학업을 놓친 머리 큰 애들이 많았고 우리는 가교사를 전전하며 공부했다. 공부에 재주는 물론 취미도 없던 나는 중학교를 졸업하자 1957년 학비가 싸다는 한 가지 이유로 대구농림고등학교에 입학, 1960년에 졸업했다. 그 동안 우리 식구는 단칸 셋방 신세를 면치 못했고, 어머니는 삯바느질로, 나는 신문팔이, 신문 배달, 야간 병원 사환으로 겨우 학업을 마칠 수 있었다. 장편 『마당깊은 집』은 전쟁 직후 내가 겪었던 첫 대구 생활의 진솔한 기록인 셈이다.

내성적인 소심한 성격으로 초등학교 때부터 그림에 취미를 붙여 사생 대회에서 여러 차례 입상도 했으나, 고등학교 2학년 때 학교 도서관에서 우연히 독일 소설가 만의 단편 「환멸」을 읽게 된 것을 계기로 내게도 글을 쓸 재능이 있지 않느냐고 반신반의한 끝에 용기를 내어 글쓰기에 본격적으로 매달렸다. 내 또래로서는 비교적 체험이 풍부한 전쟁 전후 아픈 기억을 소설 형식으로 끄적거리게 되자 자폐의 열등 의식을 어느 정도 보상받는 느낌이 들었다. 고3 때 국내외 소설을 제법 많이 읽었고, 문학을 필생의 업으로 삼아야겠다고 어렴풋이 뜻을 세웠다.

1960년에 상경, 김동리 선생이 계시던 서라벌예술대학에 입학했다. 술담배를 배웠고 18세에 시작한 그 두 가지 도락이야말로 오늘까지 나를 위무해주고 격려해준 무언의 친구가 되었다. 이 나이 되도록 담배는 하루 세 갑, 술은 정말 많이 마셨다. 60년대 중반 대구 시절 친구 둘과 엿새 동안 막걸리 백열 대를 마신 기록이 있고, 70년대 중반엔 하루 저녁 소주 네댓 병씩을 비웠으나 직장 생활 18년 동안 결근은커녕 지각해본 적이 별로 없다. 내성적인 자기 학대형의 유일한 출구가 술이 아닐까 생각해본 적이 있다. 우리 연대를 한글 세대, 또는 4·19 세대로 지칭하나, 당시로서는 어떡하면 장자로서 나를 바라보는 여섯 식구를 부양할 수 있을까란 불안한 전망에만 시달린 창백하고 말없는 우울한 청년이라, 그 세대로서 투철한 자각이 그후로도 없었다. 그 시기 러시아 소설, 프랑스 실존주의, '의식의 흐름' 수법의 소설에 경도되어 습작했으나 지금 생각하면 어설픈 흉내내기였다. 1962년 초급 대학을 졸업하자 가족이 있는 대구로 내려가 일 년간 전기 견습공 노릇을 했다. 1963년 대구 청구대학 국문과에 편입, 그해 8월 논산 훈련소에 입소해 30개월을 강원도 양구 최전방에서 복무했다. 군 생활이며, 살아감이 하도 지겨워 몇 년째 폭음을 일삼았다. 1966년 제대하여 복학한 해 대구 매일신문 소설 공모에 당선된 단편 「1961·알제리」가 대외에 발표된 내 첫 소설이다. 이듬해『현대문학』장편 공모에『어둠의 축제』가 뽑혀 문단에 발을 들여놓았다.

  대학 재학 중 학비 조달이 어려워 경북 청도 이서중고등학교에서 1년 교편을 잡다 1968년 졸업장을 쥐자 상경해 도서출판 국민서관에 취업했다. 1971년에 경북 구미 출신의 처 전인숙과 결혼하고, 처의 권유로 세례를 받고, 현재 장충동 경동교회에 평신도로 20년 가까이 출석하고 있다. 결혼 초기엔 먹고 살기에 바빠 소설 쓸 짬도 없던 차, 1973년 초 별 생각 없이 해방 공간의 집안 사정을 픽션화한 「어둠의 혼」을 발표하자 비로소 여기저기서 원고 청탁이 들어왔다. 당시 출판사 사정이 그랬지만 야근에 시달리며 그해 여덟 편의 단편을 발표했다. 소설만 써선 먹고 살 수 없다는 불안감에 한 직장에서 18년 간 일했고, 80년대까지 토요일도 오후 6시까지 근무하며 참으로 억척스럽게 살았다. 어느 정도 생활에 안정을 찾자 1986년에야 전업 작가의 길로 나섰다. 직장을 그만두고부터 집필실을 마련해 본격적인 작품 쓰기에 매달려 한 해 한 권꼴로 책을 냈다. 늘 우울증에 시달리는 고통을 잊으려는 방편과, 타고난 건강과, 재주 없음을 통감하고 이를 근면으로 때우려 작업을 부추겼다. 그 동안 발표한 소설로는 중·단편 소설이 60여 편, 장편 소설이 13종쯤 된다. 대체로 내 가족사를 끌어들여 분단 문제에 천착했는데, 그만큼 내게는 사회 집단보다 가족 단위 개념으로 작품 얼개를 짜는 데 익숙해진 탓이다. 그러므로 내가 소년기를 보낸 전쟁 전후가 작품의 배경으로 설정되는 경우가 많을 수밖에 없었다. 그렇다 보니 내가 왜 생겨났는지, 왜 사회 구성원에 우격다짐 끼워 넣으려 했는지에 대해, 덤으로 지긋지긋한 가난의 굴레를 두고 부모를 적잖게 원망도 했으나, 아버지로부터 작은 재능을 물려받고 어머니로부터 근면성을 배웠으니 나이 들어서야 철들 듯, 그 고마움을 알게 되었다. 어린 시절 이인택씨같이, 80년대 말에 수필가 전숙희 선생을 알게 되어 여태 신세입은 바 적지 않다. 17년째 서울 강남 서초구 언저리에서 살며, 가까이에 둔 외손 둘을 보는 재미로 늙는 세정인의 길로 들어섰다.

〔『세월의 너울』날개면, 1996년, 솔·개고〕

자전 에세이 2

김원일

    젊은이는 희망찬 미래의 기대에 들떠 살고 늙은이는 과거를 돌아보며 산다는 말을 수긍한다면, 나는 다행스럽게도 행복한 늙은이에 끼일 수 있다. 환경이 성격을 만든다는 말도 있지만, 나는 소년 시절부터 겁 많은 울보였기에 또래들에 잘 섞이지 못했고, 혼자 있기를 좋아했다. 그러므로 어른이 되면 악산을 앞에 두고 도전해 넘기에는 자신이 없었기에 내리막길부터 찾아 안개 속의 늪으로 서서 내려가야지, 그런 생각을 하면 마음의 위안이 되었다. 나이 마흔을 넘기자, 산맥같이 일어설 시간은 이미 끝났고 살아온 깜냥의 지혜로 숨죽이고 살아야 할 시간조차 그리 길게 남지 않았다는 내 내부에서 들리는 위로가 마음을 편안하게 했다.
    이런 글자리를 빌려 고백하고 싶은 말이 있다면, 나는 어릴 적부터 빨리 늙은이가 되고 싶었다. 십대 중반에 벌써 나는 내가 살고 있는 현실을 절망과 비극의 세계로 파악했고, 나에게 가정적·사회적 책무를 지워 그런 일감을 감당해나가는 나를 지켜볼 주위의 시선으로부터 해방되려면 빨리 늙은이가 되는 길밖에 없다고 생각했다. 소년 시절 흙고물을 제 몸에 바르고 꼬물거리는 무척추의 작은 벌레를 볼 때, 마치 늙은이를 보듯 생명이란 참으로 끈질기구나 하고 생각한 적이 있었다. 양지바른 돌담 아래 해바라기하고 앉아 쪼그라진 입으로 누룽지 조각을 침 흘리며 녹이는 꾀죄죄한 늙은이가 행복하게 보인 적도 있었다. 소년기부터 지금까지, 힘들게 움직이는 굼벵이나 그런 늙은이가 추하다거나 쓸모 없는 인생의 잔영이라 느낀 적은 없다. 늙은이의 경우 그가 아무리 초라한 모색일지라도 고난스런 세월을 그때까지 어떻게 견디어왔나를 생각하면, 다만 생명을 지켜왔다는 그 사실 하나만으로도 슬기로워 보인다. 그래서 나는 여태 현대적이고 미래 지향적인 소재를 소설화하는 노력을 포기했고, 사실 그런 소재는 의욕도 자신도 없었다. 돌아가자, 어린 시절로. 나는 늘 뒤돌아보며, 소년 시절로 달려가면서, 한편으로 쉬 늙은이가 되고 싶다는 이 율배반 속에 여기까지 살아온 셈이다. 소심한 내향적인 사람이 그렇듯 나는 인간과 인간이 톱니바퀴로 물려 치열하게 부딪치는 삶에 내가 껴붙을 수 없다는 패배주의에 익숙했고, 자연을 정복의 대상으로 보지 않고 그 속에 묻혀 조화를 이루는 삶에 평화가 있다고 생각했다. 나의 그런 소박한 자연주의적 논리의 세계에는 어린이들, 장애인, 노인이 다치지 않는 보호된 터가 있으리라 믿었다. 왜냐하면 그들은 물욕·명예욕·권력욕·정욕, 그외 타인을 딛고 서려는 모든 욕망으로부터 피해받지 않아야 할 대상이므로. 나는 내 속의 이율배반을 그런 식의 조화에서 찾으려 했다. 그러므로 내 문학은 조직 사회의 욕망 추구에 따른 증오의 다른 표현이며, 소년기의 아이답지 못했던 추억의 자리에 놓였다 하겠다.

   초가집, 고샅길, 대장간, 장터 주막, 천렵, 꽁보리밥, 달구지는 이제 잊혀진 과거의 풍물이 되었다. 시골에서 자란 이는 유년기와 소년기의 기억과 함께 그런 예전 풍물이 떠올려주는 추억을 누구나 갖고 있다. 이제 먼 그리움이 되고만 기억의 파편들이다. 나 역시 그런 추억과 남도 사투리가 떠올려주는 그 시절을 기억하며, 그 과거 이야기감을 돌아보며 끔쩍이는 데서부터 내 문학이 시작되었다. 그 중에서도 나와 특별히 인연 깊은 잔영이 장터이다. 나는 장터거리에서 태어났고, 초등학교 1학년을 마치자 서울로 올라가 이태 반을 보내고, 전쟁난 해 11월 초 다시 고향에 내려와, 가족은 대구에 정착했으나 나만 고향에 떨어져 1954년 초등학교를 졸업할 때까지 장터거리에서 더부살이를 했다.

진영은 낙동강역 넓게 펼쳐진 진영 평야 5천 정보를 북으로 두고 뒤로 나지막한 야산을 타고 오르며 자리한 군청 소재지가 아닌 읍이다. 마산과 부산을 연결하는 고속도로에 삼랑진과 진주를 잇는 철도가 있어 교통 요충지라, 임산물은 부족했으나 농산물과 수산물이 풍부한, 단감 산지로 알려져 있다. 진영(進永)은 한자 이름 그대로 예로부터 있어온 대촌이 아닌, 일제 초기 편리한 교통 덕분에 급조된 마을이라 오래 터를 잡은 세가나 반상의 질서가 없는, 뜨내기들의 집합처였다. 장터거리는 읍 중앙에 자리했는데, 반도로 나온 일본인들이 재빨리 정착해 일제 때는 그들 자식들만 다니던 소학교가 따로 있었다. 자연 경관만은 그럴듯해 봄이면 뒷산을 뒤덮은 단감 과수원에 여린 잎이 햇살에 반짝이는 모양하며, 담백한 감꽃 향기가 장터까지 진동했다. 100미터 남짓한 뒷산에 오르면 가없는 들판과, 그 들녘에 촘촘히 박힌 마을과, 굽어 도는 낙동강 물줄기가 눈에 잡혔다. 진영 평야는 50년대까지 9할의 소작농에 의해 경작되던 전천후 수리답이었다. 30년대 진영 평야를 점유했던 '하사마농장' 소작 쟁의 사건은 일제하 대표적 농민 운동이었고, 해방 직후 좌익이 일찍이 뿌리를 내릴 정도로 반골 정신이 강했다.

장터거리에서 국밥과 술을 팔던 이인택씨와 그분의 처 울산댁은 피붙이 아닌 나를 맡아 3년 동안 거두어주었다. 당시 쉰 중반을 넘어섰던 두 분은 자식이 없어 나를 친손자처럼 끼고 잤는데, 이인택씨는 처에게 술장사를 시키고 있었으나 한서에 밝고 활을 잘 쏘는 한량이었고, 울산댁은 비대한 몸만큼 한량없이 너그러운 여장부였다. 바람에 날릴 듯 꼬치꼬치 말랐고, 벙어리에 가깝게 말이 없고, 아무렇지 않은 일에도 울보였던 나는 혼자 뒷산에 올라가 너른 들녘을 보며 앉아 있기를 좋아했다.

진영 장은 인근 닷새 장 중에 큰 장이었다. 도시에서 생산된 각종 공산품에, 주변 촌락에서 나온 농산물·축산물·수공업품 베에, 마산 어시장을 거쳐온 갖가지 어물에 이르기까지 없는 물목이 없었다. 장날이면 점점이 늘린 들녘 마을들과 뒷산 너머 산골 동네에서 삼삼오오 떼지어 팔 것을 이고 지고 읍내로 나오는 흰옷 행렬이 띠를 이루었다. 그들의 검게 탄 순박하고 찌든 얼굴들이 지금도 눈에 선하다. 눈치 빠른 장사꾼과 장터거리 거간꾼들이 호랑이 굴로 찾아드는 노루를 보듯, 드르르한 입심으로 물건을 후려 깎았다. 장터란 새 소식이 빠른 곳이라 가까운 도회지 풍문이 한 장이 멀다 하고 흘러들어왔고, 순박한 시골 인심은 간데없고 도회 성향의 닳아빠진 사람들이 한 장 벌어 닷새를 버티며 아옹다옹 살다 이웃 돈 떼어먹고 야반도주해버리면 새 뜨내기가 정착하곤 했다. 초등학교만 졸업하면 가출 소년이 늘었고, 곡마단패가 들어오면 바람난 장터거리 처녀 한둘이 그 패를 따라 떠났다. 장날 저녁이면 술 취한 장사꾼과 장터 토박이들이 쌍스러운 욕설로 멱살잡이를 벌였고, 아래 장터 극장에서는 영화와 국극단패가 들어와 스피커를 통해 유행가와 트럼펫을 불러 제쳤다.

주막 가겟방에는 도붓장수꾼이나 떠돌이 낭인을 밥값만 받고 재워주었는데, 나는 그 삿자리 가겟방의 담배 연기 자욱한 속에 술추렴과 함께 그들이 나누는 대화를 밤 깊도록 뒷전 구석에 앉아 엿들었다. 북쪽 전선의 유혈극이며, 부산 피난민 판자촌 애환이며, 낮에는 태극기가, 밤에는 인공기가 내걸린다는 지리산 쪽 사정이며, 그들은 전시 세상 형편에 모르는 것이 없었다. 가난한 시골 처녀를 취직을 미끼로 꾀어 부산 양공주촌에 팔아넘긴다는 경험담도 털어놓곤 했다. 상상만으로도 경이로운 다른 세계 이야기였다. 전쟁 초기 인공 치하의 폭격 세례를 서울에서 당해본 나로서는 진영 땅 바같의 다른 세상이 두려워 살고 있는 바다를 떠나고 싶지 않았다.

장터거리 남정네들은 과음과 노름, 광폭한 성정과 황토병(주로 간디스토마)으로 쉰 전후에 쓰러졌고, 가겟방에서 외롭게 죽은 등짐장수와 행려자도 여럿 보았다. 그럴 때 어린 나는 숨도 제대로 못 쉬며, 늙어서 아름답게 죽는 죽음을 그려보곤 했다. 아름다운 죽음이란 1950년 그해 인공 치하 때 청계천에 버려진 아이들의 시체나, 서울 수복 때 광화문 거리에서 보았던 집채보다 높게 쌓인 떼죽음이 아닌, 늙어 정갈하게 맞는 자연사였다.

내가 빨리 늙고 싶다고 마음에 새기기는, 진영 생활을 청산하고, 1954년 대구로 올라와 가족과 함께 살며 일터로 향하기 위해 새벽별을 보고 나섰을 때부터였다. 세상의 냉대, 추위, 주림, 어머니의 학대, 노란 얼굴로 늘 불안에 질린 어린 동생들의 침묵, 조울증에 시달린 정서 불안증……, 삶은 고통 그 자체였다. 늙은이가 되면 아무도 내게 돈 벌어오라고 일 시키지 않겠고, 벌레처럼 누구로부터도 관심 대상이 되지 않겠지. 나는 이를 앙다물고 늘 그 생각만 했다. 그러는 사이 세월은 흘러 어느덧 나도 바람대로 애늙은이가 되었다. 생각해보면 견디며 살아온 세월이 대견하기도 하고, 애늙은이가 됐으니 죽음도 머잖았는데 나는 아직 쓸 글감이 남아 있지 않냐는 초조감으로 하루하루가 새롭기도 하다. 소년기부터 따라다닌 이율배반적 갈등이다. 그러나 누구든 '완성'에 이르지 못한 채 어느 날 홀연히 이 세상을 떠나지 않는가. 살았을 때는 죽는 순간이 어떤지 체험할 수 없고, 죽음으로 체험에 이를 때는 이를 깨닫지 못하므로 기록을 남길 수 없다. 〔『연』, 서문, 1985년, 나남 · 개고〕

인물 평전

밤낮없이 일만 하는 나의 형님

김원우

1

형님이 회갑을 맞게 되었다니 실로 감회가 착잡하다. 우선 우리 형제가 벌써 이 나이에 이르렀나 하는 감상도 서리서리 얽혀들고, 이처럼 살아냈다는 것만도 장하고 오감해서 뿌듯하기 그지없다. 흔히 가슴이 벅찰 때 말로 표현도 못 하겠다고들 하지만 명색 문인임에도 이 자리에서는 그 상투어가 가상하다는 심정이다.

장르에 상관없이 사담(私談)들을 너무나 노골적으로 까발리는 추세는 오늘날의 세계적인 흐름이 아닌가 싶고, 다들 그것이 재미있다고 하는 모양이지만 나로서는 평소에 그런 풍조가 좀 지나치다고 생각하는 쪽이라서 두 형제 사이의 남다른 우애, 도타운 정분, 모진 세파 극복기 등을 솔직하게 털어놓아도 된다는 이런 지면이 오히려 더 껄끄럽다. 어디서 어디까지 털어놓아야 좋을지, 그것을 독자들이야 어떻게 받아들이든 형님이 속으로 무어라고 할지 걱정스럽다. 또한 공석에서 할 말이 따로 있고, 사석에서도 마땅히 안 해야 할 말이 있는 만큼 우리 형제만이 알고 있어야 할 이야기도 많고, 형님도 그럴 테지만 무덤까지 고스란히 가지고 갈 나만의 소회도 적지 않아서 그렇다. 그런 분별이 내게 전혀 없다고는 할 수 없으나 이 자리에서는 왠지 쭈뼛쭈뼛 저어부터 앞선다. 쓸 거리가 너무 많아서 아예 없다고 치부해버리는 게 속 편하다고 여기는 경우가 지금의 바로 내 처지인 듯싶다.

되돌아보니 쫓겨다니다시피 그처럼 숱하게 옮겨 다닌, 그야말로 잠시잠시 몸뚱어리를 의탁하고 살았던 여러 모양새의 우거(寓居)들부터 떠오른다. 대개 다 우리 가족이 임시로 셋방살이를 하던 그 가옥들의 담장부터 방 안의 남루를 거쳐 변소간까지, 거기서 함께 살던 여러 별난 인간 군상의 표정에서부터 행동거지까지 아직도 내 눈에는 손에 잡힐 듯 생생하다. 그런데 이상한 것은 어느 집에서는 형님의 자태가 아예 안 그려지고 나 혼자만 외따로 떨어져서 꾸물거린다. 그러나 어떤 집에서는 형님의 일거수일투족이 너무나 또렷한 사실화로 다가든다. 가령 다음과 같은 여러 장면들이 그것인데, 아마도 형님께서는 나와 다른, 짐작건대 적잖이 그로테스크한 추상화로 선뜻 떠올릴지도 모르겠다.

맏며느리가 꼽추였던 어느 널찍한 집의 홀아비 시아버지는 언제나 나비넥타이를 매고 들락거리던 한 방직 공장의 전무였다(이 집이 다소 변형되어 형님의 한 작품에 형상화되었는데, 여기서 그 작품명을 들먹이지 않는 것은 내 나름의 여러 분별과 의미가 있어서이다). 마당 한가운데의 정원에서는 해바라기와 맨드라미가 자욱이 피어나고 붉은 담벼락 밑에는 장작이 까마득히 처쟁여 있던 그 집에서 형님은 매일 밤늦게 돌아오곤 했다. 아마도 신문팔이가 아니라 신문 배달을 끝내고 돌아오는 길이 아니었나 싶다.

구더기가 득시글거리던 변소와 바로 붙은 단칸방에서 살던 때는 형님이 엉성한 나무 판자 울타리에 화판을 비스듬히 기대놓고 수채화를 그리고 있다. 그 수채화는 울창한 수목 속에 덩실한 기와집의 지붕만 보이는 풍경화였다. 나는 그 옆에서 굼실굼실 기어다니는 쌀벌레를 가려내느라고 쌀통 속에 머리를 처박고 있다. 바로 옆방에는 이북에서 오누이를 데리고 피난 와 살던 홀어미가 싯누런 얼굴로 밤마다 소화불량성 방귀를 뀌어대는 소리가 들려오곤 했다. 그 건넌방에는 남자가 요리사였던 중국인 내외가 오순도순 살고 있는데, 우리말을 아주 잘하던 그 여자가 두번째 애를 낳자 빨갛게 물들인 계란을 한 광주리씩 들고 해산 축하 인사를 오던 중국인의 행렬도 있다.

키가 크고 인물도 훤한 데다 사교춤을 잘 춰서 밤마다 어디로 나가곤 하던, 장성한 첩실 소생의 사내 자식까지 합쳐서 식구가 열 명 안팎이나 되던 한 한의사의 집도 나온다. 경주댁이었던 그 집의 안주인은 어질어빠지긴 했으나 외모가 그린 듯 고왔다. 추녀 밑에 달아낸 그 집 골방에서 형님은 붉은 줄이 그인 원고지에다 글을 쓰고 있고, 서울의 한 문우에게서 날아온 두툼한 편지를 좀 들뜬 기색으로 읽고 있다.

아침마다 군용 지프차에 올라타면 한쪽이 기우뚱거릴 정도로 뚱보였던 한 영관급 장교가 이북 출신의 장모를 모시고 살던 집에서는 형님이 안 나타난다. 대구 종로통의 중국인 소학교와 마주 보는 골목 속에 들어앉아 있던 그 집은 처음으로 우리 가족이 두 칸짜리 셋방살이를 하게 되어 그나마 한숨 돌리던 안식처였는데 지금 내 기억에는 형님은 없고 누님뿐이다. 분명히 우리 일가가 함께 동거했는데도 그렇다. 정확한지 모르겠으나 그 집에서의 셋방살이 중에도 형님은 매일같이 밤늦게 돌아왔을 것이다. 3·1 독립 운동의 민족 대표 33인 중의 한 사람이었고 의사였던 양반이 그즈음 대구 시내 한복판에서 병원을 개업하였는데, 형님은 방과 후에 그 병원의 청소부로 일하였고, 살림집까지 뒤에 딸려 있던 그 병원에는 나도 몇 번이나 찾아간 적이 있다. 뒤이어 형님은 높다란 소나무가 몇 그루 박혀 있던 남산동의 한 벽돌집 병원에서도 아르바이트를 했을 것이다.

구질구질한 고생담부터 늘어놓아 창피스럽기 짝이 없지만 어릴 때부터 내 눈에 비친 형님의 면모는 무엇보다도 부지런히 일하는 모습이다. 억척스러울 정도로 일하고, 어떤 일이 닥쳐도 싫증을 내는 법도 없다. 일 좋아하는 사람이 흔히 그렇듯이 일도 형님을 쫓아다니고, 형님 자신이 일을 벌이기도 잘한다. 그러나 달려드는 일이나 벌이는 일마다 끝장을 낸다 싶게 밀어붙이고 마침내 소기의 목적을 이루어낸다. 한눈팔지 않고 오로지 일하기를 즐기고, 그 근면 자체가 바로 생활이어서 다른 여유를 즐길 틈조차 스스로 없애버리는 자신의 팔자랄지 성격을 기리는 특이한 인물이라고 보면 틀림없다. 당연하게도 형님의 이런 체질적 이력에는 뿌리 깊은 연원이 있다.

2

우리 형제를 이토록 길러주신 어머니의 여러 초상을 제대로 그리기로 들면 끝도 한도 없다. 물론 형님이나 나 이런저런 소설에서 당신의 여러 면모를 나름껏 형상화하곤 했지만, 그 특이한 개성을 조명하기란 힘들고, 우리 눈에는 지금도 선명하건만 그것이 글로 옮겨지면 즉각 오문투성이의 번역이 되고 마는 면면이 너무나 많다. 작가라면 누구라도 생체험이나 간접 체험 따위를 적당히 반죽하여 마음껏 변형시킨 상태로 주요 인물들을 빚어내고, 그 특권이 소설쓰기의 재미를 항구적으로 늘리고 불려가지 않나 싶은데 우리 어머니를 그리려면 도무지 요지부동이다. 바위처럼 꿈쩍도 않고, 그것을 어디로 옮겨놓을 엄두는 도저히 나지 않아 그냥 밋밋하게 그 윤곽만 스케치해버릴 수밖에 없다는 게 내 생경험이다.

대단히 부지런한 양반이었다. 가계가 그런 듯 우리 형제들이 큰엄마라고 부르던 이모 한 분과 외삼촌 한 분을 생전에 자주 대할 수 있었는데 두 분 다 그랬다(두 분 말고도 막내였던 어머니에게는 동복·이복 형제자매들이 몇 분 더 있었으나 내왕이 전혀 없었다). 울산에서 사시던 그 외삼촌이 무슨 볼일로 대구에 들러 우리집에 이틀 밤인가 묵은 적이 있었는데, 오랜만의 걸음인데도 그이는, 동상, 내가 도배나 해주고 갈란다, 풀 좀 쒀주고 장판지하고 벽지나 사오너라, 하면서 팔을 걷어붙이고 나섰다. 우리 어머니의 경우는 만년에 중풍으로 쓰러지신 다음부터 동작이 굼뜨고 가만히 앉아 계시기도 했지만, 그전까지는 잠시라도 손을 놀리고 있는 모습을 나는 본 적이 없다. 또한 경우 차리기를 세상살이의 제일 신조로 삼아 자식들을 주렁주렁 달고 셋방살이를 해서 신세졌다고 명절이면 꼭 당신의 드는 솜씨로 기운 버선을 주인집에 디밀곤 했다. 뿐만 아니라 과부로서의 정절 지키기에도 너무나 짱짱해서 그때까지 일본식으로 개명한 이름인 이도상이라고 부르던 상처한 홀아비 자리가 인편에 개가 의사를 물었다고 목놓아 울기도 했고, 셋방을 구하러 다니다 주인집으로부터 자식 많은 과수댁이라고 수모를 당했다면서 패악 치듯 방바닥을 쳐대며 흐느끼던 모습이 지금도 내 눈에 선하다. 그런가 하면 근근히 끼니나 안 거르고 사는 처지인데도 한 달에 꼭 한 번꼴로는 자식들을 공중목욕탕으로 데리고 가서 살갗이 벗겨지도록 때를 벗겨야 직성이 풀리는 유별난 청결벽도 갖고 계셨는데, 이런 장면도 형님의 어떤 작품에 곧이곧대로 그려져 있다(나무 물통에 퍼담은 물로 벗긴 때를 훑어내리곤 했는데, 그 뜨거운 물 세례를 몇 번이나 뒤집어써야 어머니 손에서 놓여나나 하고 헤아리기도 했고, 내 기억으로는 스물다섯 번 안팎이었다). 소학교도 끝까지 못 다녀서 일본 말을 잘 모르고 한글은 깨친 정도였으나 김내성의 『청춘극장』 같은 소설책을 대본집에서 빌려 잠 안 오는 밤을 밝히기도 했고, 형님이 서울에서 대학 재학 중일 때는 아래아가 남아 있는 글씨체로 편지를 써서 띄우기도 했다. 기이한 장면이 하나 남아 있는데, 그것은 나를 무슨 호신용으로 달고 갔지 않았나 싶은, 게리 쿠퍼와 잉그릿드 버그만이 눈 덮인 산골짜기에서 몸부림치던 「누구를 위하여 종은 울리나」를 감상하러 간 걸음이다. 그 활동 사진은 내가 최초로 본 영화였다.

물론 우리 어머니는 일정하게 무식하고 고지식한 고집투성이의 여장부였다. 오로지 정직하고 부지런하면 밥 안 굶고 살 수 있다는 주의를 몸소 행동으로 보여주던 그런 양반이라 공납금만 대주면 학교를 마치겠지 해서 공부를 하라 마라는 소리도 없었고(출세해서 유명인이 되라는 따위의 강요를 일체 하지 않았다), 나는 고등학교 3학년 때 참고서 두 권을 새 책으로 사본 것 말고는 교과서도 헌책방을 돌아다니며 구입했고 그것마저 죄다 구비한 적이 한 번도 없었다.

그런데 지금 생각해도 참으로 이상하고, 도저히 이해할 수 없는 장면은 유독 형님에게만 닦달질을, 그것도 거의 초죽음이 되도록 퍼부어대던 우리 어머니의 모진 매질이다(형님보다 네 살 많은 하나뿐인 누님에게도 다리미판이 부러지도록 등짝을 후두드려 패고, 그런 매타작을 당하면서도 앉은뱅이책상 위에 머리를 처박은 채로 아무런 말도 없이, 마냥 들먹거리기만 하던 누님의 어깻죽지가 지금도 내 눈에 얼쩡거려서 눈시울이 저절로 젖어온다. 물론 누님도 그런 곤욕을 여러 차례나 치렀지만 형님에 비하면 약과였다). 별것도 아닌 꼬투리를 잡아 형님에게 매타작을 퍼붓기 시작하면 언제 끝날지 알 수도 없을 지경이었고, 누구도 믿기지 않겠지만 가죽 허리띠로 어쩌자는 것인지 당신의 맏자식 목을 조르는 경우도 비일비재했다. 요컨대 사람이 되라는, 남편복 없는 년이 자식복이나 있겠냐면서 과부 에미를 뭘로 아느냐는 그런 폭력 행사는 형님이 고등학교에 다닐 때까지도 걸핏하면 벌어졌다. 그런 생지옥을 보면서도 나는 눈물만 글썽거릴 뿐 어머니 팔에 매달리며 말리지도 못했고, 말릴 수도 없었다.

왜 그랬을까. 아무리 분석해봐도 알 듯 말 듯한 수수께끼다.

따지고 보면 형님만한 맏자식도 없었다. 그런 모진 매타작을 견뎌내는 데서도 드러나는 것처럼 착하고, 성실하고, 시키는 대로 일을 하는 부지런한 아들이었다. 남자는 밥 숟가락을 놓자마자 밥상을 걸터 넘고 밖으로 나가서 일하고, 돈을 벌어와야 한다는 생활 지침대로 형님은 중고등학교를 마칠 때까지 온갖 일을 다하며 작으나마 돈벌이를 하고 있었다(형님의 신문 배달에 나도 몇 번이나 따라간 적이 있었는데, 한번은 목조 건물이었으나 지금은 없어진 도청 청사의 2층에서 뛰어 내려오지 않고 난간을 엉덩이로 미끄럼 타서, 더 빨리 신문을 돌리려던 형님의 그 동작이 신기하고 부럽던 기억이 남아 있다. 그 자극 때문이었던지 나도 중학교 2학년 때 집에는 알리지 않고 신문 배달 일을 이틀 간 했고, 석간 지방지를 돌릴 집집을 다 외운 마당인데 들통이 났다. 그런데 어찌된 판인지 어머니는 내게 그 일을 하지 말라고 했다). 형님에게 무슨 잘못이 있어서가 아니었다. 배울 만큼 배운 인간이 기집질하고(내게는 형님과 동갑이나 생일이 한참 늦은 이복 형님이 한 분 있다), 노름(마작) 좋아하고, 게을러빠지고, 돈 무서운 줄 모르고(우리 아버지에게는 낭비성 기질이 좀 있었던 듯하다), 빨갱이 운동해서 이렇게 처자식을 고생시키는 '애비 귀신'을 닮지 말라고, 그러니까 당신의 남편에 대해 철천지한이 맺혀서 또 당신의 그런 박복에 분풀이를 하느라고 애꿎은 형님만 족쳐댄 것이다(어머니의 가슴에는 제법 큼직막하고 붉은 흉터 자국이 두두룩하니 나 있었는데, 남편의 행방을 추달받으며 고문당한 흔적이었다). 그런 인간이 되려거든 진작 죽으라고 들먹이던 또 하나의 모델이 있었다. 서울의 일류 대학을 중퇴한, 자기 형과도 박이 터지도록 싸우기도 한 상이 군인 출신으로 일어 판 『오노(小野) 영문법』 책을 몇 년씩이나 들고 다니던 이종 형이 그 모델이었다. 요컨대 우리 어머니는 당신 자식만큼은 그런 인간들로 만들지 않겠다는 것이었다(아마도 우리 어머니는 당신의 방정한 처신과는 너무나 다르고 얄궂은 배운 사람들의 행태를 깔보는 성미가 체질화되어 있었던 듯하고, 나도 그 이종 형이 다닌 그 소위 일류 대학은 말할 것도 없고 그 학교 출신들의 같잖은 교만·허세·무식 들을, 물론 다 그렇지는 않겠으나, 아직도 우습게 보는 고정관념을 갖고 있다).

또 다른 분석을 내놓을 수도 있다. 일거리는 산더미처럼 밀려 있고, 며칠까지 해주겠다고 약속을 했으니 그 말은 지켜야겠고, 몸이 부서지는 한이 있더라도 당신 앞에 닥친 일은 꼭 해치워야 네 자식을 먹여 살릴 수 있을 뿐만 아니라 남에게 업신여김을 안 당한다는 그런 책임감, 강박관념, 자존심 등으로 똘똘 뭉친 사람은 흔히 그 자기 의무감의 노예가 되어 주변 사람들에게 강포해지고, 신경질을 부리고, 고집불통의 편집광이 되고 마는 경우를 우리는 자주 목격하는데, 우리 어머니도 정확히 그래서 형님이 그 희생양이 되고 말았을 것이라는 추측이 그것이다. 그러니까 어머니의 그 매질은 만성적 피로증후군의 난반사였다(새벽같이 일어나서 머리부터 단정히 빗고 재봉틀 앞에 앉으면 밤이 깊어서야 일을 마치곤 했는데, 한창 일에 몰입해 있을 때는 무슨 말인가를 중얼거리기도 했고, 잠자리에 들면 너무 고단해서 잠을 못 들던 어머니의 모습이 지금껏 생생하다. 매일이 그런 날의 연속이었다). 군것질을 하든가, 다른 오락거리라도 만들어서 긴장을 풀어야 하건만 그러지도 않았고(가끔씩 가성을 내지르기는 할망정 음감 분별력은 정확한 우리 형제를 보더라도 당신이 음치는 아니었을 텐데 나는 어머니가 노래를 흥얼거리시는 모습도 떠올릴 수 없다), 그럴만한 시간적·정신적 여유가 없다기보다도 아예 당신 스스로 안 만들던 양반이었다(세 끼 밥만 꼬박꼬박 자시고, 가끔씩 시장을 봐올 때 삶은 돼지고기를 사와서 소금에 찍어 먹던 게 유일한 군것질이었고, 60년대 초쯤에서 길다란 '도시바' 트랜지스터 라디오 한 대를 사들인 것이 집안의 유일한 '문화적·문명적 이기'였다. 그 라디오로 그즈음 다들 즐겨 듣던 연속 방송극 따위를 시청한 기억조차 없다).

그렇다면 왜 형님에게만 매타작을 수시로 퍼붓고 나는 제쳐두었을까 하는 의문이 남는다. 비실거리기는 했을망정, 또 까무러치든 말든 나도 형님이 당하는 그 모진 매질 정도는 감당할 맷집이 있었으니까. 이 의문에 대한 다음과 같은 해명은 우리 어머니의 그 좀 발광적인 폭력 행사의 개연성을 높여준다. 적어도 내 짐작으로는 그렇다. 우선 형님의 생생한 목격담대로 나는 생래의 기형아였다. 곧 내가 태어나 눕혀놓은 걸 보니 내 머리와 얼굴이 베개보다 더 길더라는 증언이 그것이다. 뿐만이 아니다. 사팔뜨기였고, 한쪽 눈이 약시여서 먼 데 것을 잘 못 보는 짝눈이었다(집에서는 놀리느라고 힐끔이라고 했다). 야뇨증도 아주 심해서 초등학교를 졸업할 때까지 매일 밤마다 지리는 게 아니라 요때기를 흥건하게 적셔놓을 정도였다(그런 축축한 이불 속에서 형님이 나의 등짝을 끌어안고 자던 어느 방도 떠오른다. 그런데 이상한 것은 내게 소금을 얻어오라고 이웃집으로 내몰지도 않았고, 야단을 맞은 기억도 없다는 사실이다. 그 야뇨증은 영양실조의 한 증상이었다는 게 나의 확고한 자가 진단이다). 고집은 세서 울음을 한번 터뜨렸다 하면 하루종일 그치지 않아 아예 집 밖에다 내놓아야 하는 아이였다. 그러나 눈치와 시건머리는 멀쩡해서 어머니가 밤늦도록 일을 하는 곁에서 이부자리를 반듯하게 펴놓고, 먼저 누워 자라는 하명이 떨어졌는데도 지키고 앉아서 꼬박꼬박 조는 일면도 있었다. 아마도 어머니가 보기에는 저 불쌍한 것이 무슨 옳은 인간이 되겠나 하는 생각을 여투었을 테고, 그런 측은지심이 일종의 편애도 알게 모르게 조장했지 싶다(형님의 어느 소설들에 병신 동생이 나오는데 나로서는 어떤 유감도 없다. 실제로도 부분적으로는 그랬고, 형님의 눈에 그렇게 비쳤을 테니까). 어쨌든 그런 병신스러운 나의 면면에는 이런 일화도 있다. 서울에서 고향으로 피난을 가 한동안 임시로 머물 때였다. 그즈음 형님은 진영 장터에서는 그런 대로 목이 좋은 한 가겟집에서 기식을 하고 있어서 밥만은 배불리 먹고 있던 형편이었다(소고기국밥이나 막걸리를 팔던 그 가겟집의 바깥양반이 형님을 아주 귀여워해서 무르팍에 앉혀놓고 밥을 먹이기도 했는데, 그이의 몇몇 이미지는 형님의 여러 소설들에 다양하게 변주되어 있다. 그야말로 사족을 덧붙이면 그이는 체머리가 심하던 당신 집사람이 촌수의 서열을 뒤죽박죽으로 만들어놓는 불륜 행각을 벌여 출향당한 처지였고, 두 내외 사이에는 자식이 없어서 이종 형 한 분이 그이에게 양자를 들었으니 우리 형제들로서는 외가 쪽으로 멀게 걸리는 사돈의 팔촌쯤 되는 셈이다). 그런데 그 가겟집 식구들이 나를 어떻게 보았는지 밥도 안 주고 내버려두어 나는 끼니때마다 형님이 안방에서 밥 먹는 것을 멍청히 보고만 있었다. 울지도 않고, 밥 달라는 소리도 못 하고, 밥을 먹고 나오는 형님에게 무슨 말도 못 붙이고 그냥 힐끔힐끔거리는 자태로(어떤 대상을 멀찍이 떨어져서 멀뚱멀뚱 지켜보는, 중심권에서 따돌림을 당해 나 혼자서 별것도 아닌 생각을 여투는 이런 병신 같은 자세는 아직도 내 기벽 중의 하나이며, 거의 천성이고 팔자가 아닌가 싶다. 가정 생활에서도, 사회 생활에서도, 나도 그 일원이기나 한지 어떤지 긴가민가해하는 문단에서도 나의 이런 내색 없는 행태는 갈수록 자심해서 나 스스로도 한심하지만 체념하고 산 지도 오래되었다). 이처럼 되다 만 인간이었으니 어머니는 내가 불쌍했을 테고(서울에서 진영까지의 피난행 중 거의 죽었다가 겨우 살아남은 나의 모진 목숨에 대한 연민의 감정도 있지 않았나 싶다), 매질을 하고 말고 할 잡이가 아니었을 것이다. 아마도 맏자식 하나만 염우염치를 제대로 아는 사람으로 키워놓으면 그 밑엣것들은 그 그늘에서 그럭저럭 밥이나 먹고 살지 않겠나 하는 궁량이 어머니의 본심이었지 싶다. 하기야 힘이 부쳐서라도 형님 혼자에게 퍼부은 매질로서 족했을 테고, 일을 해야 하는 시간이 아까워서라도 나까지 족쳐댈 수는 없었을 테지만.

그런 단련을 받고 자란 만큼 형님은 생활력도 남다르고, 어떤 여유도 누리지 않고 오로지 일만 하는 우리 어머니를 그대로 빼닮았다. 명절도 없고, 휴일도 가리지 않는다. 밤낮도 없다. 최근에 들은 바로는 불면증이 심해서 자다가 깨면 잠을 다시 청하려고 뒤척거리지 않고 곧장 일어나서 일을, 곧 글을 쓴다고 할 정도이다. 명절에 차례를 모시러 새벽에 형님 댁으로 가면 어김없이 책상 앞에 앉아 줄담배를 태우며 글을 쓰고 있다가, 아, 왔나 하고는 다시 원고지에다 시선을 맞추는 형님 모습에서 나는 매번 당연하게도 우리 어머니의 근검절약하던 영상을 그리게 되고, 뒤이어 굶주림에 가위눌리는 느낌에라도 휘감기면 뭔가에 쫓기고 있는 나 자신을 발견한다.

우리 형제는 물론 과묵하다. 어머니를 닮아서 그렇다. 농담이나 재담을 잘 할 줄도 몰라서 말솜씨도 없다. 어떤 여유라고는 손톱만큼도 누리지 못하고 자라서 그런 줄 잘 안다. 가족들에게도 '단디 해라' 투의 지시어밖에 할 줄 모른다. 딱히 밝힐 사생활이란 게 있을 리 만무하다. 나는 다소 예외이기도 하지만 형님은 등산이나 음악 듣기 같은 여기를 즐길 줄도 모른다. 오로지 줄담배피우기, 바둑두기, 술마시기가 그나마 드러낼 만한 형님의 사생활인데, 그것도 유심히 들여다보면 일하듯이, 일을 열심히 하기 위한 방편으로, 그것 자체를 일로서 즐기고 있다. 요즘 다들 술담배가 건강에 좋다 나쁘다 해대지만 일 자체에 골몰하고, 언제라도 할 일이 산더미처럼 밀려 있는 사람에게는 사치스러운 핑곗거리고, 게을러터진 사람이 흔히 아프다 어쩌다 해대는 꼬락서니를 형님은 대놓고 머라 카면서 죽을 둥 살 둥 일하다가 죽겠다는 가장 단순한 생활 철학을 몸소 실천하고 있다.

 우리 어머니는 먹성도 좋으시고 물론 대식가였다. 일을 그처럼 열심히 했으니 당연히 많이 먹어야 했다. 형님도 정확히 그렇다. 음식을 가리는 법도 없고, 고봉밥을 단숨에 비운다. 과식이 좋다 나쁘다 지껄이는 것도 다 헛소리고, 가만히 앉아서 염불이나 중얼거리는 중들이 하릴없이 하는 소리라고 치부하고 있다. 인명은 재천이라는 말이 맞다면 살기 위해서 먹어야 하고, 먹기 위해서라도 당연히 일을 많이 해야 하며, 일을 많이 하기 위해서라도 많이 먹어야 힘이 솟아날 것은 당연한 이치다. 우리 형제들은 밥을 깨작거리는 사람들을 좀 이상한 인간들로 보는 버릇이 있는데, 이것도 어머니의 혹독한 단련 때문에 이제는 거의 유전 형질이 되어 있다. 식사야말로 말 그대로 마땅히, 언제라도 제때, 후딱 해치워야 할 일거리인 것이다.

3

 형제가 나란히 소설을 쓰고 있으니까 주책없는 덜렁이들은 서로 작품에 대해서 의논도 하고, 덕담도 나누느냐고 묻곤 한다. 천성들이 과묵해서도 그렇지만 우리 형제는 그런 말을 일체 나누지 않는다. 형님은 어떤지 몰라도 나는 형님의 책을 받는 대로 다 읽지만, 물론 어떤 경우는 다른 일 때문에 두어 달씩 묵혀두었다가 읽는 경우도 있으나, 내색을 않고 지낸다. 다른 작가들의 작품에 대한 감상도 단둘이서는 좀체 주거니받거니 하지 않는다. 내가 문인들을 가급적이면 안 만나고 살자는 주의라서 형님이 자주 보는 문우들의 동정은 듣고, 최근에는 오랜만에 어머니의 산소에 성묘를 갔다 와서 맥주를 단둘이서 마신 적이 있는데, 그 자리에서 요즘 발행된 소설들의 성취 정도에 대해 대체로 일치된 의견을 토로하면서, 도대체 뭘 믿고 다들 그처럼 기고만장한지 성토한 경우가 있을 뿐이다.

그러나 형님은 기억하고 있을지 모르나 내게는 딱 두 가지의 예외가 떠오른다.

형님은 소설가로 입신하기 전부터 내게, 너는 문학을 하지 말라는 의사를, 적어도 묵시적으로 드러내곤 했다. 형님의 말이라면 대체로 수굿수굿 따르는 편이라 내 특유의 내색 없음으로 일관했으나, 아무래도 그것을 한번 해봐야 할 것 같았다. 총각 땐데 사당동 형님 집에서 함께 살며 나는 몰래 습작을 끄적거리고 있었다. 내 방이 바로 화장실 곁에 붙어 있었기 때문에 밤늦게 거기를 출입하는 형님의 인기척이 들리면 화들짝 놀라 원고지를 책상 서랍 속에 감추곤 했다. 요행히 그 작품이 선에 들어 알렸더니 형님은 뜻밖에도 은근히 좋아해서 나는 안도했다.

80년대 초에 제법 긴 논문을 6개월 만에 마무리짓고 나서 나는 공부를 더 해볼까 어쩔까 하며 한동안 골머리를 썩히고 있던 중이었다. 그즈음 형님을 만나 이런저런 말 끝에 내 고민을 슬쩍 비췄더니 즉석에서 학비 정도는 대줄 테니까 공부를 계속 하라고 하명했다. 내가 소설 쓰는 것을 싫어하는가 여기면서도 그런 도움을 받기도 좀 머쓱했던 데다 앞으로 3년 이상 밥벌이도 전폐하고 책이나 뒤적거릴 그 생고생에 뛰어들 용기가 나지 않았다(그후 곧장 그때 그랬어야 했다고 후회를 곱씹었지만 지금은 그럴 수밖에 없었다고 치부하고 있다). 게다가 그때 나는 이상하게도 소설을 쓰고 싶어 안달이 나 있었다(책들을 섭렵하는 것이야 그때나 지금이나 제일 만만하고 즐길 만한 일이었으나, 논문을 쓸 때 남의 문장을 따오는, 곧 인용하기 위해서 부분적으로 베껴야 하는 그 일만 생각하면 한숨이 저절로 나왔다. 게을러터진 내 성정이 이런 대목에서 약여하게 드러난다). 그래서 직장 생활을 당분간 작파하기로 단안을 내리고 집에서 칩거하며 쓴 작품이 내 첫 장편 소설인데, 그 책을 증정하고 며칠 후엔가(어머니 기일이었을 것이다) 만났더니 대뜸 "잘 읽히던데"라고 했다. 딱 그 한마디뿐이었고 나도 이렇다 할 내색을 드러낼 수도 없었지만, 역시 형님이 하라는 것을 안 하고 거둔 내 작은 보람이라 안도의 한숨이 저절로 새나왔다.

 그후 80년대 말에 3년쯤 형님과 나는 작은 작업실을 함께 쓴 적이 있었다. 내가 집구석에 틀어박혀 이런저런 글이나 쓰며 겨우겨우 밥이나 먹는 정상이 안쓰러워서 권한 덕분이었다. 나로서야 언감생심이었고, 그것도 따지고 보면 남자는 모름지기 집 밖에서 열심히 일해야 한다는 우리 어머니의 생활 철학을 형님이 솔선수범하고 있는 셈이었다. 서로 등을 지고 일하면서 오전 내내 한마디의 말도 나누지 않는 나날의, 다른 형제들이라면 도저히 상상도 할 수 없는 그런 폭폭한 일상의 연속이 우리 형제에게는 아주 자연스러운 것이었다(그 즈음 나는 신경쇠약 증세가 아주 심해서 죽을 맛이었다. 그걸 지켜보면서도 형님은 아무런 말도 없었다). 물론 3년 동안 점심도 함께 사먹었는데, 내가 점심값을 낸 적은 다섯 손가락으로 헤아릴 정도였다. 그런데 별일도 아닌 걸 가지고 서로 언성을 높이는 형님의 문우들을 옆에서 몇 번이나 목격하자, 안 봐야 할 장면을 공연히 보게 되는 내 처지도 딱하고, 내가 곁에 있으므로 형님이 적잖이 불편해한다는 지레짐작 때문에 가시 방석에 앉아 있는 듯한 심정이 매일같이 엉겨붙었다. 그렇다고 내가 먼저 집에서 작업을 하겠다는 말을 꺼내기도 뭣하고, 따로 작업실을 마련할 여유도 내게는 전혀 없었다. 그러다 90년대 벽두에 내게도 조그만 여웃돈이 생겨서 작업실을 마련하게 되었다(어느 지방지에 연재 소설을 쓴 덕분이었고, 그것도 형님의 적극적인 주선과 내 게을러터진 성정을 잘 알아서 할까 말까 하며 주저만 일삼는 내게 '일단 시작하고 보라'는 형님의 강권에 힘입어서였다). 그러나 곧장 일정한 고정 수입이 없게 된 내 처지는 난감했다. 이태쯤은 그 동안 여축해둔 연재 소설 고료로 그냥저냥 버틸 수 있었으나, 갈수록 태산이라는 내 정황이 빤히 내다보였고, 앞으로의 생활고만을 미리 점치면서 어떤 생활력도 발휘하지 못하는 내 무능이 한스러웠다. 그때 처음으로 글을 쓰게 된 내 팔자를 원망했다. 지내온 만사가 후회막급이었다. 사람들을 만나기가 싫었음은 말할 것도 없고 사람들 자체가 아예 악귀처럼 여겨졌다. 집에서는 신경질만 버럭버럭 일구는 강포한 가장인 데다, 어쩌다가 형님을 비롯한 가까운 문우들을 술자리에서 만나게 되면 공연히 허세를 부리고, 과장벽이 저절로 나오고, 사람이 허황해지고 있는 내 몰골이 또록또록 비쳤다. 큰일이었다. 뚜렷한 생업이 없고, 간신히 생활할 여웃돈마저 없어지면 멀쩡한 사람이 곧장 그렇게 되고 마는 것이었다. 그즈음의 어느 날 밤, 우연히 단골 술집에 들렀더니 술집 주인이 그 전날 밤 늦게 형님이 잔뜩 취해 혼자 왔더라면서 내 걱정만을 한참이나 하더라고 일러주었다. 짐작이 갔으나 더 이상 물을 일도 아니라 잠자코 있을 수밖에 없었다. 형님께 걱정이나 끼치는 내 처지가 한스럽다 못해 무슨 발작적인 저지레라도 벌일 심정이었다. 그런데 그 술집 여자 주인이 덧붙이기를, 내 동생이 저러다 덜컥 자살이라도 해버리면 내가 그 뒷감당을 어떻게 하나, 그러면서 형님이 엉엉 소리내어 울더라는 것이었다. 아마도 어느 날 느닷없이 '일가족 자살' 같은, 그야말로 소설적인 상상까지 형님은 일구고 있었을지도 몰랐다. 어쨌든 정신이 번쩍 드는 말이었다. 그날 밤 정신을 못 가눌 정도로 나도 대취했음은 물론이었다. 그런데 그 이튿날 버릇대로 일찌거니 작업실로 출근하여 오전 중의 일과를 이럭저럭 때우고 나서 점심으로 집에서 싸온 도시락을 까먹고 있을 때였다. 갑자기 내 뇌리에 그 전날 밤 전해 들은 형님의 동정이 떠올랐고, 나도 모르게 눈물이 밥 위로 방울방울 떨어졌다. 그후로는 그런 말을 아예 안 듣는 게 속 편하고, 그러려면 나의 일상 전부를 다락방에다 가둬버리면 될 것이라는 작정을 몇 년이나 실천하고 있었으니 내 폐쇄적인 성격도 그 연원이 꽤나 깊고 뚜렷한 셈이다.

작업실을 함께 써보았으므로 나는 형님이 소설쓰기에 얼마나 부지런히, 열심히, 그야말로 전심전력으로 매달리는지를 누구보다도 잘 안다. 신문 연재 소설이나 장편을 쓸 때 형님은 노트에다, 어떤 대목에서 누가 무슨 말을 하고, 그 정황이 어떤지를 일일이 메모하는 습벽이 있다. 그것도 매일 기록하고, 앞으로 쓸 내용까지 미리미리 갈무리해둔다. 대단히 조직적인 기획력과 실천력이 아닐 수 없다. 또한 줄담배를 피우면서도 쉴새없이 자료를 뒤적거리고, 지리 부도를 펼쳐놓고 독도법에도 여념이 없다. 그런데 그 작업 행위 자체에 질력을 내거나 지치는 법이 없어서 신기할 지경이다. 형님이 자주 하는 말이지만, 소설쓰기가 얼마나 재미있냐는 고백은 진실일뿐더러 옆에서 지켜보면 수긍할 수밖에 없다. 자기의 생업에 그처럼 골몰하기도, 또 그처럼 즐기면서 하기도 어려운데, 그런 작업 자세도 일하기를 스스로 좋아하는 선천적인, 더불어 우리 어머니에게서 혹독하게 단련받은 후천적인 내림이라고 봐야 할 것이다.

볼셰비키 혁명사 연구에서는 최고의 권위자라고 누구나 인정하는 영국의 한 역사학자는, 올바른 사관을 가진 역사가가 되려면 읽으면서 쓰고 쓰면서 읽어야 한다는 명언을 남겼다. 평범한 말 같지만 생각해볼수록 의미심장한, 역사가들은 물론이거니와 소설가들이 오히려 귀감으로 삼아야 할 경구다. 누구라도 책이나 자료는 웬만큼 섭렵한다. 또한 그만큼 읽었으면 누구라도 전문가 행세를 하고, 할 수 있는 것도 사실이다. 그러나 어떤 사관은, 나아가서 자기만의 독특한 시각은 읽음으로써 얻어지는 것이 아니라 씀으로써 획득되고, 비로소 그 착근의 정당성이 입증된다. 물론 그 정당성은 또 다른 서적을 독파해가면서 보완되고, 더욱 정교하게 확장된다.

　동생이 자기 형을 옹호해서 덧붙이는 말이 아니라 내 형님의 일관된 작업 자세는 읽으면서 쓰고 쓰면서 읽는 그 단순 작업에의 충직한 신자로서 손색이 없다. 내가 굳이 이 자리에서, 보기에 따라서는 시건방지게 남의 나라 역사학자의 말까지 주워섬기며 덧붙이는 이유는 다른 데 있다. 곧 언제라도 일을 즐기며 하는 형님에게는 앞으로도 할 일이 너무 많다는 것을 강조하기 위해서다. 그 중 하나는, 서른여섯 살의 한창 나이에 처자식을 버리고 스스로 북행길로 줄달음친 우리 아버지의 후반생을 어떤 식으로든 형님이 정리, 형상화해야 한다는 것이다. 뿐만 아니라 그 땅에서 거둔 또 다른 혈육도 형님이 만나야 하고, 그게 가능하다면 힘 닿는 데까지 그들의 뒷배까지 봐줘야 할 일이 남아 있기도 하다. 이때껏 그래왔듯이 형님은 그 일을 충분히 감당하고도 남으리라고 나는 장담할 수 있다.

　주위 어른들은 어릴 때부터 형님이 식복도 많고, 인덕 하나로 살겠다고 예언했다. 실제로 이때껏 형님은 그 예언을 정확히 맞춰왔다. 그런데 가만히 생각해보니 그것들이 전부 다 일복을 타고났고, 그 일복들을 즐거운 마음과 자세로 누려오니 제 발들로 굴러온 것이었다. 잠자리에 들면서부터 내일 할 일을 미리 여투고, 어서 빨리 새벽이 밝는 대로 그 일들을 해치워야겠다고 설레는 마음을 다독이는 사람에게 무슨 복인들 안 굴러오겠으며, 그런 이를 누가 기리지 않겠는가.

　무슨 일에도 내색 없는 내 평소의 못난 습벽을 그대로 지니고 있어야 했을 것이건만, 주제넘게 안 해야 할 말들을 너무 많이 한 것 같아 내 스스로 민망하고, 형님께 면구스럽다. 모쪼록 고집불통이에다 철없는 동생의 작태라고 생각하셔서 너그러이 용서해주시길 바랄 뿐이다.

　형님, 아직도 할 일이 너무 많이 밀려 있는 거 맞지요? 일복 많은 사람은 할 일 놔두고는 일찍 못 죽는다 캅디더. 부디 오래오래 사시면서, 인자부터는 잠시잠시 쉬가며 일하이소, 예?

제 2 부

체험과 상상력

개인의 성장과 역사의 공동체화
― 김원일론

권오룡

　역사를 굴곡지게 하는 것이 영웅적 개인이냐 혹은 집단적 민중이냐 하는 문제의 해답을 시도한다는 것은 그리 간단한 문제가 아니다. 실제로 이 문제를 둘러싼 견해의 대립은 역사학의 범위에서만 볼 때는 매우 중요한 의미를 함축하는 쟁점의 씨앗이 되고 있는 것이 사실이다. 그러나 그렇다고 해서 이 문제가 오늘날 실제로 살아가는 사람들의 처지에서 볼 때에도 똑같은 중요성을 지니는 것은 아니다. 그것은 일상 생활의 반복적인 리듬 속에서 사람들이 역사의 숨결을 감지하며 살아가는 것이 아니라는 사실에서도 그러하고 그들의 삶의 궤적을 역사의 의미에 결부시키는 것을 가능케 하는 거시적인 전망점을 지닐 만큼의 충분한 시간적 거리를 확보하지 못하고 있다는 사실에서도 그러하지만, 보다 근본적으로 그만큼 오늘날의 개인의 가치가 왜소해지고 말았다는 사실에서 그러하다. 영웅적 개인이 되기에 그들은 일상성의 무게에 너무도 짓눌리고 있으며, 민중의 테두리 속에서도 그들은 단지 익명으로만 존재할 따름인 것이다.
　사람들의 현실적인 삶의 체계와는 어느 만큼 동떨어진 별난 세계의 구조물로 간주되는 역사는 그것이 산출한 상황의 위압으로 개인을 지배한다. 개인과 상황과의 유대의 밀도가 튼튼하지 못할 때 개인의 행위는 엄청난 위험 부담을 갖는다. 사람의 삶 자체가 이미 상황 속으로의 던져짐을 의미한다고 할 때, 개인과 상황과의 관계는 상황에 내재하는 여러 선택지(選擇枝) 중의 하나를 선택하여 개체적으로 실현시킨 것을 상황에 되돌리는 부단한 순환과 점검의 과정을 통해 유지된다고 하겠는데, 참여 행위의 위험은 상황을 배태한 역사가 비교적 안정된 흐름을 형성하고 있을 때에는 어느 정도 제도화되고 율격화된 동의 기반에 의해 한결 경감된다. 그러나 개항 이후 한국의 현대사는 그 같은 선택의 안정을 보장해줄 수 있을 만큼 순탄한 것은 아니었다. 개항 직후 수구와 개화의 갈등은 이후 제국주의 열강의 개입과 더불어 한층 혼미한 국면으로 빠져들었고, 일제 치하에 있어 모든 삶의 방식은 식민 정책의 음험한 원격 조종하에 놓여져 있었기 때문에 개인적 선택에 의한 상황에의 참여는 그 역사적 진정성을 보장받기가 무척이나 힘든 노릇이었다. 무정형의 상황이 개인에게 부과하는 혼란이 표면적으로 가장 심했던 시기는 해방 이후 6·25 사변에 이르기까지의 좌우익의 격렬한 대립 시기였다고 할 수 있다. 더구나 각 진영이 표방한 이데올로기 자체가 한국민의 자생적 의지에 의해 결정된 것이 아니라는 사실은 그 혼미의 폭을 더욱 크게 만드는데, 상황의 폭력성이 개인을 침몰시키는 단적인 사례들을 김원일은 바로 이 시기에서 찾아낸다. 「멀고 긴 송별」「어둠의 혼」 『노을』 등의 작품에 등장하는 아버지들은 하나같이 이데올로기의 양자택일과 관계지어진 상황과, 역사의 심판이라는 문제를 구현하고 있는 인물들이다. 그들이 보여주는 결과는 개인의 선택에 입각한 개체적 생의 지속의 방향과 사회 전체의 역사 진행 방향이 일치하지 않았음에서 빚어지는 개인의 파멸이다. 그 불일치는 그들의 죄를 윤리적인 죄라기보다 정치 제도적인 차원에서의 죄로 성격지으며 그들 자신과 주변 인물들이 입는 피해를 역사적인 것으로 만든다. 이러한 파악이 단순히 역사 인식의 수준에만 머무르는 것은 아니다. 음악에 대한 집념이 상황에 의해 배반당하는 것을 우울하게 묘사한 「악사」, 가족을 살리기 위해서는 죽음을 택해야 하는 이율배반적 진실을 보여주는 「상실」, 그리고 보다 시류적인 관심에 의해 취재된 「빛의 함몰」「침묵」 등의 작품을 볼 때 역사 인식에서 비롯한 상황의 폭력성이라는 문제는 현실 인식과도 가깝게 닿아 있으며 나아가서는 사람살이의 현실적 조건에 형이상학적 인식과도 접맥된다.

개인의 이해를 벗어나 있는 상황의 예측 불가능성과 그에 따른 폭력성은 김원일의 소설들에 있어 사건 제시의 방식에 의해 구체화된다. 그의 많은 소설들은 발단과 더불어 제시되는 사건에 의해 시작되며 작중인물들은 그 사건의 테두리 속에서 운명의 향방이 결정지어진다.

그날 저녁 일곱시경에 일어난 사건의 현장을 목격한 사람은 아무도 없었다. (「그대 죽어 눈뜨리」)

아버지가 잡혔다는 소문이 온 장터 마을에 쫙 깔렸다. (「어둠의 혼」)

분홍빛 상사화가 긴 목을 뽑고 곱게 핀 유월 어느 날, 전쟁 소식은 읍내를 발칵 뒤집었다. (「갈증」)

이만두씨가 일천만 이산 가족과 그 친척 중, 위독하신 부모님을 뵙기 위해 북한 땅을 밟게 되는 최초의 인물이 되리라고는 아무도 예측하지 못했다. (「悲」)

1947년 정부가 수립되기 전 8월 초순 어느 날. 비서 한 명을 대동하고 자택을 나선 조동준 선생은 한길을 얼마 앞두지 않은 골목길에서 총탄에 맞았다. (「압살」)

신학 대학에서 목회 수업을 닦고 있는 스물두 살의 이치민(李治民) 군이 한 달 열흘, 그러니까 사십 일 간 실종된 사건이 있었다. (「침묵」)

실존주의 소설의 뉘앙스를 강하게 풍기는 이 같은 돌올한 사건 제시는, 인생의 허망함과 세계의 부조리를 증언하는 거개의 실존주의 문학이 그러하듯 인물들의 가치를 상황의 잉여물, 혹은 운명의 종속물로 규정짓는다(오해 없기 바란다. 여기서 운명이라 함은 실존주의 소설의 인물들이 그런 개념을 지니고 있다는 의미가 아니라 독자의 입장에서 사용하는 것으로서, 처음부터 끝까지의 그들의 실존의 과정 전부를 총체화하여 운명이라 부를 수도 있으리라는 것이다). 그리하여 소설은 주인공의 성격과 의지적 행위에 따라 일로정연하게 펼쳐지지는 않는다. 사건은 가능한 여러 가지 진행 방식 중에서도 유독, 작중인물들을 도저히 빠져나올 수 없는 상황의 늪으로 몰아넣는 방식으로만 전개될 따름인 것이다. 사건의 구체성을 통해서도 상황은 그 전모를 개인에게 노출하지 않는다. 여전히 그것은 개인 위에 군림하여 그들을 음험하게 다스린다. 이미 합리적인 이해의 터전을 박탈당한 인물들이 상황의 무지막지한 위압을 느끼는 것은 공포의 전율과 당혹감을 통해서이다.

큰일났군, 빨리 지서에다 알려야지, 하는 학구 어머니의 소릴 듣자, 전 뛰기 시작했습니다. 그땐 제정신이 아니었지요. (「그대 죽어 눈뜨리」)

그러나 그〔이만두씨〕가, 이미 자기의 여행이, 설령 그럴 이유가 조금도 없긴 하지만 본인의 보류나 사양으로써 취소될 수 있는 성질이 아닌, 대세에 의한 필연의 방문임을 확인했을 때는 감격에 앞서 무엇에 머리통을 맞은 듯 어리둥절할 수밖에 없었고, 〔……〕 (「悲」)

허목진군은 권총을 든 채 엉거주춤 손을 머리 위로 올렸다. 그러자 조금 전 놓쳐버린 범인의 인상 착의가 생각났다. 갑자기 그는 두 팔을 부르르 떨었고 얼굴이 하얗게 질렸다. 이게 도대체 어떻게 된 일이냐. 범인은 자신이 지금 입고 있는 옷과 너무나 흡사한 차림을 하고 있었다는 생각이 들었던 것이다. (「압살」)

　개인과 상황의 관계가 공포 · 전율 · 당혹 등의 심리 상태에 의해 채색된다는 것은 달리 말하면 개인의 입장에서 보았을 때 그 관계가 전혀 우연에 의해 맺어진 것이라는 직관적 관찰의 소산이다. 이 우연성은 예측 불가능성과 표리 관계를 이룬다. 물론 우연이라는 것도 그것이 현실로 나타나게 되었다는 결과의 관점에서 보면 그 우연을 잉태하고 있었던 필연적 가능성과 어떤 상관 관계를 지니지 않은 것은 아니다. 가령 자연 법칙으로 도저히 설명되지 않는 우연적 현상에 대해 사람들은 신의 섭리 같은 초자연적 필연성을 상징함으로써 해결해보려고 애쓰기도 한다. 이는 불합리한 요소까지도 초월적인 합리성으로 포괄함으로써 설명의 근거를 확보하려는 인간 이성의 끈덕진 집념의 한 모습이라 할 수 있을 것이다. 우연과 필연의 문제가 사람 살이에 보다 직접적인 의미를 갖는 것은 그것이 도덕적인 측면에 결부됨으로써라고 하겠는데, 그때 우연과 필연의 대립은 이해와 양보에 입각한 교정 가능성에 의해 완화되어질 수 있다. 즉 상호간의 이해의 단절이 초래할 수 있는 피해는 양자 모두가 도덕적 공간으로 수렴되려는 의지에 의해 줄일 수도 있다는 것인데, 그 같은 도덕적 공간에 대한 모색의 흔적을 우리는 「농무일기」 같은 소설을 통해 엿볼 수 있다. 이종세와 김열추라는 두 소년의 상이한 관점이 교대로 펼쳐지는 이 소설에서 김열추군의 아버지는 '마을 발전'이라는 미명 아래 부정한 수법으로 토지를 갈취하는 '땅장수 부로카'들을 죽인 죄로 이종세군의 아버지인 이순경에게 총살당한다. 어른들 사이에서 일어난 사건을 계기로 그 두 소년의 관계는 팽팽하게 긴장되고, 또 김열추군은 이종세군에 대해 살의를 품기도 하나 결국에는 물에 빠져 스스로 목숨을 끊는다. 여기서 우리가 주목하는 것은 김열추군이 이종세군에 대해 품었던 살의와, 그에 반해 실제로 벌어지는 자살 행위와의 관계이다. 그것은 폭력에 대한 극단적인 억압이 결국에는 폭력으로 나타난다는 정신분석학자들의 지적을 상기함으로써 해명의 실마리가 잡히게 된다. 좀더 구체적으로 말하자면 타인에 대한 파괴 충동의 억압은 자기 파괴의 형태로 드러날 수도 있다는 것인데, 그러니까 김열추군의 자살은 이종세군을 죽이려는 은밀한 충동의 반전된 형태가 된다고 할 수 있다. 이 왜곡된 표출은 도덕적 자아의 검열의 결과이다. 김열추군의 자살은 따라서 아버지를 죽인 이순경이나 그의 가족들, 더 나아가서는 그 죽음을 당연한 것으로 받아들인 마을 사람들에 대해 도덕적으로 가능한 최대한의 항변인 셈이다. 또 김열추군이 보여주는 행위의 항의적 성격은 소년의 시점으로 서술된 이 소설이 부정과 불의로 가득 차 있는 현실에 항거하는 의미를 적극적으로 구현하고 있는 작품으로 읽힐 수 있는 근거가 되어주기도 한다.

그러나 「농무일기」에서 보이는 이 같은 면모는 김원일로서는 오히려 예외적인 것이라 하겠다. 그의 대부분의 작품들에 있어 사람끼리의 관계, 혹은 개인과 현실과의 관계에 대한 도덕적 접맥의 노력은 거의 보이지 않는다. 사실 「농무일기」에 있어서도 김열추군이 획득한 최소한의 도덕적 품격조차도 생의 보존이라는 윤리적 과제를 저버림으로써 얻어진 것이라는 점을 떠올린다면 그 도덕성의 모색에 있어서도 문제가 없는 것은 아니라 하겠다. 아무튼 김원일에 의해 파악된 현실의 제관계는 우연에 의해 빚어지는 범죄와 폭력의 관계이다. 그것은 개인과 상황의 관계에 있어 그 어느 쪽의 입장에서 보더라도 마찬가지다. 범죄의 동기를 이루는 것도 바로 우연성이다.

덤덤히 내려갔다가 덤덤히 상경하고 싶다는 나의 마음과 반비례로,

무슨 사건인가 저지르고 싶은 또 다른 조바심 때문에 안달을 하고 있는 나 자신을 발견한 것은 바로 그때였다.
"실례가 되겠습니다만, 혹시 제 누이를 아십니까."
나의 이 당돌한 질문은 미처 나 자신도 예기치 못한 말이었다. (「피의 체취」)

나는 내가 왜 그런 말을 했는지 알 수 없었다. 호주머니가 넉넉지는 못했으나 저녁 초대에 필요한 돈쯤은 원장으로부터 유품을 받을 때 이미 계산되어 있긴 했다. 그러나 그녀에게 저녁을 사고 싶은 충동이 갑자기 전혀 뜻밖에 내 입을 통해 표현되리라고는 양로원을 나설 때까지 상상조차 못 했던 것이다. (「절망의 뿌리」)

그 계집애의 눈이 살려달라고 비는 것 같았습니다. 그런데 왠지, 그때 나는 아주 전신에 힘이 막 솟는 게 아니겠어요. 좆같이, 와장창 벌인 일, 될 대로 되라는 식인지 뭔지 모르겠습니다. 그 계집애가 울 듯이 상판을 찡그리자 아주 통쾌한 기분이 막 솟구쳐서, 사실 죽이지 않고 목걸이만 뺏어도 되긴 되는데 난 너무 흥분해서 그년의 상판에다 칼을 그었죠. 눈앞이 뿌예지고 아주 하늘로 날아가듯 썩 좋은 기분으로 옆구리며 가슴에 서너 번 칼을 푹푹 찔렀죠. (「굶주림의 행복」)

이들이 저지르는 살인 · 폭행 등의 범죄는 비단 김원일의 소설을 통해서만 찾아볼 수 있는 문제가 아니라, 신문의 사회면을 어지럽게 난무하는 각종 강력 사건에 대한 보도 기사를 통해 우리가 일상적으로 느끼는 문제이기도 하다. 그것의 옳고 그름을 떠나서, 이러한 범죄들이 그 근본 의미에 있어서는, 삶을 뜻 있고 값진 것으로 만들어주는 제반 가치에 대한 정서의 공감대가 깨진 곳에 존재하는 삶의 얽힘 방식이라 할 수 있을진대, 김원일의 현실 인식은 우리의 현실이 표면적으로 주장되는 도덕적 구호의 남발에도 불구하고 진정한 도덕이 부재하는 곳이라는 깊은 통찰에까지 이르고 있다. 또 정치적 이념 자체가 도덕의 허울을 쓰고 있는 것이라 한다면 김원일은 일제 시대 이후부터의 한국사를 진정한 자생적 도덕의 부재의 역사로 파악하고 있는 것이다.

그의 인식의 치열함은 일체의 현실 교정의 제스처를 거부하도록 만든다. 아무런 희망에의 약속도 제공하지 않는 그의 소설들은 독자들을 더욱 암담한 지경으로 몰고 간다. 사실 김원일만큼이나 암담함을 그 극단에까지 몰아붙이는 작가도 드물다 하겠는데, 죄악으로 표상되는 인간 현실의 기본적 모티프는 "일찍부터 죄악덩어리였던 어미의 죄를 받고 태어나 눈이 멀어버린" 은녀의 현세의 삶에 파멸을 선고한「그대 죽어 눈뜨리」와, 윤회의 업고를 짊어진 속세의 괴로운 생을 묘사한「바라암」등의 작품을 거치면서 삶의 존재적 고통이란 원죄로서 주어져 있는 것이라는 종교적 발상에까지 나아가고 있다.

죽음의 문제가 심각하게 대두되는 것도 이런 문맥과의 연관 속에서이다. 죽음을 단지 물리적 생명 현상의 소멸이라는 경험적 의미로만 생각할 것이 아니라, 이승과 저승의 두 세계 사이에 연속성을 계기시키는 의식(儀式)으로 간주한다면, 죽음 이후의 세계는 현실의 고통으로부터의 해방, 죄악에 대한 응보 등, 모든 의미에 있어 현실과 반대되는 세계이다. 그것은 현세의 삶을 죄악과 고통의 지루한 되풀이라고 느끼는 사람들에게 구원의 상징이 되어준다. 더구나 "이 떠남의 엄연하고 확실한 사실 앞에 이제 더 이상 괴로워 말자. 태어나서 어차피 한 번은 죽는 목숨 아닌가. 보라, 이 자연 만상에 죽지 않는 생명이 어디 있느냐"(「어둠의 변주」)라는 구절이 갈파하고 있듯, 죽음이란 누구에게나 닥치는 현실이기에 그 구원의 약속은 무엇보다도 확실한 것으로 여겨지기도 한다. 그러나 그 구원이 모든 사람들의 공통적 신앙의 대상이 되어주리라고 기대하기는 어렵다. 죽음이 사람들 모두에게 공평하게 보장하는 확실성이란 개인적인 차원에서의 진실일 뿐이다. 그것은 죽음에 대해 생각한 많은 사람들이 한결같이 이야기하듯, 죽음이란 결코 경험적으로 말해질 수 없으며, 단지 남의 죽음을 추체험함으로써 그 생각에 이를 수 있는 것이기 때문이다. 그러니까 죽음이 보다 일반적인 의미를 지니는 것은 그 자체로서가 아니라 생과의 관련에 의해서라고 하겠는데, 이것은 몽테뉴나 쇼펜하우어, 카뮈 등의, 일단의 죽음의 철학자라고 부름 직한 사람들의 공통된 태도이기도 했다. 그러나 또 한편으로 생각하면 죽음만이 개인의 유일하게 확실한 미래라는 사실은 인간의 집단적 현실이 개인에게 제시하는 모든 행복의 비전을 무효화하는 요인이 되어준다고도 할 수 있다. 그렇게 될 때 삶이란 단지 죽음을 예비하는 기나긴 과정이라고 할 수밖에 없겠는데, 이 같은 허무적 삶의 태도는「빛의 함몰」에서 남편의 뜻하지 않은 죽음으로 세속적 행복의 기약을 박탈당한 형수가 "데모의 주동자 중 한 사람으로 손꼽히어 학교 당국으로부터 제적 통고를 받은 후" 휴양차 시골에 내려온 시동생에게 건네는 "삶에 아무런 의미를 붙이지 않고 사는 경우도 많지 않아요?"라는 말속에 간명하게 압축되어 있다.「빛의 함몰」에서의 갈등은 형수와 시동생의 생관(生觀)의 대립에 의해 드러난다. 두 사람 다 생에 대한 일정한 태도를 견지하고 있음으로 해서 한 사람이 은둔적 평온을 누리고 있음에 반해 다른 한 사람은 쓰라린 좌절에 빠지게 되는 것이지만, 그럼에도 우리가 시동생의 태도에 보다 많은 가치를 부여하는 것은, 삶이란 자발적인 참여를 통해 성취해가야 할 그 어떤 것이라는 엄연한 사실에서이다. 카뮈의 말처럼 "인간의 목적은 인간 자체이며, 인간이 또한 어떤 존재이고자 하는 것은 인생 속에 있어서인 것이다" (카뮈,『시시포스의 신화』). 죽음에의 이해를 통한 삶의 긍정은 이러한 결의에 의해 뒷받침됨으로써 보다 적극적인 것이 된다. 섬이라는 폐쇄된 공간 속에 만연된 광견병과의 절망적인 투쟁 속에서 인간과 삶의 가치를 죽음을 통해 역설적으로 증언하는「발병에서 침묵까지」의 보건소장은 이러한 삶의 자세를 구현하고 있는, 다분히 카뮈적인 인물이다.『노을』에 이르러 죽음의 의미는 한결 폭넓은 것이 된다.

주인공의 마음에 "늘 짙은 그늘로 남아" 있었던 고향과, 고향에서의 유년 시절에 겪은 역사의 소용돌이의 체험을 청산하고, 그 역사의 의미를 주체적으로 재구성하게 되는 계기가 되는 것은 다름 아닌 삼촌의 죽음인데, 그 죽음은 따라서 한 개인의 이력과 그것의 배경을 이루는 역사를 전체적인 관점에서 조망할 수 있도록 해주는 입체적인 전망점을 이룬다고 할 수 있다.

김원일에게 있어 죽음의 의미는 삶에 대한 의식의 강화에 있다. 고통스런 현실에 대한 보상으로서의 죽음이라는 허무적 발상과 양립할 수 없는 생에의 완강한 집착이 그의 많은 소설들의 표면에 노출되는 것도 이런 연유에서이다. 그의 생의 집착은 그러나 한 개인의 당대적 삶의 연장의 욕구라는 직접적인 방식으로 드러나지는 않는다. 개인에게 있어 죽음의 확실성은 생의 집착에 우선한다. 생에의 애착이 구체적으로 드러나는 것은 핏줄에 대한 끈끈한 집착을 통해서이다. 「일출」 같은 작품에서 볼 때 그것은 얼핏 가계의 유지라는 인습에 충실하려는 소극적 의미밖에는 지니지 않는 것처럼 보이기 쉬우나,

순자야, 정말 방을 얻자. 내가 공사판에 나가더라도, 지게짐을 지더라도, 방을 얻어 같이 살자. 그래서 정말 새로이 아이를 만들고 말자. 그놈을 낳아 키우자. 멋들어지게 키워보자. (「허공의 돌멩이」)

라는 창수의 흐느낌 섞인 절규라든지,

누구든 대를 이을 손이 이 땅을 지켜야지, 그래야 떠나 있던 핏줄도 다시 모인다…… (「어둠의 축제」)

는 믿음을 간직한 채 피난을 거부하고 공산당 치하의 고향에 머무르는 연표의 할아버지와 어머니, 그리고 "당신의 아이를 낳고 싶어요"라는 비탄 어린 소망만으로, 전쟁 중 화상을 입어 얼굴이 일그러진

애인과 결합하는 「갈증」의 정은을 통해 볼 때 그것은 맹목적이긴 하나 그런 대로 상황의 폭력성을 이겨내려는 의지의 표현인 것으로 나타난다.

자손을 통한 생의 연장의 갈망은, 생에 어떻게든 의미를 부여하려는 의지의 가장 소극적인 표현 방식이겠지만, 다른 한편으로 그것은 개인의 입장에서 볼 때 이성적 공간으로의 가능한 출구가 막혀버린 닫힌 상황에서 생의 이월을 통해 무정형의 현실에 어떤 질서를 지우려는 공동체적 책임 의식의 전수이기도 하다. 개인의 존재를 에워싸는 개체성과 계통성은, 다시 그것들을 외부에서 조건짓는 사회성 · 역사성과 혼연일체를 이룬다. 메를로-퐁티는 말한다. "인간의 특질은 그 자체로 보아 본질적으로, 생식 관계와 사회 관계 속에 연결된 인간 집단들의 내부에서 인간으로 있다는 점에 있다"(조르주 풀레 엮음, 김붕구 옮김, 『현대 비평의 이론』, p. 181에서 재인용). 앞서 우리가 핏줄에 대한 갈망을 맹목적이라고 한 것도 개체적인 관점에서 볼 때 그러하다는 것이었다. 그러나 그것이 맹목적이라고 해서 큰 의미를 지니지 않는 건 아니다. 맹목성과 대립되는 합리성이 인습의 원리로만 작용할 때 필경 그것은 삶의 전체를 그 투기의 방향에서 의미지으려는 노력과 상충하지 않을 수 없다. 앞서 우리가 살핀 「빛의 함몰」에서의 형수의 태도는 바로 이런 것이었다. 그때 보수의 질곡에서 벗어나려는 의지에서 비롯하는 맹목성은 창조적 진화라는 삶의 근본적 충동과 일치할 수 있는 가능성을 훨씬 많이 함축할 수 있게 된다. 이성의 자기 신뢰가 자칫 초래할 수도 있는 보수화의 횡포는, 맹목성까지를 포괄하여 다시 합리성의 영역으로 포섭하는 과정에 있어서는 미덕으로 발휘되어지기도 한다. 그러니까 김원일이 핏줄에의 집착을 통해 획득하고자 했던 것은 생의 긍정의 간접적 표출이라는 의미보다 한층 더 근본적인, 시간의 본질적 의미라 할 수 있다. 베르그송은 「가능과 실제 Le Possible et le réel」라는 논문에서 시간의 기능이란 유예시키는 것이라 말하면서 시간의 존재는 사물 속에 결정되지 않은 것이 있음을 입증하는 것이라 말한다. 이어 그는 그렇다면 시간은 바로 불확정 indétermination 그 자체가 아니겠는가라고 반문하고 있다. 베르그송의 설명에 입각해볼 때 김원일의 핏줄에 대한 집념의 질김은 범죄와 폭력에 의해 조종되는 현실이 그것만으로 확고부동하게 고정된 것이 아니라 보다 이성적이고 도덕적인 현실이 새로이 정립될 수 있을 것이라는 믿음의 굳기에 다름 아닌 것이다. 김원일의 작품들은 현실에 의해 자신의 가치를 부정당하는 개인의 나약한 모습을 보여주면서도 표면적 의미와는 달리 그 현실을 개선할 수 있는 힘은 현실의 주체의 지위에 오늘 수 있는 개인에게 있는 것이라는 신념을 그 저변에 깔고 있다. 앞서 우리는 「농무일기」에서 추구된 도덕성이 내포하고 있는 문제점을 지적했거니와 이와 비슷한 문제는 「잠시 눕는 풀」「상실」 같은 작품에서도 발견된다. 이 세 작품이 공통적으로 보여주는 자기 희생은 결국 개인의 힘이 현실에 대처할 수 있으리만큼 신장되지 않았으므로 인하여 빚어지는 것이다. 새로운 현실의 정립을 위해서 요구되는 것은 개인의 성장이다. 성숙에 의해 개인은 상황의 종속물이라는 수동적 성격에서 벗어나 오히려 상황을 주관할 수 있는 주체의 지위를 점할 수 있게 된다(김원일의 작중인물들이 타인과 사회에 반응하는 태도 및 의미에 대해서는, 김현, 「수동적 세계관의 극복」, 『사회와 윤리』를 참고할 것). 김원일의 작품들은 도처에서 이런 성장에의 기약을 보여준다.

나는 2년 남짓 '고통'의 연작만을 그려오고 있다. 삶의 기쁨을 통하여, 또는 자연과의 교감 끝에서도 진실은 감지할 수 있다. 그러나 나는 나의 삶의 고통을 뚫음으로써 그것을 확인하려고 노력했다. (「마음의 죽음」)

그러나 나는 인고하며 나의 때를 기다릴 수밖에 없고, 그때를 맞이하거나 스스로 찾기 위해서라도 나는 이곳에서나마 잠시라도 쉴 수가 없을 것 같았다. 찢어진 젊음을 내가 깁지 않으면 안 되는 것이다. (「빛의 함몰」)

그러나 나도 언젠가는 알게 될 것이다. 달걀이냐, 닭이냐에 대한 질문에서 아버지가 대답한 답을 깨칠 때쯤이면 나도 모든 것을 알게 될 것이다. (「어둠의 혼」)

그와 더불어 나는 무엇인가 깨달은 느낌을 가지게 되었다. 그 느낌을 꼬집어내어 설명할 수는 없었으나, 이를테면 살아가는 데 용기를 가져야 하고 어떤 어려움도 슬픔도 이겨내야 한다는 그런 내용의 것이었다. (「어둠의 혼」)

그 성장에서의 기약은 상황과의 치열한 대결 의식이다. 그러나 유감스러운 것은 김원일에게 있어 개인과 상황의 상호 침투에 의한 새로운 현실의 형성 과정 및 그 메커니즘에 대한 모색이 거의 보이지 않는다는 점이다. 물론 개인과 상황이라는 두 개의 항목 중에서 상황은 고정된 상수로 머물러 있고 개인만이 변수로 작용하는 경우에 있어 개인의 성장에 따른 주체화의 시도는 그 유효성을 인정받을 수 있는 것이기는 하다. 가령 식민지 의식의 청산이라든가 분단 상황의 주체적 인식 같은 것은 한 개인의 의식의 성장만으로도 실천의 실마리를 잡을 수 있는 것이라 하겠다. 그러나 개인과 상황 두 항목이 모두 변수로 작용할 때 문제는 그리 간단한 것이 아니다. 개인의 성장이 함축하는 시간의 두께는 동시에 상황이 자체의 역동 요인에 의해 변천해나아가는 무대이기도 하다. 또 어떤 의미에 있어 개인을 넘어서 있는 상황의 발전 속도는 개인의 의식의 발전 속도를 추월할 수 있는 것이기도 하다. 역사적으로 볼 때 사회와의 관련 속에서 개인의 전체성의 위기가 비롯한 것은 사회가 실체론적 존재로 등장하여 그 발전 속도가 사람들의 생물학적 성장과 인식의 발전 속도를 훨씬 앞지르기 시작하면서부터였던 것이다. 대략 19세기 중엽의 서구 사회에 도래했던 이 같은 현상은, 보다 특수한 입장에서이기는 하나 일제 시대부터의 한국 사회와 한국인들이 경험했던 문제이며, 다시 60년대 후반부터 산업 사회와의 의미와 결부되어 새로운 형태로 겪고 있는 문제이기도 하다. 그러니까 개인과 상황과의 역학적 관계에 대한 성찰 없이 일방적으로 개인의 성장에만 거는 신뢰는 자칫 공허한 울림에 지나지 않는 것으로 제한되기 쉽다고 하겠다. 이 같은 문제는 그 문학적 성과와는 관계없이 김원일의 최근 장편 소설인 『노을』이 노출하고 있는 문제이다.

『노을』이 갖는 제반 성과에 대해서는 그다지 의심의 여지가 없어 보인다. 김병익의 지적처럼 "분단이란 비극의 실체로 구현시키면서 그들의 혈연적 유대감에 의지하여 남북 대결에 어떤 화해의 접점을 모색"(김병익, 「분단 의식의 문학적 전개」, 『상황과 상상력』)하고 있는 이 작품의 의미는 단지 문학의 범위에만 머물지 않고 우리의 과거 역사를 주체적으로 인식해야 한다는 책임 의식을 불러일으킨다는 점에서 정신사적 이해의 범위로 넓게 확산되어나간다고 하겠다. 뿐만 아니라 형식적 기법의 좁은 테두리에 있어서도 『노을』은 매우 치밀한 구성을 이루고 있다. 『노을』의 형식적 특징을 이루는, 29년의 시간 간격을 둔 두 플롯의 교차 전개는, 이러한 삽입 구조가 자칫 주기 쉬운 산만한 느낌을 효과적으로 배제하고 있다. 그것은 우선 문체상의 특징에서 나타난다. 두 개의 플롯은 공히 '나'라는, 주인공 김갑수의 시점을 통해 서술되는데, 29년의 시차에도 불구하고, 그 사이에는 문체상의 변화가 거의 보이지 않는다. 이는 과거의 사건이 이제 이미 성장하여 중년의 어른이 된 주인공의 회고적 시점을 통해 서술되고 있음을 뜻한다. 이 같은 시점의 묘에 힘입어 과거의 사건은 그 자체로 화석화되어버린 것이 아니라 현재의 주인공의 의식에 알게 모르게 어떤 힘을 행사하는 살아 있는 사건이 된다. 따라서 과거의 사건은 현재 주인공의 심중에서 점차로 이루어지는 의식 변화의 심리적 근거가 되어준다. 이처럼 밀접한 관련을 갖는 두 플롯을 교대시켜가며 거의 비슷한 템포로 클라이맥스로 올려붙임으로써 종국에 가서 주인공의 의식에서 이루어지는 과거와 현재의 화해를 한층 극적인 것으로 만든다. 이 화해는 주인공의 성숙한 관점에 의해 뒷받침됨으로써 비로소 가능한 것이었다. 이런 사실로 미루어 김원일의 작품 세계의 문맥만을 별도로 고려할 때『노을』의 성과는 그가 여러 곳에서 제시했던 성장의 약속에 대해 그 성장의 정도를 중간 단계에서 보고하고 있는 데 있다고 할 수 있다.

그러나 우리가 주목하고자 하는 것은, 이런 것과는 좀 다른, 의식의 제차원에 대해서이다. 우리는『노을』에서 과거와 현재의 화해가 주인공의 의식 속에서 이루어진 것이라는 사실에 대해 언급했다. 그런데 의식의 중요성이란 그것이 미래의 상태를 지향해나아가는 행동의 원리가 되어준다는 데 있다. 주인공의 의식의 변화가 정녕 감동적인 것으로 나타날 수 있기 위해서는 그것이 어떤 결의의 수준에서 머물 것이 아니라 구체적인 실천으로 응결되어져야 했을 것이다. 그러나『노을』은 보다 현실적인 문제, 즉 그 화해가 어떻게 현실 인식에 작용함으로써 행동의 실천적 원리가 되어주었는가 하는 문제를 덮어놓은 채 끝나고 있다. 이 같은 문제와 관련지어 생각해볼 때 의미심장한 인물 설정이 치모의 존재라 할 수 있다. 치모는 주인공 김갑수가 그러한 것처럼 역사가 안겨준 과거의 상처를 지닌 인물이다. 또한 동시에 그는 현실의 사회적 제문제를 깊이 체험하고 있는 인물이기도 하다. 서울에서 대학교를 다니다가 데모 사건에 연루되어 퇴학을 당한 그가 귀향해서 하는 일들은 야학을 통한 농민의 의식 계몽이라든가, 무지 때문에 비리와 횡포를 감수당하는 사람들의 이익 옹호를 위해 앞장서거나 하는 등의 도덕적 행위들이다. 그는 주인공 김갑수가 과거와의 화해 이후 지니게 될 의식을 이미 지니고 있으며 또 그것을 토대로 한 행위들을 보여주고 있는 인물이다. 그에게 있어 역사에 대한 인식은 현실 속에서의 실천 의식과 맞닿아 있다. 그가 이 소설에서 맡고 있는 구조적 역할은 주인공의 의식 변화를 직접 유도해 내는 것인데, 그것은 다음과 같은 말을 통해 수행된다.

그러나 피맺힌 상처긴 해도 인자 와서 그걸 우짜겠습니껴. 그 상처를 자가 처방으로 치료할 수밖에 없고, 나아가서는 그 비극을 사랑하도록 노력해야 되잖겠습니껴?

이 같은 발언이 작품 속에서 갖는 구조적 기능이나, 한 걸음 더 나아가 분단 상황을 현실로 안고 있는 한국민들 모두의 의식의 각성에 기여하는 몫은 췌언의 여지가 없는 것이다. 그러나 치모가 지닌 또 하나의 상처, 즉 현실에서의 좌절이라는 측면을 상기한다면 과연 이같은 결의가 현실 인식에 있어서도 얼마나 유효한 것으로 작용할 것인가 하는 문제에 있어서는 일단 유보의 여지가 있는 것이라 여겨진다. 물론 주인공이 조총련의 첩자인 진필제라는 인물 때문에 겪어야 했던 심적 고초는 30여 년 전이나 별다른 차이 없이 고수되고 있는 상황의 고착성을 보여주는 것이기는 하다. 그러나 치모가 항거하는 현실이 반드시 그 같은 이데올로기의 대립 상황의 연속성 위에서만 파악되어지는 것은 아니다. 마찬가지로 현실에 대한 주체 의식의 확립이란 것도 역사의 주체화와 동일한 관심의 연장선 위에서 이루어지리라고 기대하기는 어려운 것이다. 따라서 앞에 인용했던 치모의 발언은 주인공이 자신의 과거와 함께 역사의 의미 자체를 공동체화하게끔 유도하는 역할로는 충분하다 하겠으나 치모 자신의 현실 인식과 실천 의지의 시발점으로 삼기에는 미흡한 것이라 하겠다. 현실과의 관련에서 보다 중요한 것은 "옳고 참된 일이라면 만인이 모른채 넘어가도 내 혼자 부딪쳐 조금씩 밝은 사회로 개선해나가는 데 보탬"이 되어야겠다는 치모의 결의가 어떻게 실천을 통하여 사회 전체로 확산되어나갈 수 있는가라는, 개인과 전체와의 소통 가능성에 대한 모색이라 여겨진다.

『노을』을 통해 우리가 살펴본 문제점은 주인공의 성장에 따른 상황의 공동체화의 의지가 역사적 상황의 범위에만 머무를 뿐 현실적 상황에 관한 측면에 있어서는 아직 미진한 몫이 남아 있다는 것이었다. 이것 역시 『노을』이 갖는 또 하나의 특징인, 장편 소설이면서도 비교적 단일한 주제를 취급하고 있다는 기본적 제약 때문에 불가피했던 것이라 생각할 수 있는 것이기는 하나, 아무튼 우리가 앞으로 작가에게 기대하는 것이란 개인의 성장이 현실에 보다 적극적인 의미를 던져줄 수 있는 통로를 더욱 넓혀주어야 할 것이라는 점인 것만은 분명하다.

메를로-퐁티는 종래의 인식론을 수정하는 입장에서, 세계를 대상으로 한 주체의 존재 방식을 몸 corps이라는 용어로 규정한다. 그것은 종래의 데카르트적 코기토 cogito에 해당하는 것이라 할 수도 있겠으나, 코기토의 내용을 이루는 주체의 명증성이 결국에는 주체와 대상 간의 일방 통행적 성격을 초래하는 것임에 반해, 메를로-퐁티의 몸이란 상호 교환성을 매개로 하는 것이라는 현격한 차이를 지닌다. 그가 말하는 몸이란 세계를 향해 있는 존재이며, 동시에 세계의 의미가 나의 관점을 통해 들어와 육화된 존재를 일컫는다. 이 같은 상호 주체성의 기반 위에서 세계는 주체가 부여하는 의미에 따라 확대되며 그와 동시에 주체의 의미도 성숙한다. 개인의 성장을 통하여 김원일이 구현하고 있는 것은 이런 것이었다. 성장에 힘입어 상황은 공동체화 되며, 그 속에서 개인은 다시 공동체적 개인의 의미로 발돋움한다. 또 그 성장에 의해 현실 세계는 있는 그대로의 것이 아니라 있어야 할 어떤 것, 이루어져야 할 어떤 모습의 것으로 탈바꿈한다. 그 변화는 우리가 꿈꾸는 건전한 사회를 조금 더 가까이 있는 것으로 만들어 준다.   〔『문학과지성』, 1979년 봄호〕

분단 문학의 확장과 현실 인식의 심화
— 김원일론

오생근

1

　김원일은 우리나라의 대표적인 '분단 작가' 중 한 사람이다. 초기의 실존적 경향의 소설들로부터, 일제하 식민지 시대의 역사적 삶을 다룬 『늘푸른소나무』에 이르기까지 그의 작품 세계가 분단 문제를 넘어서서 질적으로나 양적으로 큰 변화를 보여주었음에도 불구하고, 그를 '분단 작가'라는 틀로 자리매김하는 경향이 많은 것은 아마도 민족 분단의 비극과 모순의 문제를 그만큼 집요하게 다룬 작가가 없기 때문일 것이다. 『노을』과 『불의 제전』과 같은 뛰어난 장편 소설들뿐 아니라 '분단 소설선'이라는 제목으로 모은 『달맞이꽃』의 여러 중·단편 소설에 이르기까지 그는 다각적으로 분단 문제를 파헤치면서 그것과 관련된 우리의 삶을 이야기해온 작가이다. 그는 왜 이처럼 6·25 전쟁을 전후로 한 격동의 시대와 파란 많은 삶을 줄곧 이야기의 소재로 이끌어오고 있는 것일까? 이것은 그의 부친이 '직업적인 공산주의자'로 월북한 집안의 장남으로서 겪었던 독특한 체험 때문일 수도 있고, 그 스스로 '조국 분단 문제야말로 이 시대의 가장 첨예한 이슈다'라고 생각할 만큼 그의 시대적 인식이 확고하기 때문일 수도 있다. 여하간 그는 전쟁을 전후로 겪은 성장 과정의 체험과 본격적인 문학의 높이에 선 지식인 작가로서의 시대적 인식으로 분단을 주제로 한 어둡고 풍부한 여러 자료들을 통해 그만이 이룩할 수 있는 독특한 문학적 성채를 구축한 작가가 되었다. 그러나 그를 '분단 작가'로 이해하는 것 못지 않게 김원일과 더불어 떠오르는 독특한 이미지는, "어릴 적부터 빨리 늙은이가 되고 싶었다"는 그의 고백과 관련된 어떤 작가적 태도이다. 그가 자신의 문학적 생애를 중간 점검하는 한 문학 선집의 서문에서 말한 이러한 작가적 태도는 나에게 상당히 인상적이고 충격적인 발언처럼 느껴졌다. 그와 비슷한 진술은 어떤 때는 삶이 너무나 고통스러워 "태어나지 않은 상태나 빨리 늙어 노인이 되기를 원했다"는 고백으로 나타나는가 하면, 소설 쓴다는 일이 괴로운 일이기 때문에 "빨리 늙은이가 되어 내 글은 그만 쓰고 남이 쓴 좋은 글이나 읽는 행복한 시절"을 꿈꾸게 된다는 대목으로 나타나기도 한다. 젊음의 힘과 정열을 높은 가치로 생각하고, 젊음의 대열에 늘 끼고 싶어 하는, 그러나 젊지 않은 사람들과는 달리 그는 '빨리 늙은이가 되고 싶어한 작가'이다. 그러나 빨리 늙은이가 되고 싶으면서도 기실 늙은이가 되진 못하는, 욕망과 현실의 갈등과 간극 사이에서 그의 늙지 않은 문학적 정열의 원천이 샘솟는 것일까? 그에게서 빨리 늙은이가 되고 싶다는 욕망은 결코 낭만주의자의 현실 도피적인 꿈이 아니다. 그러한 고백의 이면에는 삶이 아무리 고통스러운 것이라 하더라도 삶을 결코 포기해서는 안 된다는 전제가 담겨 있다. 그 욕망에는 현실을 외면하거나 초월하기는커녕, 오히려 어떻게 해서든지 삶을 견디고, 이겨내야 한다는 능동적이고 적극적인 의지가 보인다. 다시 말해서 개인적 삶의 주체로서건 시대적 모순을 감당하고, 극복하려는 책임 있는 작가의 입장으로서건, 주어진 책무와 역할이 힘겹기 때문에 그것으로부터 해방되고 싶은 욕망이 큰 것이지만, 그 욕망은 도피나 체념으로 연결되기보다 긍정적 의지, 혹은 운명적인 수락으로 이어진다. 그리하여 어린 시절의 과거를 자주 돌아보되 과거 지향적이 되지 않고, 늙은이의 미래를 동경하되 현실에 대한 외면이나 어떤 현실 초월적 전망에 빠져들지도 않는, 독특한 현실 인식의 관점과 의식이 김원일의 문학을 형성한다. 그것은 김원일 나름대로 현실을 보고, 현실을 사는 방법으로 보인다.

    흙고물을 제 몸에 바르고 있는 무척추의 꼬물거리는 작은 벌레를 볼 때 마치 늙은이를 보듯 생명이란 참으로 끈질기구나 하고 생각한 적이 있다. 양지바른 돌담 앞에 해바라기를 하고 앉아 쪼그라진 옴팡입으로 누룽지 조각을 침으로 녹이고 있는 그런 늙은이가 행복하게 보인 적도 있다. 어느 한 때가 아닌 소년 적부터 지금까지, 힘들게 움직이는 굼벵이나 그런 늙은이가 추하다거나 아까운 세월을 낭비했다고 느낀 적은 없다. 늙은이의 경우 그가 아무리 초라한 몰골일지라도 어떻게 이 고난스런 한 세월을 살아왔을까를 생각하면, 다만 살아왔다는 그 사실만으로서도 슬기로워 보인다. 그래서 나는 여태껏 현대적이고 미래 지향적인 것을 소설화시키는 노력을 쉽게 포기할 수 있었고 사실 그 방면을 글로 쓰는 데는 별 의욕도 자신도 없다. 돌아가자, 과거의 어린 시절로. 나는 늘 뒤돌아보며, 뒤돌아보는 소년 시절로 달려가면서, 한편으로 쉬 늙은이가 되고 싶다는 이율배반으로 여기까지 살아오고 있는 셈이다. (「장터거리의 이야깃감」)

    여기에서 김원일이 동경하는 삶의 주인공처럼 제시된 노인은 선비처럼 단정하거나 세월의 풍상을 거쳐 자연스러운 위엄이 서린 권위의 얼굴도 아니며, 출세한 자식의 효도를 받아 여생이 행복하게 된 노인의 삶도 아니다. 그는 힘없고, 추해 보이고, 소유한 것도 별로 없는, 초라한 노인이다. 그러나 그 볼품없는 노인의 형상이라도, 그는 "어떻게 이 고난스런 한 세월을 살아왔을까를 생각하면, 다만 살아왔다는 그 사실만으로서도 슬기로워 보"이는 모습이다. 이렇게 노인을 바라보는 작가의 시각은 얼핏 보들레르를 연상시킨다. 보들레르는 대도시에서 자리 잡지 못한 사람들, 늙은이들, 광대, 창부, 거지 집시와 같은 사람들, 인생의 낙오자들과 동류 의식을 느끼고, 그들의 영혼 속으로 들어가 '영혼의 성스러운 매음'을 즐긴 시인이다. 특히「창들」이라는 산문시에서 보들레르는 닫힌 창 너머 보이는 초라한 노파의 삶을 상상하면서, 그 여인의 실제적 삶이 어떻든지 간에 중요한 것은, 그 자신이 아닌 다른 사람의 삶 속으로 들어가 함께 꿈꾸고, 괴로워하면서 그 여인의 전설 같은 이야기를 만들어보려는 것이다. 김원일이 초라한 노인의 삶에 대해 "살아왔다는 그 사실만으로서도 슬기로워 보인다"고 했을 때, 그는 그 노인과 동류 의식을 느끼는 한편, 격동과 혼란의 시대에서 한 인간의 오랜 삶은 그 자체로 경의를 표현할 만하다는 가치 평가를 내리고 있는 셈이다. 그렇다면 초라한 노인의 삶에 대한 동일시와 과거의 어린 시절로 돌아가려는 욕망은 어떻게 이해될 수 있을까? 그것은 모순된 욕망일까? '빨리 늙은이가 되고 싶은' 욕구가 현실 도피적인 것이 아니듯이, 어린 시절로 돌아가려는 그의 욕망 역시 단순한 낭만주의적 발상도 아니다. 김원일에게서 과거는 아름답고 화려했던 영광의 지난날이거나 행복하고 순수했던 몽상의 유년 시절이 아니다. 그것은 어둡고, 고통스럽거나, 전쟁과 가난, 추위와 슬픔의 배경 속에서 떠오르는 소년 시절의 과거이다. 그 과거 속에서 작가는 "혹독하게 춥던 밤, 양식을 구하러 나간 어머니를 찾아 여러 집을 순례하던 한 기억의 실마리"를 잡아내거나 "장터에서 보낸 결손 가정의 어린 시절과 추수 끝난 고향의 빈 들녘을 헤매며 나락 이삭을 줍던 추억"과도 만난다. 또한 그 과거는 어둡고 가난했던 기억뿐 아니라, 월북한 공산주의자 아버지를 둔 집안의 장남으로서 겪어야 했을 온갖 마음의 상처도 함께 떠오르는 과거이기도 하다. 그런 점에서 그것은 회피하거나 숨기고 싶은 과거일 수 있는 것이지, 되돌아가서 모성적인 공간처럼 안주하고 싶은 과거일 수는 없다. 그러나 그는 그 과거를 숨기거나 미화시키지 않고, 사실대로 이야기하고 탐구하고 객관화시키려 한다. 이러한 그의 소설적 언어는 어린 시절의 주관성과 서정의 세계를 객관화시키면서 자신의 삶을 사회와 역사와의 관련 속에서 이성적으로 사유할 수 있게 만든다. 그의 과거는 몇 가지 기억의 내용들로 구성된, 한정된 물줄기가 아니라, 마치 거듭 퍼올리면서도 여전히 새롭게 고이는 풍부한 물량의 샘물과도 같다. 그것을 풍부하게 만드는 것은 기억의 창고에 담긴 본래적인 내용 때문이라기보다, 분단 상황의 현재적 모순을 관련시켜봄으로써 그 기억의 요소들을 새로운 해석으로 이끌어낼 수 있는 작가의 문제 의식과 상상력의 작용 때문이다.

2

김원일의 어린 시절과 6·25에 관련된 소설들은 장편과 단편을 포함해서 일일이 헤아릴 수 없이 많지만, 대표적인 예를 든다면 「연」「어둠의 혼」「미망」『노을』을 꼽을 수 있을 것이다. 이 중에서 「연」과 「미망」은 전쟁과 분단의 문제가 이면에 숨어 있거나 간접화되어 있고, 「어둠의 혼」과 『노을』은 그 문제가 직접적이고 본격적으로 표면화되어 있다. 이 네 편의 소설들이 한결같이 1인칭 소설로 구성되어 있다는 점은 1인칭의 형태가 서사적 사건과 이야기의 전개에 제약을 가져올 수 있는 한계에도 불구하고, 무엇보다 그러한 시각이 동반하는 직접적인 체험의 신뢰감을 높일 수 있는 근거를 갖는다. 소설에서의 사건은 그 누구의 입을 통해서 들은 것도 아니고, 허구적으로 꾸며낸 것도 아닌, 바로 '나' 자신이 겪은 실제의 이야기라는 작가적 자신감과 사건의 진실성으로 서술되어 있는데, 이것은 바로 그러한 관점으로 거둘 수 있는 효과이다. 물론 모든 소설들은 대체로 1인칭 아니면 3인칭의 시각으로 씌어진다. 그럼에도 김원일의 1인칭 소설이 각별히 주목되어야 할 까닭은 분단 문제를 다루는 다른 작가들과는 달리 그의 관점이 생생한 체험의 밀도와 서정성의 결합으로 독자의 관심을 촉발하고 독자와의 공감 의식을 높여주기 때문이다. 그는 1인칭의 시각과 어린 시절의 체험을 유연하게 접목시킨다. 어린아이의 눈으로 볼 수 있는 전쟁의 체험과 어른들의 세계를 이해하는 일은 일정한 한계가 따르겠지만, 그 한계의 범위 안에서 어린아이의 관점이 취할 수 있는 장점은 최대한으로 발휘된다. 「연」과 「어둠의 혼」이 어린아이의 순진한 관점을 통해 아버지와 어른들의 세계가 암시적으로 서술되어 그만큼 독자의 상상력을 촉발하는 요소들로 구성되어 있다면, 『노을』은 아이의 관점과 그 아이가 어른이 된 후의 현재적 시각이 적절히 뒤섞여 과거와 현재가 긴장된 결합 관계를 이룬다.

「연」은 어린아이의 관점에서 본 아버지의 이야기다. 그 아버지는 김원일의 다른 여러 소설들에서 자주 발견되는 낭만적 기질의 아버지이다. 그가 좌익 운동가인지는 전혀 밝혀져 있지 않은 사실이지만, "의젓하고 품위 있어 보이"고 "이 세상 일이 아닌 다른 세상의 일만 생각하는 그런 몽상가의" 눈빛으로 늘 집을 떠나 있다는 점에서 김원일의 어떤 공통된 아버지의 상을 떠올릴 수 있다. 그는 잠시 집에 머물 때 방패연을 만든다. 연은 그의 예술가적 기질의 표현이자 하늘을 날 듯이 현실의 제약과 굴레로부터 한없이 벗어나고 싶은 낭만주의자의 욕구를 반영한다. 어린아이의 관점에서 이해하자면, 아버지는 "돈에 욕심이 없"고, "잘 묵고 잘 살고, 옷 잘 입는 그런 데는 신경을 안 쓰"는 사람이다. 일상 생활과 가정의 문제에는 관심이 없고, 세속적인 삶을 초월한 듯한 그 아버지는 이 소설의 끝 부분에 서술되어 있듯이 객지에서 위암으로 별세하여 "예술가도 되지 못했고 끝내는 아무것도 아닌 상태로, 우리 가족을 제외하고는 어느 누구의 마음에 기억할 만한 못 하나 못 박은 채 이름 없이 사라졌다" 하더라도, 독자의 머릿속에는 무척 아름답고 선명한 모습으로 각인된다. 그는 아들에게 "사람은 꼭 어데 갈 목적이 없어도 누구나 다" 연처럼 그냥 날아다니고 싶은 존재임을 일깨우는가 하면, 경제적인 효용 가치나 "쓸모가 없는" 연을 만들면서도 쓸모가 없지만 무언가를 만들 수 있는 존재가 사람임을 가르쳐주기도 한다. 그가 아무리 자식들을 가난과 굶주림의 상태 속에 방치한 무책임한 가장일지라도, 그는 비판과 혐오의 대상으로 보이지 않고, 이해와 연민의 존재로 보인다. 물론 이 작품은 전쟁이나 분단 상황, 이념적 갈등과 대립의 주제와는 거리가 먼 소설이다. 그러나 전쟁을 전후로 한 혼란스러운 사회적 상황 속에서 고정된 직업이나 확고한 이념적 가치를 소유할 수 없었던 많은 사람들과 막연히 다른 삶과 다른 세계를 동경하며 한곳에 정착하여 지내지 못하는 어떤 인간형을 떠올릴 때, 「연」에서의 아버지는 그 사회가 빚어낸 인물로서 충분한 보편성을 갖출 수 있다. 그러한 인물의 형상화가 소설의 배경 속에서 선명하게 부각되지 않고, 어린이의 관점에서 모호하게 추상화되어 있는 것은 소설적 결함이 아니라, 어린이의 생각에 충실하면서 작가가 암시적 효과와 상상력의 여지를 통해 다각적인 해석을 이끌어낼 수 있도록 했기 때문이다.

「미망」은 고부간의 갈등을 그린 소설이다. 이 소설에 등장하는 어머니와 할머니의 성격은 여러 가지로 극단적인 대조를 이루고 있다. 그들은 신체적인 조건에서부터 성격이나 습관, 음식 솜씨나 취향 등 모든 면에서 차이와 대립을 보인다. 체구가 왜소하고, 입이 짧으며 심성이 곱고 소심한 88세의 할머니와 체구가 크고 드세며 활동적이고 독립적인 어머니는 사사건건 충돌하면서 지낸다. 이러한 대립과 불화를 그린 이 소설이, 대가족 제도의 전통 속에서 고부간의 갈등을 그린 일반적인 소설들과 다른 것은 가족이나 개인의 차원을 넘어서 우리의 역사적 현실과 분단의 비극적 상황과 관련된 시각으로 고부관계를 파악하려는 작가의 사회적 인식과 상상력 때문이다. 다시 말해서 그들의 불화는 개인의 성격적 차이나 습관의 차이를 보여주지 않고, 이 땅에 태어나 일제, 8·15, 6·25의 수난을 거쳐오면서 그러한 시대적 불행을 헌신적으로 감내하면서 살아올 수밖에 없었던 여인들의 불행과 절망적 모습을 보여준다. "할머니와 어머니 사이가 벌어진 결정적 이유는 해방이 되고, 아버지가 본격적인 좌익 운동에 나서고부터였다"는 진술에서 확인되듯이, 그 불화에는 한국 현대사의 모순과 불행이 관여되어 있다. 집안의 가난과 불행 역시 좌익 운동을 한 화자의 아버지가 "홀에미한테 불효하고 처자식 버리고 도망질 간" 무책임한 행동 때문이라고 생각될 수 있다면 그러한 불화의 원인은 쉽게 제거되기 어렵다. 그런 점에서 어머니와 할머니는 모두가 역사의 피해자로서 한과 설움이 응어리진 비극적 삶을 고통스럽게 견디며 산다. 두 여인의 불화가 잦은 것은 같은 피해자이면서도 서로의 상처를 이해하기에는 한과 설움이 너무 깊어서 상대편을 이해하고 포용할 만한 거리와 여유가 없었기 때문이다. 이성적으로는 이해하면서도 감성적으로는 받아들이기 어려운 어머니의 원망과 분노는 늘 도전적인 형태로 표현되게 마련이고, 할머니는 어머니를 불행하게 만든 그러한 아들을 두었다는 원죄 의식으로 기가 죽어 지낸다. 할머니가 아버지와 비슷한 성격의 소유자라는 점 때문에 할머니에 대한 어머니의 적대심에는 남편에 대한 원천적인 미움이 자리 잡은 것일지도 모른다. 그러한 어머니가 할머니의 임종이 임박해서 경멸과 비난의 감정을 거두고 관용과 이해의 심정을 표현한 것은, 작가의 개입으로 인위적인 화해와 통일의 결말을 매듭짓기 위한 것이 아니라, 공동의 운명적 삶에 대한 여성적 인식이 어머니의 관점을 통해 자연스럽게 표출될 수 있었기 때문이다. 반목과 갈등의 고부 관계가 화해와 공감의 관계로 전환될 수 있는 근거가 역사의 피해자라는 여성적 입장을 의식한 작중인물의 태도 변화에 따른 것이었다면, 그러한 대립적 고부 관계나 다름없는 남북 관계 역시 그와 같은 계기와 마음의 준비를 통해 변화될 수 있음을 작가는 우회적으로 말하고 있다.

「어둠의 혼」은 몇 년 후에 완성될 『노을』을 준비하기 위한 작품이었던 것처럼 분단 상황을 본격적으로 다루기보다 그 문제의 접근 가능성을 보여준다. 작가의 어린 시절에 겪은 체험이 비교적 진솔하게 표명된 이 작품은 일본에서 대학을 중퇴하고 해방 후 빨치산이 된 아버지가 1948년의 남로당 폭동에 가담하여 처형당하게 된 과정과 그 과정에서 가족들이 겪게 된 수난과 고통이 소설의 중심적 뼈대를 이룬다. 여기서 1인칭 화자로 나타나고 있는 소년은 아버지의 행동을 이해하지 못할 뿐 아니라 삶과 세계의 존재에 대해서도 많은 의문을 품는다. 가령 닭이 먼저인가, 달걀이 먼저인가라는 물음에 대해 아버지가 "모른다"는 것이 답이라고 말하고 이 세상은 "수수께끼"와 같아 "모른다는 것이 맞는 답이" 될 경우가 많다고 답변했을 때, 소년은 실망의 빛을 감추지 못한다. 소년은 삶이 이해할 수 없는 일이 많고, 모순도 많다는 것을 알지 못한다. 그에게 때로는 "산도둑같이 텁석부리로, 또는 선생님처럼 국방복을 입고 문득 나타났다 잽싸게 사라져 버리는" 아버지는 요술쟁이처럼 비칠 뿐이다. 왜 세상은 온통 수수께끼나 요술처럼 풀 수 없는 문제들로 가득한 것일까? 소년인 화자는 그 문제들을 구태여 해결하려 들지도 않고, 심각한 사색에 잠기지도 않는다. 여기서 소년의 내면적인 감정은 섬세하거나 서정적으로 표현되어 있지 않다. 그리하여 아버지의 죽음에 대해서도 "이제 우리 오누이들은 아버지라고 불러볼 사람이 없게 된" 것이 "슬플 뿐, 다른 생각은 안 난다"고, 상당히 비정적으로 이해될 만큼, 화자인 소년은 감정 표현을 억제한다. 이처럼 서정성이나 내면의 미묘한 굴곡, 삶에 대한 심각한 고민을 철저히 배제한 화자의 서술 방법은 고통스럽고 불행한 삶과 세계에 대한 소년다운 시각의 반항과 부정성을 전달하려는 것이다. 그것은 전쟁과 어른들의 부조리한 세계를 거부하고 비판하는 소년다운 관점이기도 하다.

3

『노을』은 6·25라는 민족적 비극의 참상과 그 비극의 중압으로부터 아직 벗어나지 못한 역사적 현실을 본격적으로 다루면서 작가의 문학적 성가를 높인 소설이다. 이 소설에서 1인칭의 시점은 어린아이의 경우와 어른의 경우로 나누어진다. 고향에서 어두운 공포의 체험을 갖고 있었기 때문에 가능한 한 고향의 상처와 기억을 잊으려고 하면서 살아온 중년의 출판사 직원인 '나'는 어느 여름날, 고향에 있는 삼촌의 별세 소식을 접하고, 어두웠던 어린 시절을 떠올리게 된다. 어른이 된 현재의 '나'와 어린 시절의 '나'는 동일한 존재이면서 또한 구별되고 있다. 대략 1장, 3장, 5장, 7장이 현재의 '나'의 시점을 중심으로 사건이 전개된 것이라면, 2장, 4장, 6장은 어린 시절의 '나'의 체험이 주축을 이룬다. 이 두 개의 '나'의 시점은 단조롭게 병치되지 않고, 마치 의식의 지속적 흐름 속에서 교체되듯이 이어진다. 그리하여 과거의 '나'와 현재의 '나'는 의식과 기억의 지속에 의해 일체를 이루는 한편, 상충하고 또한 상호적인 영향을 주고받는다. 어린 시절의 체험은 생생히 재현되고 어른이 된 '나'의 입장에서 반추되어 그것은 알게 모르게 화자의 현재적인 상황의 이해와 해석의 조명을 받는다. 또한 어린 시절의 '나'는 기억하고 싶지 않은 여러 부분들이 환기됨으로써 현재의 '나'의 의식과 상념을 어둡게 짓누른다. 사건의 빠른 전개, 적절한 내면 묘사와 서정성의 표현, 자연스럽게 농축된 언어 구사 등은 이 소설의 이야기를 빈틈없는 사실성의 내용과 흐름을 구성하면서 긴장의 고삐를 늦추지 않는 요소들이다. 그 이야기는 마치 오랜 연습 끝에 뛰어난 조화와 화음을 만들어낸 오케스트라의 공연처럼, 미세한 부분들에 대한 치밀한 배려를 바탕으로 전체적인 다양성과 통일성을 이룬다. 이 소설의 제목처럼, 노을로 시작했다가 노을로 끝나는 소설은 현재의 '나'로부터 시작하여 며칠 후의 현재의 '나'로 다시 돌아오는 과정을 보여주지만, 그 회귀는 이미 변증법적 변화를 거친 후의 출발 지점으로 돌아온 자아의 모습이라고 말할 수 있다.

1) 관악산은 이미 그늘져 침침한 회청색을 띠고 있었다. 그 뒤로 아직도 끓고 있는 더위와 어울려 자줏빛 노을이 가라앉고 있었다. 그 마른 핏빛 노을이 가물가물 먼 기억의 실마리를 집어내어, 잊으려 지우고 지워온 깊은 상처를 새로이 긁었다. 〔……〕 비로소 강한 통증이 뒷골을 쳤다. 시야가 뿌옇게 흐려왔다. (p. 13)

  2) 노을에 비낀 고향이 차츰 나의 시야에서 빠르게 흘러가기 시작했다. 〔……〕 문득 아버지와 헤어져 봉화산에서 내려왔던 저녁이 생각났다. 장마 뒤끝이라 노을이 유독 아름다웠다. 폭동의 잔재도 완전히 소멸되고 백태도 기수도 죽고 없는 텅 빈 넓은 장터 마당에서 절름발이 미송이만이 홀로 종이비행기를 날리고 있었다. 제대로 걷지를 못하므로 하늘을 날고 싶은 꿈만 키워온 병약한 미송이, 그날따라 그가 날려 올리는 종이비행기가 아주 유연하게 포물선을 그리며 노을빛 고운 하늘을 맴돌았다. "갑수야, 저 노을 있제? 저 노을꺼정 이 비행기가 날아올라간데이. 나를 태우고 말이다." 미송이가 배시시 웃으며 말했다. 노을 속에다 힘차게 비행기를 띄워 보냈다. 미송이가 그렇게 나는 희망을 키우는 만큼, 그의 눈에 비친 하늘은 분명 어둠을 맞는 핏빛 노을이 아니라 내일 아침을 기다리는 오색찬란한 무지갯빛이리라. (pp. 325~26)

  1)에서처럼 도입 부분의 '자줏빛 노을'은 핏빛을 연상시키고, 주인공의 기억 속에 숨어 있었던 상처와 통증을 유발한다. 어린 시절과 고향은 모성적인 그리움의 대상이 아니라 외면하거나 지워버리고 싶었던 과거의 '나'를 구성한 요소들이다. 그러나 화자는 악몽 같은 그 시절의 '나'의 상처가 외면함으로써 치유되는 것이 아니라, 바르게 보고 객관화시킴으로써 극복될 수 있는 것임을 안다. 그러므로 상처와 불안과 두려움을 연상시키는 노을의 핏빛은 '나'의 의식을 어두웠던 과거의 심연으로 이끌어들이는 기능을 한다. 2)에서의 노을은 더

이상 핏빛과 죽음의 노을이 아니라 종이비행기를 날리고 싶은 마음의 아름다운 노을이며, "내일 아침을 기다리는 오색찬란한 무지갯빛"으로 떠오르는 노을이 된다. 두려움 속에서 회피하려 했던 상처의 원인을 정면으로 응시함으로써, 그 상처가 아물게 되었음을 암시하는 이러한 노을빛의 변화는 마치 병원문을 나서는 회복기의 환자가 병원에 입원하기 전과 사물에 대한 반응이 달라진 심정적 변화와 다름없이 그려진다.

1장에서 고향을 연상하게 된 노을빛이 공포의 핏빛이었던 것처럼, 고향과 소년 시절에 관련된 사건을 서술하는 대목에서 피와 관련된 어휘들이 유난히 많이 등장하는 것은 주목해야 할 요소이다. '나'의 아버지의 신분이 백정이었다는 것도 칼과 피를 연상시키기에 충분하다. 『노을』의 아버지는 「연」에서처럼 낭만적인 떠돌이 기질의 모습도 아니고, 「어둠의 혼」에서처럼 좌익 지식인의 모습도 아니다. 그가 백정일 뿐 아니라, 야만적이 광기의 소유자로 그려져 있다는 것은 그만큼 고향과 집, 아버지의 기억을 공포의 붉은 빛으로 채색하는 효과를 거둔다. 또한 도수장에서 도살당하는 황소의 피, 어머니에 대한 아버지의 잦은 폭력 행사와 피의 상처, 피 묻은 빗자루, 피 묻은 옷, 도수장에서의 시체와 역겨운 피 냄새 등 피와 관련된 표현이나 소도구들은 모두가 섬뜩한 두려움과 공포의 느낌을 자아낸다. 그처럼 잔인하고 흉포한 일자무식의 백정 아버지는 남로당의 모의에 참여하고, 폭동에 가담하다가 나중에 경찰의 반격으로 쫓기던 중 자살했다는 후문을 남긴다. 이러한 아버지를 두었기 때문에 훗날 우연한 사건으로 경찰의 조사를 받는 과정에서 '나'는 결국 고향의 비극적 사건이나 분단 상황의 이데올로기적 갈등으로부터 완전히 자유로울 수 없고, 그것이 바로 시대의 모순과 질곡에 묶인 자신의 자화상임을 깨닫게 된다. 그런 점에서 분단의 비극은 결코 끝난 것이 아님을 작가는 강조하고 있는 것이다.

4

　작가의 어린 시절의 체험, 전쟁과 가난, 민족이 겪은 파행적 수난의 역사 등과 관련되어 분단을 주제로 씌어진 작품들 외에, 김원일의 문학적 영역을 넓힌 작품들로, 우리는「오늘 부는 바람」「도요새에 관한 명상」「마음의 감옥」등을 검토해볼 수 있다. 이 세 작품들은 분단 문제를 벗어난 작가적 관심의 변화와 소설적 주제의 다양성을 보여준다.「오늘 부는 바람」은 가난하고 절망적인 상황의 도시 하층민 젊은이들을 통해, 그들이 처한 실존적 삶의 좌절과 희망의 가능성을 탐색한 소설이며,「도요새에 관한 명상」은 1인칭 화자의 시각을 아우로부터, 형, 아버지에 이르기까지 다양하게 전환시키면서 자아 인식과 실존적인 절망, 공해와 환경 문제, 학생 운동, 실향민의 망향 등의 여러 가지 문제를 다룬 소설이다. 70년대 말에 발표된 이 소설에서 특히 주목되는 것은 작가가 공해와 환경 파괴의 현실에 대해 상당히 일찍부터 관심을 기울였다는 점이다. 다만 이 소설에서 환경 파괴와 공해의 문제가 좀더 집중화되어 밀도 있게 다루어지지 않았다는 점이 아쉬울 뿐이다.「마음의 감옥」은 빈민 운동에 투신하였다가 간암으로 죽음을 맞이하게 된 동생과 출판사 사장인 형의 현실관이 교체되다가 소설의 끝 부분에 이르러 사회 변혁의 필요와 가치를 완강하게 혹은 암시적으로 부각시킨 작품이다. 김원일의 많은 소설이 그렇듯이 여기서도 가족 구성원들 사이에서 전개되는 이야기는 가족이나 집안의 범주를 넘어선 분단의 역사적 상황이나 사회적 모순들과 관련된다. 물론 이 소설은 한 집안의 내부에서 전개되는 사건이 아니라 집안의 외부에서 펼쳐지는 사회적 문제들이나, 빈민 운동가인 동생의 치열한 삶에 비중을 둔 것이고 그것과 관련된 가족의 대응이 주요 골격을 이룬 것이기 때문에, 가족과 사회, 집 안의 일과 집 밖의 사건이라는 구별은 의미가 없을 것이다. 해직 기자였다가 출판사 사장이 된 '나'는 동구권의 몰락, 독일의 통일, 소련의 민주화 개혁 추진 등 일련의 공산권 국가의 변화에 대한 관심으로 소련을 방문하고 귀국했는데, 동생은 운동권의 일선에서 70년대부터 지속적으로 현실 개혁 투쟁에 참여하고, 봉사와 헌신과 사랑을 강조하며, 빈민 운동에 투신하다가, 공무집행방해죄로 구속되어 중병에 걸린 상태이다. 또한 이 소설에서는 김원일의 다른 소설에서처럼 전쟁 때 남편과 사별하여 험난한 삶을 헤치고 홀로 삼남매를 키워온 어머니의 모습이 등장한다. 그 어머니는 구속된 막내아들을 위해 "육순을 넘긴 연세에도 아랑곳 않고," "머리와 어깨에 띠를 두르고 '민가협' 모임에도 부지런히 나다니는 열성을 보이기도" 한다. 그러나 빈민 운동에 헌신하는 막내아들과 가깝게 살면서, 가난하고 불행한 이웃들의 삶을 이해하고, 사회적 문제 의식도 갖춘 여인의 존재는 그의 다른 소설에서는 쉽게 볼 수 없는 모습이다. '나'는 4·19 세대로서 독재 정권 타도 시위에 참여하기도 했지만, 이제는 출판업에 종사하며 어느 정도 안정된 생활을 보낸다. 이 소설에서 중요하게 생각할 수 있는 것은, 그러한 '나'의 입장에서 계층 간의 불평등, 분배의 정의, 빈민들의 절박한 생존 조건, 민주화 등의 사회적 문제들을 심각하게 받아들이지 않다가 동생의 삶에 관심을 기울이게 됨으로써 진보적 운동의 이념적 가치가 필요한 것임을 화자가 깨닫게 되는 과정이다. 그러한 깨달음은 소설의 후반에서 상당히 무모한 행위로 보일 만큼, 충동적으로 표현된다. 병원 밖에서는 동생을 귀가 조치하도록 외치는 사람들의 연대적 시위가 펼쳐지고, 화염병과 최루탄이 터지는 혼란의 상황에서 '나'는 동생이 "거주 제한 구역 안에서 운명하게 해서는 안 된다는 결론을 내려" 동생의 침대를 밀고 밖으로 달려나가게 되는데, 이 대목은 그 행위의 현실적 성공 여부와 관계 없이 극적인 묘사로 처리되어 있다.

막혔던 통로가 자유로 향한 출구처럼 훤하게 뚫렸다. 어머니와 함께 우리 오누이 셋이 그해 겨울 그렇게 남행길을 재촉했듯, 우리들은 마치 포연을 뚫고 진군하듯 최루탄 매연을 헤쳐 침대를 끌고 밭은걸음을 걸었다. 그제서야 4·19 그날, 우리 모두 어깨를 겯고 경무대를 향해 내닫던 그 벅찬 흥분이 되살아남을 나는 가슴 뿌듯이 느낄 수 있었다.
(「마음의 감옥」, p. 520)

감동적인 영화의 어떤 마지막 장면처럼 서술된 이 대목에서 6·25와 4·19가 계속 언급되고 침대에 누워 있는 사람이 70년대와 80년대를 거쳐 줄곧 민주화와 사회 개혁에 헌신한 빈민 운동가라는 사실은, 우리의 현대사를 이루고 있는 그러한 역사적 사건이 결국 하나의 줄기로 연속되어 있음을 보여준다. 여기서 우리는 현실에 대한 관심과 역사적 사건의 인식이 구별되지 않고 있음을 거듭 확인하게 된다. 이런 점에서 미루어본다면 김원일의 문학은 분단 문제를 다룬 소설들과 그 밖의 소설들로 양분된다기보다, 분단 문제에 대한 탐구 영역의 범위가 계속 확산됨으로써 현실의 문제를 포괄한 폭넓은 분단 문학의 세계로 해석될 수 있다. 그는 자연스럽게 과거와 현재의 사건을 연결시켜 바라보는 역사적 현실 인식에 충실하면서 분단 상황에 대한 그의 인식을 새롭게 해온 셈이다. "막혀 있던 통로가 자유로 향한 출구처럼 훤하게 뚫렸"듯이, 분단의 비극과 모순을 넘어서려는 그의 작가적 의지는 결국 모든 방향에서 현실의 문제를 탐색하고 진정한 자유를 추구하려는 열정의 표현으로 보인다.

〔『그리움으로 짓는 문학의 집』, 문학과지성사, 2000〕

장자(長子)의 소설, 소설의 장자(長者)

하응백

1

해방 이후 우리 민족의 삶은 6·25 전쟁과 4·19 학생 혁명, 5·16 군사 쿠데타, 유신 통치, 광주 민중 항쟁 등의 일련의 사태에 동여매어져 있었다. 특히 분단 상황은 우리의 삶 자체를 옥죄고 있었고 지금까지도 그것은 현실로 작용한다. 분단 상황에서 가장 큰 민족사적 비극은 바로 6·25 전쟁이다. 이 전쟁은 당연히 개인사적 비극으로 깊숙이 침윤되었다. 때문에 6·25 전쟁 무렵 유년기를 보낸 작가의 대부분은 그 전쟁을 깊은 내상(內傷)으로 간직한 채, 그 내상의 개화를 기다려왔다고 해도 틀린 말은 아니다. 6·25 전쟁을 유년기 혹은 소년기에 겪은 작가들은 시기적으로 1940년 주변에 태어났다. 그들은 최초의 한글 세대에 해당하며, 유·소년 시절 처참한 비극의 현장을 경험

---

* 이 글은 「장자(長子)의 소설, 소설의 장자(長者)」(『세월의 너울』 해설, 1996)와 「들끓음의 문학, 혼돈의 문학」(『오늘 부는 바람』[『김원일 중·단편 전집』 2권] 해설, 1997)을 김원일 문학 전체를 이해하기 위하여 문맥에 맞게 합친 것이다.

했고, 청년기에 4·19의 분출을 맛보았다. 또 유신과 그에 이은 군사 독재의 현장을 목도한 사람들이다.

김동리나 황순원 세대에 이어 우리 소설 문학에 큰 획을 그은 이문구·김주영·김원일·이청준·한승원·이동하·윤흥길 등이 모두 이 세대의 작가들이다. 그러나 세대론만으로 모든 작가를 일반화할 수는 없다. 개인사적 체험이나 상상력의 영역은 조금씩 다를 수밖에 없기 때문이다.

이들 작가군 가운데서 6·25 전쟁을 원체험으로 한 작품을 가장 많이 남긴 작가는 바로 김원일이다. 김원일은 1966년 소설「1961·알제리」로 등단하여 약 35년 간 중·단편 59편, 8편의 장편 소설, 2편의 대하 장편 소설을 발표했다.[1] 이 작품 중에는 『불의 제전』『겨울골짜기』『마당깊은 집』 등을 비롯한 많은 소설들이 6·25 전쟁을 직·간접적으로 형상화하고 있다. 비슷한 세대의 다른 작가보다 유별나게 김원일은 분단 소재 작품, 이른바 분단 문학이라 불리는 작품을 많이 창작한 것이다.[2]

---

[1] 1997년에 5권으로 간행된 『김원일 중·단편 전집』(문이당)에는 모두 57편의 중·단편이 실려 있다. 이 전집 서문에서 작가는 "원고를 없애버린 초기 습작 몇 편을 빼고 1966년 문단에 발을 디딘 뒤 발표한 모든 작품은 빠짐없이, 지면에 발표순대로 수록했다"고 밝히고 있다. 단 작품 길이 때문에 긴 중편에 해당하는 「환멸을 찾아서」와 「그곳에 이르는 먼 길」은 제외했음을 밝히고 있다(『김원일 중·단편 전집』 서문, 문이당, 1997). 그의 장편 소설은 『어둠의 축제』(1975), 『진토』(1977), 『노을』(1978), 『겨울골짜기』(1985), 『바람과 강』(1986), 『마당깊은 집』(1988), 『아우라지로 가는 길』(1996), 『가족』(2000) 등의 8편, 대하 장편 소설로는 『늘푸른소나무』(전 9권, 1993), 『불의 제전』(전 7권, 1997) 등의 두 편이 있다(2001년 3월 기준).

[2] 분단 문학이라는 말은 우리 현대사의 특수성에서 말미암아 발생한 용어로 정확한 학술적 개념을 가진 것은 아니지만, 일반적으로 보편화되어 사용되어왔다. 분단 문학이란, 의식적으로 조국의 분단과 관련된 소재를 다루면서, 분단의 원인 규명, 분단으로 인한 삶의 질곡, 좌우의 대립과 관련된 생활고와 이데올로기적 대립에 주제가 놓여지는 문학이라고 정의할 수 있다.

분단 문학의 범주를 넓게 설정하면, 분단 시대 문학 모두를 총괄하게 됨으로 해서 용어의 의미가 없어져버린다. 예컨대 최인훈의 『광장』, 김원일의 『노을』『겨울골짜 그 이유는 대략 세 가지 정도로 추정할 수 있다.

첫째, 가족사적 체험의 절실성이다. 김원일의 아버지는 "직업적인 공산주의자였다."[3] 그 아버지로 인해 김원일 가족은 해방 공간과 6·25를 거치면서 엄청난 고통을 겪었다. 그 유년 체험의 절실성이 김원일 문학의 토대가 되었을 것임은 당연한 이치다.

둘째, 작가로서의 의도적인 소재 선택이다.

'조국 분단 문제야말로 이 시대의 가장 첨예한 이슈다'고 덤볐던 만용이, 내가 그 소재를 선택하게 된 이유 중의 하나가 될 것이다. 정말 그렇게 글감을 선택하고 보니 조국 통일이 될 그날까지 분단 시대에 살고 있는 한국인으로서는 그 문제만큼 절박한 현실성이 없다는 확신이 섰다.[4]

셋째, 이것은 보다 내밀한 축으로 장자(長子)로서의 아버지(뿌리) 찾기 의식과 관련되어 있다. 누구나 성장하면서 자신의 한쪽 뿌리인 혈육에 대한 궁금증을 가질 수밖에 없다. 특히 김원일에게 아버지는 언급조차 해서는 안 될 기휘(忌諱)의 대상이었기에 오히려 아버지에 대한 관심은 증폭될 수 있다. 그 아버지는 이른바 빨갱이였다. 아버지는 왜 혈육을 버리고 사상을 선택했는가, 사상은 혈육보다 소중한 것이었는가, 도대체 그것의 정체는 무엇인가 등에 대해 아들은 생각하지 않을 수 없을 것이다. 그렇다면 분단 문제와 6·25 전쟁의 탐구는 개인적으로 볼 때 아버지의 정체성 찾기에 맞먹는 것일 터이다. 아버지를 찾고 아버지를 이해하고 아버지 역할을 계승하는 것은 부

기』『불의 제전』, 김주영의 『천둥소리』, 조정래의 『태백산맥』, 윤흥길의 「장마」, 이문열의 『영웅시대』같은 소설이 분단 문학의 대표적인 작품들일 것이다. 분단 소설이란 좌우의 대립이 어떤 형태로든 작품에 내재되어 분단 극복이라는 큰 주제와 관련이 있어야 하는 것이다.

3) 「분단 시대를 마감하며」, 『달맞이꽃』, 중원사, p. 6.
4) 위의 책, p. 8

권 부재 가정에서 장남의 고유한 사명이다.[5] 김원일에게는 마음으로부터의 장자(長子) 되기와 아버지의 삶 껴안기가 문학으로 전이된 것이 바로 분단 문학이라 할 수 있는 것이다.

이런 이유들로 인해 분단 문학은 김원일 전체 문학의 큰 줄기가 된다. 그러나 분단 문학만이 김원일 소설의 전부는 아니다. 김원일 소설은 등단 이후 「어둠의 혼」(1973)과 장편 『노을』(1978)에 와서야 비로소 분단 문학적 성격을 드러낸다. 그 이전의 작품은 낭만주의적 경향에 경도되어 있으며, 90년대 이후 창작된 소설은 낭만주의와 분단 문학의 성격에서 또 달라지는 것이다.

이렇게 보면 김원일의 문학은 7, 80년대 분단 문학을 축으로 삼아 그전과 그후로 작품의 성격이 크게 달라지기 때문에 김원일의 작품 세계는 3기로 나누는 것이 가능하다.[6]

제1기는 등단 후부터 약 10년에 걸친 시기로 주로 단편 소설이 주를 이루는 시기이다.

제2기는 『노을』로부터 시작되는 소위 분단 문학이 주가 되는 시기이다.

이 시기에 김원일은 주로 장편에 주력하면서 리얼리즘에 입각한 『노을』(1978), 『불의 제전』 제1부(1983), 『겨울골짜기』(1987), 『마당 깊은 집』(1988) 등을 발표하면서 분단 문학의 대표적인 작가로 주목

---

5) 이에 대해서는 졸고, 「부권 상실의 시대, 그 소설적 변주」(『문학으로 가는 길』, 문학과지성사, 1996) 참조.

6) 평론가 류보선은 「김원일 문학을 보는 두 개의 시선과 앞으로의 과제」(『작가세계』, 1991년 여름호)라는 글에서 김원일의 문학은 이른바 6·25 전쟁 주변의 이야기를 다룬 문학과 '지금 여기'를 이야기하는 소설로 크게 대별된다고 지적하고 있다. 1991년 시점에서 이 지적은 대체로 타당하나, 90년대 이후 김원일은 또 다른 문학적 영역을 개척하고 있다는 점에서 제3의 분류 항목이 필요할 것이다. 따라서 이 글에서는 김원일 소설의 시기와 내용을 각각 3분하였다. 하지만 내용적 분류와 시기적 분류가 엄밀하게 일치하지는 않는다. 한 시기에 두 가지 경향의 소설이 동시에 나타나기 때문이다.

을 받는다.

제3기는 『늘푸른소나무』 「마음의 감옥」 「그곳에 이르는 먼 길」 『아우라지로 가는 길』 『가족』 등의 작품이 발표되는 90년대로, 이 시기에 김원일은 보편적 인간형의 완성이라는 주제로 자신의 문학 세계를 확대시킨다.

이렇게 보면 김원일은 단편 소설, 장편 소설, 대하 장편 소설로 소설의 틀을 확장하면서, 자아 탐구(개별성)에서 역사 탐구(민족적 특수성)로, 역사 탐구에서 보편성 추구로 소설의 내용을 심화시킨다. 이 글은 이러한 김원일 문학의 전개 과정을 중·단편 소설 중심으로 살펴보면서 그 시기별 특징과 시대와의 상관성과 그것이 김원일 개인의 내면과 어떤 연관 관계가 있는지를 고찰하는 데 그 목적이 있다.

2

I. 초기 소설의 낭만주의

김원일의 등단 이후 약 10년 간의 초기 작품들은 실존주의 혹은 낭만주의 영향 아래 실험성이 강한 그로테스크한 작품들이 주류를 이룬다. 이 시기의 소설들은 「어둠의 혼」(1973), 「갈증」(1973), 「여름 아이들」(1974) 등의 소년 화자 소설을 제외한다면, 분단 문학이라는 김원일 문학에 대한 일반적인 평가에 어울리지 않는 작품들이 대부분이다. 또한 이 시기의 작품들은 체험보다는 순수한 상상이 훨씬 큰 비중을 차지한다.

그의 등단작인 「1961·알제리」가 그 대표적인 경우이다. 한국인 외항 선원이 북아프리카 지중해 연안의 항구 도시에서 만난 몸 파는 알제리 여인과의 아쉬운 이별을 다룬 이 소설은, 미지의 항구 도시, 베르베르 여인, 섹소폰의 재즈 연주, 칼바도스 등의 이국 취미 그 자체가 주제라고 할 만큼 낭만적이다. 알제리 여인의 수난의 가족사가 표면에 흐르고 있으나, 그것은 사족에 지나지 않는다. 상상 속에서의 이국 여인과의 환상적인 만남과 이국적 분위기가 이 소설의 주류가 된다. 그것은 상상의 여인과의 만남을 통해 현실의 억압에서 벗어나고 싶은 욕구의 표현이다. 김원일에게 현실의 억압은 다음과 같은 단호한 표현에서 간접적으로 확인할 수 있다.

나는 이런 이야기가 더 발전되지 않기를 바랐다. 가정에 관한 한 나는 좋은 추억을 가지고 있지 못했다.[7]

무의식 중에 내뱉어진 것같이 보이는 위의 진술은 가족사와 한국적 현실에 강한 강박관념을 김원일이 가지고 있다는 것을 역설적으로 증명한다. 등단작 「1961 · 알제리」는 비실체적 사랑을 통해 현실 벗어나기의 시도인 것이다. 이 추상적이고 비현실적인 사랑은 「이야기꾼」(1966)에서도 이어진다. 이 소설의 핵심 내용이 되는 거지와 소녀의 사랑은 비육체적이며 관념적이다. 거지의 아내가 된 소녀는 폐결핵에 걸려 마침내 자살하며, 거지는 죽은 아내를 회고한다. 이 소녀는 마치 마리아와 같이 신성하며 그림 속의 모나리자와도 같은 비활물적인 존재이다. 상상 속의 사랑인 것이다.

이 상상의 사랑과 함께 초기작을 압도하는 내용은 여성에 대한 폭력, 강간, 살해이다. 「전율」(1969)은 여자와 성관계를 갖고 도망친 뒤 신문지에 쌓인 여자의 잘린 손을 우송받고 전전긍긍하다 개에게 손을 먹어치우게 한다는 내용이고(비록 환각 속에서이지만), 「그대 죽어 눈뜨리」(1969)는 장님 소녀를 강간하고 사건을 조작해 소녀가 죽음에 이른다는 내용이다. 「나쁜 피」(1972)는 이보다 더 끔찍해서 주인공은 기차 안에서 우연히 만난 여자를 기차 화장실에서 강간 살해한다(그

---

7) 『김원일 중 · 단편 전집』 1권, 문이당출판사(이하 『전집』), p. 15, 이하 강조는 필자.

여자는 임신 중이다).「절망의 뿌리」(1973)에서 권투 선수 출신 주인공은 작부의 손가락을 잘라 투옥된 후 만기 출소하여 자신의 할머니를 돌보던 양로원 사무원을 폭행, 납치하며,「마음의 죽음」(1976)에서는 주인공이 던진 칼이 약혼녀를 향해 날아간다. 이러한 여성에 대한 폭력 행사나 살해 의지는 뚜렷한 이유 없이 충동적으로 자행되는 경우가 대부분이다.

「굶주림의 행복」(1975)에서도 더벅머리 소년은 부잣집 소녀를 살해한다. 그 살해의 동기는 가진 자에 대한 못 가진 자의 적개심이라기보다는 우발적이고 충동적이다. 다음의 인용문처럼 정신병리학적 차원의 동기인 셈이다.

> 그 계집애의 눈이 살려달라고 비는 것 같았습니다. 그런데 왠지, 그때 힘이 막 솟는 게 아니겠어요? 좆같이, 될 대로 되라는 식인지 뭔지 모르겠습니다. 그 계집애가 상판을 찡그리자 통쾌한 기분이 막 솟구쳐서, 사실 죽이지 않고 목걸이만 뺏어도 되는데, 난 너무 흥분해서 그년 상판에 칼을 그었죠. 눈앞이 뿌예지고 하늘로 날아가듯 썩 좋은 기분으로, 옆구리며 가슴에 칼을 푹푹 찔렀죠.[8]

죽이는 행위 자체가 목적이 될 만한 살인이다.

여성에 대한 남성의 폭력과 함께 김원일의 초기작에는 일반적인 폭력도 상당한 비중으로 나타난다. 이 폭력은 대개 폐쇄 공간에서 일어나는 것이기에 피해자에게는 탈출구가 전혀 주어지지 않는다. 불가항력으로 폭력을 받아들일 수밖에 없는 것이다. 부조리극과 흡사한 유형의 소설인「앓는 바다」(1971)에서 밀항선을 탄 간첩, 밀수꾼, 상이 군인, 일본 여인 등은 각각의 목적과 욕망에 의해 서로가 서로에게 폭력을 행사하다 배가 난파하여 모두 비참한 최후를 맞이한다.

---

[8]『전집』2권, p. 236.

고립된 섬에 광견병이 돌아 많은 사람이 불가항력으로 죽게 된다는 이야기를 다룬 「개들의 반란」(1972)도 개가 사람에 대해 폭력을 행사한다는 점에서 폭력이 전면에 나오는 소설이다. 즉 김원일의 초기작의 상당수에 여성에 대한 강간 살해와 일반적인 폭력이 그로테스크하게 자리 잡고 있는 것이다.

한편 김원일의 초기작 중 「어둠의 혼」과 함께 소설적 완성도가 높은 「바라암」(1974)은 떠남의 드라마다.

혼혈아인 지수의 어머니인 점례는 법담 스님에게 강보에 싸인 지수를 남겨두고 떠난 뒤 생사를 알 수 없다. 점례와 몸을 섞기도 했던 나루터 강사공은 젊은 시절 만주 등지를 떠돌았다. 지수 역시 강사공의 딸 봉녀를 임신시켜놓고 바깥 세상으로 떠난다. 떠남은 전염성의 괴질이어서, 지수는 머물 수가 없다. 미지의 세상이 그를 강하게 유혹하는 것이다.

그런데 그런데, 우리 아버지나 지수 스님이나 남정네들은 왜 그렇게 젊은 한 시절을 떠돌기만 좋아할까. 처음부터 못박고 한군데 눌러 살지 못하고, 뻔한 고생 사서 하는 그 역마살이 뭐가 좋기에 그렇게 훨훨 떠돌아 다니고파 할까.[9]

떠난 지수는 돌아오지 않는다. 봉녀가 낳아 법담 스님에게 맡긴 지수의 아이도 다리품을 팔 나이가 되면 아버지를 찾아 떠나지 않을까. 이 떠남의 대물림은 김원일 문학의 핵심 모티프이다. 이 떠남 모티프는 「연」과 『바람과 강』에서 더 잘 나타나는데, 그것은 후술한다.

지금까지 살펴본 김원일 초기 소설의 이국 취미, 상상의 사랑, 폭력성, 떠남 모티프는 기실 한 뿌리에서 시작되는 동종이형들이다. 그 뿌리는 바로 낭만주의이다.

---

9) 『전집』 2권, p. 88.

낭만주의자들은 마치 일체의 어두운 것과 불명확한 것, 혼돈스러운 것과 도취적인 것, 악마적인 것과 디오니소스적인 것 속으로 뛰어들 듯이 자기 이중화에 빠져들어서는, 그 속에서 그들이 합리적으로 장악할 수 없는 현실로부터의 도피처를 찾고 있다.

혼돈의 안개가 깊으면 깊을수록 그 깊은 안개를 뚫고 나오는 별의 광채는 더욱더 눈부실 것이라고 기대한다. 신비적인 것과 밤에 관련되는 것들, 괴상한 것과 그로테스크한 것, 요괴적인 것과 무시무시한 것, 병리학적인 것과 도착적인 것 등에 대한 찬양과 숭배도 이러한 맥락에서 생겨났다.[10]

현실에서 벗어나기 위해 젊은 김원일은 디오니소스적인 상태에서 하우저가 지적한 대로 "괴상한 것과 그로테스크한 것, 요괴적인 것과 무시무시한 것, 병리학적인 것과 도착적인 것"에 심취한다. 젊은 김원일에게 현실은 합리적으로 장악되지 않으며, 그러한 '혼돈의 안개' 속에서 김원일의 주인공들은 여자를 강간, 살해하고, 고향을 떠나 먼 알제리까지 헤매기도 한다. 그러나 김원일의 초기작이 현재로부터의 도피와 낭만적 고향 상실감을 전면에 내세우는 낭만주의의 전형을 보여준다 하더라도 그의 여성에 대한 폭력은 보다 섬세한 분석이 필요할 것으로 보인다.

II. 아버지 찾기와 분단 문학

김원일의 초기 소설은 주제나 소재별로 몇 가지 작품군으로 분류할 수 있다.

첫째, 소년 화자가 주인공인 「어둠의 혼」 「갈증」 「여름 아이들」 등의 세 편의 작품. 이 작품들은 경남 진영이라는 공간과 6·25 전쟁 전

---

10) A. 하우저, 『문학과 예술의 사회사』 근세편 하권, 창작과비평사, p. 212.

후라는 시간의 공통점을 가진다. 이 말은 이 작품군이 초기작 가운데 서는 유일하게 김원일의 실제 체험과 관련된 소설들이라는 뜻이기도 하다. 「갈증」에서 잠시 나오는 낙동강 뗏목 여행 사건이 「여름 아이들」에서는 전면적인 이야기가 되며, 「갈증」에서는 『불의 제전』 제7권 '10월 26일'과 '10월 29일'의 중심 모티프가 되는 사건이 진행되기도 한다.[11] 이런 정황으로 보아서, 예컨대 「어둠의 혼」에서 아버지가 총

---

11) 「갈증」(1973)에서는 진영에 국군 병원이 생기자 중상을 입어 후송된 약혼자를 찾아온 한 여자의 이야기가 주를 이룬다. 여자(정은)는 그녀를 거절하는 약혼자를 회유하기 위해 나(갑해)의 집으로 그를 빼돌려 정사를 갖는다. 『불의 제전』 7권, '10월 29일'에도 동일한 이야기가 제시된다. 이 두 소설에서 정은이 약혼자를 맞아들이는 장면을 비교해보면 흥미로운 점이 발견된다.

i) "당신 아이를, 당신 아기를 갖고 싶어요. 그것뿐이에요……" 누나가 흐느끼며 말했다.
  정은 누나가 박소위 윗몸을 껴안았다. 나는 목이 메었다. 저렇게 되는구나, 하고 나는 목울대를 들먹이며 중얼거렸다. 두 사람이 맺어지는 기쁨과 함께, 이제 정은 누나를 박소위에게 빼앗긴다는 게 나는 허전했다. 그 허전함은 비 내리던 날 강둑에서, 비에 젖은 옷을 통해 내 떨리는 살에 닿던 정은 누나의 체취를 되살려주었다. 이제 두 번 다시 내게 돌아오지 않을 소중한 무엇이 내 몸 깊숙한 데서부터 빠져나가는 아픔에, 나는 눈시울이 화끈거렸다.
  잠시 뒤, 호롱불이 꺼졌다…… (『전집』 1권, p. 281)

ii) "저는 선생님을 떠날 수 없어요. 저는 아기를…… 선생님의 아기를 갖고 싶어요. 제 소원은 오직…… 그것뿐입니다."
  정은 누나의 그 말을 듣자 갑해는 자신의 심장이 멎는 듯 찌르는 고통을 느낀다. 저렇게 맺어지는구나 하는 충격과 더불어, 순간적으로 박도선 선생과 서주희 선생이 떠오른다. 그 두 선생도 저런 과정을 거쳐 힘들게 맺어지려니, 그는 그렇게 맺어져야 당연하다고 머리를 주억거린다. 한 줄기 더운 눈물이 뺨을 타고 흘러내린다. (『불의 제전』 7권, pp. 284~85)

i)과 ii)의 내용은 대동소이하지만 두 사람의 정사를 바라보는 나(갑해)의 감정은 상당히 다르다. i)에서는 갑해의 상실감이 주가 되고, ii)에서는 그들의 맺어짐의 당위성에 대한 인정이 주가 된다. 즉 i)이 감상적이라면 ii)는 논리적이다. 이것은 단편과 장편의 양식 차이에서도 원인이 있겠지만 더 근본적으로는 자기 중심적인 30대

살당하는 것처럼, 70년대 초반이라는 시대적 압력에 의해 다소 뒤틀림이 있긴 하지만, 이 소설들은 「깨끗한 몸」 『마당깊은 집』(1988), 『불의 제전』(1997)으로 이어지는 김원일의 자전적 소설로 보아도 큰 무리가 없을 것이다. 이 말은 김원일의 초기작 가운데서 이 소년 주인공 소설을 제외하면 대부분이 자전적 요소가 없다는 뜻이 된다. 이 시기의 김원일은 소년 주인공을 내세우지 않을 때는 무엇인가를 숨기고 있다는 의미다. 그는 무엇을 숨겨야 했을까, 혹은 숨기지 않을 수 없었을까? 이 숨김은 작가에게는 그 자체가 강박관념으로 작용하기 때문에 그 반발력은 오히려 크게 작용한다. 하고 싶지만 할 수 없고, 그렇기 때문에 다른 이야기를 하다 보니 김원일은 여러 소재나 주제로 널뛰기를 아니할 수 없다. 그러나 그렇다 하더라도 자신의 본질을 완전히 숨길 수는 없는 법이다.

둘째의 작품군은 주제적인 측면에서 권력에 의한 사건의 조작 혹은 감춰진 진실 찾기에 해당하는 작품들이다. 「그대 죽어 눈뜨리」는 장님 소녀를 강간한 마을의 실력자가 돈으로 증인을 매수하고 순경을 조종하여 죄 없는 머슴을 범인으로 몰아가는 소설이며, 「상실」(1971)은 남한 요인 암살 임무를 띤 탄광 노동자가 당성과 임무에 충실한지를 시험해보는 조작극을 그린 작품이다. 「압살」(1973)의 경우도 해방 정국에서 요인을 암살한 극우 단체들이 그 범죄를 허목진이라는 청년에게 뒤집어씌우고 죽게 만드는 조작극을 그린 소설이다. 정치적인 조작극은 아니지만 「잠시 눕는 풀」(1974)은 자가용 운전 기사인 시우라는 청년이 회장 부인이 음주 교통 사고를 내자 그 죄를 돈을 받고 뒤집어쓴다는 내용이며, 「침묵」(1975)은 정신 요양원 관리자들이 멀쩡한 사람을 정신병자로 몰아 인력과 돈을 착취하고 갈취

초반 김원일의 시각과 삶의 이력이 붙은 50대 중반 김원일의 시각 차이에서 기인할 것이다. 발표 시기가 상당히 떨어져 있음에도 불구하고 두 소설의 이 부분이 일치하고 있다는 점은 바로 이 부분이 자전적 체험이라는 것을 암시한다.

한다는 사회 고발적인 내용을 담고 있다. 「타는 혀」(1973)는 장돌뱅이 약장수들이 순진한 시골 농민들을 상대로 사기극을 벌여 가짜약을 팔아먹는다는 내용이며, 「역도」(1975)라는 작품도 해방 직전 한 독립 투사의 암살을 둘러싼 조작극을 밝혀내는 내용이다. 이들 소설들의 공통점은 조작이며, 조작하는 쪽은 권력자와 가진 자이며, 피해자는 일반 민중이나 못 가진 자이다. 이 소설들을 통해 알 수 있는 것은 김원일이 무엇이 조작되었다는 생각을 강하게 가지고 있다는 점이다. 무엇이 조작되었을까? 이에 대해서는 후술한다.

셋째의 작품군은 앞서 잠시 언급한 여성에 대한 폭력이 중심 모티프가 되는 소설들이다. 「전율」「그대 죽어 눈뜨리」「나쁜 피」「절망의 뿌리」「굶주림의 행복」「마음의 죽음」 등이 이러한 작품들에 해당하는데, 이 소설들에서 여자에 대한 적개심의 원인이 논리적으로 발견되는 부분은 찾아보기 어렵다. 다만 다음과 같은 부분은 일말의 단초를 제공한다.

1) 쾌락은 순간이고 의무가 바윗덩어리로 눌러왔다. 결혼 따위에 대한 전망은커녕 한순간의 만족을 얻으려 장난스런 기분으로 사귀어온 관계는, 그녀의 비명, 그 뒤를 따르는 질척한 울음에서, 무서운 유대로 얽혀왔다. 이런 함정이 뒤따르리란 걸 내가 미처 몰랐다니. 이런 덫에 걸려들다니. 나는 이제 어떤 방법으로 이 여자와 관계를 끊어야 하나. 아직 식지 않은 흥분으로 나는 준열하게 자신을 힐책했다. 내 심장은 뛰었고 몸은 땀에 흠뻑 젖어 있었다.[13]

2) 얼핏 잠이 들었다고 생각하는데 꿈속인지 모르지만 한 사내가 벌거벗은 채 울고 있었다. 그 사내는 역시 벌거벗은 아내와 올망졸망한 자식새끼를 리어카에 태우고, 리어카를 끌며 어두운 골목길을 빠져나

---

13) 「전율」, 『전집』 1권, pp. 59~60.

갔다. 맨발의 아이들이 뛰놀고 처마 밑 빨랫줄에 속옷들이 널린 빈민촌 골목길을 사내는 울며 리어카를 끌고 갔다. 눈에서는 눈물이 아닌 핏물이 흘러내렸다. 겨울에 어디로 간단 말인가. 사내의 아내가 산발한 머리칼로 리어카 위에서 앵무새처럼 외쳐댔다. 겨울에 어디로 간단 말인가.[14]

1)은 여자와 관계를 맺은 직후의 진술이며, 2)는 약혼자를 둔 남자의 꿈이다. 1)에서 남자는 여자와의 관계 맺음이 덫이라고 생각한다. 2)는 덫의 실체, 즉 가족 부양의 의무감에서 오는 강박 증상이다. 그러나 가족 부양에 대한 강박관념이 여자 살해나 강간의 극단적인 방법으로 소설화되기는 힘들 것이다. 그렇다면 다른 무엇이 있지 않을까. 김원일은 왜 여자를 그토록 증오했던 것일까?

김원일 초기 작품을 분류하면서 세 가지 의문에 직면한 셈이다. 젊은 김원일은 무엇인가를 숨기고 있다(ㄱ), 무엇이 조작되었다는 생각을 가지고 있다(ㄴ), 여자를 증오하고 있다(ㄷ). 김원일이 이렇게 생각한 원인은 김원일의 개인사 혹은 가족사에서 찾을 수 있을 것이다.

예술가 기질을 가진 '나(김원일)'가 있다고 가정해보자. 물론 '나'의 이 기질은 아버지로부터 대물림 받은 것이다. 그런데 그 아버지는 이데올로기의 광휘를 좇아 월북했다. '나'는 어머니로부터 집안의 장자(長子) 되기를 강요받고 스스로도 장자가 되어야 한다는 강박관념에 시달린다. 진정한 장자가 되기 위해서는 아버지를 알아야 한다. 장자는 아버지로부터의 계승이기 때문이다. 그러나 현실적으로 아버지는 없다. 장자가 되기 위해서는 역사를 통해 아버지를 추적하지 않으면 안 된다. 한편 현실에서 작가와 늘 함께하며, 그를 성장시킨 사람은 어머니다. 어머니는 사랑과 미움의 양면성을 가지면서 작가와 더불어 있다. 현실적 자아를 성립시킨 것이다. 여기에서 허구가 거의

---

14) 「마음의 죽음」, 『전집』 2권, p. 311.

배제된 「깨끗한 몸」(1987)과 『마당깊은 집』(1988)을 통해 작가와 어머니와의 관계를 살펴보자.

1) 어머니가 나를 만나러 그렇게 내려올 때, 나는 반가운 마음은 잠시이며 늘 두려움에 떨었다.[15]

2) 너는 이제 애비 없는 집안의 장남이다란 말이 매질 사이사이에 자주 되풀이되었다. 그래서 내게 어머니의 나타남이란 곧 매질로 연상되었다.[16]

3) 길남아, 내 말 잘 듣거라. 너는 이제 애비 없는 이 집안의 장자다.[17]

4) 나는 장가를 간 뒤에까지 때때로, 나는 다리 밑에서 주워온 자식이 아니면 아버지가 다른 여자로부터 나를 낳아 집으로 데려오지 않았을까 하는 혐의를 잠재적으로 가지고 있었다. 매질만 해도 어머니는 나에게 유독 극악을 떨었고, 어렵고 힘든 일은 내게만 맡겼던 것이다.[18]

5) 니도 저 장정처럼 장작을 한분 패봐라. 사내가 할 일이 따로 있고, 니는 우리 집안 장자다.[19]

6) 어데 종놈으로 부리묵을라고 나를 대구로 델고 왔나, 하고 속으로 투덜거리며 나는 하늘을 쳐다보았다.[20]

---

15) 『마당깊은 집』, 문학과지성사, 1988, p. 192.
16) 위의 책, p. 201.
17) 위의 책, p. 27.
18) 위의 책, p. 101.
19) 위의 책, p. 106.

7) 나는 그 말을 듣고, 지난 여름 우리 형제를 그렇게 굶기면서도 어머니가 몫돈을 오만 환이나 모았다는 데 저으기 감탄했고, 한편으로 지독하다고 속으로 욕질했다.[21]

이 진술이나 대화를 종합해보면 아들에게 어머니는 늘 매질을 했고, 애비 없는 집안의 장자라는 점을 강요했다. 어린아이가 감당하기 힘들 정도의 매질과 노동은 아들에게 어머니에 대한 두려움과 반발 심리를 동시에 가져오게 한다. 이때 어머니는 두려움과 혐오의 대상인 것이다. 한편으로 애비 없는 집안의 장자라는 어머니의 강다짐은 아들에게 이율배반적인 진술이다. 애비가 살아 있다는 것을 아들은 알고 있기 때문이며, 애비가 없다 하더라도 '장자가 되어라'는 진술은 애비를 본받으라는 뜻이다. 그러나 어머니는 애비를 본받지 말고 애비가 되라 한다. 아버지 같은 애비가 되라는 것이 아니라 어머니 같은 애비가 되라는 것이다. 정상적인 아들에게 그것은 불가능한 일이다. 이 경우 어머니는 아버지와 아들의 소통에 장애물이다. 매질과 함께 어머니에 대한 혐오, 나아가 여성에 대한 혐오가 충분히 자라날 수 있는 조건이다. 또한 집안의 장자라는 것은 부양 가족에 대한 의무를 뜻한다. 어린 소년에게 장자의 길은 장작패기, 신문팔기 등의 강도 높은 노동과, 매질로 주어진다. 어린 소년이 감당하기 힘든 형극의 길인 것이다. 이때 진짜 아버지에 대한 그리움은 당연한 논리적 귀결이다. 그러나 아버지를 말해서는 안 된다.[22] 그 이유는 첫째, 어

20) 위의 책, p. 126.
21) 위의 책, p. 185.
22) 김원일이 자신의 가족사를 비틀림 없이 드러낸 것은 『마당깊은 집』에 와서이다. 어머니와 할머니의 삶을 가족사적 측면에서 그린 「미망」(1982)에서조차 아버지는 보도연맹에 가입한 후 6·25 전쟁이 나자 1주일 만에 행방불명이 된 것으로 그려지고 있다. 1990년 어느 대담에서 김원일은 이 문제에 대해 다음과 같이 밝히고 있다. "그런데 『마당깊은 집』을 쓰면서 이제 아버지가 월북했다고 밝혀도 좋겠다는 내 마음의

머니에게 아버지는, 처자식을 내동댕이치고 이데올로기에 빠져 월북한 "미친 놈으 서방"[23]이기 때문이며, 둘째, 아버지는 말해서는 안 되는 남한 사회의 대역 죄인인 공산주의자이기 때문이다. 어머니는 실제로 자식들에게 아버지의 행방에 대한 철저한 함구령을 내려놓는다. "더러운 세월"[24]이기 때문에, 아버지의 소재가 잘못 발설되었다가는 어떤 봉변을 감수해야 할지 모르는 상황이었던 것이다. 아들은 아버지를 알고 싶고 아버지에게 가고 싶다. 그것은 어머니의 장자가 되라는 강요에 의거한 것이기도 하지만 아들 스스로 아버지가 되기 위해서는 필수불가결한 과정이다. 그러나 아버지에게 가는 길은 이중으로 막혀 있다. 하나는 어머니이며 하나는 반공 이데올로기에 의거한 남한의 권력 체계이다.

이제 처음에 가졌던 의문으로 돌아갈 순서다. 김원일의 초기 작품에서 무엇을 숨기고 있다(ㄱ), 무엇이 조작되었다(ㄴ), 여성에 대한 혐오가 나타난다(ㄷ)라는 의문을 가져왔다. 여기까지 오면 그 의문에는 어느 정도 일목요연한 답이 주어진다.

ㄱ)에 대한 대답: 김원일은 아버지와 연관된 가족사를 숨기고 있었다. 말하고 싶었지만 소년 화자를 내세워 아주 일부만 그것도 비틀어서 말할 수밖에 없었고, 그외의 것은 언급조차 할 수 없었다. 그것은 젊은 김원일의 마음속의 울혈이 되었거나 감정의 소용돌이가 되어 내부적으로 그를 부글부글 끓게 만들었을 것이다. 어머니 때문에 아버지에게 갈 수 없기도 했지만, 연좌제를 비롯한 남한 사회의 공권력은 두려운 존재가 아닐 수 없었다. 이 시기 김원일에게 아버

확신이 생기더군요. 그 이전까지는 아버지와 사별했다고 쓰기도 했고, 또 사라졌다고 쓰기도 했고, 행방불명되었다고 쓰기도 했습니다"(『말·삶·글』, 열음사, p. 96). 김원일은 1988년에 와서야 비로소 아버지에 대한 진실을 이야기할 수 있었던 것이다.
23) 「미망」, 『전집』 4권, p. 130
24) 『마당깊은 집』, 문학과지성사, 1988, p. 59.

지에게 다가가는 길은 거의 불가능했고, 지극히 우회적인 방법만이 가능했다.
 그런 작품이 바로「악사」이다. 구두닦이 소년이 우연히 만난 거리의 악사를 흠모하여 마치 아버지처럼 모시다가 그의 임종을 지키는 까닭은, 그리고 그의 유품인 낡은 바이올린만을 유일한 동행삼아 길을 떠나는 이유는 아버지에 대한 그리움 때문이다. 실제 아버지의 대리인으로 거리의 악사 추선생을 내세운 것으로 볼 수 있다. 그러나 이것은 다 거짓이기에 작가는 만족할 수 없다. 여전히 아버지는 미궁 속에 놓아두어야 했기 때문이다. 그렇다면, ㄴ)의 의문에 대한 대답: 아버지는 조작되었다. 작가에게 아버지는 파묻혀 있는, 드러낼 수 없는 실체다. 그 실체는, 진실의 아버지는, 조작되어 아들에게 현시(現示)된다. 어머니에게는 '미친놈'이며, 공권력에게는 '빨갱이'인 것이다. 아들이 이것을 진정 받아들일 수 있을까. '미친놈'과 '빨갱이'가 아닌, 즉 어머니와 권력에 의해 조작되지 않은 아버지의 참모습은 무엇일까.
 작가 김원일은 그것을 소설화할 수 없다. 당시로서는 시대적인 한계와 작가적 한계에 동시에 부딪힐 수밖에 없었던 것이다. 그러나 심정적으로 무엇이 조작되었다는 느낌은 지울 수가 없다. 그 심정적 차원의 불만이 그를 다른 소재를 통한 조작극의 진실 찾기 소설에 매달리게 했던 것이다.
 ㄷ)의 의문에 대한 답은 무엇일까. 앞의 인용문에서 나타나듯이 소년 김원일에게 어머니는 지독한 어머니이다. 매질과 욕질을 통한 강압적 훈육은 장가를 들어서까지 그를 주워온 자식, 혹은 데려온 자식이 아닐까 하는 의심을 가지게 한다. 어머니는 아버지에게 가는 길을 가로막고, 다른 말로 남자다운 남자가 되는 길을 막고서 남자의 의무만을 강요한다. 아들에게는 어머니에 대한 사랑과, 그 사랑의 반대편에 자신의 자아를 억압하는 증오의 감정이 동시에 싹튼다. 그러나 어머니에 대한 증오의 드러냄은 반인륜적이다. 때문에 그의

증오의 화살은 어머니의 모습을 한 동성의 여자들에게로 향한다. 이 여자에 대한 혐오와 증오는 젊은 김원일의 심리 속에서 어머니를 증오하지 않기 위한 방편이다. 어머니 대신에 다른 여자들이 희생양이 되는 것이다.

이제 김원일의 초기작에서 발견되는 세 가지 의문이 해결된 셈이다. 그 의문들은 김원일의 가족사에서 기인하지만 근본적으로는 시대적 산물이다. 김원일이 『노을』을 시작으로 『불의 제전』이란 총체적인 시각의 소설로 달려가지 않을 수 없었던 이유에는, 기실 젊은 김원일의 내면을 들끓게 만들었던 그 의문들이 김원일을 채찍질했기 때문이기도 하다. 주몽의 아들 유리가 육각나무 아래서 신표를 찾아 아버지를 만났듯이, 김원일은 소설이라는 신표로 아버지를 찾아 나섰던 것이다.

III. 분단 문학과 보편적 인간형의 창조

위에서 살펴본 바와 같이 김원일 소설의 추동력은 아버지 찾기에서 비롯한다. 「어둠의 혼」은 그런 점에서 아주 중요한 작품이다. 이 소설에서 비로소 공산주의자 아버지의 이야기가 등장하기 때문이다. 김원일 소설에서 제시되는 또 하나의 아버지 상은 「연」에서 제시된다. 이 아버지는 떠돌이 낭만주의자 아버지다. 이 두 아버지 상은 전혀 공산주의라는 실용주의적 사상과 생활력 없는 무능력한 아버지라는 점에서 대비되는 측면도 있으나 기실은 하나의 아버지다. 왜냐하면 전쟁 이전 남한에서의 공산주의자는 이데올로기라는 추상을 좇는다는 점에서 낭만주의와 대동소이하기 때문이다. 즉 아버지를 예술적으로 표현하면 낭만주의자고, 정치적으로 표현하면 공산주의자인 것이다. 여기에 대비되는 사람은 악착같은 생활력을 가진, 그리고 남겨진 자식을 양육해야 하는 어머니이다. 80년대까지 김원일의 중·단편은 낭만주의자이자 공산주의자인 아버지와 여기에 길항하는 어머니를 형상화하는 데 전력을 기울였다고 할 수 있다. 이 작업이 마무리된 다음에 김원일은 「마음의 감옥」과 「세월의 너울」『늘푸른소나무』 등의 작품을 발표한다. 이 소설들은 이전의 소설과는 전혀 다른 주제를 추구하고 있다. 몇몇 작품을 통해 이의 전개 과정을 살펴본다.

「어둠의 혼」은 1961년 김원일이 서라벌예술대학 재학시 초고를 써두었던 작품으로 정작 발표는 1973년 1월 『월간문학』을 통해 이루어진다.[25] 이 소설은 유신 초기였던 당시로서는 보기 드물었던 공산주의자의 처형 이야기를 간접적으로나마 다룸으로써 당시 문단에 상당한 반향을 불러일으켰을 것으로 짐작된다.

소년 주인공 갑해가 있다. 갑해 아버지는 이태 넘어 "빨갱이짓"[26]을 하다가 체포되어 진영 지서에서 총살당하고, 갑해는 그 아버지 시신을 확인한다는 비교적 간단한 줄거리의 소설이 「어둠의 혼」이다. 이 소설에서 주목되는 것은 좌익인 아버지가 김원일의 소설에 최초로 등장했다는 점이다. 갑해는 지서 앞에서 총살당한 아버지의 처참한 시신을 목도한 뒤 다음과 같이 생각한다.

> 어린 나에게 너무 어려운 수수께끼를 남기고 돌아가신 아버지의 길지 않은 일생을 더듬을 때, 나는 알 수 없는 두려움에 떤다. 두려움과 함께 어떤 깨달음이 내 머리를 세차게 친다. 그 느낌은 살아가는 데 용기를 가져야 하고 어떤 어려움도 슬픔도 이겨내야 한다는, 그런 내용이다. 보이는 것, 보이지 않는 모든 것이 안개 저쪽같이 신기한 세상, 내가 알아야 할 수수께끼가 너무나 많은 이 세상을 건너갈 때, 나는 이제 집안을 떠맡은 기둥으로서 힘차게 버티어나가지 않으면 안 된다. 이런 결심이 내 가슴을 적신다.[27]

---

25) 「분단 시대를 마감하며」, 『달맞이꽃』, 중원사, p. 9.
26) 『전집』 1권, p. 227.
27) 『전집』 1권, pp. 236~37.

위의 결말은 허위이면서 진실이다. 아버지의 시체를 본 직후 초등학생 소년이 위와 같은 의젓한 교훈적 진술을 과연 할 수 있을까. 이 진술은 집필 당시의 반공 이데올로기를 의식한 김원일의 자기 검열의 결과일 것이다. 진실이라고도 할 수 있는 이유는 이 진술이 성장한 김원일의 내면을 정확하게 대변해주기 때문이다. 김원일의 실재 아버지는 물론 처형당한 일은 없지만 1950년 가족에게 가난과 아버지 부재의 고통을 주고 월북했다. 남겨진 김원일은 어머니의 강요에 의해서뿐만이 아니라 스스로 장남으로서의 집안의 기둥 역할을 감당했을 것이다.

이 쉬운 화해의 양면성이 그 이후 김원일 문학에 중요한 역할을 한다. 위의 진술이 허위라는 자의식은 이 작품에 대한 불만을 가져오게 했고, 그 불만은 결국 『노을』과 『불의 제전』으로 이어질 수밖에 없었다. 한편 성장한 소설적 자아의 입장에서 본다면 위의 진술은 진실이기 때문에 김원일은 이 진실을 실천하기 위해 소설적으로 노력하지 않을 수 없다. 하지만 이 당시로는 '안개 저쪽같이 신기한 세상'의 수수께끼를 풀고 이 세상의 기둥으로 우뚝 서는 의젓한 장자(長者)의 인물 유형을 창조하는 것은 보류해둘 수밖에 없다. 이것은 시대적 상황에 가장 큰 원인이 있다고 볼 수 있다.[28]

1979년 발표된 「연」은 역마살이 낀 아버지의 객사를 다루고 있다. 그 이야기를 따라가 보면, 할아버지는 방물장수로 어느 겨울 눈밭에서 객사했다. 할아버지는 죽기 전 아버지에게 연을 만들어준 적이 있

---

28) 「어둠의 혼」은 7, 80년대 귀향형 소설의 한 전형이 되는 『노을』에 바로 이어진다. 전체 7장으로 구성되는 『노을』은 1·3·5장이 현재 시간, 2·4·6장이 1948년을 다루고 있다. 7장은 현재 시간이지만 주인공끼리의 문답을 통해 과거 사실을 확인하며 소설이 종결된다. 이 소설은 부음 전보(소식) ──귀향 ──과거의 비극과 만남 ──화해 ──상경이라는 귀향형 소설의 기본 공식으로 이루어진다. 또한 「어둠의 혼」에 등장하는 갑해, 찬길이 형, 이모부 등은 『불의 제전』에서 각각 갑해, 심찬수, 안천촌으로 재등장한다. 그만큼 「어둠의 혼」에 대한 작가의 애정이 강한 것이다. 「어둠의 혼」은 김원일 문학의 샘터 같은 것이기도 하다.

다. 아버지는 어릴 적 연을 따라가다 닷새 동안 산 너머 미지의 세상을 '걸뱅이짓'하며 돌아다닌 적이 있다. 아버지는 떠돌아다니다가 과부가 된 어머니와 만나 결합하여 '나'를 비롯한 삼남매가 태어난다. 가정을 이룬 뒤에도 아버지의 방랑은 계속되고 결국 전라남도 진도에서 객사한다. 어머니는 뼈를 바다에 뿌리며 통곡한다, 로 정리된다.

이 이야기에서 연은 미지의 외부 세계를 동경하는 아버지 마음의 상징물이다. 연은 실로 자새(얼레)에 매여져 있을 때 제 기능을 다 한다. 평범한 사람들의 삶은 바람의 힘을 받아 바람 부는 방향으로 날아가고자 하는 연(이상)과 지상에 있는 자새(현실) 사이의 팽팽한 연줄(긴장)로 인해 현실과 이상의 조화를 이루며 살아간다. 그러나 바람의 힘이 강할 때 연은 이상으로 달아나버린다. 이상주의자는 몽환적임으로 해서 낭만주의와 근거리에 있다. 현실의 삶에 적응하지 못하고 끊임없이 외부로 떠도는 삶은 그러므로 낭만주의적 삶이다. 이 낭만주의적 삶은 기실 모든 예술가적 삶의 다른 이름이다. 「연」의 주인공 아버지의 대사에서 이 점이 확인된다.

"겨울도 아인데 그 연을 어데다 팔라 캅니껴." 내가 물었다. "머 꼭 돈이 목적이라서 맹그나. 쓸모없어도 맹글고 싶으이께 맹글제. 참새가 날라 카모 기러기만큼 와 하늘 높이 못 날겠노. 먼 데까정 갈 필요가 없으이께 지 오를 만큼 오르고 말지러." 아버지가 쓸데없이 비유까지 곁들여 말했다.[29]

현실적 쓸모가 없어도 만들 수 있는 것, 그것이 바로 예술이다. 이런 아버지를 마을 사람들은 정도사라 부른다. 그들에게는 아버지가 현실적 물욕을 초탈한 사람으로 보였던 것이다. 또한 아버지의 눈은 마을 사람에게 "이 세상 일이 아닌 다른 세상의 일만 생각하는 그런

---

29) 『전집』 4권, p. 21.

몽상가의 눈"이자, "뜬구름장이듯 부평초듯 세상을 민들레씨처럼 날려가며 사는 사람의 눈"[30]으로 보인다. 이 소설 속의 낭만주의자는 김원일의 예술적 기질을 대변하고 있다고 해도 큰 무리가 없다.[31] 이렇게 보면 「연」의 아버지의 연(이상주의)과 실제 김원일 아버지의 연(사상)과 김원일의 연(소설)은 모두 같은 종류의 낭만주의이다. 결국 김원일 부자의 사상과 소설은 현실을 벗어나고자 하는 낭만주의의 변형인 셈이다. 김원일의 「어둠의 혼」으로부터 이어지는 일련의 분단문학, 혹은 부계 문학이 공적 자아, 혹은 관념적 자아가 아버지와 분단의 역사를 찾아가는 것이었다면, 「연」은 김원일의 기질적 자아가 나타난 소설인 것이다.

「미망」은 할머니의 죽음과, 어머니와 할머니의 갈등을 통해 남한에 남겨진 월북자 가족의 고통스런 삶의 모습을 진솔하게 그리고 있다.

장남인 '나'는 평범한 회사원으로 어머니와 88세가 된 할머니를 함께 모시고 살고 있다. 어머니와 할머니의 관계는 몹시 불편하다. 두 노인네는 그 성격부터 판이하게 다르다.

> 우선 신체적 조건부터가 어머니와 할머니는 판이했다. 할머니는 여자 중에서도 왜소한 체구였고, 어머니는 여장부답게 몸집이 컸다. 성격 또한 할머니가 꼼꼼하고 찬찬하며 어떤 면에서는 게으른 편이라면, 어머니는 드세고 괄괄하고 남달리 부지런했다.[32]

어머니는 시집살이 때의 설움과 남편이 좌익 활동을 할 때 가족이 겪어야 했던 가난과 고통을 잊을 수가 없다. 소설 속에 나오는 어머니

---

30) 『전집』 4권, p. 18.
31) "내 소설 중에 「연」이라는 작품을 보면 별 볼일 없이 떠돌아다니는 예술가 성향을 지닌 낭인의 이야기가 나오는데, 대체로 그러한 사람이 되고 싶었습니다"(『말·삶·글』, 열음사, p. 93).
32) 『전집』 4권, p. 124.

의 구구절절한 회고는 6·25와 분단의 민족 수난이 한 가족에게 얼마나 절실한 고통이었던가를 잘 보여준다.

"울산에서 내가 너거들 데불고 추위는 닥치는데 남의 처마 밑이나 역 대합실이나 헛간이나, 비 피하고 바람 막을 데모 가리지 않고 너거 성제간을 양쪽 가슴에 꼭 붙안고 그 체온으로 겨울을 넘길 시절에 처음 이 에미가 한 짓이 먼 줄 아나? 바로 걸뱅이짓이었다. ……오냐, 내가 이 두 자슥을 걸걸이 키아서 옛말하고 살 때, 내 괄세한 이노무 세상, 어데 두고 보자. 내가 무명지를 깨물어 나올 젖도 없는 쪼그라진 가슴팍에다 피로써 십자가를 그렸다. 지금도 보이제, 이 살점 날아간 손가락이……" 내가 고등학교에 입학하던 날 밤, 나에게 처음으로 새 교복을 맞춰주시고 어머니는 우리 형제간을 앉혀놓고 이 말을 하시며 눈이 붓도록 우셨다. 살아온 당신의 역정과 그 울음은 너무도 절절하여 나도 아우도 따라 울지 않을 수 없었고, 우리 세 모자는 울음으로 밤을 밝혔다. 거칠고, 매정하며 두 자식을 매질로 키워온 어머니를 내가 뜨겁게 이해하게 된 것이 그날 밤 이후였다.[33]

할머니가 임종 때까지 아버지의 보도연맹 가입증을 간직하고 살았듯이 어머니도 마찬가지 종류의 기다림과 한으로 평생을 살아왔다. 그러한 세월을 살아온 어머니를 주인공은 마음으로부터 받아들이지 않을 수 없다. 현실의 주인공이 바로 어머니의 그 억척스런 삶의 결과물인 것이다. 이러한 어머니의 삶의 직설적인 진술은 가공을 초월한 지점에 「미망」을 위치시킨다. 이 소설은 어머니의 임종을 다룬 「가을볕」(1985), 전후 50년대 생활상을 사실적으로 형상화한 『마당깊은 집』으로 이어지면서 김원일 문학의 중요한 한 축을 형성한다. 이 계보의 김원일 소설은 가능한 한 가공의 이야기를 배제한 자전적 형

---

33) 『전집』 4권, pp. 131~32.

식을 갖추며 어머니가 이야기의 중심에 놓인다. 김원일의 현실적 자아가 소설과 만나는 부분이다.

「세월의 너울」(1986)과 「마음의 감옥」(1990)은 분단 문제와 자전적인 어머니 소재 소설에서 벗어나 새로운 주제로 나아가는 전주곡 같은 작품이다. 이 작품들은 자전적인 분단 문학의 계보에서 벗어나 당대 현실을 파악하면서 그 현실을 보는 김원일의 강한 사회적 신념이 드러나는 소설인 것이다. 「세월의 너울」부터 살펴보자.

우선 이 소설은 가족사 소설의 압축이다. 주인공의 증조할아버지는 상민 계층의 역졸 출신이었고, 증조할머니는 광산 김씨 집안의 종으로 추정된다. '솟대어른'으로 불린 할아버지가 집안을 진층시켜 거금을 모은다. 아버지는 요절했고 주인공은 제약 회사 사장이면서 학교의 재단 이사장이다. 첫째 동생 일식은 배다른 동생 숙이와 월북했고, 둘째 동생 운식은 고급 공무원이며, 셋째 동생 정식은 의사이다. 주인공의의 첫째 아들은 자살했고, 둘째는 자폐아 손자 '완이'를 치료하기 위해 미국으로 이민 갔고, 셋째는 방송 작가이다. 조카 중의 한 녀석(건옥)은 운동권 학생이다. 어머니는 일찍 남편을 여의고 종부의 소임을 다한 여장부다. 이 소설에서 가장 강조하고 있는 것도 바로 어머니의 모범적인 삶이다. 아버지의 기제삿날 주인공은 혈육에게는 "깜깜한 밤의 등불과 같이 주위를 밝혀주는 희망과 안식의 빛"[34]인 어머니의 그러한 고결한 삶을 흐뭇하게 회상하며 깊은 상념에 젖어든다. 그 중에서 주목되는 것은 다음과 같은 구절들이다.

1) 나는 정치가도, 매판 자본가도, 기회주의자도 아니다. 오직 나는 그 애들이 추켜세우는 민중의 일원은 못 되지만 내 자신의 삶만큼은 성실하게 살아왔다고 자부한다. 그 애들도 그렇겠지만, 누구에게나 자신의 삶에는 그만큼 타당한 이유가 있고, 그 삶이 불의나 비도덕적이

---

34) 『전집』 5권, p. 91.

지 않다면 어느 계층으로부터든 존중되어야 하기 때문이다.[35]

2) 장년까지는 초여름의 저녁 바람에서 자유로움과 평화를 느끼기도 하였다. 그러나 이제, 지금과 같은 시간은 적막이나 비애와 같은 감정이 오히려 자연스럽다.[36]

3) 바다의 너울 센 날이 있음으로써 잔잔한 수면이 더욱 평화스러워 보이고, 남편이 배를 타고 나간 너울 센 바다를 보아야 바다의 그 무서운 위력에 두려움을 느낀다. 세월이 늘 편안하지 않은 것처럼 인생 역시 늘 그 너울을 타며 살게 마련이다.[37]

1)은 누구의 삶도 도덕적이고 정의로우면 존중받아야 한다는 것, 2)는 '적막이나 비애와 같은 감정'도 자연스럽게 받아들일 수 있다는 것, 3)은 삶의 행·불행을 인정해야 한다는 것이다. 이를 종합하면 삶이란 고통스러울 때도 있지만 도덕적이고 정의롭게 살아야 하고, 그렇게 사는 인생은 존중받아야 한다는 것이다. 도덕 교과서에 나올 법한 이 주제는 어머니의 올곧은 삶과 연관되면서 사실적인 설득력을 획득한다. 요컨대 이 소설은 어머니로 표징되는 아름다운 삶 혹은 바람직한 삶의 유형을 창조한 것이다. 이와 같은 주제는 초기 소설과 비교해보면 엄청난 차이가 있음을 알 수 있다. 「마음의 감옥」도 마찬가지다.

「마음의 감옥」은 가난한 이를 위하여 헌신한 박현구의 성자(聖者)와 같은 삶을 화자인 형(윤구)이 서술하는 형식을 취하고 있다. 현구는 6·25 때 죽은 목사 아버지의 유복자로 70년대 후반부터 노동 운동

---

35) 『전집』 5권, p. 40.
36) 『전집』 5권, p. 48.
37) 『전집』 5권, p. 37.

과 빈민 운동에 헌신했다. 그는 세 차례 옥살이를 하고 나와서도 빈민 운동에 열심이다가 달동네 재개발지 철거 과정에서 철거반원들의 비인도적인 처사에 항거하다 다시 수감되어 재판을 받고 있던 중, 간질환이 악화되자 감정유치 명령이 떨어져 병원에 입원해 있다. 아우는 외유내강의 한 전형으로 누구에게나 늘 겸손하였고 봉사, 헌신, 사랑의 기독교 정신을 철저히 실천하는 자였다. 그러나 그의 병은 악성 종양임이 밝혀지고 그의 죽음이 임박해지자 현구의 숭고한 삶을 추앙하던 젊은이들이 그가 집에서 임종을 맞을 수 있게 경찰과 일전을 벌여 현구를 병원에서 빼돌린다.

막혔던 통로가 자유로 향한 출구처럼 훤하게 뚫렸다. 어머니와 함께 우리 오누이 셋이 그해 겨울 그렇게 남행길을 재촉했듯, 우리들은 마치 포연을 뚫고 진군하듯 최루탄 매연을 헤쳐 침대를 끌고 밭은걸음을 걸었다. 그제서야 4·19 그날, 우리 모두 어깨를 걸고 경무대를 향해 내닫던 그 벅찬 흥분이 되살아남을 나는 가슴 뿌듯이 느낄 수 있었다.[38]

이 인용은 혈육에 대한 사랑과 함께, 형의 4·19와 아우의 빈민 노동 운동이, 이들 형제의 자유를 향한 뜨거운 삶이 만나는 지점이다. 이처럼 「세월의 너울」과 「마음의 감옥」 두 편의 소설에서 보이는 공통점은 '나'가 희생적이고 모범적인 삶을 산 바람직한 인간형을 관찰하고 있다는 것이다. 이 관찰자는 너그러움과 정신적 여유를 지니고 있다. 이 두 소설에서 창조된 어머니와 아우는 김원일이 '인간은 이렇게 살아야 한다'라는 신념에서 비롯한 것으로 보인다. 이러한 인간형은 대작 『늘푸른소나무』의 주인공 석주율과 같은 유형의 인물이다. 이렇게 보면 「세월의 너울」을 기점으로 김원일은 새로운 소설 작업을 시도한 셈이 된다. 그것은 고통과 불행의 세월 속에서도 그 역경을

---
38) 『전집』 5권, p. 216

감내하는 바람직한 삶의 전범을 소설적으로 형상화하는 것이다. 이 형상화의 밑바탕에는 삶을 바라보는 지혜와 올바른 삶에 대한 김원일의 신념적 의지가 담겨 있다. 여기까지 오면 김원일 소설은 제1기의 낭만주의적 경향에서 제2기의 분단 문학으로 대표되는 현실주의적 경향으로 나아갔고, 제3기에는 현실주의 너머 보편적 인간형의 지향으로 나아갔음을 알 수 있는 것이다.

3

지금까지의 논의를 바탕으로 김원일의 중요한 소설들을 유형별로 도식화하면서 창작 원리와 대비해보면 다음과 같다.

1) 기질적 자아: 나(예술가) ―「연」『바람과 강』
2) 관념적 자아: 역사(아버지) ―「어둠의 혼」『노을』「환멸을 찾아서」『겨울골짜기』『불의 제전』
3) 현실적 자아: 현실(어머니) ―「미망」「가을볕」『마당깊은 집』
4) 신념적 자아: 보편적 인간 ―「세월의 너울」「마음의 감옥」「믿음의 충돌」『늘푸른소나무』

예술가적 기질을 가진 '나'가 있다. 그 기질적 자아의 반영이 바로 1)유형의 소설이다. 이 '나'의 한쪽 뿌리는 월북한 아버지다. '나'는 어머니로부터 장자(長子) 되기를 강요받고 스스로 장자(長子)가 되어야 한다는 강박관념에 시달린다. 진정한 장자(長子)가 되기 위해서는 아버지를 껴안을 수 있어야 한다. 그러나 아버지는 분단의 역사 저편으로 꼬리를 감추고 사라져버렸다. 관념적 자아의 필사적인 아버지 찾기가 시작된다. 김원일은 역사를 통해 아버지를 만날 수밖에 없다. 그 만남의 결과가 2)유형의 소설들이며, 이 소설들은 분단 문학의 큰 줄기가 된다.
 '나'의 또 다른 한쪽 뿌리는 어머니이다. 어머니는 현실의 '나'를 가능하게 한 아버지의 부재 이후 '나'의 삶의 근간이다. 현실적 자아는 어머니의 삶에 대한 사실적인 천착을 시도한다. 그것이 3)유형의 소설들이다. 예술가(소설가)인 '나'는 2) 3)유형의 소설쓰기를 거치면서 드디어 소설적으로 보편적 인간성 추구에 성공한다. 역사 속에서 아버지를, 현실 속에서 어머니를 각각 포용함으로써 스스로 아버지가 되는 것이다.
 이 지점에서 김원일은 또 하나의 소설적 주제로 나아간다. 김원일의 신념적 자아는 질곡의 20세기 한국의 역사 속에서 최대한 가능치의 바람직한 인간형을 목도하고 싶은 것이다. 그 간절한 열망이 4)유형의 소설로 나타난다.
 김원일의 소설은 전체적으로, 한 예술가(김원일)가 분단 상황의 비극적 역사(아버지)와 기층민의 눈물겨운 삶의 질곡(어머니)을 껴안고, 나아가 바람직한 인간형의 창조로까지 이어진 것이다. 이러한 김원일의 작업은 개별성과 보편성을 동시에 가짐으로 인해 한국 현대 소설사의 큰 줄기로 인식될 것임에 틀림없다.

제 3 부

분단과 시대고

실존과 역사, 그 소설적 넘나듦의 세계

박혜경

 이 글은 김원일의 단편들만을 그 논의의 대상으로 한다. 최초의 장편 소설인 『노을』이후, 그리고 그의 작품 활동이 가장 왕성하게 이루어졌던 80년대 전반에 걸쳐 단편 작가로서보다는 장편 소설가로서 우리에게 더 강하게 부각되어졌던 김원일의 경우, 이러한 논의 자체가 지니는 한계는 자명한 것으로 보일 수도 있다. 그러나 그의 단편들이 장편들의 그늘에 가려 상대적으로 주목을 덜 받아왔다는 점, 그리고 이러한 사정이 단순히 분량의 많고 적음에서 비롯된 것이기보다는 80년대 전반의 편향된 문화 풍토와 일정한 관련을 맺고 있다는 점을 감안한다면, 이러한 형태의 논의가 지니는 의미는 결코 작지 않을 것이다. 80년대가 사회과학적 인식론의 그늘 아래서 자신의 주요한 문학적 상상력을 키워갔던 시대였다면, 그 시기에 발표되었던 장편 및 대하 소설들, 특히 김원일을 장편 작가로서 인식시키는 데 주요한 역할을 담당했던 그의 많은 작품들 역시 그러한 인식론의 간섭 아래서 씌어진 것들이라고 할 수 있을 것이다. 아마도 이러한 분위기는 문학이 보다 첨예하고 직접적인 대 사회적 발언의 양식이어야 한다는 요구와 더불어 작가들에게 어떤 형태로든 정신적인 구속으로 작용했을 것이며, 그와 동시에 그 시대의 주요한 문학적 관심을 사회적인 이슈나 역사적인 사건 중심의 외향적인 영역으로 이끌고 간 것 또한 사실이다. 80년대의 이러한 분위기는 글을 쓰는 풍토에뿐만 아니라, 동시대의 첨예한 사회적 문제 의식을 보여주거나 역사적인 사건들에 대한 진보적인 재해석을 보여주는 글들에 상대적으로 더 많은 관심을 보여온 평론계의 보편화된 관행에도 그대로 적용될 수 있을 것이다. 그러나 당면한 사회 문제나 역사적 사건들을 다룬 작품들의 중요성만이 편향적으로 부각되어질 경우, 인간의 내밀한 정서나 다양하고 섬세한 삶의 결을 보여주는 작품들은 그와 같은 큰 주제 의식의 그늘에 가려 소홀히 취급되거나, 심지어는 불필요한 것으로 간주되기 쉽다. 물론 이 말은 80년대가 이루어낸 문학적 성과나 그것의 시대 상황적 의미를 부정하기 위한 것은 아니다. 다만 김원일에 관한 논의와 관련시켜서, 필자가 이러한 문맥을 통해 지적하고자 하는 것은 김원일을 장편 작가로서, 혹은 그 내적인 의미에서의 분단 문학 작가로서만 한정시킬 경우, 그의 공인으로서의 작가적 위치는 한층 선명하게 부각될 수 있을지 모르지만, 그의 문학이 지니고 있는 내적인 풍요로움의 상당 부분은 제대로 평가될 수 없을 것이라는 사실이다. 오히려 내가 보기에는, 김원일의 작품 세계 전반을 통해 그의 단편 문학이 차지하는 비중은 의미 있는 정도를 넘어서 상당히 중요할 뿐 아니라, 어떤 점에서는 그의 장편 소설들에 대한 논의가 놓치기 쉬운 작가적 면모의 본질에 더욱 가까이 접근해갈 수 있는 길을 열어 놓고 있는 것으로도 보여진다. 따라서 그의 단편 소설들에 대한 논의는 그의 장편 소설들이 그의 문학 활동 전반에서 차지하는 의미나 위상을 올바르게 이해하기 위해서도 필요한 일인 것처럼 여겨진다.

『어둠의 혼』에 실린 작품들을 중심으로 한 김원일의 초기작들을 접하는 사람은 그 속에 담겨 있는 이야기적 상황의 다양함에도 불구하고 각각의 작품들 속에 한결같은 색채로 스며들어 있는 출구 없는 어두움의 세계에 짓눌리게 된다. 살인이나 강간, 고문 등의 극단적인 외형적 형태로부터 절망과 공포, 당혹감 등의 내면적인 형태에 이르기까지, 갖가지 형태의 폭력적 상황으로 점철되어 있는 그 출구 없는 어두움은 거대한 외부적 상황의 부조리성, 혹은 음험한 폭력성 앞에서 무력한 개인이 감당해내야 할 좌절과 자기 파멸의 극단적인 삶의 양태들로부터 비롯되는 것이다. 김원일의 초기작들에 등장하는 많은 주인공들은 개인에게 결코 그 진정한 모습을 드러내 보여주지 않는, 그렇기 때문에 그들에게 부조리한 것으로 느껴질 수밖에 없는 상황의 벽 속에 폭력적으로 엄폐되어 있다. 그들이 놓여 있는 이 세계의 모습은 그들에게 저항할 수 없는, 아니 이해할 수조차 없는 불가해성으로 다가오며, 그 상황에 대응하는 그들의 행위는 대개 그 상황의 불가해성에 우발적인 폭력으로 맞서는 것이거나, 혹은 무기력하게 함몰되는 것이다. 김원일의 소설 세계의 한 출발점을 이루는 것으로 보이는 「앓는 바다」나 「피의 체취」 「절망의 뿌리」 등의 작품들은 이처럼 개인을 둘러싸고 있는 낯설고 황량한 세계 속에서 개인들이 취하는 무의미하고 부조리한 자기 파멸의 양상들을 전율적으로 드러내 보여준다. 그 중에서도 「앓는 바다」와 같은 작품에서 드러나는 집단적인 파멸의 양상은 김원일의 초기작이 보여주는 폭력적 세계의 한 극단이라고 할 수 있을 것이다. 이 작품은 바닷속에 떠 있는 밀항선이라는 극도로 제한된 공간 속에서 각기 고립된 목적으로 밀항선을 타게 된 사람들과, 그들 사이에서 일어나는 연속적인 살인과 폭력의 부조리한 상황을 보여주고 있다. 그 부조리성은 작중인물들 간의 고립된 관계가 점차 적대 관계로 발전하게 되고 그 적대 관계가 살인이라는 극히 폭력적인 상황으로 나아가게 되는 과정 자체가 매우 우연한 충동적 욕망에 의해 이루어진다는 데 있다. 작품 속에서 잇따라 일어나는 끔찍한 살인 사건들은 그 상황을 받쳐주는 내적 근거의 필연성이 모호하고 불투명한 형태로 제시됨으로 인해서 등장인물들과 그들이 놓인 기이하고 전율적인 상황 자체의 부조리성만을 더욱더 도드라져 보이게 되는 것이다. 그 부조리성의 대표적인 예가 밀항선의 난파라는 이 작품의 최종적인 파국이 이루어지는 과정일 것이다. 그 파국에 결정적인 역할을 한 것은, "내가, 내가 널 살려둘 것 같냐? 내 훈장이 보이지? 병신인 난 죽어도 이제 한이 없다. 이 녀석, 이 간첩 녀석?"(『어둠의 혼』, p. 40)이라는 맹목적인 애국심에서 나온, 간첩으로 암시되는 중절모 사내에 대한 상이 군인의 집요한 적대감인데, 자기 자신을 비롯해서 배에 탄 모든 사람들까지 죽음의 상황 속으로 몰아넣고 마는 그 맹목성은 결국 상이 군인의 중절모 사내에 대한 집요한 적의 자체를 납득할 수 없는, 완전히 무의미한 것으로 만들어버리고 마는 것이다.

  김원일의 초기의 소설적 상황은 등장인물들에게 자신의 의지력을 넘어서 불가해한 모습으로 다가오는, 그럼으로써 그들에게는 항거할 수 없는 운명적인 상황으로 감지되어지는 세계이다. 엄밀히 말하면 김원일의 초기의 주인공들이 내보이는 파괴적인 행동 양식의 주체는, 표면적으로는 그들 자신인 것처럼 보이지만 근본적으로는 바로 그들이 놓인 실존적 상황 그 자체이다. 따라서 그들은 자기 삶의 능동적인 주체이기보다는 인간 세계의 근원적인 부조리성의 한 상징적 매개일 뿐이다. 이들 작품에서 작중인물들은, 비록 그들의 행위의 동기가 종종 사회적인, 혹은 역사적인 배경의 외피를 둘러쓰고 있을지라도, 역사적 상황이 아닌, 인간 현실의 근원적인 실존적 부조리성 속에 던져진 인물들로 등장하는 것이다. 「피의 체취」나 「절망의 뿌리」의 주인공들이 비록 일상적인 공간 속에서 움직이고 있을지라도 그들 속에 내화되어 있는 삶의 공간은 특정한 역사적, 혹은 사회적인 공간이 아니라 실존적이고 운명적인 공간인 것이다. 이처럼 이들 작품 속에서 제시되는 역사적 배경은 주인공의 행위를 역사적인 것으로 만들기보다는 오히려 그 역사성 자체를 무화시키는 무의미한 실존적 부조리성에 매몰되어버림으로써, 바로 주인공의 그 충동적인 행위들과 물과 기름처럼 겉돌고 있다. 따라서 이와 같은 역사적인 근거의 제시는 작품 속에서 상황 설정을 위한 작위적인 장치라는 의미를 크게 벗어나지 못하는 것이다. 이를테면「절망의 뿌리」에서 작가는 주인공의 파괴적인 행동 양식이 그가 유년기에 목격한, 인민군에 의해 무참하게 살해된 아버지와 어머니의 죽음에서 싹튼 것으로 암시하고 있지만, 그 체험은 주인공에게 역사적 체험으로 수용되는 것이 아니라, 다만 그가 느끼는 이 세계에 대한 적대감의 피상적인 요인으로만 제시될 뿐이다. 뿐만 아니라 이 작품이 지니는 보다 큰 결함은 작가의 시선이 주인공의 그와 같은 맹목적인 적대감을 의미 있는 방식으로 객관화시키지 못하고 있다는 것이다. 작품 속에서 주인공의 부조리한 파괴적 행동은 어떠한 생산적인 의미도 부여받지 못한 채, 이 세계는 결코 이해되어질 수도 극복되어질 수도 없는 것이라는 결론으로 이어지며, 그것은 마침내 이 소설의 주인공으로 하여금 서울 시내를 내려다보며 "나는 그 속에 다시 섞일 수 없을 것 같았다. 그 섞일 수 없다는 생각은 패배 쪽이라기보다 나의 고집이고 의지이기도 했다"(같은 책, p. 255)라는 생각에 도달하게 하는 것이다. 주인공을 현실적인 상황 속으로 뛰어들게 하는 것이 아니라 그 상황을 포기하는 쪽으로 몰고 가는 이와 같은 결론은, 표면적으로는 저항에의 의지인 것처럼 보이지만 실상은 이 세계의 불가해성을 자신의 삶의 피할 수 없는 조건으로 수락하는 것에 불과하다.

  김원일의 초기 소설에서 전면으로 부각되어지는 주인공들의 우발적이고 파괴적인 행동 양식은 그들을 둘러싸고 있는 상황에 대한 적극적인 기투 projet의 결과가 아니라 상황의 억압성에 짓눌린 뒤틀리고 왜곡된 심리적 반응에 지나지 않는다. 따라서 작품 속에서 우리에게 부조리한 느낌을 불러일으키는 실질적인 대상은 주인공들의 행위 그 자체이지 그들을 둘러싸고 있는 상황이 아니다. 그 부조리한 느낌은, "중태가 또 자가용의 자랑을 늘어놓기 시작했다. 그의 말을 듣자 술을 퍼마시고 싶었고 뭐든지 닥치는 대로 부순 후, 하수구에라도 처박혀 실신하고 싶었다"(같은 책, p. 248)라는 구절이나, "그때, 나는 순간적이나마 그 한숨을 짓이기고, 그녀의 목을 조르고 싶은 충동을 느꼈다"(같은 책, p. 134)라는 구절에서처럼, 작중인물들을 사로잡는 자학적 충동이나 살인 심리가 매우 사소한 동기들에 의해 유발되어 그들도 이해할 수 없는 우발적인 행위로 확대되어버린다는 데에 있다. 아마도 그들의 행위가 지닌 파괴적인 우발성은 그들과 그들을 둘러싸고 있는 세계와의 관계가 본능적으로 적대적이라는 것, 그럼에도 그 세계는 그들에게 결코 이해되어질 수 없는 대상으로 다가온다는 데에 그 원인이 있을 것이다. 그들에게 적대적인 세계가 동시에 그들에게 끝내 불가해한 모습으로만 감지되어진다는 것은 그들이 주변에 대해서 취하는 맹목적이고 우발적인 적대 행위의 근원적인 심리적 배경을 이루는 것이다. 그들의 허무주의적 파괴 충동은 세계의 불가해성이 그대로 그들 행위의 불가해성으로 내화되어버린, 즉 상황의 속성이 그들 행위의 속성이 되어버린 즉자적이고 수동적인 반응 양태에 불과한 것이다. 따라서 여기에서 주인공들의 삶은 단자화된 고독하고 황폐한 상황의 즉자적인 편린들일 뿐이다. 고향으로 내려가는 기차 안에서 우연히 만나게 된 여자를 강간하는「피의 체취」의 주인공이나 출감 후 처음 만난 양로원의 여직원에게 이유 없는 폭력을 휘두르는「절망의 뿌리」의 주인공의 행동 양식이 부조리한 것으로 보이는 것도 바로 그들 자신이 생의 무의미함과 불가해성 그 자체의 한 외연적 존재들이기 때문이다.

「그대 죽어 눈뜨리」에서 타락한 세계의 부조리성에 대한 인식은 거의 기독교적인 원죄 의식으로까지 나아가고 있다. 실상 김원일의 초기 소설 세계에서 기독교적인 세계 인식은 실존적인 세계 인식과 더불어 세계를 바라보는 인식의 기본틀로 작용하고 있는 것으로 보이는데, 이 작품에서 은녀와 그녀를 강간해서 자살에까지 이르게 한 득출, 그리고 억울한 강간 누명을 쓴 중쇠를 둘러싸고 있는 상황은 유황불이 들끓는 타락한 종교적 세계로 묘사되고 있다. "취한 사내들은 생활 안에다 때 묻은 살을 담은 작부와 어울려 음란한 욕설과 노랫가락으로 오랜 동안 시간을 향락하더라"(같은 책, p. 118)라는, 혹은 "장마비는 이레를 두고 줄기차게 내렸으나 함창댁 술집은 밤마다 음담과 노랫가락이 끊이지 않더라"(같은 책, p. 126)라는 예언자적인 목소리로 들려지는 그 세계는 은녀로 대표되는 선이 득출로 상징되는 악의 이기적이고 음험한 힘에 의해 여지없이 파괴당하는, 뿐만 아니라 중쇠를 강간의 누명 속으로 꼼짝없이 몰아넣는 어두운 원죄성의 세계이다. 그 세계는 또한 천사같이 맑고 순결한 모습으로 묘사되는 「소설적 사내」의 소녀를 폐병으로 죽어가게 하는 세계이며, 「상사별곡」의 정례 선생을 능욕하여 광인으로 몰아가는 세계이기도 하다.

「상실」이나 「압살」 「비(悲)」 「역주」 등의 작품에 이르면 개인들이 놓여 있는 상황은 이제 운명론적인 실존의 세계가 아니라 조직적인 인위의 세계이다. 이를테면 상황의 조직적 폭력성이 개인의 삶에 미치는 파괴적인 양상을 일종의 알레고리적 수법을 통해 보여주는 「상실」에서 주인공 A가 부딪치는 현실은 조직의 이해에 따라 조직의 의지로 움직이는 완벽한 조직적 메커니즘의 세계이다. 이 세계는 「피의 체취」나 「절망의 뿌리」에서 1인칭 시점으로 등장하던 인물들의 파괴적 충동마저 거세시켜버리는, 따라서 개인이 완전한 익명의 존재로 등장하는 세계이다. 아마도 「상실」이나 「압살」의 세계에서 주인공에게 가해지는 폭력은, 그것이 조직적인 메커니즘에 의해 인위적으로 계획되고 의도된 폭력이라는 점에서 더욱더 완강하고 절망적인 것이라고 아니할 수 없다. 이러한 세계 속에서 개인의 삶은 완전한 수동성의 영역으로 전락해버리고, 조직의 폭력에 대해 저항할 수 있는 모든 의지를 봉쇄당한 채, 그 폭력성 속에 무방비하게 방치될 수밖에 없는 것이다.

그러나 어떤 정치적 세력에 의해 치밀하게 조작된 누명으로 고문을 당하다가 죽는 「압살」의 허목진군이나 북한 방문에서 어머니의 주검만을 대하게 되는 「비」의 이만두씨 등은, 그들 역시 개인의 힘을 넘어서는 이 세계의 조직적이고 이기적인 폭력성을 이겨낼 수 없는 무력한 개인들임에도 불구하고, 상황 속에 매몰되어버린 단순한 희생자로서가 아니라, 상황에 대한 분석적인 저항 의식의 일단을 보여주는, 혹은 자신을 둘러싸고 있는 상황의 부당성에 대한 어느 정도의 대자적인 인식의 가능성을 보여주는 인물들도 등장한다. 물론 그 저항성조차도 상황의 폭압적인 절대성 속에서 스스로 죽음을 선택하거나 체념하는 정도의 소극적이고 수동적인 반응 양식에 불과한 것이긴 하지만, 이러한 대자적 인식의 가능성은 김원일의 소설적 배경이 보다 구체적이고 역사적인 삶의 공간으로 옮겨가는 과정을 시사해주는 매우 중요한 단서라고 할 수 있다. 아마도 그러한 가능성을 지닌 인물의 보다 명료한 모습을 우리는「빛의 함몰」에서 찾을 수 있을 것이다. 이 작품은「어둠의 혼」이후에 씌어진「침묵」이나「숨어 있는 땅」「비가(悲歌)」등과 더불어, 학생 운동과 모종의 관련을 맺고 있는 의식 있는 대학생의 방황과 갈등을 묘사하는 일군의 작품들 가운데 하나인데, 학생 운동에 대한 좌절된 인식을 안고 시골에 있는 형수의 집에 내려왔던 주인공이 형수의 안정된 삶의 모습에 동조하기를 거절하고 다시 서울로 올라가기를 결심하는 과정에서 얻게 되는 다음과 같은 인식은, 상황에 압도된 맹목적인 파괴 욕구가 개인의 주체적인 의식의 내부에서 상황에 대한 보다 적극적인 선택적 결단의 영역으로 수용되어지는 모습을 보여주는 한 예라고 할 수 있을 것이다.

"글쎄요, 서울서 이겨내지 못한다면 제가 설 곳이 아무 데도 없을 것 같다는 생각이 들어서…… 그렇담 모르긴 하지만 아마 저는 죽을 겁니다. 이런 안정이 오래 저를 잡아맨다면 말입니다."(『어둠의 혼』, p. 171)

「빛의 함몰」의 주인공이 결말 부분에서 얻게 되는 이와 같은 생각은「절망의 뿌리」의 주인공이 결말 부분에서 도달하게 되는 생각과 완전히 반대편에 있는 것이다. 이제 김원일의 주인공들에게 이 세계는 이해하거나 변화시킬 수 없는 맹목의 대상이 아니라, 그럼에도 불구하고 끊임없이 이겨내고 도전해야만 하는 이지(理智)의 대상으로 떠오르는 것이다. 이와 더불어 김원일의 소설에는, 인간의 의지를 넘어 인간에게 수동적으로 주어진 실존적, 혹은 운명적 불가해성의 세계 대신에, 인간이 끊임없이 만들고 가꾸어나가는 능동적인 생성의 영역으로서의 역사성에 대한 인식이 더욱 폭넓게 자리 잡게 된다. 그러한 역사성의 인식은 김현의 말을 빌리면, 주인공들이 그들이 몸담고 있는 "터전 자체가 잘못일지도 모른다는 생각"(같은 책, p. 354)에 이르게 된 결과로 얻어진 것이다. 물론 위의 인용문은 실상 사회적 의미보다는 오히려 상황에 대한 개인의 실존적 기투라는 의미를 더 강하게 내포하고 있는 것이고, 「빛의 함몰」의 주인공이 여전히 "죽음에 이르는 병, 나는 이제 섬광 같은 언어의 마력이 아니라 진화론적인 당위성에 의해 죽음에 이르고 있는 상태였으므로"와 같은, 실존적 뉘앙스를 짙게 풍기는 알 수 없는 무력감에 시달리는 것도 사실이지만, 삶에 대한 그 실존적인 고뇌 속에는 이미 삶을 이루는 상황을 운명적인 것으로서가 아니라 선택적인 것으로 인식하는, 그럼으로써 상황에 매몰되는 것이 아니라 그 상황을 이겨나가려는 보다 능동적인 태도가 내재되어 있다. 사실 김원일의 작품 세계의 이와 같은 변화에서 실존적 고뇌는 단순히 배제되어버리는 것이 아니라 사회적 현실 인식을 받쳐주는 중요한 함수로 자리 잡는다. 「빛의 함몰」뿐만 아니라 「숨어 있는 땅」이나 「비가」 등의 작품들이 모두 학생 운동에서 좌절감을 맛본 인물들을 주인공으로 내세우고 있다는 점, 그리고 그 좌절감은 그들을 현실에 대한 수락이나 순응 쪽으로 몰고 가는 것이 아니라, 그들의 의식에 아웃사이더적인 어두운 실존적 고뇌로 드리워진다는 점은 바로 학생 운동이라는 사회적인 저항 행위를 인간 현실의 근원적인 실존성의 차원에서 받아들이는 작가의 시각에서 비롯되는 것이다. 그러나 이러한 시각은, 그것이 지니고 있는 유연성과 포괄성에도 불구하고, 「숨어 있는 땅」의 민후가 "어둠 속에 기필코 밝아올 새벽을 찾아 떠도는 자기의 삶은 뜨겁게 사랑하면서도 타인의, 창회의 삶에는 왜 냉담할 수밖에 없냐는 자책"(『연』, p. 75)에 빠져들거나, 특히 「비가」에서 종호의 학생 운동이 현실 순응적인 인물인 형의 시각에 의해 한때의 방만함으로 치부되어버리는 데서 드러나는 작가의 유보적인 태도와 더불어, 학생 운동이 지닌 사회 역학적인 의미를 개인의 실존적 결단의 좌절이라는 차원으로 희석시켜버리는 한계를 드러내보이기도 한다.

「어둠의 혼」이나 「갈증」 등의 작품들 또한, 출구 없는 부조리성의 세계가, 그 여전한 부정적 세계 인식에도 불구하고 인간의 역사적인 체험의 공간 속으로 적극적으로 이동해가는 양상을 보여주고 있다. 이들 작품 속의 인물들은 그들에게 가해져오는 상황의 힘에 맞서 나름대로의 깨달음과 의지를 키워가며, 인간의 삶을 무의미하게 만드는 현실 속에서 스스로의 삶을 의미 있는 방식으로 선택하고 완성시켜나가려 애쓰는 능동적인 주체로 등장한다. 아마도 「어둠의 혼」이나 「갈증」이 성장기적 체험을 바탕으로 한, 성장 소설의 유형을 지니고 있는 것은 그들의 삶과 그 삶의 터전이 이미 결정된 공간이 아니라 결정되어가는 공간으로 인식되어진다는 것, 즉 그들의 진정한 삶의 몫을 고정된 현재의 것이 아니라 변화되어가는 열린 미래의 몫으로 남겨놓는다는 점에서 매우 의미 있는 것이라고 할 수 있을 것이다. 이제 개인들의 의지와 상관없이 그들에게 주어져 있는 불가해한 삶의 터전은 인간의 성장과 더불어 역사적인 이해의 맥락으로 수용되어지고, 그 역사적 상황은, 그것이 개인에게 여전한 폭력적인 힘으로 작용할지라도, 이 세계의 근원적인 낯섦과 무의미성을 뛰어넘어 인간의 삶을, 혹은 그 고통조차도 선택적인 의지의 영역으로 이끌고 가는 것이다. 왜냐하면 진정한 의미에서 역사 속의 삶이란 운명적으로 고정된 불가해성의 삶이 아니라 인간이 끊임없이 받아들이고 새로이 이루어나가는 가변적인 생성의 삶이기 때문이다. 따라서 김원일의 출구 없는 어둠의 세계는 역사성의 수용과 더불어 개인의 선택적 의지라는 하나의 힘겨운 출구를 마련하게 된다. 「어둠의 혼」의 아버지나 「갈증」의 정인이 누나는 이미 고통 속에 갇혀 있는 존재가 아니라 스스로 고통을 선택하는 존재이다. 특히 「어둠의 혼」의 아버지는 이후의 김원일의 작품 속에서 여러 가지 형태의 변용된 모습으로 등장하는 매우 시사적인 인물이라고 할 수 있다. 「어둠의 혼」에서의 아버지의 죽음은 주인공인 갑수의 삶에 미래에의 의지로 투영되어짐으로써, 상황에 대한 단순한 수동적인 패배가 아니라, 보다 능동적이고 적극적인 생성의 의미를 부여받게 된다. 즉 아버지의 죽음은 갑수가 이 세계의 수수께끼를 깨달아나가는, 그럼으로써 유년기의 세계에서 성숙한 성인의 세계로 나아가는 주요한 의식적 통로를 제공해주는 것이다. 다음 1) 2)의 구절들은 그 의식의 변화를 보여주는 구체적인 예들이다.

   1) 이제 아버지의 그 요술도 끝이 나고 말았다. 무엇을 위한 요술인지 알 수 없는 요술, 그 요술의 뜻을 내가 미처 깨치기도 전에 아버지가 죽는다는 게 슬플 뿐, 사실 나는 지금 보다 더 큰 괴로움에 떨고 있다. 굶주림이다. (『어둠의 혼』, p. 209)

   2) 그와 더불어 나는 무엇인가 깨달은 듯한 느낌을 가지게 되었다. 그 느낌을 꼬집어내어 설명할 수는 없었으나, 이를테면 살아나가는 데 용기를 가져야 하고 어떤 어려움도 슬픔도 이겨내야 한다는 그런 내용의 것이었다. 모든 것이 안개 속 같은 신기한 세상, 내가 알아야 할 수수께끼가 너무나 많은 이 세상을 건너갈 때, 나는 이제 집안을 떠맡은 기둥으로서 힘차게 버티어나가지 않으면 안 된다. 이런 굳은 결심이 나의 가슴을 뜨겁게 적시며 뒤채는 눈물을 달래고 있음을 느꼈던 것이다. (같은 책, p. 227)

   물론 「어둠의 혼」에서 소년 갑수의 시각으로 묘사되어지는 '빨갱이'로서의 아버지의 죽음은 역사나 이념의 차원에서 적극적인 의미를 부여받고 있기보다는 오히려 이 세계의 수수께끼성에 대한 개체적 삶의 실존적 기투라는 의미를 더 강하게 내포하고 있는 것이 사실이다. 그러나 이들 작품 속의 인물들은, 그들이 소극적으로 몸담고 있는 것이든 적극적인 삶의 몫으로 끌어안는 것이든, 그들을 둘러싸고 있는 역사적인 상황성에 의해 궁극적으로 역사 속에서 살아 움직이는 개체로서 조건지어진다. 따라서 「어둠의 혼」은 개인의 실존적 삶을 아우르는 더 커다란 범주로서의 역사성에 대한 인식의 진전을 보여주는 탁월한 작품이라고 할 수 있다. 역사성에 대한 인식의 진전은 김원일의 소설로 하여금 실존적 부조리성에 수동적으로 매몰되어 있던 어둠의 세계로부터 점차 벗어나, 고통스럽고 부정적인 현실 속에서도 그 고통을 스스로의 삶의 몫으로 힘겹게 짊어지고 나가는 사람들을 보다 따뜻한 시선으로 끌어안게 한다. 「오늘 부는 바람」과 그 이후에 씌어진 여러 작품들은 이처럼 절망적인 현실에도 불구하고 그 속에서 자기 몫의 삶을 힘겹게 끌어안음으로써 상황의 폭력성과 삶의 무의미성을 이겨내려는 개인들의 안간힘을 다양한 삶의 모습으로 펼쳐 보여준다. 이제는 부정적인 상황보다 그 부정적인 상황 속에서 각자의 의미 있는 삶의 꼴을 만들어나가려고 노력하는 개인의 일상적인 삶의 결이 소설의 전면으로 부각되어지는 것이다.

물론 『오늘 부는 바람』에 실린 작품들의 이러한 변화는 결코 뚜렷하고 명료하게 드러나는 것은 아니다. 거기에는 「굶주림의 행복」처럼, 「피의 체취」나 「절망의 뿌리」를 연상케 하는 우발적이고 파괴적인 충동의 세계가 있는가 하면, 「멀고 긴 송별」처럼, 역사적 상황이 개인에게 극단적인 파괴 행위로 이월되어버리는 맹목적인 폭력의 세계도 나타난다. 특히 「멀고 긴 송별」에 등장하는 아버지는 「어둠의 혼」의 아버지와 극단적으로 대비되는 인물로서 후자가 역사적 상황의 피해자라면 전자는 무지한 가해자의 모습으로 나타난다. 그러나 「멀고 긴 송별」의 아버지가 보여주는 파괴 행위가 철저하게 역사의 이데올로기적 상황 속에서 일어나는 행위라는 점을 감안한다면,「어둠의 혼」의 아버지나「멀고 긴 송별」의 아버지는 모두, 권오룡이 말한 바, "개인의 선택에 입각한 개체적 생의 지속의 방향과 사회 전체의 역사 진행 방향이 일치하지 않음에서 빚어지는 개인의 파멸"을 드러내주고 있는 인물들이며, 그럼으로써 "그 불일치는 그들의 죄를 윤리적인 죄라기보다 정치 제도적인 차원에서의 죄로 성격"(권오룡,『존재의 변명』, p. 134)지어질 수 있는 인물들이다. 개인에게 미치는 역사적 상황성의 힘은「농무일기」에서의 김열추군의 죽음에도 일정한 영향력을 행사하게 되는데, 이를테면 그 죽음을 유발하게 된 그의 아버지의 죽음이 그들이 살고 있는 오유리 마을의 개발을 둘러싼 분쟁 때문인 것으로 암시되어진다는 점에서 그렇다. 그러나「농무일기」에서 어린 김열추군의 죽음을 이끄는 그와 같은 상황의 구체적이 배경은 그의 미분화된 의식 속에서 일어나는, 김원일의 초기의 인물들을 연상케 하는 "죽여요, 뭐든지, 아주 죽여버려요. 나는 말하지 않았으나 속으로 그렇게 외치고 있었다"(『오늘 부는 바람』, p. 297)와 같은 파괴적 욕망의 뒤에 가려 선명하게 부각되어지지 않는다.

　아마도「오늘 부는 바람」에서 그 전조를 보이게 되는 김원일의 소설 세계의 가장 주목할 만한 변화는「오늘 부는 바람」이나「허공의 돌멩이」등의 작품들에서 나타나는 바, 작가의 시선이 구체적이고 낯익은 일상성의 세계, 그 중에서도 특히 가난하고 고통받는 계층의 삶 속으로 내려와 있다는 점일 것이다. 이후「목숨」이나「따뜻한 돌」「시골 여인숙」「모자」등의 작품으로 이어지는, 가난 속에서 모진 목숨을 이어가는 사람들에 대한 따뜻한 끌어안음의 세계는 김원일의 역사성으로의 전이가 역사의 통시적 공간에서 동시대적 공간 속으로 이동해간 결과라고 할 수 있을 것이다. 나로서는「연」이나「미망」「가을볕」「일출」등과 더불어 이러한 계열에 속하는 작품들이 김원일의 작품들 중 가장 탁월한 문학적 성취를 보여주는 것으로 생각되는데,「절망의 뿌리」나「그대 죽어 눈뜨리」「굶주림의 행복」등에서부터「오늘 부는 바람」「목숨」「시골 여인숙」 등을 거쳐 「미망」「가을 볕」「사진 한 장」의 세계로 나아가는 일련의 변화들은 실상 김원일의 소설적 변화의 중심축을 이루고 있다고 할 수 있을 것이다. 그것은 이 세계가 나와 타인 간의 어떠한 사랑의 교환도 불가능케 하는 황폐하게 단절된 적대성의 세계라는 인식으로부터, 그 황량하고 낯선 현실을 이기는 것은 결국 서로의 삶을 따뜻하게 감싸안고 더불어 감내하는 사랑일 뿐이라는 작가 의식의 변화로부터 기인된 것이라고 할 수 있다. 즉 이러한 소설 세계의 변화가 이루어지는 것은 소설이 담고 있는 상황의 변화 때문이 아니라 그 상황을 바라보는 작가의 시각의 변화 때문인 것이다. 따라서 「오늘 부는 바람」이나 「허공의 돌멩이」 등의 작품들 속에 묘사된 가난한 사람들의 세계는 여전히 극도로 절망적이고 어두운 세계이다.

1) 오직 습기 차고 축축한 아파트의 어두운 복도와, 방방에서 터져 나오는 앙칼진 고함과, 아이 울음과, 아버지의 취한 얼굴과, 기름때투성이의 늘 피로해 뵈는 철규의 찌든 얼굴만이 눈앞에 어른거릴 뿐이었다. 그리고 그 모든 우울을 감싸고 있는 회색의 연기 같은 가난만이 나의 감정을 더욱 젖게 할 뿐이었다. (『오늘 부는 바람』, p. 184)

2) 창수는 일 년 복역 생활을 마치고 교도소를 나왔었다. 그리고 지난 이월까지를 구로공단에서 보냈었다. 그 모든 추위 속에서 잊혀지잖는 고생이었다. 삼 년 절도 생활을 손씻고 뛰어든 공사판, 처음 등짐지게를 질 때, 등판이 하도 쓰라려 잠을 잘 때 엎드려서만 잤었다. (같은 책, p. 85)

이처럼 극도의 가난에서 오는 출구 없는 어둠의 세계는 「오늘 부는 바람」의 오빠로 하여금 애인으로부터 실연당한 뒤 탈영하여 배다른 누이동생을 강간하고 결국은 자살하게 되는 극단적인 상황으로 자신을 몰아가게 하며 「허공의 돌멩이」의 순자로 하여금 아기를 낳다 죽는 상황에 이르게 한다. 그것은 또한 「목숨」의 여주댁으로 하여금 "울어도 소용이 없어. 울며불며 매달려도 이 세상 어느 누가 종수를 살려보겠다고 도와줬냐"(『연』, p. 130)라고 말하게 하고, 「모자」의 아낙으로 하여금 불구인 자신의 아들을 황노인의 집에 맡기면서 "이제 내 짜증은 어디다 풀며, 내 욕설은 누가 받아줄꼬"(『환멸을 찾아서』, p. 285)라는 탄식을 뱉어내게 하며, 「따뜻한 돌」의 영희로 하여금 아기를 낳고 싶은 간절한 욕망마저 포기케 한다. 그러나 이러한 극도의 절망적인 현실은 그들로 하여금 자신들의 삶을 포기케 하는 것이 아니라 오히려 그들의 삶을 더욱 질긴 생에의 집착으로 이끌어간다. 그들에게 살아야 한다는 명제는 현실이 가해오는 어떠한 고통의 무게보다 훨씬 더 강렬하고 준엄한 것이다. 그들이 초기의 주인공들처럼 절망적인 체념이나 맹목적인 파괴욕의 형태로 현실의 고통 속에 수동적으로 함몰해버리지 않는 것은 그들 속에 굳건하게 뿌리를 내리고 있는 바로 그 생에의 원초적인 욕망 때문이다. 실상 원초적인 생명성이 지니는 이와 같은 의미는 「절망의 뿌리」의 주인공이 실신한 가은이의 배를 바라보는 마지막 장면에서의, "그 조용한 리듬이 샘솟는 뱃속에도 언젠가는 또 다른 싱싱한 생명이 자리 잡을 것이다"와 같은 구절 속에서 이미 그 싹을 보이고 있는 것이긴 하지만, 그 구절은 작품 전체의 진행과 더불어 자연스럽게 배태되어나오는 것이라기보다는 돌발적인 결말로서의 작위성을 어색하게 드러내 보여줄 뿐이다. 그러나 「허공의 돌멩이」에서의 "순자야, 참아라. 정말로 우린 말이다, 우리 둘은 말이다, 살아야 된단 말이다……"(『오늘 부는 바람』, p. 112)라는 창수의 절규나, 「오늘 부는 바람」에서의 "그로부터 일주일 뒤 나는 아버지의 손수레 뒤에 따라나섰다. 내가 이제 죽은 엄마 대신 아버지의 지팡이가 되리라. 굳게 결심한 내 마음엔, 이제 엄마 생각에도 서러워지지 않았다. 껌보다도 더 질긴 삶이 내 발을 땅에다 굳건히 세우고 있을 뿐이었다"(같은 책, p. 193)와 같은 구절 속에 나타나는 끈덕진 생존에의 욕망 속에는 이미 현실의 비인간적인 파괴력이, 무너뜨릴 수 없는 원초적인 생명력의 무게가 실려 있다.「모자」에서 결코 좌절하지 않고 넉살 좋고 염치 좋게 세파를 헤쳐나가는 아낙의 삶을 건강한 활기로 채우고,「따뜻한 돌」에서 영희로 하여금 아이를 갖고 싶은 간절한 욕망에 젖게 하는 것 또한 바로 그 본능적인 생에의 욕구에 다름 아닌 것이다. 이러한 생에의 욕망이 가난한 현실적 삶의 고통을 단순히 견디어내는 것이 아니라 이기적으로 단절된 현실의 비인간성에 대한 통렬한 반성으로서 그 진정한 존엄성의 의미를 획득해나가는 모습에 대한 감동 어린 체험을 아마도 우리는「목숨」에 나오는 여주댁을 통해서 경험할 수 있을 것이다. 이 작품에서 "길수야, 나는 이제 저 불빛들이 하나도 부럽지 않다. 그리고 이 세상에 부끄러울 일이 아무것도 없다. 네 애비가 도둑질을 할 때도, 내가 공사판에서 날품을 팔 때도 왜 그리 세상 사람들 보기가 부끄럽던지…… 또 부러운 것은 왜 그리 많던지, 울기도 많이 울었지. 그러나 이제는 아무런 울 일이 없다. 종수를 이 산에 묻으려고 작정을 했을 때부터 도무지 울음이 나오질 않더구나"(『연』, p. 130)라는 여주댁의 말은 다음의 구절과 더불어 우리로 하여금 가난한 사람들의 원초적인 생에의 의지가 부패하고 비인간화된 현실에 대한 강한 비판력으로 작용할 수 있음을 새삼 확인케 한다.

  그러더니 자기의 누비 조끼 단추를 풀기 시작했다. 그 속의 스웨터 단추도 열었다. 내의도 가슴 위로 걷어올렸다. 그리곤 종수를 맨살의 가슴에다 어미닭이 병아리를 품듯 다습게 싸안았다. 여주댁은 목을 꺾어 종수의 얼굴에다 자기 얼굴을 비비며 중얼거렸다. "살아도 한 목숨, 죽어도 한 목숨, 에미가 다시 널 자궁 속에 싸넣으마. 종수야, 생겨나지 않은 목숨으로 그렇게 오래오래 잠들거라."
  여주댁은 종수의 싸늘한 입술을 비에 젖은 자기 입술로 비비었다. 그리곤 이미 숨을 거둔 종수의 입술을 혀로 벌려 아직도 종수의 폐 속에 남아 있는 썩은 공기를 몽땅 빨아내듯 숨을 들이키며 들이키며 숨 가쁘게 젖 빨 듯한 시늉을 해댔다. (『연』, p. 131)

김원일의 작품에서 타락한 세계에 대한 개인의 또 다른 저항의 양태는 스스로 순결한 의식의 영역을 지켜나감으로써 이 세계의 타락에 물들기를 거부하는 태도로 나타난다. 「세상살이」의 태관이나 「시골 여인숙」의 절름발이 소년이 바로 그 대표적인 인물들인데, 이들은 모두 말을 더듬는 매우 소심한 성격의 소유자이거나 엄마에게 버림받은 절름발이로 등장한다. 그러나 그들의 그와 같은 신체적, 혹은 정신적인 불구성은 그들을 둘러싸고 있는 부패한 인간들의 틈바구니에서 오히려 그들의 영혼의 순결성을 더욱더 도드라져 보이게 할 뿐이다. 「시골 여인숙」에서 절름발이 소년이 정례를 데리고 도망치는 것은 표면적으로는 정례를 부잣집에 식모로 팔아넘기려는 여관집 사람들의 음모로부터 그녀를 구해내는 것이지만, 내적으로 그것은 여관집으로 상징되는 이기적이고 탐욕적인 현실 세계로부터 영혼의 순결성을 지켜내려는 의지에 다름 아니다. 타락한 세상에서 정신의 순결성을 잃지 않으려는 개인의 힘겨운 애씀은 「세상살이」의 결말 부분에서 태관이가 곽씨와의 술자리를 박차고 나오면서 곽씨 부인으로부터 분꽃 화분을 사는 행위 속에도 스며들어 있다. 태관이 주변의 일상인들보다 상황의 억압성을 훨씬 더 커다란 고통으로 느끼는 것은 겉으로는 그의 소심증 때문인 것으로 나타나지만 기실은 그의 의식이 지닌 순결성 때문이라는 것, 그리고 그 순결성을 잃지 않으려는 노력은 매우 소극적이고 개인적인 것이기는 하지만 이 세상에 대한 나름대로의 힘겨운 저항의 몸짓이라는 사실을 그 마지막 장면은 함축하고 있는 것이다. 「연」에서 묘사되는 아버지의 삶은 개인의 영혼의 순결성이 이 세계와 맺는 관계성의 또 다른 양상을 보여준다. 이 작품 속에서 아버지를 일상적인 삶의 부적응자, 혹은 무능력자로 만드는, "사람은 꼭 어데 갈 목적이 없어도 누구나 다 연맨쿠로 날아댕기고 싶"은 자유로움에 대한 갈망은 그와 같은 정신적 순결성의 변용된 모습에 지나지 않는다. 아버지가 어디엔가로 끊임없이 떠돌아다니는 것, 그리고 집에 있는 동안에도 별다른 소용이 닿지 않는 방패연만을 만들면서 시간을 보내는 것은 말할 것도 없이 바로 그 자유로움에 대한 내적 갈망 때문이다. 그러나 나와 엄마에게 아버지의 이러한 삶은 그들을 더욱더 고통스럽고 부자유스런 생존의 상황 속으로 이끌고 갈 뿐이다. 따라서 아버지의 삶에 대한 나의 감정은 다음과 같이 반감과 이해가 뒤얽힌 복합적인 것이다.

뙤약볕 아래 장터마다 싸다니느라 까맣게 그을린 엄마의 얼굴을 떠올리자 나는 공연히 코허리가 찡하게 쓰라렸다. 엄마는 키가 작고 몸매가 깡마른 데다 살결이 검어, 엄마를 볼 때마다 안쓰럽고 측은한 느낌이 늘 내 마음 한 귀퉁이에 그늘을 만들었다. 그와 더불어 아버지에 대한 원망 또한 반사적으로 내 감정을 자극하는 것이었다. 그것은 고체의 단단한 증오라기보다 외로움으로 용해된 썰물이 되어 당신을 내 옆에서 멀리로 밀어내는 작용을 하고 있었다. (『연』, p. 31)

사실 「연」에서의 아버지와 어머니의 삶의 방식의 차이는 「어둠의 혼」에 이미 그 뿌리를 두고 있는 것이다. 현실을 변화시키려다 그 현실에 의해 죽임을 당하는 「어둠의 혼」의 아버지와, 현실로부터 자유롭기를 꿈꾸는, 그 때문에 일상적인 삶 속에서 완전한 무용지물로 등장하는 「연」의 아버지는 본질적으로 동일한 인물들이다. 이러한 아버지들은 어떤 형태로건 그들이 몸담고 있는 현실에 대한 부정적인 인식의 소유자로 등장하며, 그 때문에 그들의 인식은 그들의 현실과 근본적인 불화성을 지니는 것일 수밖에 없다. 그들의 죽음은 그 불화의 필연적인 결과일 뿐이다. 따라서 그들의 죽음은, 「연」에서의 아버지의 죽음이 "그로써 아버지는 예술가도 되지 못했고 끝내는 아무것도 아닌 상태로, 우리 가족을 제외하고는 어느 누구의 마음에 기억할 만한 못 하나 못 박은 채 이름 없이 사라졌다"라고 묘사되고 있음에도 불구하고, 현실 속에 매몰된 수동적인 죽음이 아니라 궁극적으로 스스로 선택한 능동적이며 주체적인 죽음으로 다가오는 것이다.「빛의 함몰」이나「숨어 있는 땅」「절명」등의 주인공들이 이와 같은 아버지의 각기 다른 변주라고 할 수 있다면,「모자」나「오늘 부는 바람」「목숨」「미망」등에 나오는 어머니들은 현실의 삶에 대지와도 같이 밀착해 있는 철저한 생활인들이다. 그녀들의 삶을 이끄는 것은 생에의 본능적인 욕구이며, 그 욕구는 그녀들에게 어떠한 어려운 현실 속에서도 생을 포기하지 않고 자신과 가족의 삶을 이어나가는 억척스럽고 건강한 생명력으로 작용한다. 그녀들에게 삶은 부조리한 실존적 현실도 역사적 선택의 현장도 아닌, 다만 어떻게든 살아남아야 할 생존의 현장에 불과한 것이다. 그런 의미에서 그녀들의 삶은 즉자적이고 맹목적인 것이지만, 그 맹목성은 삶의 대지에 굳건히 발붙인 건강한 맹목성이며, 때로「목숨」에서 나타나는 것처럼, 그녀들의 생존 본능을 범접할 수 없는 도덕적인 위엄성의 차원으로까지 끌어올리는 맹목성이다. 어머니들의 삶을 이처럼 억척스럽고 치열한 생활력으로 이끌고 가는 아버지들의 죽음, 혹은 일상적인 삶에서의 아버지성(性)의 부재는 한편으로는 우리나라의 파행적인 역사적 상황과 손잡고 있는 것이지만, 다른 한편으로는 우리 현실을 이끌어가는 어떤 주도적이고 긍정적인 가치 이념의 부재 현상과도 그리 무관하지 않은 것으로 보여진다. 김원일의 작품에서 아버지성 부재의 현실은 대개 급박한 생존의 과제만이 남아 있는 극도로 가난한 현실이며, 그 속에서 또 다른 아버지들을 키우는 것은 그 아버지성의 부재 위에서 가족들의 끈질긴 생존을 이끌어가는 어머니들의 억척스런 생에의 의지이다.「도요새에 관한 명상」처럼, 현실적으로는 무능력하지만 작가의 긍정적인 시선을 받고 있는 아버지와 타락한 현실에 적극적으로 순응함으로써 작가로부터 부정적인 시각을 얻고 있는 어머니가 등장하는 작품이 없는 것은 아니지만, 김원일의 소설 세계에서 이러한 아버지와 어머니의 삶은 대개 작가에 의해 동일한 긍정적인 시선을 받고 있다. 아니, 오히려 아버지의 존재성은, 「연」에서 엄마가 아버지의 죽음을 "아이구, 나는 인자 누굴 믿고 우예 살꼬……"라는 오열로 받아들이는 데서도 암시되는 것처럼, 그 현실적인 무능력에도 불구하고 어머니들의 삶을 지탱해주는 정신적 지표로 작용하는 것이다.

「미망」이나 「가을볕」 「사진 한 장」 등의 작품들에서는 삶을 바라보는 작가의 시선이 훨씬 더 안정되고 긍정적인 쪽으로 기울어져 있음을 엿볼 수 있다. 「오늘 부는 바람」이나 「목숨」의 세계와는 달리, 이 작품들 속에 등장하는 인물들은 극도의 가난함에서 어느 정도 벗어나 대개 안정된 중산층의 삶 속으로 편입한 사람들이다. 억척스런 생존의 현실을 살아온 어머니들의 안정된 노후의 이야기를 담고 있는 「미망」과 「가을볕」을 비롯하여, 급박한 생존의 현실을 벗어난 데서 오는 넉넉하고 따사로운 인간애가 작품 전체를 감싸고 있는 이들 작품은 이전의 소설들의 극도로 가난하고 황폐한 작중 현실에 짓눌려 있던 우리의 마음을 따뜻한 감동으로 적셔준다. 이러한 긍정성의 세계는 이미 『오늘 부는 바람』에 수록된 「일출」과 같은 작품에서도 나타났던 것이지만, 그 작품이 부정적인 세계 인식에 젖어 있던 당시의 작품 경향 속에서 다소 예외적인 위치를 차지하고 있던 것이 사실이라면, 「가을볕」이나 「미망」의 작품들은 김원일의 소설 세계가 나아가는 새로운 방향을 보다 뚜렷하게 암시해주고 있는 것으로 보여진다. 용서와 화해라는 폭넓은 주제 의식으로 묶여질 수 있을 그 새로운 세계는 현재 김원일의 문학 세계가 도달한 하나의 결론으로 보아줄 수도 있을 것이다. 특히 「미망」에서 할머니의 죽음을 계기로 어머니와 할머니 사이에 이루어지는 화해는 그들 모두가 결국은 역사적인 상황의 희생자들일 뿐이라는 따뜻한 포용의 시선을 통해서 가능해진 것이다. 따라서 「미망」에서의 이와 같은 화해는 개인이 타인과 적대적인 관계만을 유지하던 세계가 따뜻한 친화의 세계로 바뀌어가는 과정을 보여주고 있다. 「가을볕」에서 엄마의 입원을 계기로 가족들이 가을볕 아래 모여 식사를 나누는 장면이나 「사진 한 장」에서 가족 사진 한 장 속에 함축된, 역사적 불행을 뛰어넘는 한준호 박사의 사랑은 그와 같은 친화의 세계를 보여주는 대표적인 예들일 것이다. 그러나 대개 가족이라는 좁은 공간 속에서 이루어지는 이 친화의 세계는 가족 밖의 현실과의 사이에 일어나는 역사적인, 혹은 사회적인 불협화음에 의해서 「오누이」나 「비가」에서처럼 언제든지 깨뜨려질 수 있는 것이다. 따라서 김원일의 가족적 친화의 세계는 여전히 가족 밖의 부정적인 현실과 긴장을 겪고 있는 제한된 의미로 받아들여야 할 것이다. 우리는 김원일의 친화적 세계 속에 내포된 그 제한된 의미를 통해서 그 세계 속에 편안하게 안주하지 않으려는 김원일의 작가적 성실성을 읽는다. 용서와 사랑으로 이루어지는 친화의 세계, 그것은 물론 우리가 열렬히 도달하기를 꿈꾸는 세계이지만, 그 세계에 대한 꿈은 우리로 하여금 우리를 둘러싸고 있는 부정적인 현실을 잊게 하는 것이 아니라 더욱 치열하게 인식하게 하는, 그럼으로써 그 부정성의 세계를 되풀이 회의하고 반성하게 하는 우리 몫의 힘으로 돌려져야 할 것이기 때문이다. 우리가 김원일의 작가적 성실성에 거는 믿음은 그의 건강한 친화의 세계가 이와 같은 부정적인 현실과의 긴장을 충분히 감당해나갈 수 있으리라는, 그럼으로써 앞으로도 부정적인 현실 속에 안주하고 싶어하는 우리의 욕망을 진정한 친화성의 세계에 대한 욕망으로 일깨워나가는 부정(否定)의 힘으로 계속해서 남아 있으리라는 믿음에 다름 아니다.　　〔『작가세계』, 1991년 여름호〕

기억의 굴레를 벗는 통과 제의

홍 정 선

1

　김원일의 『노을』은 내가 지금까지 읽은, 인간과 이념의 관계를 다룬 소설들 중 가장 뛰어난 소설의 하나이다. 해방 직후의 풍경을 그린 소설은 많지만, 이 작품이 지닌, 누구도 쉽게 흉내낼 수 없는 치밀한 사실성과 그 사실성이 전달하는 생생하고 묵직한 감동에 필적할 수 있는 소설은 거의 없다. 그리고 이 소설이 성취한 이 같은 탁월함 때문에 나는 부끄럽기 짝이 없다. 그것은 이 소설에 대한 나의 비겁한 태도 때문이다. 이 소설은 적어도 나에게는 지난 시절 내가 한 사람의 평론가로서 얼마나 무책임하게 살아왔는가를 뼈저리게 환기시키는 가장 아픈 상처의 하나이다.
　나는 80년대 내내 나와 가까웠던 상당수의 진보적 평론가들이 이 작품에 대해 악평하는 것을 말없이 방치해왔다. 그들이 『노을』을 지나치게 반공주의적인 시각을 드러낸 작품이라고 일언지하에 평가절하해버리거나 술자리의 가벼운 안주거리로 삼아 무책임한 난도질을 일삼을 때 나는 그 같은 행위를 침묵으로 승인했다. 이 뛰어난 소설의 본질적 가치와는 무관한 자의적이고 시류적인 평가들에 대해, 그 시절 나는 시대적 분위기와 동떨어진 사람으로 간주되는 것이 두려워서, 그러한 왜곡된 평가의 득세를 말없이 승인하며 살았다. 그런 태도는 분명히 나의 비겁함 혹은 무책임함의 표현이었다. 그러므로 나는 뒤늦게나마 이 글을 내 과오에 대한 한 줄 참회록으로 만들 필요성을 통감하고 있다.

2

김원일의 『노을』은 서울을 떠나 과거의 기억이 담긴 진영을 향하는 것으로 시작해서 진영을 떠나 현재의 거주지인 서울을 향하는 것으로 끝나는 소설이다. 그리고 이 두 떠남 사이에 포괄된 몇 일 되지 않는 시간이 소설의 전체 내용을 이루고 있다. 이런 점에서 이 소설은 언뜻 김만중의 『구운몽』에 방불한 격자 소설의 구조를 갖추고 있는 것으로 판단해버릴 수도 있다. 현재의 시점에서 시작해서 다시 현재로 돌아오는 것으로 끝나는 방식이라든가, 짧은 여행 기간이 소설 길이의 대부분을 차지한다든가, 대면을 회피했던 과거의 기억들과 마주치고 돌아온 주인공은 그 이전과 다른 상태로 변화되어 있는 점 같은 것들이 그렇게 유사성을 느끼도록 만들 가능성이 있다. 그러나 이런 유사성을 느끼는 사람들은 작품을 정밀하게 따져가며 읽는 전문적인 소수의 사람에 지나지 않을 것이고 대부분의 사람들은 방금 말한 한두 가지 외형적인 유사성에도 불구하고 실제로는 이 두 소설에서 거의 비슷함을 느낄 수 없을 것이다. 그것은 꿈과 현실의 세계가 별개의 세계로 확실하게 단절되어 있는 『구운몽』과는 달리 『노을』에서는 과거와 현재가 결코 단절될 수 없는 하나의 세계로 끈끈하게 연결되어 있기 때문이다. 다시 말해 『구운몽』에서는 구조상으로도 격자 구조 안의 이야기와 밖의 이야기가 서로 다른 시간의 차원으로 선명하게 구분되어 상호 간섭이 불가능하지만 『노을』에서는 두 떠남 사이에 포괄된 과거의 시간과 현재의 시간이 29년 동안의 격절에도 불구하고 결코 나와 분리된 타인의 시간으로 바뀔 수 없는 까닭이다.

　김원일의 『노을』은 구성상으로 볼 때 두 개의 시간이 교차하는 방식으로 이루어져 있다. 해방 직후라는 시간적 배경과 그로부터 29년의 세월이 흐른, 현재라는 또 다른 시간적 배경이 바로 그것이다. 그리고 이 두 시간적 배경은 진영과 서울이라는 두 개의 공간에 대응하면서 김갑수라는(유년 시절의 나) 소년과 출판사의 중견 간부인 현재의 나를 소설 속에 등장시키게 된다. 따라서 이 소설은 두 개의 시간에 대응하는 두 인물을 가지고 있는 셈이며, 두 인물로 대변되는, 오랫동안 기억의 저편에 유폐시켜놓았던 '유년의 나'와 그 '유년의 나'와 만나는 것을 기피했던 '현재의 나'가 화해를 향한 시소 게임을 벌이는 것으로 구성되어 있다. 이렇게 볼 때 이 소설이 현재의 시점에서 과거의 기억이 담긴 장소로 여행을 떠나는 것으로 시작하여, 29년 전에 떠났던 그곳에서 힘들게 과거와의 고통스런 드잡이질을 하는 것으로 내용을 만들어나가는 것은 구성에 합치되는 자연스러운 흐름이라고 할 수 있다.

　그리고 김원일의 『노을』은 이와 같은 자연스러운 흐름으로 우리나라 장편 소설 중 가장 모범적이라고 할 수 있는 짜임새를 우리 앞에 선보이고 있다. 소설의 전체적인 구성은 물론이고 세부적인 사건과 행위의 묘사에 이르기까지 작가는 어느 곳 하나 어긋남이 없게 모든 것을 배치하고 있는 것이다. 이 사실은 예컨대 과거의 기억을 갑자기 몰고 오는 전보, 그 기억의 고통스러움을 미리 상징적으로 암시하는 핏빛 노을, 떨칠수록 끈끈함으로 달라붙는, 기억 속의 계절로 이어질 여름 더위 등 이 소설의 첫머리에 등장하는 모든 것들이 이후의 이야기 전개와 긴밀한 관계를 맺고 있는 데에서 잘 알 수 있다. 이처럼 작가는 과거와 현재를 이어주는 연결 고리들을 용의주도하게 소설 속에 배치하면서 소설을 이끌어나가고 있다. 그뿐만이 아니다. 작가의 섬세하고 치밀한 주의력은 진영 일대의 당시 풍광과 인물들에 대한 묘사는 물론이고, 그 묘사를 수행하는 '유년의 나'가 드러내는 심리와 언어, 거기에 담긴 세계 인식과 사고 방식 등에 이르기까지 소설의 모든 부면에 빈틈없이 스며들어 있다. 그래서 한번 소설 속에 발을 들여놓으면 마치 우리 자신이 해방 직후라는 실제의 시간과 공간 속에서 벌어지는 일과 대면하고 있는 듯한 생동감을 주고 있다. 김원일의 『노을』은 이런 측면에서 분명히 우리 소설이 도달한 '리얼리즘의 승리'의 한 측면을 보여준다.

김원일의 『노을』은 고향에서 날아온 "금일삼촌별세급하향"이라는 한 장의 전보로부터 시작한다. 어느 날 갑자기 날아온 전보, 그 전보는 주인공의 유년기를 체험으로 기억하는 피붙이가 고향에는 이제 더이상 존재하지 않는다는 사실을 알려준다. 그 기분을 소설은 "묵은 괴로움이 삭아지는 쓸쓸함"과 "한 줄기 시원한 소나기라도 맞은, 마음 개운함"의 이중적 감정으로 표현하고 있다. 그것은 주인공에게 고향이 한사코 대면을 기피하고 싶은 두려운 장소/기억이면서 그런 노력만큼이나 머릿속에 잊을 수 없는 기억으로 또아리를 틀고 들어앉은 곳이기 때문이다. 주인공은 이렇게 말하고 있다. "그러나 고향을 떠나 산 스물아홉 해 동안 나는 하루도 고향을 잊어본 적 없다"고. 또한 이렇게도 말하고 있다. "고향을 잊으려 노력해온 만큼 이곳은 나로 하여금 더욱 잊지 못하게 하는 어떤 힘을 지니고 있었다"고. 그렇다면 도대체 어떤 기억이 주인공으로 하여금 잊을 수 없는 기억을 두고 한사코 잊어버리려는 무망한 노력을 하게 만드는 것일까? 그것을 알기 위해 우리는 주인공이 지닌 기억의 심연을 들여다볼 필요가 있다.

그제서야 내 마음 저 아래, 결코 남에게 보이고 싶지 않은 묵혀둔 얼굴 하나가 비를 만난 지렁이처럼 꿈틀대며 몸을 뒤척이더니 내 마음을 휘저었다. 평소에도 나는 그 얼굴을 두려워했다. 아니, 나는 그 얼

굴을 잊으려 노력했다 말해야 옳았다. 핏줄로서 연민을 느끼며 잊으려
노력해온 그 얼굴은 다름 아닌 아버지 모습이었다. (106)

이러한 주인공의 고백에서 알 수 있듯 가장 끔찍하고 두려운 이미
지로 기억 속에 자리 잡고 있는 것은 아버지의 얼굴이다. 그 얼굴은
주인공이 29년 전 어느 여름날 "개만도 못한 자석"이라고 욕설을 내
뱉었던 얼굴이며, "죽어뿌려. 총알 맞아 뒈져부려! 이제 우리 앞에
영영 사라져뿌려!" 하고 소리쳤던 얼굴이다. 그런 아버지의 얼굴이기
때문에 "결코 남에게 보이고 싶지 않은 묵혀둔 얼굴"이다. 그 얼굴과
대면하기 위해 고향인 진영으로 떠나는 주인공의 심정은 온몸에 찬
기운이 돌 정도로 두렵고 힘들다.

 앞을 막아선 산에 눈을 준다. 관악산은 이미 그늘져 침침한 회청색
을 띠고 있다. 그 뒤로 아직도 끓는 더위와 어울려 자줏빛 노을이 가라
앉는 참이다. 그 핏빛 노을이 먼 기억의 실마리를 집어내어, 잊으려 지
워온 깊은 상처를 새로이 긁는다. 어느 사이 땀에 젖은 러닝 셔츠가 차
갑게 살에 닿는다. 그 찬 기운 탓이 아닌데, 나는 한차례 어깨를 떤다.
비로소 강한 통증이 뒷골을 친다. 눈앞이 뿌옇게 흐려 보인다. (11)

주인공의 기억 속에서 아버지는 교육이나 윤리에 의해 순치되고
제어받는 인간이 아니라 원초적인 본능에 따라 움직이는 인간이다.
배가 고프면 먹어야 하고, 욕망이 생기면 배설해야 하며, 돈이 생기
면 도박에 몰두하는, 가족의 생계나 안위는 안중에도 없이 거의 자신
의 생물학적 본능에 따라 움직이는 인간이 아버지이다. 배가 고프면
으르렁거리고 포만감에 잠기면 온순해지는 짐승처럼 그렇게 행동하
는 사람, 타인과 세계에 대한 진지한 이해 위에서 행동의 옳고 그름
을 판단하는 것과는 상관없는 사람, 자기 기분에 따라 아내와 자식을
아무렇게나 개 패듯 두들겨 패는 사람이 아버지이다. 기억 속의 아버

지는, 백정이라는 신분과 '개삼조'라는 별명이 말해주듯, 사회의 주류에서 밀려난, 손가락질 받는 변두리 인간이며 그럴수록 더욱더 본능의 광포함을 가족과 세계를 향해 드러내는 원초적 인간이다.

주인공의 유년기는 이러한 아버지가 휘두른 가공스런 폭력으로 온통 점철되어 있다. 주인공뿐만이 아니다. 다시는 기억조차 하고 싶지 않은 아버지의 이미지에 시달리는 것은 주인공의 어머니 역시 마찬가지이다. 아버지의 폭력에 대한 어머니의 증오와 공포 또한 얼마나 컸던지 "어머니에게 아버지는 골수에 맺힌 원수"가 될 정도이다. 한 때 살을 섞고 자식까지 낳으며 같이 살았던 사람을 두고 '골수에 맺힌 원수'라고 생각할 정도로 주인공 가족에게 있어 아버지의 이미지는 폭력의 대명사였던 것이다.

그런데 소설에서 이 원초적인 본능적 성격의 아버지가 휘두른 폭력은 가족을 향한 폭력으로만 끝나지 않는다. 사회의 변두리에서 가난을 어쩔 수 없는 운명처럼 받아들이며 인간 망종으로 살아가던 아버지가 어느 날 공산주의자가 되어 그 폭력성을 그를 '개삼조'라고 부르며 차별하고 손가락질하던 세상을 향해 폭발시킨 것이다. 그리고 바로 여기에 『노을』의 의미심장함이 있는 것이다. 주인공은 그의 아버지가 공산주의자가 된 사정을 우리 앞에 다음과 같은 아버지의 말로 대신해주고 있다.

갑수야 인제 쪼매마 있어바라. 애비가 구루마에 살 수십 가마를 져다 날을 테이께. 그라고 이런 돼지우리 같은 집에서 안 살게 될 끼데이. 짐삼조 동무가 근사한 기와집에서 내 보란 듯 떵까떵까하미 안 사는가 두고 바라. 물론 니도 중핵교에 턱 들어가서 사지 기지로 옷 한 불 짜악 빼입게 될 끼고 말이데이. (74)

이렇듯 주인공의 아버지는 자신의 처지가 어느 날 갑자기 백팔십도 바뀔 수 있다는 환상을 품고 공간주의자가 되었다. 밑바닥 천민 백정인 자신을 '개삼조'가 아니라 '김삼조 동무'라고 인간적으로 불러주는 것에 감격해서, 인간 말자로 취급받던 그가 '혁명의 영웅'으로 떠받들리는 것에 신이 나서, 운명처럼 생각했던 가난을 벗어버리고 보란 듯이 세상 위에 군림할 수 있다는 희망에 넋이 빠져서 열렬한 공산주의자가 된 것이다. 다시 말해 그는 이 세상의 모순을 논리적으로 이해하고 그것을 극복할 수 있는 이성적 대안으로 공산주의를 선택한 것이 아니라, 해방 이후 좌익에 동조했던 노동자와 농민들 대부분이 그랬듯이, 지극히 본능적이고 정서적인 차원에서 공산주의자가 된 것이다. 따라서 그가 공산주의 세상을 다음과 같은 모습으로 이해하는 것은 당연한 일이다.

"삼조 행님, 행님은 공산주이가 먼지 제대로 알기나 해예? 제대로 알고 사람을 소 쥑이드키 쥑이나 말임더."
"모른다, 와. 부자와 가난뱅이 차뱔 읎어지는 시상이 되고, 양반 상늠 차뱔 않고, 똑같이 일하고 똑같이 나나 묵는다 카는 기 공산주의라는 것쭘은 안다. 배선상도 장선상도 내한테 똑같은 말을 배아줬다. 와, 내 말 틀리나?" (278)

그리하여 주인공의 아버지는 한편의 말을 빌리면 '혁명의 영웅'이 되어, 또 다른 편의 시각을 빌리면 인간 백정이 되어 반동들을 처단하는 칼날을 무자비하게 휘두르는 사람이 된다(『노을』에서 유년의 나에게 비친 아버지의 반동 처단 장면은 정신을 혼미하게 만들 정도로 끔찍하고 참혹한 장면이지만 작가는 끝까지 이 장면을 생생하게 그려서 이데올로기의 부추김을 받은 한 인물의 절정에 이른 광포함을 냉정하게 증언하고 있다). 그리고 이때의 충격은 주인공으로 하여금 아버지를 영원히 용서할 수 없는 존재로 규정하는 결정적 요인이 된다.
이렇게 어느 날 날아온 한 장의 전보가 다시 추체험하게 만드는 주인공의 아버지 상은 단순하게 폭력적인 아버지의 이미지로만 끝나지 않는다. 그 아버지는 1948년 여름에 주인공이 생사의 기로에 서서 겪었던 이데올로기이며 우리가 살고 있는 분단된 이 세상과 동일한 것이다. 그렇기 때문에 주인공이 유년의 기억을 극복하는 것은 쉽지 않다. 분단된 현실 속에서, 이데올로기의 대립이 여전히 맹위를 떨치는 세상 속에서 그 기억의 극복이 쉽지 않기 때문에 주인공이 본능적으로 할 수 있는 것은 철저히 정치적인 문제와는 담을 쌓고 사는 일이다. 아버지에 대한 기억으로부터 어떤 식으로든 벗어나서 생존의 뿌리를 내리고 과거의 모든 기억을 지워버리는 일이다. 그러나 그 기억은 세상 때문에 그렇게 쉽게 지워지지 않는다. 사소한 일에도 온 가족이 화들짝 놀라서 "하루종일 전전긍긍"하거나, 바람이 문풍지를 울리는 소리에도 잠을 설치며 "48년 여름 시절의 악몽에 시달려야" 하는 상태로 여전히 살아 있다. "아버지 시대와 달리 그런 쪽과 담을 쌓고 살려는 나에게까지 남북의 극단적인 대치 상황이 그렇게 가깝게 영향력을 미칠 줄 나는 미처 몰랐다"는 주인공의 말처럼 이데올로기는 항상 그의 주변을 어른거리고 있다.

김원일의 『노을』은 이처럼 고향/기억으로 상징되는 이데올로기 콤플렉스와의 싸움이며, 고향/기억과 정면으로 맞서서 견딜 수 있는 상태에 도달하기까지의 기록이다. 이런 점에서 주인공이 보여주는 기억의 여행은 주인공이 유년의 기억으로부터 자유로운 어른이 되기 위한 통과 제의일 뿐만 아니라 우리 모두가 지난 시절의 삶의 실체와 편견 없이 마주 서기 위한 제의적 절차이기도 한 것이다.

지금 노을진 차창 밖을 내다보는 현구 눈에 비친 아버지 고향도 반드시 어둠을 기다리는 상처 깊은 고향이기보다, 내일 아침을 예비하는 다시 오고 싶은 아버지 고향일 수 있으리라. (345)

이처럼 우리가 이 소설에서 깨달아야 할 것은 지금과 같은 분단 현실에도 불구하고 우리는 우리가 살아온 지금까지의 대립의 역사를 이미 끝난 것으로 만드는 고통스런 작업을 시작해야 한다는 사실이다. 김현의 말처럼 소설의 주인공이 아직도 살아 있는 유년의 기억을 이미 끝나버린 기억으로 만들기 위해 노력하듯이 우리 역시 아직 끝나지 않은 이데올로기의 대립을 끝난 것으로 생각하는 노력을 시작해야 하는 것이다. 그래야만 이데올로기의 대립 문제는 극복될 수 있다.

3

김원일의 『노을』은 이데올로기에 휩쓸린 사람들의 모습과 그 후유증의 치유 방식을 다루고 있는 소설이지 이데올로기 자체를 다루고 있는 소설은 아니다. 그럼에도 사람들은 이 작품이 종종 이데올로기 자체의 문제를 이야기하는 것처럼 반공 소설이다, 아니다 하며 논란을 벌인다. 김원일의 『노을』이 말하고자 하는 것은 어떤 이데올로기가 그 자체로 좋다 나쁘다 하는 그런 차원의 이야기가 아니다.

『노을』이 보여주고 있듯이 우리나라의 이데올로기 투쟁은 사실 이데올로기 자체와는 관계가 먼 사람들이 이데올로기의 하수인이 되어 설친 것에 문제가 있는 것이다. 따라서 그가 비판하는 것은 이데올로기가 소설 속의 아버지와 같은 인물을 추동할 때 나타나는, 마치 아편을 주입당한 사람처럼 이데올로기의 어떤 측면이 사람들로 하여금 제정신을 잃고 설치게 만든 측면, 그리고 인간을 위해 만들어진 이데올로기가 인간을 끔찍한 공포의 대상으로 만들어버리는 모습일 따름이다.

이런 점에 주목할 때 김원일의 『노을』이 우리들에게 말해주고 있는 첫번째 교훈은 우리가 지닌 이데올로기 콤플렉스의 상당 부분은 현재 현실적으로 남북이 대립하고 있는 처지에서만 비롯되는 것이 아니라는 사실이다. 그것의 상당 부분은 특정 이데올로기에 대한 개인적 호오(好惡)의 감정에 못지 않게, 『노을』이 소년의 시선을 빌려 정확하게 보여주는 것처럼, 이데올로기가 당대의 모순을 부추겨서 만들어낸, 인간들의 예측할 수 없는 광기에 대한 두려움에서 비롯된다고 나는 생각한다. 따라서 우리가 지닌 이데올로기 콤플렉스의 상당 부분은 역사적 경험에 의거한 것이며, 그것을 『노을』은 아버지의 행위에 대한 주인공의 공포를 통해 생생하게 말해주고 있다. 이런 역사적 경험이 적어도 우리 기성 세대들에게는 완강히 자리 잡고 있는 것이다. 그래서 형성된 일반적 동의, 즉 어떤 독재도 무질서보다는 낫다는 심리 상태가 해방 후 몇 차례의 좌익 폭동과 6·25 전란시의 상호 보복 과정을 경험하면서 사람들의 의식 속에 깊이 자리 잡게 되었고, 그것이 반공을 빙자한 독재 체제를 우리나라에서 오랫동안 가능하게 만들었을 것이다.

　김원일의 『노을』이 말해주는 두번째 교훈은 우리가 과거의 이데올로기적 대립을 어느 한쪽을 무조건 미화하거나 증오하는 태도로는 그것을 극복할 수 없다는 사실이다. 중요한 것은 『노을』처럼 숨김없이 진실을 말하는 것이다. 그 시절 이데올로기가 어떤 종류의 사람들을 어떻게 행동하게 만들었는지를 솔직하게 이해하고 받아들일 때 우리는 지난 역사와 올바른 대면을 할 수 있다. 이 점은 『노을』에서 긍정적인 인물로 그려지고 있는 치모라는 젊은 청년에 대한 긍정적 묘사에서 엿볼 수 있다. 아버지 세대의 문제에 정면으로 맞서면서 그것을 현실 속에서도 당당하게 풀어나가는 치모는 이 소설에서 가장 적극적인 인물이며 작가가 기대하는 미래형의 인물인 것이다.

〔『노을』(문학과지성 소설 명작선) 해설, 1997〕

이데올로기 혹은 짐승의 삶

정과리

『겨울골짜기』(민음사, 1987)를 읽으면서 나는 작가 김원일의 또 다른 면모를 느낀다. 물론 작가 스스로 밝히고 있듯, 이 작품 역시 "해방과 6·25 전쟁 사이를 시대로 잡아 분단과 관련된 소설을 주로 써온" 그의 일반적 이미지를 벗어나지 않는다. 또한 그것은 "극한적 상황에서 인간이 어떻게 살아남을 수 있는가"라는 말로 요약할 수 있는 김원일 문학의 근원적 주제의 권내에 있기도 하다. 하지만 이러한 소재와 주제의 동질성에도 불구하고 『겨울골짜기』의 씌어지는 형태는, 그의 다른 소설들과 비교해 사뭇 다른 인상을 준다. 최근의 뛰어난 두 장편을 염두에 두자면, 그 인상은 사뭇 뚜렷해진다. 미완의 대하소설 『불의 제전』이 '집단 주체'의 등장에 의해 의식적 인물들의 세계 인식 그리고 세계 형성의 노력과 갈등·좌절 등등이 집단적 인간 관계 속에서 펼쳐지는 복합적 과정을 그리려는 야심만만한 의도를 드러내고 있는 데 비해, 『바람과 강』은 오로지 살아남기 위해서 정황의 논리에 맹목적으로 적응했던 한 인간의 세계에 대한 수동적 자발성의 부정적 삶을 반성적으로 해체하고 정화하는 과정을 보여주고 있다고 할 수 있다면, 그 두 소설은 비록 접근하는 방향과 규모가 다를 지라도 함께, 인간이 주체적으로 설 수 없는 상황에서 그럼에도 주체성을 유지하고 그것을 의미 있게 실현하기 위해서는 어떻게 살아야 하는가의 탐구에 작가의 무의식적 기도가 놓여 있는 것들이었다. 그러나 『겨울골짜기』에서는 주체로서의 인간이 보이지 않는다. 아니, 차라리 소설의 주인공은 인간이라기보다는 사건 자체, 사실의 압도적 힘 자체인 것처럼 보인다. 그리고 그것은 얼핏, 돌이킬 수 없는 역사적 사실을 소재로 한 소설이 사실의 냉혹한 모양 앞에서 고스란히 허구성의 자질을 포기하는 형국을 내비친다.

작품은 크게 세 부분으로 나누어져 있다. 문한득·한돌의 가족을 기본 단위로, 한득을 매개로 한 인민군 유격대의 삶이 그 하나라면, 한돌을 매개로 한 일반 농민의 삶이 그 둘이며, 그 두 개의 삶은 '거창 사건'이라는 대단원에 수렴된다. 그 대단원은 작품 내용의 의미를 결정짓는 상징적 역할을 하며, 앞의 두 삶은 그 상징에 구체성을 부여해주는 보조적 역할을 한다. 그렇기 때문에 그 두 개의 삶은 독자적 논리의 과정을 가지고 유효한 관계를 만들어내지 못한다. 그 삶들은 삶이라기보다는 차라리 정황이며, 따라서 인물들은 그 각각의 내부에서, 그리고 그 두 삶 사이에서, 한데 모여 있으면서도 사실상 뿔뿔이 흩어져 있다. 이를테면, 송대위와 김익수 간의 폭력적 관계는 송대위의 적개심과 김익수의 강박관념을 따로따로 유지·확산시킬 뿐이며(전자의 감정은 단편적 행동으로만 드러나며, 후자의 감정은 전혀 현실성을 갖고 있지 못하다), 김익수의 현실 성찰은 그와 가장 가까이 지냈던 문한득에게 아무런 영향을 미치지 못할 뿐 아니라, 그 자체 감상적 탄식으로 전락하고 만다. 또한 한득과 한돌의 삶 역시 인민군 점령 이후 한 공간에 살고 있을 때조차 결코 만나는 적이 없다. 게다가 인물들은 이미 언급되었음에도 불구하고 아무런 역할도 하지 않다가 뒤늦게 튀어나오기도 하고(심동길), 심지어는 인물들의 이름이 혼란을 일으키기도 한다(윤준의/숙희/순희: 첫 부분에서 둘은 분명

다른 사람인데, 중간에 가면 윤준의=숙회가 되고 새롭게 순희라는 이름의 여자 대원이 나오면서(혹 교정상의 착오일까?) 본래의 숙회는 사라졌다가 후반부에 다시 나온다. 특히, pp. 29, 251, 334, 444, 537을 비교해 보라). 이러한 사실들은 결국 한득과 한돌로 매개되는 두 개의 삶이 '거창 사건'이라는 일회적 사실의 역사적(결코 회피되어서는 안 되는 '쓰라린 상처'의) 비극을 위해, 본래의 사실성을 훼손시켜가면서까지, 익명의 군중들이 음각으로 새겨진 정황으로서 기능하고 있다는 것을 보여준다.

하지만 이러한 진술은 아직 모호하다. 그것은 다음과 같은 물음을 낳는다: 1) 대단원의 '거창 사건'은 그 양에 있어서 작품의 극히 일부분에 불과하고, 지면의 대부분은 인민군과 농민의 두 삶의 양상이 번갈아 대위법적으로 드러나고 있다. '거창 사건'이 정말 제1의 소재라면 그 불균형을 어떻게 설명할 것인가; 2) 우리는 앞에서 작품의 주체가 사실 자체라는 인상을 받았다고 말했는데, 사실 자체가 사실성을 훼손한다는 것은 무슨 의미인가; 3) 인물들이 주체적 개인이라기보다는 익명의 정황이라고 했지만, 분명 개별적 성격을 이루는 인물들(특히 문한득·한돌·김익수)이 있다. 더욱이 작품의 중심 내용은 한득과 한돌이라는 개인을 매개로 해 펼쳐진다. 그 개별성을 어떻게 해명할 것인가; 4) 작품의 끝마무리인 '거창 사건'은 엄청난 비극과 아울러 생명의 잉태라는 또 한 가지 사실을 가지고 있다. 그것은 무엇을 의미하는가.

1)의 의문을 인정한다면, 그때, 작품은 세 부분이 아니라 두 부분으로 축약해서 이해되어야 하며, 그리고 그것들은 사실의 우연적 인과성을 제외하고는 아무런 관련이 없는 고립된 이야기들의 뜻 없는 병치로서 해석되어야 한다. 왜냐하면, 거창 사건은 농민들의 삶의 마지막 귀결부에 해당할 뿐이며, 인민군의 삶은 문한득의 죽음과 더불어 아무런 결말 없이 소멸되기 때문이다. 그렇다면, 작품은 이른바, 총체성의 획득에 실패하고 사실의 세부적 나열에 그친 자연주의 소

설에 불과할 것이다. 하지만, 한득의 죽음과 더불어 인민군의 삶이 작품에서 사라진다는 것을 거꾸로 이해하면, 그것은 한득을 매개로 한 인민군의 삶은 그 사실 자체로서 의미를 가지는 것이 아니라 한득과 그의 가족에, 더 나아가 그 가족이 속한 농민 집단의 삶에 연결될 때에만 의미를 가진다는 것을 가리킨다. 그렇다면, 그 두 개의 삶은 '관계 맺지 못함'의 양상(이미 말했듯, 그것들은 유효한 관련성을 갖고 있지 못하기 때문에)으로 관계를 맺고 있다는 것을 우리는 알 수 있다. 그리고 그것들이 관계 맺지 못하고 있다는 것은 그 두 개의 삶이 독자적으로는 성립할 수 없다는 것을, 관계 맺지 못함의 양상으로 관계를 맺고 있다는 것은 그 두 개의 삶이 그들 각각의 즉각적 사실성을 넘어서는 새로운 매개 범주를 통해서만 의미를 획득한다는 것을 보여준다. 그 또 하나의 매개 범주란, 곧 '거창 사건'에 다름 아니며, 그것은 문면의 질서 속의 인과론적 결과로서의 거창 사건이 아니라, 그 일회적 사실이 강력하게 환기하면서 작품 전체를 통괄하고 있는 인간의 삶의 의미에 대한 일종의 상징으로서 떠올라 존재하는 '거창 사건'이다.

이러한 사실은 2)의 의문을 진지하게 고려하게 하고 우리의 첫인상을 수정하게 한다. 즉 거창 사건이 일회적 사실이라기보다 그것을 초점으로 한 거대한 상징이라면, 그것에 감싸여 있으면서 그 마무리 핵(사실로서의 거창 사건이 갖는 실제적인 의미가 이것이다)을 향해 수렴되고 있는 두 개의 삶은 그 상징의 구조적 질서, 다시 말해 이데올로기 구조를 드러내는 것으로 파악되어야 한다. 그렇다면 작품의 주체는 사실 자체가 아니라, 사실화된 이데올로기, 즉 움직일 수 없는 절대적 사실처럼 우리의 삶에 의식적이든 무의식적이든 거의 강제적으로 작용하고 있는 관념들의 구조라고 할 수 있다. 작품이 저도 모르게 구체적 사실성을 훼손시킨 것은 바로 그 때문일 것이다. 즉 이데올로기가 사실의 의상을 입고 있는 것이지, 사실이 이데올로기를 수용하는 것이 아닌바, 사실이 이데올로기화된다는 것은 그 개개 사실들의 자족적 삶을 사실상 인정하지 않는다는 것을 의미하기 때문이다. 이때, 작품은 자연주의의 잡다한 세부 묘사이기를 넘어서 작가에 의해 재구성된 구조적 갈등의 자리로 드러난다. 이데올로기가 세계의 상징적 관계를 밑받침하고 있는 기호들의 체계라면, 그것은 사실을 그렇게 파악하는 작가의 의미 부여 활동(시니피앙 겹치기)을 거쳐서만 만들어질 수 있기 때문이다.

『겨울골짜기』가 이데올로기의 구조적 드러냄의 자리라 했을 때, 그것은 복수적 이데올로기들의 대립과 갈등으로 이루어져 있다. 다만 우리는 여기서 그 이데올로기들이 단순히 우리의 삶에 외부로부터 부과된 낯선 이념 체계들(공산주의/자본주의)만을 뜻하는 것이 아님을 주의해야 할 것이다. 김원일의 이번 작품이 독특하게 보여주고 있는 것은, 작가가 의식하고 있었는가의 문제에 상관없이 그것들뿐만이 아니라, 우리 농민의 전통적 삶 역시 하나의 육화된 관념들의 구조물이라는 것이다. 그 전통적 삶은 70년대의 많은 소설들이 드러내고 비평문들이 찾아냈던 반(혹은 비)-이데올로기로서의 순진성의 삶도 아니며, 80년대의 특정의 문학가들이 의미화하려고 노력하는 공동체적 인간 관계의 모형도 아니다. 그것은 하나의 고집스런 세계 해석과 실천의 양식을 이루면서 사람들을 그것에 의지하게 하는 한편, 역사적 정황에 의미 있게 관여하지 못하고 비의지적으로 따르게 하는 구실로서 작용하는, 부정적 관념들의 기호 체계이다.

실제 그것은 작품의 핵심적 이데올로기 대립의 한쪽 항목을 차지하고 있다. 그 점에서 작품은 좌/우 이데올로기 대립을 다루는 정치 소설도 아니며, 그 양대 이데올로기와 인간을 대립시킨 이른바 휴머니즘 소설도 아니다. 전자가 세계의 문제를 관념들의 대립의 국면으로 치환하고 후자가 관념/삶의 대립으로 해석하는 데 비해, 『겨울골짜기』는 특정한 생활로서 육화된 이데올로기들의 대립을 다룬다. 작품 내부에 있어서 관념은 곧 삶이며, 삶은 관념에 다름 아니다. 이러한 기본적 설정은 나날의 삶의 양태들이 곧 세계 인식의 형성물이며,

세계관의 주입은 아무리 사소한 생활 사실들에도 영향을 미치거나 혹은 그럴 때, 부정적이든 긍정적이든 세계에 유효하게 개입한다는 것을 가리켜 보여준다. 다만, 이 작품에 관한 한, 그 이데올로기들의 범위가 좁혀져 있다는 것(이를테면, 외부로부터 주입된 이데올로기들은 사실상 구조적 차별 없이 동일화되어 있으며, 종교의 초월주의는 산발적으로 끼어 있어 객관적으로 드러나지 못한다)은 작품 주위에 채워야 할 수렁들이 꽤 많고 크다는 것을 알려준다(아니 어떤 측면에서 보면 그 좁힘은 치명적인 흠이다).

  기본적인 대립은 문한득을 매개로 드러나는 원리주의와 한돌을 매개로 드러나는 가족주의 사이에서 벌어진다. 원리주의/가족주의의 대립은 중립적인 대립 명칭이며, 그 실제는 한편으로는 원리 강요주의(독단주의)/인정주의의 대립으로, 다른 한편으로는 평등주의/생명사상의 대립으로 드러난다. 이 두 개의 측면은 복잡하게 얽혀 있으면서 부정과 긍정 각각의 극단을 향해 팽창한다. 원리가 독단이 될 때, 그것은 사람들의 숨통을 죄고 그들을 원리의 제물로 추락시킨다. 그때, 사람들은 선택의 이데올로기 사이에서 방황할 뿐, 스스로 자기 삶의 내부에서 그 원리를 형성시킬 몫을 전혀 갖지 못한다. 다시 말해 주체적 개인으로서 성숙하는 일마저 타인에 의해 강요당한다. 그것뿐만이 아니다. 독단이 된 원리는 그것이 비판하는 반대편 이데올로기를 교묘히 접수 이용한다. 그것은 가족주의적 행동을 늘 비판하면서도 동시에 "같은 동포요 한 핏줄"(p. 185)이라는 혈연에 호소하며, 농민을 남선 땅에 밀파하는 데 가족을 볼모로 삼고(p. 415), "현지 출신 전사에게 상훈을 내림으로써 '수어 이론' 그대로 군과 민의 일체감"(p. 311)을 의도적으로 조성한다. 비판 대상의 이데올로기를 접수·이용한다는 것이 독단주의적·외재적 파행이라면, 또한 내재적 파행 역시 있다. 그것은 원리에 묶여 있는 개개인들이 결국 그것을 감당하지 못하고, 그 심리적·물리적 억압을 개별적으로 해소한다는 것이다. 이를테면, 문한득이 그 많은 사상 교육을 받았음에도 불구하고 그의 싸움에의 의지는 오로지 "그 이유는 잘 모르지만, 무엇보다 나를 위해 싸우자. 싸워 이겨야만 내가 살아남을 수 있고, 내가 살아야 가족을 만날 수 있다"(p. 211)는 생각에 기대어 있고, 김익수는 뜻 없는 메모나 아무도 들어주지 않는 감상적 푸념에 매달리고 김풍기는 강철규와 비역질을 한다. 반면 인정주의는 사리에 합당한 사고를 방해하며, 사람들을 영원한 '무지몽매'에 빠뜨려놓아, 현실에 적절히 가담할 능력을 박탈하여버린다. 그것은 어머니처럼 자식에 대한 맹목적 애정을 낳기도 하며, "산사람들이 너그럽게 대해주는"(p. 343)가의 여부에서 불안과 안도감을 가질 뿐 그 산사람들의 삶의 원리가 무엇인가를 알려 하지 않으며, 문한도처럼 아무런 이유 없이 비밀을 한돌에게 털어놓음으로써 극심한 위험을 대책 없이 공유하게 하기도 한다. 그 인정주의는 '세찬 바람'에 "쉬지 않고 떨어대"는 "너덜너덜한 문풍지"(p. 115)처럼 현실의 정황에 속수무책으로 놓여 있다.

독단주의/인정주의에 대한 비판적 묘사는, 외부에 의해 주어진 해방 이후의 한국인의 삶의 두 가지 모순을 정확히 겨냥하고 있다. 주어진 삶은 그것을 준 자의 삶의 체계를, 그 내용이 긍정적인가 부정적인가에 상관없이, 강제로 주입하여 인공적으로 삶을 절단하고 꿰어맞춘다는 것이 그 하나라면, 스스로 이루어내지 못한 삶은 필경 그 강제 주입의 체계에 이성적으로 대응하지 못한다는 것이 그 둘이다. 하지만 작가는 객관적 시선을 잃지 않는다. 이데올로기란 단순한 관념이 아니라 그것을 만들어내거나 받아들인 사람들의 의도들의 결정체인바, 작가는 그 이데올로기들이 추상적 원리로서든 내재적 움직임으로서든 안고 있는 지향성을 또한 포착해낸다. 원리주의의 추상적 지향이 평등주의, 즉 사람 사는 공간의 확산과 균질화라면, 가족주의의 내재적 지향은 생명 사상, 즉 사람살이의 시간적 지속성을 꿈꾼다.

하지만 그 각각의 이데올로기들의 두 가지 측면은 추상성/실제성,

내향적 개인주의/외향적 무기력이라는 극단적 대립으로 팽창·파열할 뿐이다. 그때, 원리주의는 깊이 없는 넓이, 가족주의는 넓이 없는 깊이가 되어, 결코 만날 수 없는 부정적 상호 작용을 한다. 그것들이 서로를 이용하고 서로에 기대려 한다는 점에서 그것들은 작품 속에 복잡하게 얽혀 있지만, 그 이데올로기들의 마지막 시니피앙인 언어가 웃녘말과 남녘말로 확연히 구별되듯, 말의 바른 의미에서 결코 뒤섞이지는 않는다. 그리고 그 뒤섞이지 못한 대립, 훼손, 이용으로서의 얽힘은 곧 거창 사건이라는 파국을 향해 질주한다.

 여기서 우리는 4)의 물음을 만난다. 어쨌든 대단원의 파국은 한 가족의 목숨만은 남겨놓는다. 그리고 그것은 새 생명의 탄생에 의해 가능한 것이었다. 이 점에 중점을 두고 읽는다면 원리주의/가족주의의 대립에 대해 작가가 후자에 대한 은근한 마음의 경사를 두면서 그것으로 일종의 탈출을 꾀했다고 이해할 수도 있다. 그러나 그 가족을 살려준 병사들의 생명에 대한 외경심에도 불구하고, 그리고 "오늘 같은 합동 제삿날"에 태어난 "이 애기를 츠음 본 우리 셋의 명줄도 전쟁이 끝날 때꺼정 말이여, 하늘이 지켜줄 것이여"(p. 589)라는 이등중사의 호들갑에도 불구하고, "저 많은 죽음의 보상으로 이렇게도 모질게 세상에 한 목숨이 태어났는가. 그〔문한돌〕는 이제 핏줄을 이을 아들을 두었음에 그 어떤 보람이나 기쁨도 느낄 수가 없었다"(p. 596)라는 마지막 구절은 그 가족주의의 소박한 믿음을 일거에 무너뜨린다. 거기서 시간적 지속성에 대한 사람들의 끈질긴 집착은 오히려, 그 맹목성의 허구를 벗고, 그렇게 해서 살아남는다는 것이 도대체 무슨 의미가 있는가라는 절망적인 질문으로 대체된다.

 그 질문의 엄연한 현존성은 작품이 원리주의/가족주의의 표면적 대립의 심층에 또 하나의 구조를 겹으로 깔고 있다는 것을 강하게 암시한다. 그 구조는, 곧 두 이데올로기에 의한 삶이 모두 짐승과 같은 삶에 다름없다는 인식을 포괄하는 인간주의/짐승적 삶의 대립 구조를 말한다. 짐승의 삶이란 반성적 되새김과 발전적 갱신이 결여된 삶, 즉 일회성의 맹목적·즉자적 삶을 말한다. 바로 그 점에서 두 이데올로기의 삶은 서로 간의 표면적 대립에도 불구하고 심층적으로 동일하다. 원리주의의 삶은 그 원리의 실천을 위해서 인간을 "얼마만큼 용맹하고 잔인한 짐승으로 길러내느냐"(p. 82)에 집중되어 있으며, 가족주의를 대리하는 일반 농민의 삶은 "소처럼 평생 일만 하는"(p. 164) 비인격적 삶이며, 자기 생명의 보존을 위해 "난세에는 좀 모자라고 병든 체하는 것이 세월을 쉽게 넘기는 방법"(p. 410)이라며 스스로 짐승에 가까워진다. 또한 가족주의의 긍정적 측면인 생명의 대물림도 그것이 단순히 생명의 단순 재생산에 불과할 때, 그 역시 짐승의 삶과 무엇이 다르겠는가. "짐승도 새끼 낳을 때는 몸을 숨기고, 그 애처롭은 정경을 차마 못 봐내는데, 하물며 사람이 이 지경에 당도했으니 제발 선처를 해주이소"(p. 582)라는 한돌의 간청은 사람의 생명을 목표로 하고 있지만, 그 근거를 짐승에서 구하고 있는 것이다. 작품에 숱하게 비치는 사람들에 대한 짐승의 비유 역시 인간이 짐승과 다를 바 없다는 인식을 위해 기능한다. 하지만 작품은 그 인식만을 심층 구조로 두고 있는 것이 아니다. 그 짐승 같은 삶은 인간을 알리바이로 두고 있는 두 이데올로기의 동일 측면, 즉 인간주의 이데올로기와 맞물려 그것의 결과로서 드러난다. 원리주의가 끊임없이 주입하는 환상은 "인민의 영용한 전사"가 되는 것만이 사람들의 존경을 받는 영웅(즉 뛰어난 개인)일 수 있으며, 그러기 위해 "인간은 어떠한 고통도 그 정신 자세에 따라 견디어낼 수가 있"(p. 56)다는 것이고, 가족주의가 끊임없이 다짐하는 환상은 핏줄의 보존, 즉 인간적 주체성(성씨란 그 주체성의 표현이다)의 지속적 확보의 욕구이다. 그러면서 그 각각의 이데올로기는 반대의 이념이 짐승과 다름없다고 비난하면서 스스로 인간적임을 되풀이 과시한다. 바로 그 인간주의 이데올로기가, 인간으로서의 "긍지와 자부심"(p. 336)에 대한 신앙이 사람을 짐승으로 만든다. 인간이 되기 위해서 짐승처럼 원리에 충실하고, 짐승처럼 세상에 대한 성찰 없이 살 궁리만 굴리는 것이다. 여기서 마지막 남은 의문, 즉 변별적 인물들의 문제가 풀린다. 한마디로 말해서 그들은 인간주의 이데올로기의 반영물로서 등장하며, 그 믿음에 대한 훼손, 죽음, 그것에 대한 회의, 그것의 자발적 포기 등을 통해서 인간주의 이데올로기의 허구를 보여주는 과정을 그리는 것이다. 작품 서두의 문한득의 등장은 무엇보다도 시사적이다. 그는 삼일 오부대로 전출 명령을 받는데, 정규군에 차출되니 "진짜로 당당한 인민군 전사"가 되었다고 축하받으며, 그 자신, 처음으로 개인 소유의 "총과 실탄을 지급받자 뜨거운 열기가 가슴을 꽉 채"운다. 그럼으로써 한득은 비로소 한 주체적 인간(자신의 삶의 생산 수단을 그 스스로 의지에 따라 자유롭게 다룰 수 있는 존재)으로 섰다는 확인을 받은 것이기 때문이다. 하지만 그러한 입지를 가능하게 하는 데, 사실상 한득 자신이 행한 바는 전혀 없으며, 그 이유를 알고 있지도 못하다. 그때, 한 주체적 인간으로서의 입지는 과정이 생략된 결과로서만 타인에 의해 주어진 것에 불과하다. 그 과정의 주체적 몫의 부재에도 불구하고, 그것이 확신으로서 존재한다는 것은 한득이 실제 주체적 인간으로서 정립된 것이 아니라, 인간주의 이데올로기의 환상에 이용되었다는 것을 말하며, 사실상 그후 한득의 삶은 그 환상에 밑받침되어 짐승으로서의 삶을 견뎌내가는 과정에 다름 아니다. 더욱이 김익수를 구하려다가 맞이한 그의 죽음은 그 스스로 인간이 되고자 한 최후의 노력이 비극적으로 좌절될 수밖에 없는 상황을 결정적으로 환기한다. 거창 사건이 상징이며 한득과 한돌을 매개로 한 두 개의 삶의 양상이 그 상징을 밑받침하는 구조적 질서를 드러낸다고 말한 핵심적 까닭이 여기에 있다. 전자가 인간성의 전면적 부재를 뜻한다면, 후자의 두 삶은 바로 인간이 짐승이 되지 않을 수 없는 필연적 과정을 그려 보여주고 있는 것이다.

당당한 인간이 되어야 한다(인민에 대해서 혹은 조상에 대해서)는 신화가 결국 사람을 짐승으로 만든다! 그것은 정황과 사람이 맺는 관계의 복합체를 결여한 인간 우월의 신앙, 그리고 인간을 그렇게 이끌고 가려는(즉 이미 설정된 인간의 덕목에 사람들을 꿰 맞추려는) 이념들에 대한 진지한 성찰의 자리를 만든다. 하지만 말의 바른 의미에서 인간이 정말 인간다우려면 어떻게 정황과 관계 맺어야 하는가를 작품은 추구하고 있지 않다. 그러한 상황 속에서 인간은 짐승에 불과한 것인가. 아니, 지배 이데올로기의 생활 침투가 거의 전면적인 오늘날의 삶에서 우리는 짐승에 다름 아닌가. 그런가 하고 생각하자 나는 갑자기 끔찍해진다.

하지만 나는 작가 자신이 이 무서운 질문을 폐기한 것이 아니라, 고통스럽게 제기하고 있다는 말로 이 글을 맺어야겠다. 작품에 추구되고 있지는 않지만 산발적으로 제시되는 것에 의하면, 작가는 소박하게는 삶의 누적과 사람들 사이의 정의 나눔, 그리고 그것들의 추억으로의 심화에서 인간이 세상과 관계 맺는 올바른 방법의 예를 찾고 있는 듯하다. 그러나 작품 속에서 그러한 삶은 "바람이 앗아"(p. 14)가듯, 현실에 의해 박탈당하며 혹은 먹을 것에만 향한 강박관념으로 단일화된다. 그 박탈당함과 왜소화가 '노래'와 같은 추억의 파편들을 낳는다. 그 노래는 행위 자체로서는 추억을 향한 끊임없는 마음의 표출이며, 그 형태로서는 지배 이데올로기에 의해 잘리고 끊기며, 목적론적 왜곡을 입고 변질당한다. 이러한 단편성을 극복하려는 노력들 또한 있다. 세계 내의 인간다운 삶의 부재는 한편으로 사람들을 종교적 초월주의로 향하게 하며, 다른 한편으로 작가의 글쓰기로 하여금 토속 언어의 풍부한 개발을 향하게 한다. 그 종교적 초월주의는 삶에 대한 의연한 자세를 가능하게 하지만, 의미 있는 삶을 내세에서만 찾는 것으로 드러난다는 점에서 이 작품에 관한 한 그것은 현실의 해소를 향해 있지, 극복과 관계하지 않는다. 토속 언어의 풍부한 개발은 이데올로기의 관념 언어에 대한 일종의 대항 체계를 구축하는데, 하지만 두 이데올로기 언어 속에, 즉 웃녘말(경기말을 포함하여)과 남녘말의 대화문 속에 스며들어가지 못하고 정황에 대한 사실 묘사의 부분에 따로 위치해 있다. 즉 그것 역시 현실에 의미 있게 관여하지 못한다. 그것들은 한편으로는 현실로부터의 도피를 정당화할 수 있다는 여지를 남기면서(특히 초월주의) 다른 한편으로는 올바른 삶을 모색하고 싶어하는 작가의 끈질긴 열망을 전해주는 것이다. 여기까지 오면, 우리는 작품의 주체가 이데올로기라는 앞의 해석을 다시 수정해야 할지 모른다. 그것은 이데올로기 자체라기보다는 그것과 인간다운 삶을 회복하려는 열망의 사이라고 해야 더욱 적절할 것이기 때문이다. 〔『현대문학』, 1987년 7월호〕

분단 소설과 복합 소설

성민엽

완성된 『불의 제전』을 통독하면서 필자는 깊은 감회에 사로잡히지 않을 수 없었다. 『불의 제전』의 제1부가 씌어진 때가 1980년부터 1982년까지였고 필자가 비평적 글쓰기로 우리 문학에 참여하기 시작한 것이 1982년이었으니 이 장편 소설의 집필 기간은 필자의 비평 경력보다도 더 긴 것이다. 게다가 필자는 1983년에 「관념론의 유혹과 그 극복」이라는 자못 나이브한 글을 쓰면서 『불의 제전』 제1부에 대한 짤막한 언급을 논리 전개의 주요한 고리의 하나로 삼았던 것이다. 돌이켜보면 그 뒤로 지금까지 세상은 많이도 변해왔고 필자의 글쓰기 또한 그 변화에 따라 함께 변해왔거니와, 필자의 변화는 사실상 적절성의 충분한 확보 여부가 의심스럽지 않았는가 싶게 위태로운 흔들림 속에서 이루어져온 듯하다. 완성된 『불의 제전』이 그런 느낌을 강력하게 불러일으킨다. 장장 18년에 걸쳐 씌어졌음에도 불구하고 『불의 제전』은 처음부터 끝까지 일관된 구상과 방법을 관철하고 있는 것이다. 물론 세상의 변화에 따라 표현상의 제약 정도가(특히 정치적인 방향에서) 달라져왔다는 것이 묘사의 세부에 영향을 미치고 있음은 분명해 보이지만, 근본적으로 원래의 구상과 방법이 위태롭게 흔들리거나 하지는 않는다. 이를 두고 작가 김원일 자신은 "시대의 변화에 적절하게 대응하지 못하는 아집을 두고 괴로워했"다고 서문에서 말하고 있으나, 완성된 『불의 제전』이 결과적으로 보여주는 것은 작가가 '아집'이라고 겸손하게 표현한 것이 실은 표면상의 변화에 현혹되지 않는 심층에의 투시력이라는 점이다. 언제부턴가 우리 문학에서 분단 소설이 거의 자취를 감추었지만 분단은 여전히 우리 민족의 엄연한 역사적 조건인 것이며, 또한 리얼리즘이라고 하면 진부한 것으로 치부해버리는 풍조가 바야흐로 만연하고 있지만 기실 우리의 민족 현실은 여전히 리얼리즘을(리얼리즘만은 아니겠지만) 강력하게 요청하고 있는 것이다. 작가가 1984년에 제1부를 출간하면서 썼던 서문의 다음과 같은 대목은 지금도 여전히 유효하다.

사실 그 시대는 우리 민족만이 당한, 지금도 증오로 앙갚음하겠다는 분단의 연장선상만은 아니다. 과거에도, 지금 제3세계라 일컫는 세계 여러 나라에서도 동질의 악순환은 되풀이되고 있다. 절대적 빈곤과 질병에 시달리며 생존 자체를 위협받고 있는 나라, 이데올로기나 계층 간의 편견으로부터 해방을 원하는 나라, 사대주의와 민족주의의 간극이 갈등을 빚는 나라, 자유와 민주 또는 평등의 실천적 외침이 통제되는 나라가 있는 한, 이런 소재가 역사의 한 장으로 물러날 수 없으며, 작가란 그런 모순의 현실을 외면해서는 안 된다고 믿는다.

위 인용의 전언은 13년의 시차를 뛰어넘어 표면상의 아류 제국주의적 변화에 현혹되거나 이 변화를 의도적으로 강조하는 오늘의 지배 담론에 힘있게 맞선다. 완성된 『불의 제전』은 애당초 이 작품의 구상 자체가 협소한 상황 논리를 뛰어넘어 보편적인 것에 닿아 있었음을 돌이켜 생각하게 하는 것이다.
완성된 『불의 제전』을 통독하면서 필자가 우선 주목한 것은 그 서술 방식이다. 잘 알려져 있듯이 이 장편 소설은 1950년 1월부터 10월까지를 그 시간적 대상으로 하고 있는바, 달(月)별로 장을 구분하고 달마다 여섯 날 내지 열두 날을 잡아 날(日)별로 절을 구분하여 외견상 일지 형식을 취하고 있다. 시점은 한 인물에게 고정되지 않고 여러 인물들 사이를 자유롭게 이동한다. 가령 1월 14일 절을 보면 안시원에서 한광조로, 다시 한광조에서 아치골댁으로 시점 이동이 이루어지는데, 그 이동은 대체로 연속성 속의 자연스러운 이동이다. 서교장 댁 사랑방에서의 대화 중에 슬그머니 안시원에서 한광조로 옮겨가는 식이다. 화자는 전지적 입장에 서기를 극력 억제하고 3인칭 주관적 시점을 대체로 엄격히 지킨다. 서술 시제는 현재 시제를 원칙으로 하고 있다. 과거형 서술은 배경 설명이 필요할 때 부분적으로 나타나기도 하지만 대개 3인칭 주관적 시점을 이탈하지는 않는다. 이러한 서술 방식이 의도하는 것은 우선 객관성의 확보이다. 각 인물의 그때그때의 주관성을 존중함으로써 오히려 객관성을 확보하려는 것이다. 여기에는 객관성이란 것이 단일하고 고정불변하는 것이 아니라 여러 주관성들의 공존 속에서 항상 현재적으로 형성되는 것이라는 생각이 숨어 있다. 따라서 화자의 목소리를 극력 억제하는 것은 당연한 일이다. 조금 각도를 바꾸어 생각해보면 이러한 서술은 일종의 다성적 소설 공간을 만들어낸다. 여러 인물들의 목소리 사이에, 그리고 그것들과 극력 억제되어 있기는 하지만 간간이 표출되곤 하는 화자 자신의 목소리 사이에 대화적 관계가 이루어진다. 이러한 서술로 인해 각 인물은 저마다 나름대로 독특한 삶의 양감과 질감을 갖는 살아 있는 인물이 될 수 있다. 작가는 각 인물의 나름대로의 삶의 진실을 존중한다. 물론 필경은 작가의 전체적인 해석이 그 모든 것을 포괄하며 은밀히 조정하지만, 각 인물의 존중이 작가의 전체적인 해석에 한층 더 설득력을 부여해준다.

『불의 제전』을 올바르게 읽기 위해서는 이러한 각 인물의 다양한 삶의 진실에 주목해야 하는바, 여기서 인물의 일정한 분류 작업이 필요해진다. 그러나 『불의 제전』의 작중인물들을 계급 내지 출신 성분별로 분류하는 것은 무의미하다. 작가 김원일은 계급 내지 출신 성분의 존재 결정성을 불신한다. 이 작가에게 중요한 것은 오히려 실존적 선택이다. 그것은 이 작가가 유전을 믿지 않고 교육의 힘을 중시하는 것과 맥을 같이한다. 가령 지주 집안 출신인 배종두가 공산주의 운동의 혁명 전사의 길을 선택한다든지 탐욕스럽고 파렴치한 작은 서씨의 아들 서성구가 선량하고 순진한 성품이라든지 하는 설정이 그러하다. 『불의 제전』의 작중인물들은 오히려 이념과의 관계라는 점에서 파악될 때 그 유효한 분류가 가능해진다. 이 대목에서 필자는 14년 전에 한 차례 인용한 적이 있는 허버트 리드의 다음과 같은 말을 당시와는 다른 방식으로 다시 한번 인용할 필요성을 느낀다.

　우리 시대의 문제는 양심이나 책임의 문제가 아니다. 다시 말해서 왜 파시즘이나 공산주의를 위해서 또는 그것에 대항해서 기꺼이 죽을 수 있는 선택을 하지 못하는가가 아닌 것이다. 문제는 오히려 사람들이 어떤 종류의 주장에 대해 개인적인 아무런 확신도 없이, 보이지 않는 그물 속으로 물고기떼가 들어가듯이, 불확실하고 막연한 주의를 위해 스스로 고통을 겪어야 하는가 하는 점이다. 문제는 말 못 하고 우매한 대중의 고통이다.

현대의 전쟁은 이러한 대중의 익명의 운명에 대한 묵시적 승인이며 조롱과 자기 연민이 그 승인의 언어적 표현이라는 것, 그래서 우리 시대는 비극적이지만 우리 시대에 비극적인 시는 없다는 것이 허버트 리드의 입장이다. 그러나 『불의 제전』은 허버트 리드의 입장과는 아주 다르게 이 문제에 접근하고 있다. 『불의 제전』에서도 말 못 하고 우매한 고통받는 대중, 그리고 그 대중의 익명의 운명에 대한 묵시적 승인이 전체적인 사회적 조건으로서 근저에 깔려 있지만 이 작품은 그에 대한 조롱이나 자기 연민으로 손쉽게 흘러버리지 않는다. 대신 『불의 제전』에서 전경화되는 것은 우매하지 않은 지식인들이다. 그들은 이념에 대한 확고한 신념과 선택을 보여주거나 주어진 이념 대립의 틀 자체에 대한 회의와 새로운 이념적 모색을 보여준다. 또한 대중은 우매한 대중으로만 나타나는 것이 아니라 한편으로는 광기와 폭력의 가해자로 나타나기도 하고 다른 한편으로는 이념 이전의 원초적 생명력의 활동으로 나타나기도 한다. 작가 김원일의 시선은 훨씬 복합적인 것이며 그의 언어는 독백적이지 않고 다성적인 것이다. 그리하여 조롱과 자기 연민은 김원일의 언어를 결코 지배하지 못한다. 김원일의 언어는 기본적으로 반성적이며 그의 태도는 깊은 의미에서 계몽주의적이다.

  우선, 이념에 대한 확고한 신념과 선택을 보여주는 인물은 대부분 좌익 쪽 사람들이다. 배종두와 조민세, 그리고 안진부가 대표적 인물이다. 이들 셋은 그러나 같으면서도 다르다. 빨치산 활동가 배종두는 그야말로 강철 같은 신념의 소유자로서 한 치의 회의도 없이 이념을 위해 헌신한다. 그는 가족주의적 감상에 빠질 것을 꺼려 자신의 갓 태어난 아들을 볼 기회조차 거절하고 동지들에게로 달려간다. 조민세는 탁월한 이론 능력과 실천 능력을 갖춘 공산주의 운동의 고급 지도자이면서 아내와 자식들에 대한 연민, 한정화에 대한 애정, 남로당과 북로당 사이에서 겪는 갈등 등 인간적 고뇌를 앓는 면모도 보인다. 그러나 필경은 북로당계의 대좌 자리를 내놓고 빨치산 부대장이 되어 지리산 지역으로 뛰어든다. 남로당 서울 지도부 자금책으로 활동해온 안진부는 조민세와는 달리 북로당의 남로당 탄압에 환멸을 느끼고 마지막 순간에 전향해버린다. 이들 셋의 차이는 다 나름대로의 상대적 진실이 있는 것으로 그려지고 있다. 반면 우익 쪽 사람들 중에는 확고한 신념과 선택을 보여주는 인물이 거의 나타나지 않는다. 심동호는 봉건 지주에서 자본가로 전신하는 예일 뿐이고, 월남한 지식인 허정우는 병자인 데다가 수동적인 위치에 있을 뿐이며, 기껏 심찬규 정도가 이념이라 할 만한 것을 가지고 있으나 그는 크게 보면 충실한 직업 군인 이상이라 말하기 어렵다. 노기태나 임칠병은 기실 우매한 대중의 광기적·폭력적 발현에 불과하고, 강명길이 비교적 광기와 폭력으로부터 거리를 두고 있으나 그 또한 기능적 직업 경찰일 따름이다. 이들에게서 확고한 신념과 선택을 발견하기란 난망한 일이다.

역시 주목해야 할 것은 이념 대립의 틀 자체에 대해 회의하며 새로운 이념적 모색을 하는 인물들이다. 심찬수와 안시원·박도선·이문달 등이 그들이다. 그러나 좌우 대립은 동지가 아니면 곧 적이라는 폭력적 양자택일의 틀 속으로 들어올 것을 강요하고 심찬수 등은 그 강요로부터 결코 자유로울 수 없다. 양심적 교사이자 비판적 지식인이었던 이문달은 결국 좌 쪽에 가담하게 된다. 한때 좌익 운동을 했었으나 좌익 이념에 한계를 느낀 뒤 민족주의적 농민 운동에 헌신해 온 박도선은 좌익 동조의 혐의로 경찰서에서 고문을 당하고 강제 징집되었다가 실명하여 귀향한다. 근친 결혼의 죄의식을 상처로 안고 있는 안시원은 사려 깊고 분별력 있는 민족주의자로서 말의 참뜻에서의 보수주의와 그 상대적인 긍정적 의의를 보여주는 독특한 인물이지만 그 역시 좌익 동조의 혐의로 경찰서에서 고문을 당한다. 마지막 장면에서의 그의 조용한 죽음은 한 시대의 종언에 대한 암시를 짙게 띠고 있다. 박도선의 실명과 안시원의 죽음 뒤에 그들의 역할을 이어받을 인물로 남는 사람이 심찬수이다. 심찬수는 한때 좌익 운동에 참여했으나 일제말 학병으로 끌려나갔다가 생존을 위해 인육을 먹는 극한적 경험을 하고 외팔이가 되어 돌아온 뒤 냉소와 허무에 젖어 자학을 일삼아온 인물이지만 그의 의식은 항상 깨어 있고 그의 비판적 지성은 예리하다. 심찬수의 사상적 기조는 민족주의와 휴머니즘이라고 요약될 수 있다. 한편, 심찬수 등과는 다른 한 방향도 간과될 수 없다. 서주희를 대표로 하는 기독교적 삶이 그것이다. 사회주의의 기독교 탄압이 그 반발로 반공주의적 기독교의 득세를 부추겼지만 기실 기독교는 좌우 대립 너머에 있는 것으로서 흔히 사회적 진보성과 긴밀히 결합하곤 한다. 이 작품에서 그것은 서주희와 박도선의 결합에 대한 암시로 나타난다.

원초적 생명력의 활동으로서의 대중 또한 이 작품에서 무시할 수 없는 비중을 차지하고 있다. 그 극명한 두 예로 아치골댁과 봉주댁을 들 수 있다. 빨치산 활동을 하던 소작농 출신 남편이 죽은 뒤 아이들을 데리고 끈질기게 생명을 이어가는 아치골댁은 비록 우매하지만 선량하며 가장 근본적이고 보편적인 의미에서의 인류의 정체성을 암시하는 인물이다. 서유하의 강간으로 인해 태어난 아이에 대한 그녀의 사랑은 거의 대지 모신의 이미지를 연상시킨다. 그녀를 두고 우매한 대중 운운하는 것은 인류에 대한 모독일는지도 모른다. 한편 봉주댁은 지적 능력의 결핍이라든지 봉건 습속에의 감염이라든지 하는 점에서 아치골댁과 마찬가지로 우매한 사람이지만 아치골댁과는 달리 자기 희생적이지 않고 이기적이며 인간적이라기보다는 동물적인 존재이다. 그러나 남편 조민세의 부재를 자기 삶의 불가피한 조건으로 수락한 뒤 그녀 또한 원초적 생명력의 화신으로 변한다. 비록 아치골댁의 소박함과 순수함은 찾아볼 수 없고 속물 근성으로 가득 차 있기는 하지만 말이다. 하긴, 이 속물성과 원초적 생명력의 결합이라는 형태의 어머니가 한국 전쟁 이후 '부(父)의 부재'의 시대에 한국 사회에서 아버지 역할을 대신했던 것이지만.

김원일은 광기와 폭력의 가해자를 제외한 『불의 제전』의 모든 인물들에 대해 각각 나름대로의 상대적 진실을 인정하고 많은 경우 그들 자신으로 하여금 자신의 목소리로 그것을 말하게 하고 있지만, 그가 좌우 대립이 초래한 광기와 폭력의 현실을 넘어설 전망을 모색하는 곳은 주로 두 군데에 있다. 민족주의적이고 휴머니즘적인 지식인이 그 하나이고 원초적 생명력의 활동으로서의 대중이 그 둘이다. 좌파에 대해서는 그 상대적 진실은 인정하지만 그에 동의하지는 않는다. 좌파 중에서도 남로당 계열과 북로당 계열에 대한 평가가 다르다. 둘 중에서는 상대적으로 남로당 계열에 좀더 우호적이다. 이러한 김원일의 전체적 해석은 주로 한국 전쟁에 대한 그의 인식 방법과 관련된다. 김원일은 한국 전쟁을 이데올로기 대리 전쟁으로 파악한다. 그것은 이 일곱 권짜리 방대한 장편 소설의 마지막 대목 투계 장면에서 분명한 비유로 제시된다(이 투계 장면은 적어도 1985년 이전부터 작가가 구상해둔 것임이 분명해 보인다. 작가의 부탁을 받은 화가 오윤이 표지화로 쓰인 판화 투계도를 그려준 것이 1984, 85년경이었으니까 말이다). 한 배 태생의 두 마리 싸움닭이 온통 피투성이가 되어 싸우는 모습과 그 구경꾼들의 대화를 보라.

"참말로 정 떨어지구만. 역시 짐생은 짐생인 기라. 지 새끼 잡아묵는 짐생이 읎나, 에미하고 붙어묵는 짐생이 읎나. 성제간끼리 저래 피칠갑해가꼬 달겨드이, 족보고 나발이고 저늠들도 역시 짐생 새끼인께 할 수 읎지러." 방노인이 혀를 찬다.
"사람도 그렇지 머예. 에미 뱃속에서 같이 나와도 따로 키아보이소. 다음에 커서 만내도 성제간인 줄 알아보겠습니껴. 저늠들도 주인이 다르이까 그저 주인 시키는 대로 충성심을 보이겠다고 저래 죽도록 피를 뿌리지예."

미국과 소련 사이의 대리 전쟁을 치르며 형제간에 피를 흘린 한국 전쟁이 이 닭싸움과 다를 바가 무엇인가. 미국의 대리인을 맡은 남한 권력과 소련의 대리인을 맡은 북한 권력은 그 점에서 마땅히 비판을 받아야 한다. 그러나 남한 권력과는 달리 북한 권력은 구성이 다소 복잡하다. 갑산파 중심의 북로당계는 엄연히 소련의 대리인 노릇을 했다고 할 수 있지만 남로당계는 주로 남한 현실의 모순과의 싸움에 그 연원을 두고 있으며 비교적 순수성을 띤 측면이 있는 것이다. 작중의 조민세·배종두·안진부는 바로 그 순수한 측면을 대표한다. 물론 남로당계에 순수하지 못한 측면도 있다. 그것은 조민세가 전쟁 전 서울 지하당 기관지에 발표한 「유격전의 전략과 전술」이 어떻게 취급받는가 하는 데에 잘 나타난다. 해주 지도부에서는 진실보다는 전략을 중시한다. 그것도 노동당 내부의 남로/북로 간 권력 투쟁에서의 전략이다. 그 글 때문에 숙청당할 뻔했던 조민세가 북로당계에 의해 구함을 받지만 북로당계 역시 조민세의 그 글을 전략적 목적으로 이용하고자 하는 것이다. 이는 어찌 보면 진실과 권력 간의 항상적 갈등의 한 발현이라고 할 수도 있을 터인데, 아무튼 조민세의 순수성은 그가 대좌 계급을 버리고 자원하여 유격대를 이끌고 지리산 지구로 남하하는 데서 뚜렷해진다. 그러나 그 순수성에 대한 상대적 인정 너머에서 김원일은 이것 또한 비판적으로 바라본다. 그것은 그 순수성이 현실을 냉철하게 인식하지 못한 관념주의와 동전의 양면의 관계에 있기 때문이다. 분단에서부터 전쟁까지의 일련의 과정이 미국의 프로그램 안에 들어 있다는 냉엄한 사실을 직시하지 못했기 때문에 조민세 들 역시 해주 지도부나 북로당 쪽과 마찬가지로 결국은 피칠갑만 하고 만 형제간의 닭싸움에 속절없이 말려들고 만 것이다. 설사 처음에는 해방 전쟁의 측면이 있었다 하더라도 필경 이데올로기 대리 전쟁으로 추락해버리고 만 데 대해서는 변명의 여지가 없다. 더더욱 중요한 것은 대중의 상태에 대한 정확한 인식을 갖지 못했다는 점이다. 이론과 현실이 위배될 때 틀린 것은 현실이 아니라 이론이다. 이때 이론에 집착하게 되면 귀결은 모험주의이거나 낭만주의일 뿐이다.

 김원일이 애정을 갖는 인물 유형이 또 하나 있다. 유해·심찬정·서성구가 거기에 속할 수 있다. 유해는 정신박약아이다. 심찬정·서성구는 여리고 나약한 사람들이다. 전염병이 돌 때 허약한 사람이 제일 먼저 쓰러지듯, 잠수함 속의 토끼가 산소 부족의 바로미터 노릇을 하듯, 그들은 광기와 폭력의 현실을 이겨내지 못하고 차례차례 죽음을 맞이한다. 그들이야말로 가련한 희생양들이다. (물론 아직 살펴보지 않았지만 가장 중요한 인물은 갑해이다. 갑해는 작가 자신의 유년 시절의 투영인 것이다.)

이상 살펴본 여러 유형의 인물들을 가지고 작가는 숙고의 흔적이 역력한 교묘한 플롯을 만들어내고 있다. 그 플롯으로부터 우리는 적지 않은 전언을 읽어낼 수 있다. 우선 공간적으로 보면 진영에서 서울로, 서울에서 다시 진영으로, 라는 이동이 있다. 서울 부분의 중심에 놓여 있는 것은 주로 갑해의 눈을 통해 관찰되는 '해방된 서울'의 모습이다. 이 대목이 이 작품의 클라이맥스라고 할 수 있다. 이 대목 앞쪽에서는 남한 현실의 모순에 대한 설득력 있는 묘사가 진행되면서 '해방' 및 '해방 투쟁'의 정당성이 점진적으로 고조된다. 그리하여 '해방된 서울'의 모습이 진짜 해방으로 느껴지는 게 서사 구조상 자연스럽다. 그러나 이 대목 뒤부터는 인공 치하의 문제들이 하나씩 둘씩 나타나기 시작하고, 미군기의 공습이 잦아지고 전선이 고착되면서 문제는 더욱 빠른 속도로 증폭된다. 특히 남행길에 오른 심찬수의 눈에 비친 인공 치하는 남한의 그것과 마찬가지로 광기와 폭력이 일상적으로 만연된 현실이다(지나는 김에 지적하자면, 작품 제목의 '불'은 바로 그 광기와 폭력의 상징인 듯하다. 임철우가 1980년 봄 광주의 광기와 폭력을 그리면서 거기에 '불의 얼굴'이라는 제목을 붙인 것도 같은 맥락으로 여겨진다). 결국 남과 북, 그리고 좌와 우 어디도 민족주의와 휴머니즘의 입장에서 볼 때 최소한의 정당성조차 인정받지 못하게 되고, 진영으로 돌아온 심찬수의 입을 통해 "이번 전쟁은 쌍방이 모두 야만적인, 추악한 패자들의 허깨비 살상 놀음입니다"라는 통렬한 비판을 당하게 된다.

『불의 제전』의 플롯은 워낙 교묘해서 어느 한 인물에 초점을 맞추어 읽을 때마다 완전히 다른 소설 한 편씩을 드러내보인다. 진영에서 서울로, 다시 서울에서 진영(혹은 진영 부근)으로, 라는 공간 이동을 함께하는 인물 중 우리는 심찬수·조민세·봉주댁·갑해의 네 명을 꼽아볼 수 있다. 심찬수에 초점을 맞추어 읽으면, 이 소설은 현실과의 연결고리를 상실했던 젊은 지식인의 갱생기로 읽힐 수 있다. 생존을 위해 인육을 먹어야 했던 극한 체험, 그리고 한쪽 팔을 잃은 불구의 몸으로 인해 냉소와 허무에 빠져 자학을 일삼던 심찬수가 진영에서 서울로 갔다가 인공 치하의 서울 체험을 한 뒤 스스로 적극적으로 나서 '일'을 떠맡는다. 배종두와 박귀란 사이의 아기 배달이를 진영의 배달이 할아버지에게 데려다주는 것이다. 심찬수는 그의 기지와 용기를 적절히 구사하며 첩첩의 사지를 뚫고 배달이는 물론 여러 사람들을 구해 무사히 진영으로 내려간다. 이 일은 심찬수에게 현실과의 연결고리를 회복하는 첫걸음이 된다. 진영에 와서는 주둔 미군의 만행에 항의하는 주민 시위를 지도한다. 이 일을 앞두고 지서의 강명길 주임과 언쟁하는 대목에서 우리는 새로 태어나는 심찬수의 모습을 목도할 수 있다. 한편, 조민세에 초점을 맞추어 읽으면, 이 소설은 이문열의 『영웅시대』와 유사하면서도 다른, 좌파 지식인의 혁명 투쟁의 삶과 그 고뇌에 대한 기록이 된다. 인간적 고뇌에 정직하게 대면하면서도 끝내 혁명에의 순수한 열정을 포기하지 않는 조민세의 삶은 앞에서 보았듯이 그 한계가 뚜렷하면서도 우리를 감동시키는 그 무엇이 있다. 다른 한편, 조민세의 처 봉주댁에 초점을 맞추면, 이 소설은 남편 없이 자식을 키워낸 전후 우리 사회의 억척스런 어머니상의 발생을 그린 소설이 된다. 총 맞은 큰아들 유해를 들쳐 업고 뛰는 그녀의 모습은 모성의 동물적 발현이랄 수도 있겠으나, 진영에 돌아온 뒤 갖은 고초를 겪고서 눈을 살기로 번득이며 "네놈들이 이기나 내가 이기나 두구 봐. 내 두 자식 길길이 키워 설움 준 이 세상에 반드시 복수허구 말 테니"라고 중얼거리는 그녀의 모습은 분명 그녀의 변모를 시사한다. 그러나 무엇보다도 흥미로운 것은 갑해 이야기이다. 갑해에 초점을 맞추면 이 소설은 한 편의 단단한 성장 소설이 된다. 온갖 것을 목도하고 다시 진영으로 돌아온 갑해는 '어느 날 홀연히, 말이 없고 우울한, 전과 달라진 자신의 모습을 본다.' 갑해는 자연스럽게 시인이 되고 싶다는 생각을 한다. 그리하여 그는 '모든 사물을 보다 자세히 보고, 읍내 사람들 생활과 모습도 아무렇게나 보아 넘기지 않고 이제 다른 눈으로 보려' 한다.

훗날 늠름한 젊은이가 되었을 때, 나는 내가 보고 겪은 고향의 풍정, 낯선 서울살이의 생경함, 겪고 보았던 전쟁의 참상을 시로 쓸 수 있을 거라고 생각하니 갑해는 가슴이 뿌듯해온다. 자신은 정말 나이에 비해 특별난 많은 경험을 했다. 전쟁이 어서 끝나고 간난한 시절도 어서 지나가 자신이 겪은 많은 기억을 자유자재로 쓸 수 있는 나이가 되었으면 싶다.

갑해를 작가 자신의 유년과 연결짓고 보면, 『불의 제전』이야말로 바로 성인이 된 갑해가 써낸 시가 아니겠는가.

고향을 떠나 대처로 나갔다가 다시 고향으로 돌아온다는 단순하고 보편적인 이야기 구조를 가지고 이토록 복합적인 소설을 써낸 김원일의 능력에 찬사를 보낸다. 『불의 제전』은 우선 분단 소설로서 하나의 획기가 될 것임이 분명하지만 더욱 중요하게는 그냥 소설로서 독특한 세계를 열고 있다. 임시로 여기에 복합 소설이라는 이름을 붙여본다.

〔『문학과사회』, 1997년 가을호〕

제 4 부

달관과 통찰(痛察)

'핏빛'에서 '가을볕'으로
—김원일의 선집 『연』에서 보이는 문학적 진전

김병익

　한 작가를 바라볼 때, 일정 기간의 작품들을 묶은 작품집이나 평생 동안의 작품들을 정리한 전집을 읽을 때보다, 그 중간 단계로서의 선집을 살피는 것이 유익할 경우가 많다. 작가로서는 선집 형태로써 자신의 문학적 생애를 중간 점검하는 효과를 가지겠지만, 독자 역시 그 작가의 다양한 작업 형태를, 방법적 다기성과 시간의 흐름에 따른 작가 의식의 변화라는 측면에서 요연하게 관찰할 수 있기 때문이다. 한 작가가 얼마나 여러 가지 주제를 설정할 수 있는가, 그 주제에 접근하는 방법이 어떻게 자유로이 선택될 수 있는가 하는 공시적 측면과, 초기의 세계관이 작가 자신의 나이듦과 세월의 흐름으로, 그리고 그런 유동성 속에서 거듭 생각함의 효과가 어떨 것이며 그래서 작가 이력의 축적과 더불어 그의 생각과 세계관은 어떤 변모를 겪고 있는가 하는 통시적 측면이 서로 어우러져 만나는 자리가 선집 읽기의 문학적 공간이 되는 것이다. 그러므로 그것은, 개개 작품의 읽기에서 오는 것과 또 다른, 그리고 한 작가의 전모를 통째로 보이는 전집 읽기와 역시 또 다른, 작가의 새로운 모습을 발견하게 된다. 그것은 다채로운 작가의 모습, 역동적으로 변화하는 작가의 세계를 실체와 가능태의 두 측면으로 바라보게 하는 것이다. 이제까지 작가 자신이 써온 것들이 텍스트의 실체로서 우리에게 다가오면서, 그것이 마치 견본을 골라 내놓는 진열대처럼 앞으로 씌어질 것에 대한 잠재적 목록을 함께 제시하는 때문이다. 그것은 한결같음을 유지하면서 그러나 그것으로부터 자유로워지려는 열려 있음을 동시에 소장하고 있는 모습이다. 따라서, 작가에 의해서든 독자에 의해서든, 그 모습의 관찰이 중간 점검이라 불리지만, 실제는 그 이상의 의미를 띠게 된다. 왜냐하면, 여기에는 예정이랄 것 없이 문학 혹은 세계의 가능성을 환하게 열어놓으면서 기왕의 작업들의 축적 위에서 새로운 개척, 새로운 세계로의 지평을 기대하도록 만들기 때문이다.

이런 점에서 보자면, 김원일은 '선집'의 대상으로서 매우 적절한 모습을 갖고 있다. 그의 이제까지의 작품들을 대강 읽어왔고 그의 문학적 맥락을 대충 짚어보아왔음에도 불구하고, 이번 선집을 다시 읽으면서 나는 전날의 기억을 되살리는 정도 이상의 김원일의 또 다른, 그리고 새로운 모습을 의미 있게 발견할 수 있었던 것이다. 그것은 생각보다도 또는 예상보다도 김원일이 활달하게 자신의 방법론을 다채롭게 시도해왔다는 점과, 20년의 창작 생활 중에 어느 사이 그의 변모가 상당한 폭으로 움직여왔다는 점이다. 그의 첫 창작집 『어둠의 혼』으로부터 『오늘 부는 바람』『도요새에 관한 명상』『환멸을 찾아서』, 그리고 장편들인 『어둠의 축제』『노을』과 『불의 제전』들을 발표·발간되는 그때그때마다 읽어왔고 그래서 그를 너무 익히 알고 있다고 자만한 때문이었을까, 그의 그런 모습들을 비로소 발견하게 된 것은 독특한 감회를 안겨주는 것이다. 『연』의 이 선작집에서, 초기의 어설픈 기가 가시지 않은 단편으로부터 최근의 대가다운 모습을 유감 없이 드러내는 창작에 이르기까지 괄목상대로써 보게끔 만드는 그의 창작적 능력의 쌓여감을 새로이 찾는다는 것은, 나이듦과 더불어 닳아져가는 대부분의 작가들과 대조되어, 커다란 기쁨이 되지 않을 수 없다. 그의 쌓여감, 점점 더 열려 나아감이, 마치 우리가 바라보는 이 세계의 복잡한 축적과 활달한 전개 같아서, 우리 자신이, 우리 자신의 내면의 세계가 그처럼 넉넉하고 넓어지는 기분을 겪지 않을 수 없었던 것이다. 그 기쁜 기분은 작가 김원일을 다시 바라보게 했고 미남이며 술을 즐기고, 그러나 어느 사이에 수백 장의 원고를 써놓고 외출 나왔다는 그가 다시 경외롭게 보이게끔 했다.

김원일의 세계가 변화하고 있다는, 말을 바꾸면, 김원일이 세계를 보는 태도가 달라졌다는 것은, 그에게 강한 모티프로 집념처럼 달라붙던 노을빛에 대한 달라진 느낌에서부터 그 단서를 찾을 수 있다.

　대추나무 위편 하늘은 벌써 짙은 보라색이다. 나는 보라색을 싫어한다. 손톱에 들이는 봉숭아물도, 닭벼슬 같은 맨드라미꽃도, 코스모스의 보라색 꽃도 다 싫다. 어머니의 젖꼭지 빛깔까지도 싫다. 〔……〕 옅은 보라에서 짙은 보라로, 그래서 야금야금 어둠이 모든 것을 잡아먹다가 끝내 깜깜한 밤이 온다는 것은 참으로 무섭다.

　노을이 붉게 타고 있었다. 비 끝이라 노을이 더욱 선명했다. 먼 산이 훨씬 가까워 보이고 물기 젖은 푸나무는 한결 싱그러웠다. 엷은 주황색 유리를 통해 보듯 모든 사물이 붉었다.

앞의 인용은 1973년에 씌어진, 작가 김원일을 주목케 한 그의 초기의 대표작 「어둠의 혼」에서 노을질 때의 자줏빛에 대한 작중 화자의 느낌이고, 뒤의 것은 그보다 10여 년 뒤에 발표한 「숨어 있는 땅」의 한 대목이다. 이 두 단편은, 앞의 것이 빨치산으로 출몰하다가 총에 맞아 죽은 아버지와 그 아버지 때문에 가족이 굶주리고 시련당하는 이야기의 소년의 시점이고, 뒤의 것은 철도원의 아들로서 촉망받던 주인공이 데모에 참여했다가 제적당하고 실의와 체념 속에서 노동판에서 새로이 건져질 튼튼한 삶을, 그러나 속절없이 받아들이려는 젊은이의 시선이란 차이가 있음에도, 노을빛에 대한 느낌은 전혀 달라진다. '갑해'라는 소년에게는, 노을빛은 혐오와 공포의 색깔이다. 그 색깔이 아름다운 꽃 빛깔이든, 그리운 어머니의 젖꼭지 빛깔이든, 그것은 '피멍'과 동일시되고, 그것이 연상시키는 것은 '모든 것을 잡아먹는 어둠'이다가 '깜깜한 밤'이다. 우울한 정황이란 점에서는 그리 다를 것 없는 「숨어 있는 땅」에서의 민후에게는 그러나 노을이 '선명'하여 그 노을빛 속에서 먼 산이 가까워 보이고 푸나무는 한결 싱그러워진다. 노을빛에 대한 이 느낌의 차이는, 갑해가, 아버지의 처형 여부를 두려워하면서도 그에 못지 않게 굶주림 때문에 고통스러워하며 어머니가 돌아오기를 기다리는 때의 심정과, 힘든 노동 끝에 집으로 돌아오며 비가 갠 뒤의 신선한 느낌을 가질 민후의 일상의 한때라는 상황의 차이 이상임을 보여준다. 작가는 「어둠의 혼」 시기의 노을빛 억압감을 벗어나, 이제, 같은 노을빛임에도 세상을 투명하고 싱그럽게 볼 수 있는 변화를 얻어낸 것이다. '얻어냈'다는 것은, 세상이 달라진 것이 아니라 그 세상을 바라보는 작가의 시선, 그 시선을 만들어내는 그의 인식의 태도가 달라졌기 때문에 씌어진 것인데, 우리의 김원일의 이러한 변화가, 돌연한 자리바꿈 또는 나이듦에 따른 관용성으로 빚어진 변모가 아니라, 이 세계와의 집요한 싸움 끝에 마침내 도달한 원숙한 세계 인식의 결과로 이해해야 할 것이다. 왜냐하면 「어둠의 혼」과 「숨어 있는 땅」 사이에, 장편 『노을』(1978)이 있고 여기서 노을빛 콤플렉스를 이겨내는 마지막의 감동적인 장면을 기억하고 있기 때문이다.

그날따라 그가 날려올리는 종이비행기가 아주 유연하게 포물선을 그리며 노을빛 고운 하늘을 맴돌았다. 〔……〕 노을 속에다 힘차게 비행기를 띄워 보냈다. 미송이가 그렇게 나는 희망을 키우는 만큼, 그의 눈에 비친 하늘은 분명 어둠을 맞는 핏빛 노을이 아니라 내일 아침을 기다리는 오색찬란한 무지갯빛이리라.

『노을』의 마지막 페이지를 이루는 이 인용은, 「어둠의 혼」에서부터 시작된 노을빛과의 힘겨운 싸움에서 끝내 얻어낸, '핏빛'으로부터 '무지갯빛'으로의 전환을 압축해주고 있다. 그가 전율과 공포의 색감으로부터 희망과 애정의 색감으로 노을빛을 고쳐 보게 된 것에는, 그의 문학 세계가 전율과 공포의 그것으로부터 역시 희망과 애정의 그것으로 바뀌어져 있음에 대한 암시가 스며 있다. 실제로, 『노을』 이전에 씌어진 김원일의 초기 단편들, 그리고 이 선집에 수록된 「압살」과 「어둠의 혼」과 「농무일기」 및 1973년에 운문체 산문으로 씌어졌다가 이번에 완벽한 4·4 타령의 운문 형식으로 대폭 개작한 「상사별곡」의 세계와, 그 이후의 「연」, 특히 근년에 씌어진 「미망」 「숨어 있는 땅」 「가을볕」의 세계는 완연히 달라지고 있다. 초기의 소설들은, 다분히 실존주의적 분위기에, 상당한 작위적 구성으로 폭력과 고문, 살해와 자살, 절망과 전율의 '핏빛'으로 얼룩진 잔혹한 세계로 이루어지고 있다. 그러나 뒷날의 그의 단편들은 분단과 전쟁과 실향이라는 시대사적 비극이 동기가 된다 하더라도 그것은 배경으로 혹은 전체적인 톤으로 깔려 있고 「목숨」에서처럼 절대적인 가난과 굶주림이 있다 하더라도 찐득한 애정으로 감싸면서, 그리고 「미망」과 「가을볕」에서의 과부의 할머니나 어머니의 죽음을 보더라도 따뜻하고 혹은 양명한 분위기 속에서, 그 모든 것들이 너그럽게 받아들여지고 있는, 살벌한 세계에 대비되는 온후한 세계를 구성하고 있다. 이 변화는, 다시 말하지만, 안이하게 자리 옮김으로써 얻어진 것이 아니라 전쟁과 아버지의 죽음과 어머니의 피맺힌 한, 굶주림과 외로움으로 응어리진 비극의 실재와 힘겨운 싸움 끝에, 수수께끼는 수수께끼로서(「어둠의 혼」에 제시된) 받아들이면서 이 세계를 투명하게 바라보도록 달관한 경지에 이르러 얻어진 것이다. 작가는 증오와 억압과의 고통 속에서 자기를 해방하고 세계와 이웃을 그 실체로서 껴안을 수 있는 사랑의 근원을 획득한 것이다.

　좀더 자세히 보면 이렇다.「피의 체취」「빛의 함몰」「압살」「뼈의 고뇌」등 섬뜩하도록 잔인한 제목들이 나타나는 초기 단편 중의 하나인「절망의 뿌리」는 제대한 주인공이 친구 때문에 찾아간 보육원에서 보모를 만난다. 주인공은 순진하고 친절한, 이 처음 보는 보모를 유인하여 잔혹한 보복감에 압도당해 그녀를 강간·교살한다. 여기에는 폭발하는 감정, 그 감정을 일구어놓은 이 세계에 대한 절망과 복수심, 요컨대 잔인한 세계에 대한 자학적인 파멸로 응어리져 있다. 우연과 한계 상황과 폭력의 실존적 세계관이 이 소설을 지배하고 있는 것이다. 그러나 비슷한 구성으로 전개될 수도 있는「숨어 있는 땅」의 이야기는 전혀 달리 진행된다. 이 소설의 주인공이 좌절과 체념으로 몰리게 된 연유들이「절망의 뿌리」와 달리 구체적으로 제시되고 있을 뿐만 아니라, 이 소설에서처럼 분노와 파멸로 폭발될 수 있는 격렬함이 여기서는 침묵과 절제로 침착하게 제어되고 있다. 그리하여, 자기를 좋아하면서도 그것을 표현하지 못하고 서울로 선보러 올라가겠다고 들떠 있는 창희에 대해서 '냉담함' 뒤의 따뜻한 연민이 숨겨지게 된다. "위험한 짐승이 천연덕스레 미끼를 앞에 놓고 먹이를 기다리는 그 서울이란 아가리 속으로 한사코 기어들려는 창희의 위태로움이, 이유가 어쨌든 한 시절의 자기를 방불케 하는데, 그는 어떤 말로써 그 출발을 막아야 하는지 알 수 없었다"라는 그의 막막해하는 태도는 그의 초기작에는 볼 수 없는 감정이다. 이런 감정 상태는, 큰 목소리로 외치며 혈기와 정의감만으로 현실에 뛰어드는 것의 공소함에서 벗어나, "좀더 뜨거운 바다 생활의 체험만이 소중함을 깨달은" 자의 자기 삶을 사랑하는 태도에서 우러나오는 것이다. 이것이 퇴영이나 포기가 아니라는 것은, 그의 깨달음이 '출세 지향적인 삶'을 포기한 데서 얻어낸, '어둠 속에 기필코 밝아올 새벽을 찾아 떠도는 자기 삶에의 뜨거운 사랑'이기 때문이다.

김원일이 초기의 관념적인 절망에서 점차로 구체적인 사랑으로 삶의 방법을 바꾸고 있다는 것은, 그것이 그의 세계의 변화에 원인이 되든 결과가 되든 주목받을 현상이다.「압살」에서도 그렇지만, 첫 창작집『어둠의 혼』에 수록된 대부분의 단편들은, 표제작을 제하고는 3인칭으로 서술되고 있고 가족이 거의 등장하지 않는다. 그러던 것이 그 이후의 중요한 작품들은 총체 소설로 씌어지고 있는 대작『불의 제전』을 제하고는 1인칭으로 시점이 잡히고 아버지·어머니 그리고 형제들이 중심 인물로 등장한다. 그의 1인칭 소설이, '나'가 소설의 행동주라기보다는 관찰자의 입장에 서는 경우가 많고 그래서 3인칭 소설로도 변용이 가능한 화자의 역할을 맡고 있지만(이런 효과의 대표적인 예가, 윤흥길의「장마」와 비슷한 시선으로 묘사되고 있는「농무일기」이다), 중편「도요새에 관한 명상」에서는 보다 적극적인 복합 1인칭 서술로 발전하고 있다. 개발 정책 때문에 강이 죽어가는 공해 문제와, 월남해서 고향을 잃은 아버지의 설움, 그리고 도덕적 타락의 시속을 함께 얽어 그리고 있는 이 중량감 넘치는 소설은 4부로 나뉘는데, 그것들이 형—아우—아버지의 각각의 1인칭 시점과 마지막의 전지적 시점으로 어우러지고 있는 것이다(존 파울스의『콜렉터』역시 같은 상황과 사건을, 납치당한 여자와 납치한 남자, 그리고 전지적 시선의 3부로 구성되었다). 그가 이토록, 객관적 관찰자의 시선으로부터 주관적인 1인칭의 소설로 바뀌어가는 것은, 상황에 거리를 두고 바라보면서 자신의 감정적 반응을 거기에 투척하는 대신에, 그 감정을 제어하고 구체적인 인간과의 관계 속으로 투영하며 더불어-삶의 의미를 천착해 들어가는 태도의 표명이 된다. 이 더불어-삶의 가장 직접적이고 일상적인 접촉이 가능한 대상이 바로 가족들이다.

단편「어둠의 혼」이후의 그의 대부분의 소설들은 3인칭으로 씌어진「목숨」이나 대하 소설로 집필되고 있는『불의 제전』에서도 예외되지 않고, 1인칭에서는 더욱이, 아버지와 어머니를 비롯하여 형—아우—누이 등 가족들로 짜여지고 있다.「환멸을 찾아서」의 긴 중편 소설에서는 아버지와 누이가 화자와 더불어 차지하는 비중이 약하지만 중심 주제인 월북한 박중렬(朴仲烈)의 수기 노트 습득이 일으킨 일련의 사건들도 또 하나의 가족사이며 다른 중편 「도요새에 관한 명상」도 앞에서 지적했듯이 가족 구성원들의 시선으로 플롯이 짜여지고 있으며, 아마도 한국 단편 소설사에 중요한 자리를 차지할 「미망」과 「가을볕」은 어머니와 할머니의 고부간의 갈등과, 어머니의 임종을 앞둔 모습을 그리고 있다. 그럼에도, 김원일의 이런 소설들을 가족 소설이라 이름 부르는 데는 조심해야 할 것이다. 「미망」까지 포함하여, 가족들이 등장하고 있는 그의 소설들은 가령 후기의 염상섭의 가족 소설들처럼 가족 간의 인간적 갈등을 실어주기보다는, 가족들을 통해 우리 한국인의 보편적 삶을 묘사하고 있기 때문이다. 이 점에서는 『누님의 초상』의 유재용의 가족 소설들과 비슷한 모습을 보이고 있지만, 유재용의 가족이 아버지 · 형 · 누이의 개인사를 통해 민족 분단사의 궤적을 단선적으로 추적하고 있음에 비해, 김원일은 가족을 단위로 하여 인간의 보편적인 모습과, 우리 민족의 일반적인 상황을 형상화하고 있는 것이다. 그에게 특히 부각되고 있는 아버지와 어머니의 형상은 분단과 고향 · 가족 상실의 우리 역사가 인간을 구체적으로 어떻게 만들어놓는가의 유형을 보여준다. 「연」의 아버지는 정처 없이 떠돌고 '몽상가'로 버릇되어 있는, 현실적으로 무기력한 아버지이며, 두 중편 「도요새에 관한 명상」과 「환멸을 찾아서」의 두 아버지는 이북에 고향과 가족을 남겨두고 월남해서 새로이 결혼하여 자식을 두었지만, 현실적으로 주눅 들어 소심하고 무력하면서도 헤어진 고향과 가족들에 대한 집념은 완강하다. 이 세 아버지는 「어둠의 혼」의 아버지와 같은 유형으로서, 「도요새에 관한 명상」의 큰아들 병국과, 「연」 「미망」 「숨어 있는 땅」 「가을볕」의 아들들의 성격에 비슷한 유형으로 투영된다. 이 유형과 전혀 다른 아버지가 「농무일기」에서의 열추 아버지와 장편 『노을』의 갑해 아버지들인데, 무식하고 행동적이며 잔인하다. 이 두 아버지의 통합된 형상이 아마도 「환멸을 찾아서」

의 수기 주인공인 박중렬이 될 것이다. 그의 이력은 유복한 지주의 아들로 태어나 사회주의 사상에 물들어 빨치산으로 투신, 맹렬한 활동을 벌이다가 월북, 이념의 실제와 허구 사이에서 좌절되어 자신의 삶에 회의를 느끼고 무력해져 죽음을 기다리는 것으로 끝난다. 이 박중렬이 『노을』에서는 빨치산 대장 배도수로, 『불의 제전』에서는 조민세로 변형된다. 그 유형들의 성격이 어떻든, 이 아버지들 모두에게 드러나는 공통점은, 실패를 했든 체념을 했든, 행동적이든 주눅 들어 있든, 그리고 그 대상이 무엇이든, 하나의 꿈을 갖고 있고 그 꿈에 자신의 일상을 거의 전적으로 심어놓고 있다는 점이다. 그것은 「연」의 아버지가 왜 연을 만드느냐는 물음(그가 생산적으로 한 일은 연을 만들어 팔아보는 시늉을 하다 만 것뿐이다)에 준 답으로 분명하게 표명되고 있다.

"사람은 꼭 어데 갈 목적이 없어도 누구나 다 연맨쿠로 그냥 날아당기고 싶은 기라. 내가 대표적인 그런 사람일란지 몰라도……"

김원일의 어머니들은 이런, 몽상가이며 자유인이고 무력하며 현실적으로 패배한 아버지들 때문에 희생당하고 그만큼 불행하며 고생스럽게 삶을 지탱해야 하는 여인상을 이룬다. 그래서 얻게 된 완강한 생활력과, 무지하면서도 현실적으로 능력을 발하기도 하는 어머니의 공통된 모습은 「어둠의 혼」 이후 「연」 「목숨」 「도요새에 관한 명상」 「미망」에 반복되어 나타나며, 「목숨」에서 어린 아기를 묻어주는 처절한 어머니의 생명력은 『불의 제전』에서 아치골댁의, 아름다운 한국적 여인상으로 형상화된다. 이런 여인상의 예외가 「미망」의 할머니일 터인데, 모든 점에서 화자의 어머니와 대조적으로 그려진 그녀의 모습은 오히려 김원일 작품의 아버지상에 가깝다. 나이가 88세에 입이 짧고 체구가 왜소하며, 겁이 많고, 며느리 앞에 기가 아주 죽어 있는, 김원일 소설에서 유일하게 등장하는 이 할머니는 설움 속에 평행을 사뤄야 할 한의 덩어리 그 자체이다. 그녀의 질긴 목숨이 임종을 맞게 되자, "니 할메도 사무친 원한이 앞산만큼 높아 하늘님도 차마 박정하게 숨질을 못 끊는 모양 같"다는 논평이 덧붙여진다. 흥미로운 것은, 이 따뜻한 논평의 발설자가 시어머니라면 경멸과 증오가 뒤얽혀 빨리 죽어버리라고 면박을 서슴없이 뱉어내던 그녀의 며느리라는 점이다. 성격도 상반되고 가혹한 세상에 대응하는 태도가 전혀 다름에도 불구하고, 이는 이 여인들 모두가 공통된 한과 설움의 응어리들이며 남편과 세상의 가혹한 움직임 때문에 희생당한 사람들임을 자각하고 있음을 알려준다. 이 공통된 운명이 상극처럼 뒤틀린 두 과부 고부를 끝내 화해시켜준 끈이 되고, 죽음을 앞에 둔 시어머니를 위해 수전노인 며느리가 간갈치를 사오게끔 만드는 것이다.

김원일의 어머니들이 한과 설움의 덩어리로 응어리지게 만들고, 그리고 그녀들이 그러지 않을 수 없게끔 그의 아버지들을 현실적으로 무책임하게 만든 것은 무엇일까. 그 질문에 대한 대답이 김원일의 소설을 가족 소설로 한정시키지 않도록 하며 그의 문학적 작업이 우리의 오늘의 문학에 중요한 한 흐름으로 부상하게끔 만드는 이유를 설명하는 것이 될 것이다. 그는, 앞서에서 흘낏 지적한 것처럼 초기의 실존주의적 소설들에서 인간의 우연성에 의한 파멸을 다소 공소한 대로나마 고발하려는 의욕을 갖고 있었고, 최근의 「가을볕」은 죽음을 환하게 맞이하는 방법을 보여주고 있으며 그래서 죽음에 대한 원초적 인식이 그의 많은 작품에 기저로 깔려 있기도 하지만, 아무래도 오늘의 김원일이 가능하도록 만든 문학적 선택은, 분단에 의한 한국인의 상처와의 싸움이란 주제에서 확실한 성과를 거두고 있음을 인정해야겠다. '선집'에 수록된 작품 중에 「농무일기」「목숨」처럼 가난과 굶주림이, 「숨어 있는 땅」에서 정치 참여의 실패가, 「상사별곡」에서 3·1 운동 때의 경찰의 폭행이, 「도요새에 관한 명상」에서 공해 문제가 각각 제기되고 그 각각의 일정한 문학적 성취를 얻으면서 한국인 전반의 고통스런 삶을 드러내고 있는 것은 분명하지만, 그 소설들까지에도 잠재된 모티프를 포함하여, 「어둠의 혼」 이후에 집요하게 천착되고 있는 분단 문제에 대한 그의 문학적 노력은 탁월한 성과로 평가되지 않을 수 없다. 그가 대단한 야심을 갖고 6·25가 발발되던 1950년 한 해 동안의 사회사와 개인사를 총체적으로 재현하기 위해 이미 제1부 2권을 출판하기까지 한 『불의 제전』과, 6·25 상처와의 싸움에서 드디어 극복의 전기를 찾아낸 장편 소설 『노을』 등의 장편 소설에서뿐 아니라, '선집'에 수록된 두 편의 육중한 중편 소설 「도요새에 관한 명상」과 「환멸을 찾아서」, 그리고 그에게 동인문학상을 안겨준 단편 「미망」이 모두 6·25와 관련된 소설들이다.

  6·25란, 다른 작가와 일반 독자에게서도 그러하겠지만, 특히 김원일에게 있어 그것은 단순한 역사적 사건 그리고 현실적 구속력을 가진 현재의 공적인 문제 이상의 것을 의미한다. 그것은 김원일 개인에게 지울 수 없는, 아니, 김현의 표현을 빌리면, 만질수록 덧나는 살아 있는 상처를 이르며 그의 의식 전반을 억압하는 폭력이었고, 그의 가족들은 좌익 사상에 물들어 빨치산 활동에 나선 아버지와 그 때문에 수난과 굶주림을 당해야 했던 분단의 희생물이었다. 그러므로 그것은 그의 평생에 걸친, 그리고 그의 문학 의식 전반을 덮고 있는 주제가 되지 않을 수 없었다. 김원일의 문학적 성장과 변화는 곧 이 주제를 어떻게 다루는가의, 언어를 통한 싸움의 과정으로 해석해도 좋을 정도이다. 아마도 초기의 김원일은 그 전쟁의 상처와 그것으로 희생당한 한 가족의 비극을 가능한 한 정시하기를 회피하고 잊혀진 과거로 몰아붙이려 했던 것 같다. 그것은 그의 초기 단편과 그의 데뷔 장편 소설인 『어둠의 축제』에 6·25가 전혀 소재로 나타나지 않는 점, 그러나 그 소설들을 지배하고 있는 절망적 분노의 표출이 그것을 설명해준다. 그와 비슷한 연배의, 가령 김용성·홍성원 등이 전쟁과 군대 이야기로 데뷔할 때 그가 이것과 무관한 소설을 썼다는 것이 흥미로운 방증이 된다. 내면의 잠재된 지향과 그것을 외면하고 딴 이야기

를 쓴다는 간극은, 그의 그런 소설들을 공소하고 관념적인 작위로 유도하기도 쉽지만, 성실한 작가라면 그 간극의 갈등을 언제까지나 무시할 수는 없을 것이다. 그리하여 조심스레, 소년기에의 회고체로 씌어진 「어둠의 혼」이 생산된다. 이 소설의 비평적 반응이 그에게 용기를 주기도 했겠지만, 여기서 그는 자신의 숨겨진 상처를 건드려보고 나아가 그것과 정면으로 맞섬으로써 자신의 내적 구원을 시도할 계기를 찾게 된다. 그 싸움의 본격적 성과가 1978년의 『노을』이다. 자신의 고향 진영을 무대로, 그러나 상당 부분은 허구로 구성된 이 소설에서, 그는 자신의 상처를 백일하에 드러내고 그것과 정면 대결한다. 그 소설에서의, 28년 전에 탈출하여 말끔히 내버린 고향에의 기억을 되살리며 현재의 어떤 아픔과 소년기의 그 극적인 사건들과의 연계성을 확인함으로써, 그는 고향으로부터 결코 멀어질 수도 없으며 오히려 그곳을 사랑함으로써 자신의 아픔을 치유할 힘을 얻게 된다. 프로이트류의 정신의학을 연상시키는 이 싸움의 과정을 통해, 김원일의 내면은 성숙되고 자신을 병들게 했던 6·25의 억압으로부터 해방되며, 그것이 자신의 개인적 문제만이 아니라 한국인 전반의 문제이고 그래서 보편적이고 객관적인 주제로 관찰해야 한다는 욕구와 능력을 획득하게 된다. 억압감으로부터의 해방이, 가령 「도요새에 관한 명상」과 「환멸을 찾아서」의 중편으로 훈련되면서, 보편적·객관적 시선으로 접근해 시도하는 것이 『불의 제전』이다. 김원일의 이러한 진전 과정은, 「어둠의 혼」이 1인칭의 회상적·주관적 문체로 이루어지고 있고 『노을』이 과거와 현재의 시제 교차를 하면서 객관적 1인칭 문체로 씌어지고 있고 『불의 제전』이 3인칭 과거 시제의 객관적 문체로 진행되고 있다는 대비에서 분명해진다. 그것은 사적 회고로부터 보편적 관찰로의 진전과 확대를 의미하는 것이다.

  문체 변화가 그의 소설 의식과 긴밀한 연관을 이룬다는 것은 특히 김원일에게 중요하게 지목된다. 그는 의외로 여러 수법들을 개발하여 활용하고 있음이 확연하게 드러나는데, 「노을」에서 장의 바뀜이 시제의 현재와 과거의 교차로 이용하던 수법을 원용하여,「도요새에 관한 명상」에서는 1인칭 화자를 바꿈으로써 사건의 진행을 다각적으로 보여주려 하는 것이 그 큰 예이다. 이 효과는 하나의 사건·사태가 그 관련자의 시선에 따라 어떻게 달리 보여질 수 있는가 하는 중첩적 인식 태도를 반영하는데,「도요새에 관한 명상」의 경우, 그 주제가 공해, 학생 운동, 실향민의 망향, 현실적인 금전욕 등 여러 가지가 통합되기보다는 분산되는 느낌을 주어 크게 성공한 것으로 보이지는 않지만, 매우 흥미로운 수법임에는 틀림없다. 당초에는 판소리체로 씌어진「상사별곡」을 4·4조 타령의 운문 형식으로 바꾼 것의 문학적 성과는 따로이 검토되어야겠지만, 운문 형식의 소설이란 시도 역시 처음의 것으로 자상히 음미되어야 할 과제이다.「환멸을 찾아서」의 중편은, 최인훈의『광장』이나 이문열의『영웅시대』에서 주인공의 북한에서의 좌절을 현지에의 시선으로 서술하고 있는 것과는 달리, 북에서 몰락한 사회주의자의 환멸의 기록을 남쪽 바다로 떠흘려 보낸 것을 주워 알게 된다는 역의 착상을 함으로써 그 사실성을 획득하는데, 이것은 분단된 남북 간의 거리를 가장 생생하게 전달하는 상상력의 소산으로 받아들여진다. 그의 근년의 작품들인「미망」과「가을볕」은 그의 수법과 문체가 완숙한 경지에 이르렀음을 보여주는 뛰어난 단편들이다. 여기에서는 과거의 이야기를 적절하게 삽입하는 몽타주 수법이 이용되기도 하지만, 정통적인 문체에 사실적인 시선으로 일관한, 잔잔한, 그러나 우리의 삶의 원천적인 무게를 느끼게 하는 뛰어난 작품들이다. 고부간의 다툼을 그린「미망」은 그들의 일상적인 삶의 모습 그대로 묘사되고 있지만, 그 다툼이 우리의 역사적 비극에서 배태된 상이한 대응 양식의 감정적 표현임을 육화된 서술로 전달해주고 있고「가을볕」은 고통스러운 삶의 역경에도 불구하고 따뜻하고 밝게, 그 역경과 그 종착점으로서의 죽음의 수락을, 정화(淨化)의 모습으로 재구성하고 있다. 이 소설들은 초기의 김원일의 작품과는 전혀 다른 작가의 것으로 보일 만큼 그 문체로부터 소설 세계에까지 커다란 거리를 보이면서, 이 세계와, 그 세계에서의 삶을 화해의 관계로 따뜻하게 감싸주는 아름다운 긍정의 시선을 드러내준다.

    요컨대 김원일의 문학에 대해서 결론적으로 말하면 이렇다. 초기의 '핏빛'의 세계로부터 20년에 걸친 노력 끝에 다다르게 되는 '가을볕'의 세계로의 진전 과정은, 결렬과 절망의 상태로부터 화해와 사랑의 세계로의 진행 과정이며 그것은 김원일 자신의 6·25라는 역사적 비극이 안겨준 거대한 상처와의 구체적 싸움 끝에 얻어진 것이며, 그 싸움은 이 작가 개인에게는 자유로움과 구원을 향한 몸부림이며 우리 문학 자체로서는 사적 체험으로부터 보편적 인식에로의 확대와 다름 아니라는 것이다. 그것들은 말을 바꾸면, 언어를 통해 각성과 치유와 탐색과 극복이 어떻게 가능했는가를 관찰하는 모범적인 지표가 되며, 세계와 역사에 대한 우리의 태도가 어떻게 정당하게 정립될 수 있는가를 보여주는 성실한 예가 된다. 이것 때문에, 김원일의 문학은 개인사적 탐구이면서 우리 한국인의 의식과 우리 한국 문학의 지향이라는 공적 탐구에서 행복한 일치를 보여준다. 그러나 그 일치는 저절로 얻어지는 것이 아니라, 자신에게 가해진 역사적·현실적 무게와 정면 대결하며 진지한 선택을 할 수 있었던 작가의 집요한 정신의 능력에 말미암은 것이다. 이 능력이, 40대 중반에 이른 김원일의 앞으로의 문학에, 예컨대 『불의 제전』부터 어떻게 뛰어난 성취를 더해줄 것인지, 열린 마음으로 기대해보는 것이 독자로서의 우리에게 남겨진 일이 될 것이다.   〔『연』 해설, 1985〕

이야기의 뿌리, 뿌리의 이야기

김현

　이야기를 하고 싶다는 욕망은 사람 모두에게 잠재되어 있는, 아니 숨어 있는 욕망이다. 그 욕망이 얼마나 치열한가 하는 것은 술집에 가보면 쉽게 알 수 있다. 술기운에 욕망의 고삐가 풀린 술꾼들은 지칠 때까지 한 얘기를 또 하고 또 할 정도로 끈질기게 이야기를 한다. 술을 한 잔도 마시지 않고, 전화기에 매달려 두 시간, 세 시간씩 자질구레한 이야기를 계속하고 있는 사람들을 볼 때, 이야기를 하고 싶다는 욕망의 광포함에 놀라지 않을 수가 없다. 그 이야기의 가장 중요한, 가장 중요하다는 표현이 지나치다면, 중요한 동력은 어디에서 나오는 것일까? 그 질문은 던지기 쉬운 질문이지만, 대답하기 쉬운 질문은 아니다. 그것은 말하기라는 인간학의 기본 범주의 해명과 관련되어 있다. 우선, 그 문제는 수다/진정한-말의 대립이 근원적인 것인가 피상적인 것인가라는 문제를 낳고, 말하기/행동하기의 관련을 해명하는 문제를 낳고, 정제된 형태의 말하기의 범주 해명이라는 문제를 낳는다. 그 다음, 그 문제는 말하는 주체와 말해지는 것, 그 둘을 아우르는 말의 정황들의 관계 규명이라는 문제를 낳고, 말하는 주체에 중요성을 부여한 역사적 정황의 해명이라는 문제를 낳는다. 그러니 그 문제가 제기하는 논의의 폭과 깊이는 엄청나게 크고 깊다. 그것을 다 아울러 논의할 만한 능력이 나에겐 없으므로, 나는, 이야기하는 주체는 심지어 수다를 통해서도, 무의식적으로 이야기하지 않으면 견딜 수 없는 어떤 것을 밖으로 드러내려 하며, 그 드러남은 흔히 감춰진, 혹은 변형된 드러남이라는 것을, 단순한 형태의 이야기이건, 복잡한 형태의 이야기이건, 이야기의 종류에 관계 없이, 따져보려 한다. 그 따짐은 그러니까 이야기의 심리적 기원을 따지는 것이지, 이야기 내의 형식적 구조를 따지는 것이 아니다. 이야기의 심리적 기원을 따지다가, 운이 좋게도, 이야기의 정제된, 복합적 형태인 소설의 기원까지 건드릴 수 있게 되면 매우 기쁘겠다. 그렇게 되지 않더라도 물론 실망은 하지 않겠다.

이야기의 심리적 기원을 따지기 위해 내가 분석의 자료로 선택한 것은 1) 김원일: 「어둠의 혼」(『문학과지성』 12호); 2) 「미망」(『환멸을 찾아서』, 동서문화사, 1984); 3) 「가을볕」(『우리 시대 우리 작가』 8권, 동아출판사, 1987); 4) 「깨끗한 몸」(『마당깊은 집』, 문학과지성사, 1988); 5) 『마당깊은 집』(위와 같은 책)의 다섯 편의 단편·중편·장편 소설이다. 그것들은 거명된 순서대로, 1973, 1982, 1984, 1987, 1988년에 발표된 소설들이며, 작가가, 31, 40, 42, 45, 46세 때에 발표한 소설들이다. 그 소설들은 다 같이 화자가 나이며, 거의 자전적인 울림을 울리는 소설들이다. 나는 자전 소설이라 쓰지 않고, 자전적인 울림을 울리는 소설이라고 썼는데, 그것이 자전적이긴 하지만, 소설적 변용이 가해진 소설들이라는 것을 강조하기 위해서 그런 것이다. 그 소설들은 또한 아버지(「어둠의 혼」), 어머니(「가을볕」), 할머니(「미망」), 동생(『마당깊은 집』) 등의 화자의 가장 가까운 혈육의 죽음을 다루고 있다. 「깨끗한 몸」만이 혈육의 죽음을 다루지 않고 있는데, 그것은 『마당깊은 집』의 전편으로 읽어야 할 소설이어서, 『마당깊은 집』의 죽음에 간접적으로 연결되어 있다. 그 소설들을 분석의 자료로 선택한 것은, 그 소설들을 꼼꼼히 순서대로 읽으면, 김원일이 나라고 부르는 이야기하는 화자의, 이야기하고자 하는 욕망의 심리적 기원이 서서히 드러나기 때문이다.

그 소설들의 줄거리는 매우 간단하다. 어느 정도 간단한가 하는 것을 보여주기 위해, 그리고 물론 분석의 한 절차로서, 그 줄거리들을 제시해보면:

1) 「어둠의 혼」: i) 아버지가 죽었다; ii) 나는 그 시체를 본다.
2) 「미망」: i) 할머니가 죽었다; ii) 어머니와 할머니의 불화가 해소된다.
3) 「가을볕」: i) 어머니가 죽었다.
4) 「깨끗한 몸」: i) 어머니가 목욕탕에 데려가 나를 씻긴다.
5) 『마당깊은 집』: i) 떨어져 살던 나를 어머니가 데려온다; ii) 어머니와 내가 싸운다; iii) 화해한다.

그 짧은 이야기들을 작가는 때로는 백여 매의 단편으로, 때로는 몇백 매의 중편으로, 때로는 천여 매의 장편으로 만들어낸다. 사건들이 워낙 단순하기 때문에, 소설들은 그 사건들과 연관된 작은 삽화들에 의해 지탱되고 있다고 할 정도로 자질구레한 삽화들의 도움을 받고 있다. 그 삽화들은 그러나 무서운 구심력을 보여, 기본적인 줄거리를 더욱 강하게 느끼게 한다. 그 삽화들을 제거해버리면 앙상한 줄거리만 나타나지만, 그 삽화들 덕택으로 그 줄거리는 그 앙상함을 감추고 풍부한 구체성을 획득하다. 그 구체성은 그 소설들에 있어서 가족 관계라는 이름을 갖고 있다. 하나의 사건을 둘러싼 가족들의 여러 형태의 반응이 이야기를 풍부하게 만들고 구체적으로 만든다. 그 다섯 편의 소설에 다 같이 나타나는 가족은, 아버지 · 어머니 · 나 · 동생 · 누나 등인데, 화자가 깊은 관심을 갖고 뒤쫓고 있는 것은 거의 언제나 어머니와 동생(혹은 튼튼치 못한 형제·자매)이다. 이야기하는 주체가 언제나 연민의 정으로 되돌아보는 것은 성치 못한 형제(자매)이며, 어머니를 보는 그의 눈초리엔 애증이 겹쳐 있다. 어머니에 대해 이야기하는 화자의 그녀에 대한 애증이 얼마나 심한가 하는 것은 어머니에 관한 한, 이야기의 샘이 마르지 않는 것으로도 미루어 짐작할 수 있다. 어머니 이야기는, 이야기하는 화자로선, 아무리 이야기해도 다함이 없는 이야기이다. 아버지나 동생, 그리고 할머니·이모·고모 등은 어머니 이야기를 하면 저절로 딸려나오는 부수품들이다. 위의 다섯 편의 소설들은 각각 아버지·할머니 등의 이야기를 하고 있지만, 사실은 다 어머니의 이야기이다. 아니다. 어머니와 아버지, 그리고 나의 관계의 이야기이다.

관계를 이해하려면, 우선 관계항을 알아야 한다. 관계항의 첫머리는 언제나 아버지이다. 그 아버지는 부재하는 아버지이어서, 관계의 숨은 원리로 작동하지 드러난 원리로 작동하지는 않는다.「어둠의 혼」의 아버지는, 일본서 공부를 했으며(무슨 공부를?), 일제 때 얼마 동안 야학을 하다가 대동아 전쟁이 한창 때 문을 닫았고, 밀양의 '조선모직회사' 방화 사건(1948년 겨울)에 관련되어 사람의 눈을 피해 다니다가, "서른일곱으로 연기처럼 사라진"(1950년 초), "닭을 채어가는 들개처럼 늘 숨어서 어디론가 다닌" 사람이다. 이야기하는 화자는 그 아버지의 시체를 직접 확인한다. 그의 나이 14세 때이다.「미망」의 아버지는 "어릴 때부터 머리가 뛰어나 향리 보통학교를 일등으로 졸업한 뒤 인근 군에서 한둘이 입학한다는 울산농업학교에 쉽게 합격"하여, 중학을 졸업한다. 졸업 후 "수리 조합이니 면 서기니 금융 조합이니, 그 좋다는 직장을 다 마다하고 모화에서 야학당을 개설하여 농민 운동을 시작했는데, 그것이 왜경의 눈에 사회주의적 민족 운동으로 지목되어 지서를 들락거리기 시작"한다. 해방 후 그는 남로당 모화책이고, 울산 지부 조직 부장책을 맡았으며, 6·25가 나자 일주일

만에 사라져버려 아직 생사를 모른다. 「가을볕」의 아버지는 삼대 독자로서 호열자에 걸려 죽는다. 「깨끗한 몸」의 아버지는 6·25 때 행방불명이 된 사람인데, 아버지의 마지막 모습은 "모택동 복장에 납작모자를 쓰"고 있는 아버지이다. 『마당깊은 집』의 아버지는 마산상업학교를 나와 고향 진영읍 금융 조합 서기를 지냈으며, 서울 수복 직전 가족과 갈라진다: "북한 치하 석 달 동안 서울에서의 아버지 행적과 그 뒤 실종을 쫓아 추적하는 지서의 시달림"이라는 대목을 보면 그도 역시 좌익이었던 것 같다. 위의 다섯 편에 나오는 아버지는, 두 번 이상 되풀이되는 것만을 모으면, 유식하고(먹물을 먹은 사람이고), 야학을 했으며 6·25 때 행방 불명이 된 좌익이다. 이해를 쉽게 하기 위해 그것을 도식화하면 다음과 같다. +표는 드러나 있음을, −표는 안 드러나 있음을 ϕ표는 변형되어 있음을 나타낸다.

사항 \ 작품	1	2	3	4	5
유식	+	+	−	+	+
야학	+	+	−	−	−
좌익	+	+	−	+	+
행불	ϕ	+	ϕ	+	+

위의 도표를 보면, 「미망」이, 이야기하는 화자의 아버지에 대한 기본 요소들이 다 갖춰져 있는 유일한 소설이며, 「가을볕」이 거기에 제일 멀리 떨어져 있는 소설이라는 것을 알 수 있다. 좌익을 아버지로 둔 공포에서 해방된 지 10여 년 만에(1973~82), 아버지에 대한 기억을 할머니·어머니의 입을 빌려 비교적 자세히 털어놓은 뒤에, 2년이 지나지 않아 이야기하는 주체는 아버지를 역사적 정황에서 거의 완벽하게 떼내, 그에게 새로운 삶을 부여한다. 부재하는 아버지를 존재케 할 수는 없지만, 그를 삼대 독자로 만들고, 총살에서 병사(호열자)

로 사인을 바꿔줄 수는 있다. 「미망」의 아버지는 불행한 아버지지만, 「가을볕」의 아버지는, 비록 호열자로 그가 죽었다 해도 행복한 아버지이다. 이야기하는 주체는 2년 동안에 불행한 아버지를 행복한 아버지로 만든다. 그 극단적인 변용 뒤에, 좌익 운동을 한 행불자라는 온건한 이미지가 고착화한다. 불행한 아버지에 대한 기억이 이야기하는 화자를 얼마나 공포감에 떨게 했는가는 「어둠의 혼」의 한 문단에 은유적으로 잘 묘사되어 있다: "대추나무 위편 하늘은 벌써 짙은 보라색이다. 나는 보라색을 싫어한다. 손톱에 들이는 봉숭아물도, 닭벼슬 같은 맨드라미꽃도, 코스모스의 보라색 꽃도 다 싫다. 어머니의 젖꼭지 빛깔까지도 싫다. 보라색은 어쩐지 아버지의 하는 일을 떠올리게 해주고 어머니의 피멍든 얼굴을 생각나게 한다. 보라색은 또 말라붙은 피와 같고 깜깜해질 징조를 보이는 색깔이다. 옅은 보라에서 짙은 보라로, 그래서 야금야금 어둠이 모든 것을 잡아먹다가 끝내 깜깜한 밤이 온다는 것은 참으로 무섭다. 이 세상에 밤이 없는 곳이 있다면 나는 늘 그곳에서 살고 싶다. 나는 빛 속에 함께 끼어 놀고 싶고, 또 빛 속에서 자고 싶다. 그러나 아버지는 어둠 속에서 총살당할 것이다." 그의 아버지는 빨갱이이고, 그의 집은 빨갱이 집이다. 그는 빨간 것이 싫다고도 감히 말 못 하고, 겨우 보라색이 싫다고 말한다. 보라색은 아버지의 색깔이면서, 아버지 때문에 지서에서 매 맞고 피멍든 어머니의 색깔이다. 그것은 말라붙은 피의 색깔이다. 그것을 환기시키는 모든 것, 노을, 봉숭아물, 맨드라미꽃, 보라색 코스모스, 어머니 젖꼭지를 그는 싫어한다. 그것은 어둠의 색, 악의 색이며, 죽음의 색으로, 빛의 색, 놀이의 색, 삶의 색에 대립된다. 아니, 무엇보다도 그것은 아버지의 죽음의 색이다. 그것은 그를 무섭게 하기까지 한다. "어린 나에게 너무나 큰 수수께끼를 남기고 죽어버린 아버지의 일생을 더듬을 때 나는 알 수 없는 두려움 때문에 사시나무처럼 떤다." 그 싫어함, 그 두려움은 반쯤 피에 젖은 아버지의 시체를 본 뒤에야 극복된다. 그 극복은 그러나 느리고 완만하다. 그가 아버지를 온건하게 기억하게 된 것은 거의 15년이 지나서이다.

관계항의 첫머리는 아버지이지만, 관계항의 고리는 어머니이다. 이야기하는 화자는 어머니에 관한 한, 할 말이, 할 이야기가 너무나 많다. 우선 「어둠의 혼」의 어머니: "아버지는 일본까지 가서 공부를 했다. 그런데 어머니는 한글도 제대로 읽을 줄 모른다." 어머니에 대한 이 극단적인 폄하는 주목할 만하다. "어머니는 눈이 크다. 그래서 겁이 많다. 나는 어머니의 눈을 닮았다. 그래서 겁도 많다." 이야기하는 화자는 아버지를 닮은 것이 아니라 어머니를 닮았다. 그것도 겁이 많다는 점에서 그렇다. 그 겁 많은 모자는 그 뒤에 온갖 고난을 다 이겨내고 성공한 사회인이 된다. "우린 왜 이렇게 못살까. 어머니 말처럼 모두 아버지 탓일 게다. 아버지가 그짓을 하고 다녔기 때문이다." 어머니는 아버지의 좌익 활동 때문에 그들이 가난하게 산다고 믿는다. 그는 어머니 때문에 아버지를 미워하고 욕한다. 어머니는 지서에 가면 "얼굴〔에〕 온통 피멍이 들어" 되돌아왔으며, 아버지와 순사 욕을 심하게 퍼붓는다. 어머니는 "모든 화풀이를 나에게 한"다(이것을 묘사하는 이야기하는 화자의 태도는 매우 혼란되어 있다. "어머니는 곧잘 모든 화풀이를 나에게 해버리는 버릇에 익숙해져 있다": 자세히 보라, 누가 익숙해 있는가? 어머니가? 내가? 화자의 마음속에서, 어머니와 나의 위치는 서로 바뀔 수 있다). 「미망」의 어머니: "체격이 우람한 여장부인 어머니는 폭식주의자였고, 입이 걸어 아무 음식이나 잘 드셨다. 혈압이 높으신데도 특히 돼지고기 두루치기를 즐겼고, 생선 지진 국물에 된장을 곁들인 상추쌈이 나오면 지금도 한 그릇 반을 너끈히 비우셨다. 젊을 때 하도 굶어 나는 그저 먹는 재미밖에 없다고 어머니는 자주 말씀하셨다." "어머니는 드세고 괄괄하고 남달리 부지런했다." 어머니는 "경주의 재산을 다 날려 백수건달이 된 적빈한 유생의 막내딸"로, 좌익 운동을 하는 남편 때문에 지서에서 "타작 매를 당"해 전신에 피멍이 들어 되돌아왔고, 남편이 행방불명된 후로는 별별 고생을 다해 아이들을 키운다. 그녀는 오랫동안 멸치포 장사를 한 뒤, 큰아들인 화자 집으로 온다. 「가을볕」의 어머니는 쾌활하고 말이 많고, 남편이 죽은 뒤에 수예로 생계를 꾸려나간다. 그녀는 고혈압을 앓고 있으며, 눈이 크다. 「깨끗한 몸」의 어머니는 "울산 땅의 문벌 있는 유생 집안 출신"으로, 남편이 행방불명된 후, 파출부, 직물 공장 작업부를 거쳐 바느질로 생계를 꾸려나간다. 화자를 자주 때리고, 병적으로 청결벽이 있다. "키가 크고 몸집이 우람하여 여장부로 통"하던 어머니는, 젖도 크고, 엉덩이도 크다. 『마당깊은 집』의 어머니도 화자에게 매질을 하며, 바느질로 생계를 꾸려나간다. 첫아이를 한 달 만에 잃었으며——이것은 이 소설에만 나오는 특이한 요소이다——남편이 행방불명이 된 뒤에는 지독한 가난에 시달리며 애들을 키운다. 위의 다섯 편의 소설에 나오는 어머니는, 두 번 이상 되풀이되는 것만을 모으면, 유생의 딸로서 우람한 체격이며 고혈압이다. 아버지와 이별한 뒤 아이들과 함께 온갖 고초를 다 겪는데, 생계의 수단은 바느질이다. 그녀는 좌익 운동을 하는 남편 때문에 지서에서 뭇매를 맞으며, 아이에게 온갖 희망을 건다. 그것을 아버지의 경우와 마찬가지로 도식화하면:

작품 사항	1	2	3	4	5
유생 집안	∅	+	−	+	−
큰 몸집	∅	+	∅	+	−
지서 출입	+	+	−	+	−
굶주림	+	+	−	+	+
바느질	−	∅	∅	+	+
고혈압	−	+	+	−	−

위의 도표를 보면, 「미망」과 「깨끗한 몸」이 어머니를 비교적 정확하게 묘사하고 있으며, 「가을볕」이 제일 심하게 왜곡하고 있음을 알

수 있다. 「어둠의 혼」에서, 남편의 죽음을 앞두고 겁에 질린, 혹은 앞으로의 생활을 걱정하는("인자 우리는 우예 살꼬. 밉든 곱든 서방인데 저리 죽고 나면 초롱 같은 세 자슥 데불고 우예 살꼬") 어머니로 나타난 화자의 어머니는 「미망」과 「깨끗한 몸」에서 어렵게, 생활을 이끌어나가는 여장부로 나타난다. 혼자 생계를 꾸려나가니, 여장부일 수밖에 없으며, 그 꾸려나감의 비극적 요소를 강조하자니, 집안의 양반 됨을 드러내지 않을 수 없고, 여성 됨을 그래도 강조하자니, 생계의 수단이 여성적인 바느질이 될 수밖에 없다. 그 어머니와 「어둠의 혼」의 어머니가 무의식적으로 혼합·변용된 것이 「가을볕」의, 큰 눈의, 자수로 생계를 꾸려나가는 어머니이다. 그 어머니에겐 불행한 과거가 없으며 행복한 상태의 연장만이 있다. 불행한 어머니는 행복한 어머니이기도 하다. 행복한 어머니를 보여주고 난 뒤에, 화자는 안심하고, 여유 있게, 고생하는, 그러나 크게 불행하지는 않은 어머니를 보여줄 수 있게 된다. 어머니와 같이 셋집에서 고생하는 다른 사람들에 비해 어머니는 그래도 살 만한 삶을 살고 있다. 그 어머니가 되풀이하여 화자에게 주입시키는 것은, 아버지처럼 집안 망칠 일을 하지 말고, 훌륭한 사람이 되어 출세하라는 것이다: "'뒷날 우리 식구가 이 고생 하며 살았을 때를 이야기할라 카모 니가 우찌하여 살아야 되는 줄을 알고 있제?' /나는 대답을 않고 묵묵히 걸었다. 나는 어머니가 할 다음 말을 이미 알고 있었다. 그 말씀에 보답할 자신감이 없었으므로 폭 꺾은 고개가 들려지지 않았다. 그래서 겨드랑이에서 돋아나던 빳빳한 날개가 갑자기 소금에 절인 푸새처럼 힘없이 축축 처져내림을 느꼈다. 어머니가 걸음을 멈추더니 말했다./"우짜든둥 열심히 공부해서 훌륭한 사람이 되는 길밖에 없데이.'"

관계항의 마지막은 이야기하는 화자이다. 「어둠의 혼」의 화자는, "내가 영어 숙제를 하고 있을 때"라는 구절을 보면, 아버지가 죽은 1950년 초에 중학생이며, 「미망」의 화자는 을지로 3가에 있는 출판사에 다니고 있다. 「가을볕」의 화자는 초급 대학을 나와 출판사에 다니다가 지금은 공사 현장에서 일하고 있으며,「깨끗한 몸」의 나는 월부 판매 출판사 직원으로 이야기의 시간(1952년)에는 초등학교 5학년생이며, 『마당깊은 집』의 나 역시 출판사 직원으로, 이야기의 시간 (1954년)에는 초등학교를 졸업하고 일 년 간 쉬고 있다. 이야기 화자에겐 언제나 형제·자매가 있으며, 때로 그 중 하나는 튼튼치 못하다.「어둠의 혼」의 누나는 정신박약아이며, 막내 만수는 "올챙이처럼 불룩한 배를" 하고 있다. 『마당깊은 집』의 막내 길수는 굶주려 죽는다. 특히 『마당깊은 집』의 길수의 죽음을 묘사하는 화자의 목소리는 서정적이면서도 극적으로 슬프다(화자는 그러나 본능적으로 절망에서 도망치는 방법을 체득하고 있다. 그것은 변용의 방법이다: "하루에 열대여섯 시간은, 머리가 '아뿌다'며 끝없이 게걸거리던 죽기 직전의 그 깡마른 길수의 모습은 생각하기조차 끔찍하다. 아니, 나는 아우의 그 모습을 영양실조로 굶주린 에티오피아의 어린 소년으로 환치하여 떠올림으로써 애써 지우려 한다." 괴롭고 끔찍한 것은 다른 것으로 환치하여 지운다. 그 지움의 방법은 침묵의 방법이 아니라 이야기의 방법이다. 그는 다른 것을 이야기하며 괴롭고 끔찍한 것을 지운다). 또한 화자의 결혼 생활은 불행하기도 하나,(「가을볕」) 대개 덤덤하다(「가을볕」에서의 그의 불행은 부모의 행복에 대한 징벌이다. 다 행복할 수는 없으니까, 그는 그를 징벌한다. 그것도 이야기의 한 방법이다). 그 다섯 편의 소설에서,「가을볕」을 제외하면, 이야기하는 화자의 자리가 어떠하든, 이야기되는 시간은 6·25 직전과 1952~54년이다. 북한 치하의 석 달과 휴전선까지의 올라감—밀림은 이야기되지 않는다. 이야기하는 화자가 이야기하고 싶은 시기는 역사적 시기라기보다는 철들 무렵이다. 그 역사적 시기에 어떤 일이 일어났느냐를 이야기하기보다, 내가 철들 무렵 나는 이렇게 삶과 만났다라는 이야기를 화자는 더욱 하고 싶어한다. 객관적으로, 총체적으로 역사적 사실을 분석하고 있기엔 철들 무렵의 고뇌와 절망이 너무 컸기 때문일까? 아니면 작가 김원일에게 그 임무를 떠맡기고—왜냐하면 그는 지금 『불의 제전』을 쓰고 있기 때

문이다──화자는 자기 이야기만 하기로 작정했기 때문일까? 철들 무렵에 화자가 처해 있던 가족적 정황은:

1) 아버지는 없고, 어머니가 생계를 꾸려나간다.
2) 그들을 도와주는 사람은 거의 없고(예외가 있다면 이모 정도이다), 그는 집안의 장남이다.
3) 자기가 결국은 집안(어머니와 형제 · 자매)을 돌봐야 한다.

그 정황을 이해하기에 이르는 과정은 느리고 완만하지만, 그 계기는 경련적이고 충격적이다. 죽음 · 매질 · 다짐 · 울음 등의 계기를 통해 화자는 서서히 자기가 세계의 중심, 가족의 중심임을 깨닫기 시작한다. 우선 아버지의 죽음: "〔아버지의 죽음과〕 더불어 나는 무엇인가 깨달은 듯한 느낌을 가지게 되었다. 그 느낌을 꼬집어내어 설명할 수는 없었으나, 이를테면 살아나가는 데 용기를 가져야 하고 어떤 어려움도 슬픔도 이겨내야 한다는 그런 내용의 것이었다. 모든 것이 안개 속 같은 신기한 세상, 내가 알아야 할 수수께끼가 너무나 많은 이 세상을 건너갈 때, 나는 이제 집안을 떠맡은 기둥으로서 힘차게 버티어나가지 않으면 안 된다. 이런 굳은 결심이 나의 가슴을 뜨겁게 적시며 뒤채는 눈물을 달래고 있음을 느꼈던 것이다"(「어둠의 혼」). 세계는 수수께끼 같은 곳이지만, 나는 집안의 중심으로서 그 세계의 중심에 굳게 자리 잡아야 한다. 어려움이나 슬픔은 췌사에 지나지 않는다. 그 다음, 어머니의 울음: "내가 고등학교에 입학하던 날 밤, 나에게 처음으로 새 교복을 맞춰주시고 어머니는 우리 형제간을 앉혀놓고 〔가족 관계〕 말을 하시며 우셨다. 그 울음은 너무 절절하여 나도 아우도 따라 울지 않을 수 없었고, 우리 세 모자는 울음으로 밤을 밝혔다. 그 거칠고, 어떤 면에서는 모질기까지 한 어머니를 내가 뜨겁게 이해하게 된 것이 바로 그날 밤 이후였다. 우리 형제를 숯포대 매질로 키워올 때도, 그 매가 서른둘에 청상이 되신 후 홀몸으로 세파를 이겨온 분풀이와 설움의 또 다른 표현임을 알고 나는 순종으로써 달게 받아들였던 것이다"(「미망」). 그가 홀몸으로 아이를 키우기가 얼마나 힘든가를 깨닫게 된 것은 고등학교 입학 때 어머니의 울음을 통해서이다. 그날 이후 어머니에 대한 원망·증오는 순종으로 뒤바뀐다. 세상 물정을 알게 되었기 때문이다. 아버지의 죽음을 통해 자기가 집안의 기둥이라는 것을 느낀 그로서도, 어머니의 슬픔을 이해하는 데는 몇 년이 더 걸린 셈이다. 어머니의 슬픔을 이해하기에는 그는 너무 어리고, 그리고 너무 남자 본위였던 것이다. 그것과 관련되어 있는 매질과 다짐: "고향으로 내려오면 어머니는 그 동안의 내 행실과 공부 정도를 울산댁과 이웃 사람들에게 염탐하고서는 반드시 무슨 이유든 끌어대서 매질로 당조짐을 놓고는 대구로 떠났던 것이다. 밤늦게까지 공부는 뒷전이고 장터거리를 싸돌거나 극장 앞을 기웃거린다, 구슬치기를 얼마나 했기에 손이 가마귀처럼 그 꼴이냐, 이 시골에서도 학교 성적이 늘 중간밖에 못 하는 너를 장자로 믿고 이 에미가 어떻게 살겠느냐, 제 몸조차 깨끗이 씻지 않는다는 그런 결점을 잡아 거기에다 박복한 당신의 설움까지 덤으로 얹어 곡지통을 터뜨리며 매질을 했었다"(「깨끗한 몸」). "길남아, 길은 오직 하나다, 니가 크야 한다. 걸대(왕대)같이 얼렁 커서 튼튼한 사내 구실을 해야 한다. 그래야 혼자 살아온 이 에미 과부 설움을 풀 수가 있다"(『마당깊은 집』). 얼른 커야 한다. 그 자람은 나이 들고 키가 커지는 것만을 의미하지 않는다. 그것은 큰사람이 되는 것까지를 의미한다. 이야기하는 화자가 가족적 정황을 정확하게 이해하게 되자 보여주는 첫 반응은 그 정황에서 도피하고 싶다는 간절한 욕망이다: "어머니의 말처럼 장차 내가 집안의 의지 기둥이 되려면 남을 딛고 일어서야 하는데, 그러자면 정직과 성실만으로는 어렵고 실력·체력·노력, 거기에다 탐욕·교활·언변 따위까지 갖추지 않으면 안 되었다. 나는 도무지 어머니의 그 한을 풀어드릴 수 없을 것 같았다. 어서 세월 흘러 머리 허옇게 센 노인이 되고 싶다고 내가 생각하기 시작한 것도 그날 아침 어머니의 그 말을 들었을 때부터였다. 〔……〕 나는 그만 암담해져 빨리 늙은이가 되어 나에게 기대를 거는 모든 이들의 시선으로부터 무관심의 대상으로 남고 싶었다"(『마당깊은 집』). 너는 이 집안의 의지 기둥이다라는 어머니의 말이 무엇을 의미하는가를 깨닫는 순간, 이 야기 화자는 그의 뻔한 앞날에 암담해져 거기에서 도망치려 한다. 나에게 관심을 갖지 말라, 나에겐 의지 기둥 노릇을 할 자질이 없다라는 것이다. 그 도피는 그러나 상상 속에서나 가능한 도피이며, 어머니의 매질·다짐·울음 때문에 도저히 성공할 수 없는, 성공하게 되어 있지 않은 도피이다. 그는 어머니에게 계속 볼모로 잡혀, 집안을 떠맡아야 한다. 부재하는 아버지 대신에, 그는 그 자신이 아버지이며 아들이 되어야 한다. 어머니에게 있어서, 그는 아들이며 동시에 남편이다. 그는 어쩔 수 없이 형제·자매에겐 아버지로, 어머니에겐 남편-아들 노릇을 해야 한다. 남편으로서, 그는 어머니를 독차지할 수 있지만, 동생들 때문에 실제로는 그럴 수 없다. 아들로서 그는 어머니에게 투정을 부릴 수 있지만, 실제로는 아버지가 없기 때문에 그럴 수가 없다. 그는 철들 무렵 자기도 모르는 사이에 덫에 갇힌 것이다. 그 덫의 이름은 가족이며, 그 덫을 놓은 사람은 어머니이다.

이야기하는 화자의 가족들 간의 관계는 애증이라는 심리적 뿌리를 갖고 있다. 어머니는 아버지에 대해, 나는 어머니에 대해 애증을 느낀다. 어머니는 아버지에 대해, 더 잘살 수 있었는데, 좌익 운동을 해 집안을 망쳤다라는 증오와 그럼에도 불구하고 그가 아이들의 아버지라는 데서 연유하는 사랑을 동시에 느끼며, 나는 어머니에 대해, 자기를 다른 아이들같이 대해주지 않는 데 대한 불평·증오와 그럼에도 불구하고 자기가 가족을 책임져야 한다는 데에서 연유하는 사랑을 동시에 느낀다. 어머니는 아버지 욕을 하다가, 그가 죽게 되자 이젠 어떻게 사느냐고 울음을 터뜨리며(그녀에게 그토록 고통을 준 남편이 죽는다면 오히려 시원하지 않을까?), 나는 "나에게 유독 극악을" 떤 어머니를 미워하면서도, 그 어머니의 설움을 깊이 이해한다. 그 이중의 애증은 아버지가 존재하지 않기 때문에 생겨난 심리적 반응이다. 아버지가 살아 있다면, 어머니/아버지, 나/아버지의 대립은 또 다른 면모를 보였을 것이다. 예를 들어, 어머니는 가출을 했을지도 모르며, 나는 부랑아가 됐을지도 모른다. 그러나 아버지의 부재는 그 가능성을 막아버린다. 부재하는 아버지는 비현실이며, 곁에 있는 어머니는 현실이다. 부재하는 아버지를 놓고, 나와 어머니는 새 관계, 아버지-아들, 아내-어머니의 관계를 구축한다. 부재하는 아버지가 심리적 질곡으로 작용하지는 않는다. 부재하는 아버지는 가족들의 결속을 다져주는 긍정적 역할을 맡는다. 다시 말해 이야기하는 화자에겐 오이디푸스 콤플렉스가 없다. 옛날에 아버지가 있었다, 그 아버지는 죽고, 내가 곧 아버지가 되었다. 오이디푸스 콤플렉스는 아버지가 되려는 심리적 움직임이다. 그런데 그는 이미 아버지가 되었다. 죽은 아버지는 방해물이 아니라, 환영이다. 그 환영은 아버지가 된 나에게 내 가족을 네가 책임지라고 말한다. 그는 책임지기 싫다고 그 환영에게 대답한다. 나에게 관심을 갖지 말아달라는 것이다. 그것은 이뤄질 수 없는 서원이다. 그는 자기가 만들지 않은 가족의 아버지로서 가족들을 돌보고, 자기 가족의 역사를 만들어야 한다. 아버지는 역사를 만드는 사람이기 때문이다. 그가 만드는 역사는 한 가족의 역사이며, 이야기하는 나는 역사의 주인이며 관찰자이다. 그는 부재하는 아버지에 대해서는 꼼꼼하게 이야기할 수 없지만, 어머니와 형제·자매에 대해서는 그럴 수 있다. 아니다, 그가 역사를 만들고 관찰하는 것이 아니다. 그는 그가 역사를 만들고 관찰한다고 이야기할 수 있을 뿐이다. 그는 진짜 아버지가 아니라, 부재하는 아버지를 대신하고 있기 때문이다. 그가 실제로 만들고 볼 수 있는 이야기는 그의 아내, 아이들의 이야기이지, 어머니·형제·자매의 이야기가 아니다.

부재하는 아버지를 대신하는 가짜의 아버지는, 처음에는 아들의 모습을 그대로 간직하고 있다. 보라, 그 가짜 아버지는 막내아우에게 어머니를 빼앗겼을 때의 울분을 이렇게 이야기하고 있다: "전쟁이 났던 해 사월, 막내아우가 태어났을 때, 나는 아우에게 젖꼭지를 물린 어머니의 젖을 자주 보았었다. 그때만 해도 정말 만져보고 싶도록 불룩하게 솟은 큰 젖이었다. 그 젖을 혼자 차지하여 쪼물락거리는 막내아우를 보면 은근히 부아가 끓어오르기도 했었다"(「깨끗한 몸」). 막내아우에게 어머니의 젖을 빼앗기고 은근히 ─ 정말 은근히일까? 사실은 맹렬히가 아닐까? ─ 부아를 끓이는 사람은 아버지일 수 없다. 아버지라면, 당연히 귀여워해야 할 것이다. 그 아들은 가짜 아버지나마 아버지가 되기 위해 가족 간의 유대를 점점 부인하기에 이른다. 내 아버지와 어머니는 내 아버지와 어머니가 아니다. 그 부인이 오래가지는 않는다. 그러나 그것은 자주 되풀이된다. 『마당깊은 집』은 그 부인 ─ 확인의 과정을 자세히 보여주는 흥미 있는 소설 중의 하나이다. 이야기하는 화자에 의하면 그 과정은 야속함 ─ 의심 ─ 부인 ─ 확인의 절차를 거친다. 우선 야속함: "다른 집 애들과 달리, 아니 누나와 길중이도 학교에 가는데, 학교도 못 다니며 고생한다는 말씀도 안 해주시다니, 그런 말을 목구멍 안으로 중얼거리며 나는 금세 서러움으로 눈물이 핑글 돌았다." 서러움, 핑글 돈 눈물은 야속함의 육체적 반응이다. 나도 아들인데, 왜 나만 유독 심하게 다루는가라는 게 야속함의 이유이다. 그 다음, 의심: "나는 장가를 간 뒤에까지 때때로, 나는 다리 밑에서 주워온 자식이 아니면 아버지가 다른 여자로부터 나를 낳아 집으로 데려오지 않았을까 하는 혐의를 잠재적으로 가지고 있었다"(다리 밑에서? 진실을 말하자면 다리 밑이 아니라, 다리 사이에서이다). "데려왔거나 주워온 자식은 이래저래 설움이 많다고 기분이 상해 있을 때, 그렇게 일하기 싫으면 점심 굶으면 된다는 어머니의 빈정거림이 떨어졌다. 굶기려면 굶기지. 나는 정말 오늘 신문 배달도 안 하고 집을 떠나버릴 테야." 나는 데려온 아이이거나, 아버지가 다른 여자에게서 낳은 아이다. 그 지적에서 특이한 것은 나는 여하튼 어머니의 아이가 아니다라는 생각이다. 아버지가 다를 수 있다는 생각은 그에게 거의 없다. 다른 것은 어머니이다. 그 의심·혐의가 구박이라는 실증을 얻게 될 때, 그는 가출하고, 모자 관계를 부인하기에 이른다. 그 다음, 부인: "아니다, 나는 집으로 안 들어갈 끼다. 어무이는 날 기다리지도 않아. 너한테 인제사 하는 말이지만 난 사실 우리 어무이가 낳은 자슥이 아니거덩. 아부지가 어데서 나를 낳아 집으로 델고 왔어. 그래서 날 낳은 어무이가 누군지 얼굴도 몰라." 가출한 뒤, 이야기 화자는 자기는 아버지가 다른 데서 낳아 데리고 온 아이라고 단정한다. 그는 업둥이가 아니라 서출이다. 어머니의 부인은 아버지에 대한 묘한 그리움, 그리고 한 핏줄인 형제들에 대한 아쉬움을 낳지만, 그는 아버지의 과거를 수소문할 생각도, 진짜 어머니를 찾아볼 생각도 하지 않는다. 그에게는 어머니에 대한 반발, 거기서 야기된 가출, 부인이 너무 압도적이다. 그외의 것은 변덕스런 이야기일 뿐이다. 어머니가 그에게 애정을 표시하면, 그는 곧 항복해 버릴 것이다. 마지막으로, 사랑의 확인: "아침 밥상을 받자, 콩나물과 대파 건더기 사이에 쇠고기 기름이 동동 뜨는 고깃국이 내 밥그릇 옆에만 놓여 있음을 알았다. 그 뒤로도 그렇다, 그렇지 않아도 변덕이 죽 끓듯 했지만, 그 순간만은 내가 어머니의 아들임을 마음 깊이 새겼다. 목이 메여 밥이 잘 넘어가지 않았고, 어머니는 여전히 아무 말씀이 없었다." 어머니의 사랑을 확인하는 이 문단에서는 두 가지 대목이 의미 있다. 하나는 그 순간만은 자기가 어머니의 아들이라는 것을 굳게 믿었다는 대목이다. 그는 그 뒤로도, 장가를 간 뒤에까지도 변덕이 죽 끓듯, 의심—확인을 계속한다. 잘 대해주면 믿고, 안 그러면 안 믿는다! 이 투정 많은 아들의 마음의 변덕. 또 다른 하나는 어머니는 여전히 말이 없다는 대목이다. 어머니는 언제나처럼 부인도 승인도 않는다. 어머니는 어머니일 따름이다. 나무가 자기가 나무가 아니라는 것을 부인도 시인도 않듯, 어머니는 어머니일 뿐, 그것을 의심하는 말을 부인도 시인도 않는다. 변하는 것은 아들이지 어머니가 아니다. 그 어머니는 되풀이하여 말한다: "지가 맡은 일은 어짜

든둥지 힘으로 끝장을 봐야지." "니가 크야 한다. 걸대〔왕대〕같이 얼렁 커서 뜬뜬한 사내 구실을 해야 한다." "너는 애비 없는 집안의 장남이다." 어머니의 그 완강한 교훈적 자세가 아이의 변덕을 불러일으킨다. 그 변덕의 진짜 의미는 나는 내 식으로 마음대로 살고 싶어요이지만, 그는 어머니 때문에 어쩔 수 없이 가짜 아버지가 된다. 그것을 우리는 성숙이라고 부른다. 성숙한 의식은 가짜 아버지의 의식이다. 그것을 사회화라고 불러야 할까, 자기 기만이라고 불러야 할까? 아노미 상태의 사회에서는 그것이 자기 기만이겠지만, 안 그런 사회에서는 사회화일 것이다. 그렇다면 6·25를 전후한 한국의 사회는 어떤 사회였을까?

김원일의 위의 다섯 편의 소설은 단순한 가족에 대한 소설이 아니라 이야기하는 화자가 가족에 대한 이야기를 하게 되는 과정을, 아들이 가짜 아버지가 되어가는 과정을 점점 사실적으로 내보여주는, 가족에 관한 희귀한 소설이다. 「어둠의 혼」에서, 김원일은 글을 쓰기 시작한 뒤 7년 만에, 그의 가족에 대한 비밀스런 이야기의 한 자락을 펼쳐보인다. 유식한 좌익 아버지와 무식한 일상인 어머니의 대립을 기본틀로 간직한 채, 그는 숨기고 싶은 아버지의 죽음을 극적으로 드러낸다. 아버지의 시신을 보며 저 가슴이 내가 어리광을 부리던 그 가슴인가라고 자문하는 어린아이의 모습은 그 비극적인 장면의 절정을 이룬다. 보라색을 싫어하는 아이는, 『노을』(1978)에서는 노을을 긍정적으로 수용하는 직장인으로 자라난다. 그런데도 가족에 대한 이야기를 계속 하고 싶다는 욕망은 사라지지 않는다. 그 욕망을 달래기 위해 그는 우회적으로 할머니의 죽음을 이야기한다. 「미망」은 할머니의 죽음을 빌미삼아, 아버지와 어머니를 다시 이야기의 대상으로 부각시킨다. 아버지는 좌익 운동을 하다 6·25 때 행방불명이 되었고 어머니는 그 아버지에 대한 애증을 이야기 화자에게 그대로 전이한다. 아버지와 어머니의 모습은 거의 원모습에 가깝게 재현된다. 할머니의 죽음은, 더 나아가, 어려울 때 자기 가족을 도와주지 않았기 때문에 할머니와 불화 관계를 유지한 어머니와 할머니의 불화를 극적으로 극복시킨다. 불화를 극복하면서, 어머니는 화자에게 자기의 할머니에 대한 불만을 구체적으로 납득시킨다. 나는 어머니를 이해하고, 어머니와 할머니의 화해를 객관적으로 수용한다. 불화가 없는 가족은 행복한 가족이다. 그는 행복한 가정을 억지로 꾸민다. 그것이 「가을볕」의 세계이다. 그 행복한 가정을 이야기하는 화자의 어조는 밝고 높다. 그런데 그 밝고 높은 어조 속에 그 가정을 부인하고 싶은 무의식이 솟아오른다. 「가을볕」의 어머니는 자기가 키운 삼형제라는 말을 두서너 번 되풀이하지만, 실제의 그녀의 아이들은 삼남매이다. 삼남매를 삼형제라고 자꾸 부름으로써, 「가을볕」의 어머니는 그 행복한 가족의 외양 밑에 뭔가가 숨겨 있음을 암시한다. 그 이전의 소설에서와는 다르게, 그 소설의 아버지는 호열자에 걸려 죽고, 어머니는 바느질이 아닌 자수로 생계를 꾸려나간다. 호열자는 얼마나 탈이념적이며 자수는 바느질에 비해 얼마나 고상하며 예술적인가. 그 완전한 전도로도 김원일의, 가족에 대해 이야기하고 싶은 욕망은 다하지 않는다. 그는 다시 원래의 정황으로 되돌아가, 가능한 한 변용을 줄이고, 아니 거의 없애고, 왜 가족에 대해 이야기하고 싶은 욕망이 끝없는가를 성찰하려 한다. 「깨끗한 몸」에서, 김원일은, 누나와 동생보다는, 막내동생 때문에, 어머니를 독차지한 막내 때문에 그 욕망이 생겨난 것이 아닐까 자문한다. 그럴 수도 있을 것이다. 그러나 그것만은 아니다. 그는 더 깊이 나아간다. 그는 『마당깊은 집』에서 그 욕망의 뿌리를 만난다. 어머니는 아들인 나를 가짜 아버지로 만들려 했다. 어머니는 아버지에 대한 분풀이를 나에게 했으며, 자기의 설움을 가짜 아버지로서 내가 위로해주기를 바랐다. 나는 그러기 싫었지만 어쩔 수 없이 그 역할을 떠맡았다. 그 역할을 떠맡으면서, 나는 내 어머니가 내 어머니가 아닐지도 모른다고 생각했다. 내 어머니가 내 어머니가 아니라면, 나는 어머니와 아버지에 대해 내 나름대로 내 기호에 맞게 이야기할 수 있다. 나는 내 마음대로 내 가족을 꾸며댈 수 있다! 그 가능성이 김원일로 하여금 계속 아버지와 어머니에 대해 이야기할 수 있게 만든 여건이다. 『마당깊은 집』은 이야기하는 화자가 왜 자기는 가족에 대한 소설을 계속 쓸 수밖에 없는가를 보여주는, 화자의 욕망의 뿌리를 보여주는 희귀한 소설이다. 나는 진짜 아들이면서 가짜 아버지이다. 어머니는 진짜 어머니이면서 가짜 아내이다. 가짜 아버지와 가짜 아내가 만들어내는 이야기는 끝이 없다. 해석은 새 해석을 부르고, 새 해석은 새 사실을 부른다. 가족들은 조금씩조금씩 신분을 달리하며 그 한없는 이야기를 구성하는 데 도움을 준다. 아버지와 어머니를 마음 내키는 대로 변용할 수 있다면 무슨 변용인들 불가능하겠는가. 무의식의 밑바닥에서 이야기하는 화자의 변덕스런 욕망에 의해 변용된 가짜 사실들은, 의식의 표면으로 진짜처럼 나타난다. 그 진짜처럼 나타나는 것이 과연 진짜일까? 그런 반성을 하다 보면, 이야기는 느릿느릿 속도를 낮춰, "월간 잡지『샘이 깊은 물』, 1988년 6월호에 실린 그분〔서준식씨〕의 글을 읽으며, 나는 정태씨를 떠올리지 않을 수 없었다. 그 글 속 88페이지에 있는 이런 구절은 바로 정태씨에 관한 보고서에 다름 아니다"라는 식의 묘사를 가능케 한다. 가짜일 수도 있을 사실들을 진짜처럼 떠올리게 하는 무의식의 변용 현상은, 가짜 아버지라는 가짜 신분이 화자에게 얼마나 억압적이었나 하는 것을 거꾸로 보여준다. 그렇다면 이야기하고 싶은 욕망은 억압에서 벗어나려는 욕망과도 같다. 억압에서 벗어나려니까, 이야기는 변용되고, 뒤틀린다. 그 뒤틀린 것을 바로 고치려는 의지 자체도 뒤틀린 욕망의 한 모습이다. 억압은 분위기로 드러나지 정확한 사실로 드러나는 법이 없다. 억압된 것은 그것을 드러나게 하려는 의지에 의해 그 억압적 성격을 어느 정도 잃을 뿐이지, 완전히 비억압적인 것으로 변화되지는 않는다. 가짜 아버지가 되기 싫다는 욕망은 그것을 드러내도, 이성화해도 완전히 사라지지 않는다. 다만 부정적 성격을 거의 잃을 따름이다. 부정적 성격을 잃은 억압된 것을 이야기할 때, 그것은 서정적 분위기를 띤다. 그것은 추억의 형태로 존재할 따름이다. 과연 앞의 세 편의 소설에 비해 뒤의 두 편의 소설은 얼마나 서정적인가!

모든 글은, 그것에 저항하는 글까지를 포함하여, 개념화를 지향한다. 개념화의 첫 단계, 아니 마지막 단계는 명명 작업이다. 나는, 이야기하는 화자가 자기의 변덕스러운 욕망에 따라 자기의 가족적 정황을 바꿔 이야기하는 이야기를, 프로이트와 그 프로이트를 뒤따라 간 마르트 로베르트의 뒤를 이어, 가족 소설 Familienroman/family romance이라고 부르고 싶다. 정통적인 프로이트주의자를 자처하는 라플랑슈와 폰탈리스가 펴낸 『정신분석학 사전』(1967)은, 가족 소설을 "예를 들면 자기를 업둥이라고 상상하면서, 자기 부모와의 관계를 주체가 상상 속에서 변경하는, 그런 환영을 지시하기 위해 프로이트가 만들어낸 말"이라고 설명하고 있다. 프로이트는 1909년 오토 랑크의 『영웅 탄생 신화』에 실린 한 글에서 그 용어를 쓰고 있지만, 그 현상을 주목한 것은 그 이전이다. 그 환영은 편집광적인 헛소리에 숱하게 드러나 있으며, 신경증 환자에게서도 여러 변형을 거쳐 드러난다. 어린애는 "실제의 부모에게서 자신이 태어난 것이 아니라, 명망 있는 부모 혹은 명망 있는 아버지에게서 자기가 태어난 것이라 상상하여" 어머니가 사통을 했다고 생각하거나, 자기가 바로 적자이며 형제·자매가 오히려 사생아라고 믿는다. 그 환영은 오이디푸스 콤플렉스가 주는 억압 때문에 생겨난다. 그것의 정확한 동기는 수가 많으며 복합적이다: 어느 면으로는 부모를 낮추고 싶고, 어느 면으로는 높이고 싶은 욕망, 위대해지고 싶은(아버지를 죽이고 싶은) 욕망, 근친상간을 막는 장해를 교묘히 피해가려는 시도, 형제간의 경쟁의 표현 등이 그 동기들이다. 그런 프로이트의 설명은 김원일의 다섯 편의 소설이, 가족 소설의 소설적 변용이라는 것을 타당성 있게 받아들이게 한다. 아버지는 범법자이지만, 운동가이기도 하며, 어머니는 거칠지만 자상하기도 하다(부모를 낮추면서도 높이고 싶은 욕망). 나는 집안의 기둥이다라는 자부심·부담(위대해지고 싶은 욕망). 아버지가 없으니, 어머니와 여탕에 들어갈 수밖에 없다. 깨끗하게 몸을 씻으려는 욕망은 더러운 마음을 감추려는 욕망이다(근친상간을 피해가는 시도). 막내에게 어머니를 빼앗긴 뒤의 부아 끓음(형제간의 경쟁). 김원일의 소설에는 프로이트가 든 거의 모든 동기가 산적해 있다. 그는 그 어떤 동기에 의해서이건, 가짜 아버지에 대한 이야기를 계속 꺼낸다. 어린애에게 부모는, 그들이 그를 지켜주고 보호해준다는 의미에서, 왕이나 신과 같은 존재이다. 어린애는 그들의 사랑을 받고, 그들의 울타리 안에서 행복하게 자라나면 된다. 그러나 나이가 들면서, 동생이 생기면서, 그 낙원이 파괴된다. 더구나 아버지가 범법자로 몰려 죽고, 어머니는 지치고 추한 모습으로 나타난다. 어머니는 이미 자기를 보호해주고 지켜주는 신이 아니라, 자기를 가짜 아버지로 만들려는 잔인한 현실이다. 그는 무의식적으로 유년 시절의 낙원으로 되돌아가려 하지만, 그것은 불가능하다. 거기에서 일종의 심리적 야합이 생겨난다. 나는 어머니의 아들이 아니다. 그는 자기 변덕에 따라 새 부모를 만들어낸다. 그 앞에는 새 가능성이 열리고, 그는 어느 정도 자유로워진다. 그는 유년기의 낙원을 한없이 연장시키고 싶은 욕망과 새로운 자유를 살아야 한다는 당위 사이에 찢겨 갈등을 계속 일으킨다. 그 갈등을 제대로 다스리게 되는 것은 그가 성숙하여, 유년기의 낙원이라는 것은 없으며, 어머니는 거칠고 평범해도 자기 어머니라는 것을 인정함으로써이다. 어머니는 어머니이고, 낙원은 없다. 나는 장남으로서 내 가족을 책임져야 한다. 그 책임감은 사회화의 결과이며 동시에 자기 기만의 결과이다. 그는 사회 속에 어떤 형태로든 자리 잡으며, 동시에 자신의 새 가능성을 버린다. 그러나 김원일의 이야기하는 화자의 특이성은, 사회화가 사회의 여러 고질적인 악덕들과 야합을 뜻하는 것이라는 것을 분명히 깨닫고, 계속되는 이야기를 통해 자기 사회화의 역사적 의미를 되묻고 있다는 데 있다.

훌륭한 사람이 된다는 것은 성공한 사람이 된다는 것을 뜻하고, 성공한 사람이 된다는 것은 "탐욕·교활·언변까지를 갖추"는 것을 뜻한다. 이야기하는 화자는 그것을 분명히 깨닫고 있다. 동시에 그는 어렵고 가난하게 사는 사람들이 자기네 집안 사람들뿐만이 아니라는 것을 깨닫고, 그의 아버지가 단순한 범법자가 아니라는 것을 깨닫는다. 『마당깊은 집』에서 그가 준호 아버지(우익)와 정태씨(좌익)를 다 같이 공정하게 다루게 되는 것은 그것 때문이며, 그가 상이 군인의 아픔이나, 비전향자들의 고집을 이해하게 되는 것도 그것 때문이다. 이야기하는 화자의 가난·고통은 개인적인 뿌리를 갖고 있으면서도 사회적인 뿌리를 갖고 있다. 그 두 뿌리가 사실은 하나의 뿌리라는 것을 인식한 데에 『마당깊은 집』의 소설로서의 뛰어난 점이 있는 것이지만, 나로서는 어쩔 수 없이, 그의 이야기하고 싶은 욕망의 심리적 뿌리에 집착한다. 그래야 되기 때문이 아니라 그것이 이 글의 주제이기 때문이다. 굶주리면서 잔뜩 매만 맞고 자란 가짜 아버지여, 진짜 아버지가 되어 편안하게 살지 말라, 그 편안함이 때로 너에겐 가시밭이리라. 〔『문학과사회』, 1989년 봄호〕

역사의 신화적 열림
── 『바람과 강』을 통해 살펴본 식민지 경험의 극복

서정기

1

　김원일의 거의 모든 소설이 그렇듯이, 『바람과 강』도 자전적 요소로부터 출발하고 있다. 작가는 처음에 약 100매 분의 단편 소설로 구상했던 소재가 어떻게 해서 1,200매의 장편으로 늘어나게 되었는지 그 내력을 「작가 노트」에서 자세하게 밝혀놓고 있다.

　역마살로 평생을 떠돈 한 늙은이가 늙마에 장터거리 술집의 기둥서방으로 살았다. 그는 늘 놀고 지내는 한량 신세와 달리 근엄한 유학자였다. 오랜 병석에서 일어난 어느 가을날, 그는 조만간 닥칠 자신의 죽음을 예감이라도 한 듯 고아로 데려와 기르던 소년을 데리고 자기 묘터를 보러 간다.

　이상이 '1백 장 정도의 분량으로 충분하게 소화할 수 있는 단순한, 다분히 서정적인 내용'의 첫번째 소설 구상이다. 실제로 작가 김원일은 장터거리 술집 '울산댁'에서 삼 년 남짓 더부살이 생활을 한 적이 있고, 『바람과 강』의 주인공 이인태씨는 실존 인물인 이인택씨를 모델로 하고 있다. 작가의 외가 쪽으로 사돈의 팔촌쯤 되는 이인택씨는 작가를 친손자처럼 귀여워했고, '비렁뱅이 자식을 무엇 때문에 친손자처럼 귀여워하느냐'고 비아냥거리는 동서 되는 사람을 분격하여 나무라다가 말문이 막혀 그 자리에서 쓰러져 운명했으며, 장지로 떠나던 날 겨울비가 장대같이 쏟아졌고, 장지로 따라가면서 꽃상여의 꽃물이 사진틀 위에 떨어져 여러 색깔의 빗금을 긋던 장면을 '또록히' 기억하고 있노라고 작가는 밝히고 있다. 그러므로 작가가 밝히고 있는 것처럼, 작가는 이인택씨의 죽음에 대하여 채무감을 느끼고 있었고, 그 채무감이 이 소설을 구상하게 된 첫번째 동기이다. 그런데 작가는 '노인의 행복한 죽음을 그린다는 점만으로는 무엇인가 부족한 감을 느꼈다.' 그는 "그 이야깃감 속에다가 시대적이랄까 역사적 인식, 즉 현실을 부여해야 소설이 될 것이라는 강박관념에 괴로워하"(p. 253: 이하 페이지 수는 『바람과 강』, 문학과지성사, 1986 참조)게 된다. 이어서 작가는 그것이 집필 당시에 그가 읽고 있던 『아리랑』『한국 노동 운동사』『중국 현대사』따위의 책의 영향이었음을 암시하면서, 그 책을 읽는 도중에 주인공의 젊은 시절을 독립 운동과 결부시켜보자는 착상을 얻게 되었다고 덧붙이고 있다. 그러나 그것은 교과서적인 정석으로서의 독립 운동이 아니라, '고문에 못 이긴 어쩔 수 없는 변절'의 형상화가 될 터였다. 그러자 비록 경제적으로는 처의 장사에 기대어 한세월 놀고 지냈으나, "『정감록』을 신봉한 지조 있는 어른이었고 [작가의] 소년 시절에 존경의 사표로서 기억되는 분"(p. 252)이신 이인택씨의 우아한 죽음이라는 주제는 간곳없이 사라지고 변절자 이인택의 좌절과 참회의 주제가 등장을 하게 된다. 그러나 일견 엉뚱한 비약으로 보이는 이 주제의 변화는 작가 김원일의 보다 근원적인 작가적 야심을 드러내어 보여주고 있다. 내가 이 소설의 주제가 변화되었다는 사실을 장황하게 늘어놓고 있는 것도 실은 이 부분을 드러내어 조명하기 위해서이다.

『바람과 강』이 그렇게 엉뚱한 이야기로 비약적인 접속을 하게 된 뒷면에는 비단 그즈음 읽고 있던 책들의 영향만은 아니었다. 막연한 생각이기는 하였으나 나는 '변절자의 반성적인 삶'을 언제인가 한번 써보기로 작정하고 있었다. 어쭙잖은 나이로 학교 공부를 다시 했던 3년 전, 나는 춘원을 연구한답시고 그분의 말년을 들추어볼 기회가 있었는데, 그때도 그런 생각을 하였고, 『불의 제전』을 쓰며 해방 직후 관계 서적을 읽을 때, 일제 시대 친일파가 해방 후 일약 반공주의자로 변신하여 과거의 자기의 행적을 감추는 데 급급한 그 많은 사이비 애국자의 작태를 보았을 때도 그런 생각을 했었다. 그들이 설령 일제 아래 피치 못할 사정으로 민족 반역자로서의 삶을 살았다 하더라도 해방 후 준열한 자기 비판을 통해 참회하는 시간을 왜 갖지 못하였는가. 우리가 인간을 성찰해볼 때, 그의 과거의 삶이 문제가 되는 것이 아니라, 그 과거의 삶을 현재의 삶 속에다 어떻게 맺느냐가 문제인 것이다. 〔……〕 나는 소설이 현실적이면서 정서적이어야 하고, 현실을 이야기하고 있으면서 그것이 현실의 상투성을 초월하여 독자에게 상상력의 또 다른 세계로 길 틔워주어야 한다고 믿고 있는 쪽이다. (p. 254)

김원일은 그러므로 이 소설에서 '변절자'의 왜곡된 삶의 의미를 현실 속에서 다시 짚어보겠다는 의도를 가지고 있었던 것이다. 그리고 그것은 어떤 의미에서는 식민지의 경험과 6·25의 고통으로 대표되는 추악한 과거의 부채를 깨끗하게 청산하지 못하고 어영부영 온갖 썩은 상처를 방치한 채 산업 사회로 접어든 한국의 왜곡된 근대사의 의미를 소설적으로 해결해보겠다는 의도이다. 김원일은 '변절'의 부채를 일생을 걸고 갚으려 했던 한 인간의 모습을 우리에게 제시한다. 그러나 주인공의 속죄의 의미는 소설의 배경이 되고 있는 일제 치하와 한국 동란 무렵에 걸쳐 있는 한 개인의 삶의 당대적 의미를 벗어난다. 작가는 "소설이 현실적이면서 정서적이어야 하고, 현실을 이야기하고 있으면서 〔……〕 현실의 상투성을 초월"한다는 것을 보여주어야 한다고 생각하고 있는 것이다. 이 소설을 통하여 "김원일이 그의 작품 세계에 있어서뿐이 아니고, 80년대의 소설 공간에 중요한 주춧돌을 놓았음을 인정하지 않을 수 없"는 김현이 "아, 김원일, 하고 느낌표를 찍고 싶"(p. 270)어 했을 때에도, 그가 주목하고 있는 점은 바로 그것이다.

그는 말의 엄격한 의미에서 데뷔 작품이 대표 작품이 되는 일과성의 천재적 작가가 아니라, 그가 살아 움직이는 세계, 그리고 그가 만들어가는 그의 서명이 든 세계와의 이중의——물론 그것은 결국에 가서는 하나이지만——싸움을 통해, 계속 자기의 세계를 넓혀온 중요한 작가이다. 〔……〕 그 소설에서, 세계와 자아와의 거리를 해소시켜 세계를 추억 속에 위치시키려는 서정성은, 세계와 자아 사이의 거리를 확인하고, 인정함으로써, 세계의 있는 그대로의 모습을 확인하려는 사실성과, 마치 신화 속의 뱀처럼 서로 꼬리를 물고 얽혀 있다. 그 얽힘은 조작적인 얽힘이 아니고, 그것의 역사적·현실적 뿌리가 선명히 드러나 있는 자연스러운 얽힘이다. (p. 269)

그러므로 우리는 이 소설에서 부여되어 있는 두 겹의 소명을 쉽게 이해하게 된다. 『바람과 강』은 현실에 뿌리를 둔 고통과, 그 고통의 의미를 역사적으로 그리고 동시에 존재론적으로 조명하려는 욕구의 소산이다. 우리는 이 작품 속에서 한 불행한 시대를 살아갔던 한 '변절자'의 망가진 삶의 현실적인 뿌리를, 그리고 그것을 철저하게 감당함으로써 존재를 치유하려고 했던 한 치열한 싸움의 기록을 읽는다. 문제는——그렇다, 서둘러 결론부터 말하자——정말로 있었던 '타락'의 사건이 아니라, 그것을 감당하려는 한 개인의 영혼이 삶의 허용된 공간 안에서 벌이는 싸움의 의미인 것이다. 김원일은 이인태의 '개의 삶을 통하여 우리에게 묻는 것이다. 분명히 원인은 있었다. 그런데 그것의 의미는 정녕 우리의 삶에게 무엇인가, 라고. 또는 그것을 우리의 삶 속에서 어떻게 이해해야 할 것인가, 라고. 김원일은 교과서적인 '독립 운동' 대신에 하필이면 변절자의 삶, 그것도 자의와는 아무런 상관도 없이 '비몽사몽간에' 저질러진 변절과 그로 인한 삶의 왜곡을 다룸으로써, 삶의 근원적인 모순에 접근한다.

2

『바람과 강』은 떠돎과 머무름의 이야기이다. 바람이 '떠돎'의 기호이며, '강'이 머무름의 기호라는 것은 바로 작가 자신의 입을 통하여 확인된다.

죽은 자는 생기에 의지해야 하는데, 기가 바람을 타면 흩어져버리고 물에 닿으면 생기를 얻어. 그러니 진혈은 바람막이가 잘 된 터라야 해, 진나라 때 곽복이 쓴 『장서』란 책의 「은낭경」에 있는 말이제이. 다시 말한다면은, 생기가 있는 곳은 물이 인도하고 기운이 그치지 않은 곳은 물이 함께 있어. 기운이 모이는 곳은 바람의 흩어짐이 없는 까닭에, 물을 얻으라 카면 반드시 바람이 없는 곳을 구해야 한다는 말이야. 생기란 것은 바로 물의 맥이니라. (p. 144)

도식적으로 이야기한다면, 『바람과 강』은 바람의 존재인 주인공 이인태가 강의 존재가 되기 위하여 몸부림을 친 기록이다. 삶 속에서 유령처럼 떠돌며, 마음의 발을 내리지 못한 주인공 이인태는 풍수지리에 의지하여, 우주의 기를 붙잡아 맥을 이루어 궁극적인 삶의 우주적 자리를 마련해줄 물의 머무름을 탐한다. 그런데 '떠돎'의 형이상학적 의미는 「창세기」부터 이미 분명하다. 최초의 떠도는 자는 동생

아벨을 때려 죽인 인류 최초의 범죄자 카인이다. 카인은 범죄로 인하여 여호와에게 저주를 받고 고향 땅으로부터 추방당한다. 그 이래로 저 숱한 유랑인들의 행렬, '방랑하는 유태인들'의 무리가 역사에 출몰한다. 이 방황의 주제는 「탕자의 비유」에서 우리가 읽을 수 있는 것처럼, 아비의 집에 '돌아와 머무름'이 상징하는 속죄, 그리고 구원의 주제와 한 쌍을 이루고 있다. 헤매는 자들은 무엇인가를 찾아 헤맨다. 그들이 헤매는 것은 그들의 존재가 결핍의 존재이기 때문이다. 플라톤은 「향연」에서 에로스를 "자기에게 결핍되어 있는 것에 대한 사랑"으로 정의하면서, 이 신을 애인의 집 앞에서 구걸하는 걸인의 모습으로 그려놓고 있다. 그것은 '자기에게 결핍되어 있는 것'을 찾기 전에는, 자기가 사랑하는 자의 집 안에 들어가 그 애인과 하나가 되기 전에는, 그 떠돌이 거지의 상태를 벗어나지 못한다. 저 탁발승들의 순례, 기사도 문학에 등장하는 숱한 편력 기사들, 성배를 찾아 헤매는 원탁의 기사들, 불경을 찾아 헤매는 삼장법사와 손오공, 그리고 마케나의 황금을 찾아가는 카우보이들의 방황도 바로 그 '존재의 결핍'에 대한 증언이다. 이 방황의 주제는 「탕자의 비유」에서 우리가 읽을 수 있는 것처럼 '아비의 집에 돌아와 머무름'이 암시하는 구원의 주제와 한 쌍을 이루고 있다. 『바람과 강』에서도 '귀향'은 끊임없이 주인공의 구원과 상징적으로 연결되어 있다. 그러나 우리가 확인할 수 있는 것처럼 주인공의 귀향은 좌절된다. 그 이유가 무엇인가를 살펴보기 전에, 소설의 줄거리를 따라가며 떠돎과 머무름의 의미를 차근차근 살펴보도록 하자. 그것을 위해서 김현이 세 개의 시간대를 따라 나누어놓은 이 소설의 시퀀스들(pp. 272~73)을 살펴보는 것은 유용하다. 우선 제일 표면에 나타난 시간대를 따라서 진행되는 사건들은 비교적 단순하다.

1) 이인태는 최지관에게 묘터를 부탁한다.
2) 이인태는 최지관과 묘터를 찾아간다.

3) 이인태는 소리판을 벌인다.
   4) 이인태는 곡기를 끊고 죽는다.

이 시퀀스들의 밑에는

   1) 이인태는 입암에 들어온다.
   2) 이인태는 월포댁의 서방이 되고 최지관과 사귄다.
   3) 이인태는 월포댁의 큰딸을 건드린다.
   4) 이인태는 6·25 때 겨우겨우 살아남는다.
   5) 이인태는 병에 걸린다.

라는 시퀀스들이 이어지고 있다. 또다시 이 시퀀스들 밑에는

   1) 이인태는 고향에서 머슴살이를 한다.
   2) 이인태는 독립 운동을 하러 만주로 떠난다(18세: 1920).
   3) 이인태는 몇 번의 전투 끝에 일본군에 잡힌다(1922. 6).
   4) 이인태는 헌병대에서 고문을 당하고 변절한다.
   5) 이인태는 헌병대에서 풀려난 뒤(1922. 8), 그의 자백 때문에 쑥밭이 된 곳에서 그곳 주민들에게 잡혀 귀를 잘린다(1922년 여름).
   6) 이인태는 용정에서 소리패를 만난다(1922. 10).
   7) 이인태는 소리패와 헤어져 방랑한다(1923년 봄 — 통긍강변 해륜에서 조선인 소작인의 딸과 살림, 아들 하나 — 시베리아에서 고려공산당의 심부름일 — 황포탄 부두에서 중국인 풀빵 장수와 동거, 딸 하나, 딸 유기 — 복주에서 중국인 걸인과 동거, 아들 하나 — 오키나와 사탕수수밭에서 노동 — 일본 본토에서 방랑 — 북해도 탄광, 신장염 — 해방).
   8) 이인태는 귀국하여 입암에 자리 잡는다.

라는 시퀀스들이 이어지고 있다. 이 세 개의 시간대의 시퀀스들은 서

로 얽히면서 소설을 끌고 나간다. 주인공 이인태가 겪은 파란만장한 사건들은 그러나 집 떠남―독립 운동―고문―변절―귀 잘림―참회―귀국―죽음으로 요약될 수 있고, 이 도정을 더욱더 줄이면, 집 떠남―고문―참회―죽음의 도정으로 요약된다.

  애초에 이인태의 집 떠남은 그것 자체가 카인이 받은 저주와 같은 성격의 것은 아니었다. 그는 좌경 사상에 빠져 있는 학생들의 영향을 받아 조국 광복의 푸른 꿈을 품고 신고 끝에 만주에 도착하여 무관 학교에 입학하고 3개월 만에 졸업, 독립군 병졸이 되었기 때문이다. 그러나 그의 집 떠남의 원인은 여전히 그의 존재의 결핍이다. 외세의 침략에 시달리는 조국의 운명은 그의 '머슴'의 상황에서 멀지 않다. 그는 '조국 해방'을 찾아 떠난다, 또는 자신의 존재의 해방을 향해 떠난다. 그러나 그는 그의 조국에 대한 사랑이 바로 자신에 의해서, 좀 더 정확히 말하면 자신을 구성하고 있는 한 열등한 구성 요소인 육체에 의해서 좌절된다는 것을 깨닫는다. '고문'과, 자신의 의지와는 아무런 상관 없이 스스로에 의해 자행된 '변절,' 그리고 그로 인한 '형벌'의 경험을 둘러싸고, 그의 적은 역사적인 적 '일제'로부터 존재론적인 적 '육체'로 뒤바뀐다. 그러나 이 두 개의 적은 전혀 별개의 것이 아니다. 김원일은 처음에 이 소설에 '성적(性的) 인간'이라는 제목을 달까 하다가 일본 작가 오에 겐자부로가 동명의 장편 소설을 썼다는 것을 알고 포기했다고 말하고 있다(p. 260). 그렇다면 소설 구상 처음부터 '일제'라는 적과 '육체'라는 적은 주인공의 '바람'의 인생, 떠돎의 존재의 근원에 함께 놓여 있었다고 보는 것이 옳다. '성적 인간'은 결국 식민지 상황하에서 그것을 부수어보려고 분연히 일어섰다가, 육체의 어쩔 수 없는 덫에 걸려 넘어지는 한 좌절한 인간의 기호이다. 이인태는, 물론 엄청난 뉘앙스 차이가 있기는 하지만, 카뮈의 『이방인』의 주인공 뫼르소를 떠올리게 한다. 이인태는 뫼르소처럼 부조리한 삶을 부조리하게 살아냄으로써 부조리에 대응한다. 두 사람은 부조리의 영웅이다. 이인태는 뫼르소처럼 종교적인 위안을 거부한다. 부조리의 영웅들이 할 줄 아는 것은 다시 떨어질 것을 뻔히 알면서 바위를 산꼭대기로 밀어올리기, 즉 부조리한 삶을 사는 것뿐이다. 시시포스에게 위안의 가능성은 없다. 우리의 주제와의 관련하에 말을 바꾸어보면, 시시포스에게 '머물' 수 있는 가능성은 없다. 그에게 삶은 언제나 '떠돎'의 양식, '바람'이다. 이인태는 중얼거린다. "이 고행의 땅에 태어남이 무슨 뜻인지……"(p. 39) 삶은 처음부터 합리성을 박탈당한 것이었다. 이곳에서 합리성을 찾는다는 것은 애초부터 불가능한 일이었다.

3

이인태가 자기의 부조리의 소명을 깨닫기 전에, 즉 '성적 인간'이 되기 전에 꿈꾸던 것은 '자유'였다. 그 자유는 단순히 머슴 노릇을 면하는 것이 아니라, 보다 유의미한 삶을 향한 도약이었다. 그리고 그것은 물론 일체의 속박에 대한 항거였다. 그러므로 그가 조선 종이 생산으로 이름을 날리던 딱밭골(닥나무가 많이 난다 하여 붙여진 이름) 출신이라는 것은 우연한 선택이 아니다. 농촌 계몽차 들렀던 대학생들에 의하여 의식화된 이인태는 열여덟의 나이에 '신천지' 간도를 향해 떠난다. 왜냐하면 간도는 워낙 우리의 것이었으나 빼앗긴 국토이며, "간도에 사는 조선인들은 비록 청국령이 되기는 하였지만 이 반도 땅처럼 왜놈 종질을 하지 않고 살 수 있는 자유 천지"(p. 59)이기 때문이다. 그의 집 떠남은 그러므로 내 몸뚱이 하나 잘 먹고 잘 살자는 천박한 동기에서 비롯한 것이 아니다. 죽을 고생을 하고 간도에 도착한 그는 독립군 무관 학교를 졸업하고, 2년 간 독립군으로 활약한다. "고생이야 딱밭골의 머슴살이 시절보다 더했지만 그로서는 생애에 가장 값진 시기였다"(p. 60). 그러나 운명은 이미 덫을 놓아두고 있었다. 그리고 그 덫은 바깥이 아니라, 자기 자신 안에 있었다. 치열한 혹하 싸움에서 생포된 그는 온갖 모진 고문을 당했고, 전기 고문으로 정신을 잃었을 때 비몽사몽간에 독립군 부대가 거쳐온 마을의 이름들을 횡설수설 늘어놓게 된다. 그를 고문하던 일인 헌병 아키야마는 그를 내어쫓으며 '개만도 못한 자식 개같이 살아가라'고 욕설을 퍼붓는다. 이인태의 발설 때문에 독립군을 도와주었던 마을들은 쑥대밭이 되었고, 마을 사람들에게 붙잡힌 그는 두 귀를 절단당한다(pp. 227~33). 물을 좀 달라고 간청하는 그에게 침을 뱉으며 마을의 아낙네는 '평생 똥이나 처먹는 개 돼지같이 살라'고 고함을 친다. 그때부터 '개같이 사는' '성적 인간' 이인태의 생애가 시작된다. 일시에, 자신이 뜻을 세웠던 일이 자신의 의지와는 아무런 상관도 없이, 그러나 분명히 자신의 잘못 때문에 허물어져버린 것이다. 그러나 이인태의 위대함은 한번도 자신의 잘못을 변명하려 들지 않았다는 점이다. 그는 철저하게 그 저주의 신탁을 따른다.

인용된 대목들의 페이지 수가 많이 떨어져 있는 사실만 보아도 알 수 있는 것처럼, 이인태의 '개의 인생'의 원인이 되는 사건은 작품이 진행되는 동안 내내 감추어져 있다. 작품은 그 사건의 폭로를 향해서 한발짝 한발짝 다가가는 형식을 취하고 있다(호사가 취미를 참지 못하고 말한다면, 그 사건의 폭로가 '완성'을 의미하는 숫자인 제7장에 이루어진다는 것은 흥미롭다. 하기는 소리패 대목과 장례식 장면이 나오는 제8장이 나중에 덧붙여진 것이라는 점을 감안하면, 작가는 작품의 결말을 이 사건의 폭로로 구상했을 것이고, 그가 처음부터 구상했던 일곱 개 장의 마지막 부분에 이 대목이 할당되었을 테지만 말이다).

여기에서 이인태가 자신의 생애의 내력과, 그리고 죽기 직전에는 자신이 평생 마음에 담아두었던 비밀까지 털어놓는 대상인 지관 최씨를 자세히 살펴볼 필요가 있다. 그는 여러 가지 점에서 이인태와 대조적인 인물이다. 그는 평생을 떠돈 인물 이인태와는 달리 가정을 일구고 정착해 살아가는 사람이며, 책은 읽지 못하였으나 천하를 주유한 주인공과는 반대로 비록 독학이기는 하나 책을 읽는 조용한 선비풍의 사내이다. 김현은 그들이 각각 바람과 강, '떠돎'과 '붙박음'의 존재들이라고 이야기한다. "떠돌이의 삶은 붙박이의 삶을 증오하며 떠나는 삶이며 동시에 그곳에 회귀하려는 욕망에 시달리는 삶이다. 붙박이의 삶은 떠돌이의 삶을 선망하되 떠나지 못하는 삶이다. 세계는 그 삶들의 얽힘이다"(p. 270). 그렇다면 그들은 상보적인 존재들이다. 그러나 내가 보기에 이 두 사람은 단순히 상보적인 존재가 아니라, 끈끈하게 얽혀 있는 존재들이다. 우선 우리는 최지관이 자진해서 이인태에게 접근했다는 점을 지적할 필요가 있다. 그의 꼬장꼬장하고 자존심 센 품성으로 보아, 소문으로 들어 연장이 '말좆'만 하다는, 어쩌다 흘러들어와 그렇고 그런 속사정으로 주막집 과부의 기둥서방으로 들어앉아 있는 근본도 알 수 없는 위인에게 그가 먼저 접근했다는 데에는 단순한 호기심 이상의 어떤 동기가 있다고 보아야 옳다. 어찌 보면 달관의 경지에 이른 도인 같기도 하고, 또 어찌 보면 '떠돌이 허렁뱅이' 같은 이인태와 최지관의 끈끈한 관계는 다음 대목에서 여실히 드러난다.

"이주사, 내 말 좀 들어보시오. 내가 이주사한테 인사를 청한 동기는 다름이 아니라 이주사 이야기를 들었을 때, 이주사가 꼭 내 혼을 빼간 듯 그래 느꼈기 때문이니더." 최지관이 군기침을 하고는 말머리를 돌려 주장말을 꺼내었다. "내사말로 떠꺼머리 총각 시절부터 이주사처럼 이 넓은 세상을 훨훨 떠돌아댕기는 게 소원이었소. 〔······〕"
최지관이 한숨을 내쉬었다. 그의 말은 이인태씨의 비위를 맞추기 위해서 한 말이라기보다, 상대가 동양 삼국을 두루 편력하였다는 말을 김씨로부터 들었을 때 가슴 저미는 향수가 그를 이끌었던 것이다. (p. 50)

최지관의 '가슴 저미는 향수'는 그 또한 '머무름'의 존재가 아님을 드러내고 있다. '집 떠날 팔자가 못 되어' 옹색한 두메에 붙박혀 있기는 하나, 그는 독학으로 『정감록』과 『풍수요결』 따위를 익혀 '세상을 편력해보려던 꿈'을 책 속에서 찾아낸다. 이 인물은 작가 김원일의 어린 시절에 사랑을 베풀어주었던, 비록 하는 일 없이 마누라에 기대 살기는 했지만 "『정감록』을 신봉한 지조 있는 어른"(p. 252)이었던, 이인태의 모델이 된 실제 인물 이인택씨의 한 부분이다. '변절자'로 바뀌어버림으로써 이인택씨로부터 분리되어버린 '점잖은 시골 독학자'의 풍모는 최지관으로 유지되고 있는 셈이다. 그러므로 최지관은 이인택씨와 이인태씨 사이에서 사라져버린 'ㄱ'자에 의해 생명을 얻은 인물이다. 과연 최지관은 이인태의 운명에 깊숙이 관여한다. 그는 단순히 이인태의 묘터 자리를 골라주는 지관이 아니라, 이인태로 하여금 마음속 깊은 곳에 숨겨져 계속 독을 뿜어대는 변절의 비밀을 털어놓게 하여 "눈을 감고 빙긋이 웃는 얼굴로 아주 그렇게 편안하게"(p. 238) 죽을 수 있게 해주는 고해사의 역할을 수행한다. 과연 끝까지 망설이며 버티던 이인태가 최지관의 개입이 아니었으면 고백의 의식을 치를 수 있었을까. 그리고 고백의 절차가 생략되었더라면 그는 그렇게 편히 죽어갈 수 있었을까.

최지관과 이인태의 얽혀 있음은 다른 방법으로도 확인된다. 어떤 의미에서는 이 두 사람들은 모두 '구멍'을 찾아다니는 사람들이다. 이인태의 숱한 여성 편력은 최지관이 땅의 맥을 짚어, 땅으로 돌아간 뼈와 살이 길기감응, 친자감응에 이르도록 해주는 진혈을 찾는 일과 다르지 않다. 결국 이인태가 최지관을 통하여 찾아내려고 하는 묘터 자리의 의미는 그의 성적 인간으로서의 여성 편력의 우주적 연장일 따름이다. 요컨대 그는 진정한 단 하나의 구멍, 그가 이제 '바람'의 존재가 아니라 '강'의 존재로서 '머물기' 위한 궁극의 자리를 찾아내기 위하여 여성과 여성을 거쳐왔던 것이다. 그러므로 진혈을 찾기 위해 최지관이 들고 다니는 '짝대기'는 이인태의 '연장'과 상징적으로 완전히 겹쳐진다. 한편, 최지관과 이인태는 최지관의 결핵에 걸린 딸 계연을 매개로 또한 이어진다. 작가는 몇 번씩이나 계연의 결핵의 병세가 이인태의 신장병의 병세와 연관되어 있음을 암시한다. 그 결정적인 단서는 다음 대목에서 제시된다.

 매일같이 자네가 오늘쯤은 장약국에 나오겠거니 하며 기다린다는 이인태씨의 말에는 친구 그리워하는 정 이외 다른 뜻이 없겠지만, 그 말을 들을 적마다 최지관은 섬뜩한 느낌이 들었다. 결과적으로 장약국에 들르는 횟수가 많아질수록 돈은 돈대로 녹아나고 계연의 병세가 위급하다고 보아야 하기 때문이었다. 그리고 최지관으로서 얼핏 짚이는 별 달갑지 않은 연상으로는 계연이의 병이 이인태씨의 병과 똑같은 진행 속도로 눈에 띄지는 않지만, 천천히 나빠지고 있다는 점이었다. 〔……〕 어찌 되었든 최지관으로서는 이 겨울을 넘기기 전에 계연이와 이인태씨에게 결정적인 시간이 올 것 같은 예감이 들었고, 누가 먼저라고 장담할 수 없었으나 자꾸만 떠오르는 그런 불길한 생각을 떨쳐버릴 수가 없었다. 수십, 어쩌면 백 명도 더 넘는 여자를 거쳤을 이대말이므로 죽을 때도 동녀 귀신 하나를 같이 데리고 가는 거나 아닌지 하는 엉뚱한 마음까지 들어, 그런 쌍스러운 생각을 지우기도 그로서는 쩔쩔맬 정도였다. (p. 168)

 계연의 병은, 연장이 이제는 그만 서지도 않고, 퉁퉁 부어올라 죽음의 국면으로 접어들게 된 이인태의 오줌병과 같은 속도로 악화되고 있다. 최지관은 딸에게 고아 먹이려고 뱀을 찾아다니면서 동시에 이인태가 간절히 부탁한 그의 묘터 자리를 보러 다닌다(pp. 108~09). 그러나 암시적이게도 맞춤한 묘터 자리는 찾아내었으나, 약으로 쓸 뱀은 구할 수가 없었다. 우리는 그 찾을 수 없던 뱀들이 이인태씨의 묘터 자리에 우글거리고 있는 것을 보게 된다(p. 246). 계연과 이인태씨의 병은 서로 이렇게 연결되어 있다. 두 사람의 병은 그러나 전혀 다른 의미를 가지고 있다. 이인태의 병이 개처럼 살아온 '성적 인간'의 과도한 육체성(그 과도함은 퉁퉁 부은 성기와 얼굴로 표현된다)을 상징하고 있다면, 계연의 병은 육체성의 소멸로 그려진다.

그녀의 병든 얼굴은 '목내이(木乃伊)'처럼 무표정하고, 점점 더 퉁퉁 부어가는 이인태와는 정반대로 그녀는 "등겨 가마만큼이나 가볍"(p. 105)게 여위어간다. 그 소멸되어가는 육체성으로 인하여 강화된 계연의 순결함의 인상은 반드시 병 때문만은 아니다. 그녀는 근원적으로 이인태의 '성적 인간'으로서의 정체성과 정반대되는 정체성을 가지고 있다. 그것은 그녀를 사랑하는 월포옥의 죽놈이 명구를 통해 확인된다. 이제 막 성에 대해 눈뜨기 시작한 열다섯짜리 명국에게 계연은 병이 나기 전에도 이인태의 의붓딸인 찬경이나 숙경이 누나가 도발시키는 성적 호기심과 전혀 다른 애잔한 감정을 불러일으키는 존재였다.

계연의 숨결이랄까 몸에서는 그렇게 먼 바람결에 실려온 포도 익는 향기 같은, 그러면서도 더운 기가 느껴지는 풋풋한 내음이 났던 것이다. 깊은 밤 가겟방에서 잠을 이루지 못하고 외로움에 뒤척일 때면 명구는 가슴 저미는, 말로써는 결코 설명할 수 없는 그때의 계연이 내음을 잊지 못하였다. 오히려 내음이라고 이름 붙이기에도 부족한 그 여린 내음이야말로 활짝 핀 꽃향기나 아주머니와 숙경이 누나 옆을 스칠 때 맡게 되는 분 내음보다 그의 마음을 더 황홀하게 적시는 힘이 있었다. 그 내음은 그의 아랫도리를 불끈거리게 하는 그런 속기가 없어 주린 정을 더 서럽게 떠올려주었고 그의 마음을 애닯게 하였다. (p. 98)

'속기가 없는 아름다움,' 그것이 이인태의 살의 짝인, 남편의 양기를 보하기 위해서 온갖 정성을 다하는, 방사의 즐거움을 아는 중년 여인 월포댁의 정반대편에 있는 이인태의 또 다른 순결한 짝, 계연의 특징이다. 월포댁이 이브라면, 계연은 성모 마리아이다. 그녀는 남성들이 여성에게 투사하는 상반된 자신들의 두 가지 아니마의 모습들 중의 하나이다. 그런 그녀에게 명구는 거울을 선물한다. 거울이 육체적 치장의 상징이라는 것을 누가 모르겠는가. 계연이 육체성의 상실을 상징한다는 사실은, 이인태의 죽음이 임박한 어느 날 그녀가 명구에게 그 거울을 되돌려준다는 사실로 결정적으로 확인된다. 죽은 자는, 즉 육체를 가지지 않은 자는 거울을 볼 필요가 없는 것이다. 이인태가 자기 딸을 저승으로 잡아끌고 갈지도 모른다는 최지관의 두려움은 그러므로 근거가 없는 것이 아니다. 그녀는 치유된 이인태, 육체의 업으로부터 해방된 성적 인간, 육체를 가지지 않는 순결한 영혼, 이런 표현이 허용된다면, '비성적(非性的) 인간'이다. 그녀는 새로 태어난 이인태의 순결한 아니마이다. 김원일은 등장인물들의 이름들을 한자로 표기하지 않았지만, 이人態, 그리고 최繼緣이라고 표기하면 지나친 비약일까?

이인태의 '성적 인간'의 소명은 '변절'로 상징되는 그의 타락에 대한 참회의 방법으로 주어진다. 그는 자기가 절륜한 정력의 소유자가 된 것은 아키야마에게 전기 고문을 당해서 '연장이 아주 감각이 없어져 둔해졌기' 때문인지도 모른다고 최지관에게 말한다. 그가 성적 인간으로 살아가는 데 적합한 방법이, 오히려 육체를 망가뜨릴 목적으로 자행된 고문에 의하여 주어졌다는 사실은 이인태의 삶의 부조리성의 또 다른 증거이다. 그는 성행위를 쾌락의 목적으로 한다기보다는 어떤 일종의 의무감을 가지고 한다. 앞서서 이야기했듯이 그것은 부조리의 소명이다. 그는 그점을 명백하게 인식하고 있다는 점에서 아무런 목적 의식도 없는 지중해의 부조리적 영웅, 뫼르소와 구별된다.

나는 여자하고 그짓을 할 때도 보통 사람하고 다르니라. 귀까지 잘린 쓸개빠진 더러운 놈, 니한테는 이짓이 딱 제격이니까 개처럼 실컷 이짓이나 하거라, 하며 내가 내 스스로를 비양거려가며 더욱 기를 써서 그짓에 온갖 정성을 쏟아붓지러. (p. 73)

이 적극적으로 받아들여진 타락은 작품 몇 군데에서 돼지와의 관련으로 암시된다. 최지관에게 과거지사 이야기를 하면서 이인태는 돼지우리를 힐끗거리고(p. 49), 죽음이 임박해서는 아예 돼지우리 안에다 잠자리를 차리고 자기의 '개 돼지의 사람'에 일치하려고 필사적으로 노력한다. 자신의 성적 인간의 운명에 일치하려는 이인태의 노력은 고향 마을로 돌아가다가 중도에서 주저앉아버린 입암(立岩) 마을의 상징성에서도 여실히 드러난다. 그는 그저 우연히 그 마을에 눌러 주저앉아버린 것이 아니다. 그는 체류를 결정하기 전에 그 마을을 한 바퀴 돌아보고 그곳이 자신의 운명과 일치하는 지역이라는 것을 분명히 확인한다. 입암이라는 마을 이름을 낳게 한 탁립암이라는 우뚝 선 촛대바위를 보며 이인태는 "풍상에 깎이고 깎인 바위가 꼿꼿하게 서 있는 품이 마치 남자의 연장을 닮은 듯도 하여 〔……〕 자신의 이력과 묘한 일체감을 느끼"(p. 56)고 호조차 탁립이라 정한다. 이 서 있는 바위는 명백히 남근적이다. 인도의 링가, 브르타뉴 지방의 멘히르에 이르기까지, 모든 선돌들은 남성적 생식력을 상징한다. 성적 인간 이인태의 남근적 특징은 그의 외모에서도 드러난다. 그는 잘린 귀를 가리기 위해 머리카락을 길게 기르고 있다. 어깨까지 내려올 정도의 긴 머리카락, 정수리까지 벗겨진 이마(p. 12)는 형태적으로 남근적이다. 게다가 그의 얼굴이 '말대가리'같이 길쭉하게 생겼다는 점은 우리에게 더욱더 그점을 확인시켜준다. 길게 기른 머리카락과 성적 인간과의 상징적 연계성은 이인태가 죽음을 준비하면서 머리를 빡빡 밀어버렸다는 사실을 통해 다시 한번 더 흥미롭게 확인된다. 그 머리 깎기는 물론 이인태가 그간 머리카락으로 숨겼던 잘린 귀를 죽음에 임박하여 드러내기로 결심했다는 사실을 암시하는 것이지만, '성적 인간'으로서의 운명이 끝났다는 것을 암시하는 코드이기도 하다. 머리털, 또는 모든 털은 육체성을 상징한다. 이인태는 연장이 말을 듣지 않는 것을 감지하는 순간부터 그의 고행이 끝났다는 사실을 감지한다. 그는 최지관에게 부탁해서 묘터를 잡아놓고 돼지우리에서 며칠 밤을 보낸 뒤 마지막으로 머리털을 깎고 죽음을 맞이할 준비를 한다. 그 사이에도 그의 몸은 점점 더 부어오르고 있다. 그러므로 그의 삭발은 이승의 욕망을 끊어버리기 위한 마지막 예식이다. 종교적으로도 삭발은 육체적인 모든 욕구와의 결별을 의미한다.

'개 돼지같이' 살아가야 하는 이인태의 운명은 구멍의 모색과 연결되어 있다. 그는 구멍의 전문가이다. "관상깨나 본다는 치들조차 여자 얼굴 보면 빈부귀천 정도나 점치지마는, 내사말로 여자 얼굴만 보면 그 구녕 이력쯤이사 명경같이 환하게 들여다보는 재주를 가졌잖나 말이다. 자네가 그 남북침인가 뭔가 하나로 명산대천으 진혈을 가려내드키 말일세"(p. 33). 그런데 흥미롭게도 그 구멍의 상징주의는 여러 번 땅의 상징주의와 연결된다. 그가 관계를 가졌던 숱한 여성들 가운데에서 이인태가 특히 애틋하게 기억하는 여성 중의 하나는 복주의 걸인 여인이다. 그는 그녀와 또 그녀와의 사이에서 나은 딸과 함께 토굴 속에서 생활한다. 그러나 그녀는 알 수 없는 병에 걸린다. 그는 남창질까지 해가며 병든 여인을 돌보지만, 그녀가 걸린 병이 문둥병이라는 것을 알고는 줄행랑을 놓아버린다(pp. 190~91). 또한 이인태는 니코라는 유명한 일본의 관광지에서 왜녀 과부 하나를 꾀어 놀다가 일인 형사에게 불심검문을 당하게 되었는데, 그 일로 인하여 북해도 탄광에까지 끌려가게 된다. 그는 그곳에서 신장염을 얻게 된다(p. 74). 이 소설 속에서 토굴이나 탄광의 상징주의는 명백히 대지의 자궁의 상징성을 함유하고 있다. 여성과의 성행위와 땅의 구멍이 직접적인 상징적 연계성을 드러내고 있기 때문이다. 그러나 우리가 관심을 기울여야 하는 것은 이 두 번의 땅의 구멍으로의 모색이 모두 병으로 상징되는 실패에 이르렀다는 사실이다. 그것은, 그 구멍들이 진혈이 아니었기 때문이다. 그 구멍들은 한쪽이 막혀 있었다. 이인태가 원하는 것은 뚫린 구멍, 그로 하여금 성적 인간의 운명을 빠져나가게 해줄 우주적 구멍이었기 때문이다. 기독교에서도, 불교에서도, 심지어는 풍수지리설에서도 구원의 가능성을 찾는 것이 쉽지 않다는 것을 깨닫고 그는 중얼거린다. "참말로 새어나갈 구녕이 없구만"(p. 148). 그러나 북해도 탄광에서 걸린 신장염과, 그곳에서 들은 조국 광복의 소식은 절묘하게 겹쳐지는 상징적 기호들이다. 왜냐하면 우리가 쉽게 짐작할 수 있거니와, 병에 걸린 오줌보야말로 이인태의 부조리한 삶의 소명이 끝나가고 있다는 증거이기 때문이다. 일제에 반기를 들었다가 일인 형사에 붙잡혀 고문을 당해 동족을 배반하고, 그 고문의 결과로 특별한 능력을 가지게 된 '연장'을 사용해서 짐승 같은 삶을 살아온 이인태의 부조리의 행위는 바로 가해자의 땅 일본에서 일본 여인들을 상대로 남창 노릇을 할 때 그 절정의 의미를 획득한다. 최지관은 비아냥거리듯 말한다. "그렇다면 일본 본토에서 보낸 시절이 가장 짐승다운 처절한 세월이었겠구만. 자네 말대로라면 기를 써서 왜녀들을 쳐여줄 시절이었으니"(p. 74).

조국 광복을 전후해서 신장염에 걸린 그는 귀향한다. 그러나 그는 살기 위해서 돌아오는 것이 아니라, 죽기 위해서 돌아온다. 그러나 이인태에게는 죽음이야말로 '개 돼지의 삶'으로부터의 가장 확실한 탈출이 아닌가. 그렇다면 신장염에 걸린 일은 그에게 오히려 '광복'과 '귀향'으로 상징되는 존재의 순결의 회복, 구원의 가능성을 예시하는 가장 확실한 전환점을 구성하는 사건이다. 이제 그는 그 저주받은 물건을 써먹지 않아도, 즉 더 이상 타락하지 않아도 좋은 것이다. 그러나 온전한 '귀향'은 죽음으로써 달성될 수 있을 뿐이다. 이인태는 고향의 의미를 죽음과 맞바꾼다.

> 죽을 자리를 찾다 보니 그제서야 잊었던 고향이 절로 환해지더라는 누구인가의 시를 실감하고, 그는 남부여대하여 환고향하는 조선인 무리에 섞여 대한해협을 건넜다. (p. 74)

4

그러나 삶이라고 부를 수 없는 비루한 삶, "죽어 사는 길"(p. 122)

은 조국에서도 아직 몇 년의 예식을 더 남겨놓고 있었다. 그는 고향 딱밭골로 되돌아가지 않고 그의 성적인 삶의 장소인 입암골에 머무른다. "그는 자기 말로 여자와 연분 하나만은 타고났는지 입암 삼거리까지 와서는 고향에 들어갈 뜻을 단념하고 또 어름어름 날수를 죽이고 있었다"(p. 74). 그러나 그가 고향으로 직행하지 않은 이유는 단순히 여자와의 연분 때문만은 아니다. 그는 아예 고향에 돌아갈 뜻이 없는 사람처럼 행동한다. 기실 표면적인 이유는 어엿하게 성공도 하지 못했고, 또 그간 떳떳하게 타향살이를 하지 못했다는 것이지만(p. 84), 정작 그가 딱밭골 귀향을 포기하는 데에는 더욱 깊은 이유가 있다. 그의 육체가 태어난 땅은 그의 궁극적인 귀향인 죽음의 장소로 적합하지 않은 곳인 까닭이다. 그가 찾는 진혈은 그의 육체를 낳아준 땅이 아닌 다른 곳, 여기, 촛대바위가 서 있는 입암 땅에 있다. 이인태는 최지관에게 이렇게 이야기한다.

나도 인자 죽을 때가 됐나봐. 요새는 밥도 통 안 맥혀. 〔……〕 그라이까 자네가 이 가실 넘기기 전에 꼭 수도장(壽到場) 하나를 봐주게. 고향 땅은 이미 정나미가 떨어져 사실 그쪽에 대고 오줌도 누기가 싫어. (p. 38)

실상 입암, 즉 남근의 생식력의 숭배와 관련되어 있는 '서 있는 바위'의 상징주의는 삶의 궁극적인 자리, 진정한 장소를 의미하는 '중심'의 상징주의를 지니고 있다. 그 의미는 김원일의 소설에서는 '목숨이 이르는 곳,' 수도장으로 표현되고 있다. 선돌은 거룩한 돌로서 세계축으로서의 의미를 함유하고 있다. 그것은 종종 그리스인들이 옴팔로스 Omphalos라고 부르는 세계의 '배꼽' 자리에 세워진다. 이인태가 최지관의 도움을 받아 입암에서 찾아낸 묘터 자리는 다음 대목에서 명백하게 그리스인들의 옴팔로스의 상징주의에 합류한다.

산역꾼들이 모두 연장을 놓고 사방으로 흩어져 한아름씩 나무를 해 와 묏자리에 불을 지폈다. 그런 뒤에 땅을 파기 시작하였다. 〔……〕 그런데 주검의 머리 누울 자리를 파던 김씨의 곡괭이 날이 챙 하고 울렸다. 흙을 긁어내고 보니 바둑판만한 돌덩이 하나가 박혀 있었다. (p. 246)

그런데 이인태의 무덤을 파던 산역꾼들은 그 돌멩이 밑에서 "등줄기 검은 능구렁이 여러 마리가 또아리를 튼 채 꼼짝을 않고 겨울잠에 들어"(p. 246) 있는 것을 발견하고 기겁을 한다. 최지관은 구렁이를 내려다보며 계연이에게 뱀을 구해다 먹이려고 수석봉 산자락을 뒤지던 일을 떠올린다. 처녀 계연과 평평한 돌, 그리고 뱀의 출현은 전혀 무관하지 않다. 오히려 이들은 옴팔로스의 상징주의를 고스란히 드러내고 있다. 작가의 상상력은 얼마나 놀라운가! 그것은 시공을 넘나들며 인간이 자신의 운명을 두고 우주와 관계를 맺는 형식인, 인류의 풍요로운 자산인 인류학적 상상력에 합류한다. 평평한 돌은 서 있는 돌과는 달리 여성성을 상징한다. 돌의 숭배는 흔히 알려져 있는 것처럼 반드시 남근적인 것만은 아니다. 대개 남근적인 돌은 발기를 상징하는 수직 방향의 오벨리스크 형상을 가지고 있으며, 여성적인 돌은 평평하게 눕혀져 있다. 수평적인 돌의 여성성은 때로 그것이 여성의 월경혈을 환기시키는 피로 문대어져 있음으로써 한결 상징적으로 강화되기도 한다. 이인태의 묘터에서 나온 뱀들은 명백히 남근의 생식력을 상징하고 있으며, 동시에 제 꼬리를 문 뱀 우로보로스가 상징하는 것처럼 영원한 재생을 암시한다. 뱀은 허물을 벗고 영원히 다시 태어난다고 믿어졌던 것이다. 그러나 뱀이 영원한 재생의 상징적 동물로 생각됐던 진정한 이유는 그것이 땅속에 들어가 겨울잠을 자고 이듬해 다시 살아나 지상에 모습을 보인다는 사실이다. 그 때문에 뱀은 많은 신화에서 사자들의 나라의 신으로 나타난다. 이집트의 죽음의 신 툼Toum은 대표적인 뱀신이다. 따라서 이인태의 묘터에 잠들어 있었던 구렁이들의 '검은 빛'은 전혀 우연한 선택이 아니다. 왜냐하면 검은 빛은 저승사자들의 의상의 빛깔이기 때문이다. 왜 하필이면 이인태가 겨울에 죽었으며, 그의 묘자리에서 겨울잠을 자는 구렁이들이 발견되었는지 우리는 이제 이해할 수 있게 된다. 김원일은 직접적으로 부활을 이야기하고 있지는 않지만, "고구려인들은 뱀을 망자의 승천하는 영을 보살펴주는 길상한 동물로 여겼"(p. 247)다라고 덧붙여 말하고 있다. 평평한 돌이 상징하는 여성성과 한데 어울려 있는 뱀의 또아리는 상징적 미술 작품들 속에 나타나는, 뱀이 둘러싸고 있는 달걀 모양의 돌멩이로 표현되는 옴팔로스의 모습과 놀랍도록 닮아 있다. 그것은 일체의 창조가 진행되며, 상하좌우의 삼라만상이 교류하는 장소이다. 아폴로와 처녀신 아테나에게 바쳐진 델피 신전의 옴팔로스에는 뱀 대신에 꼬여 있는 끈들이 둘러져 있다. 그것은 그곳에서 산 자와 죽은 자, 그리고 신들의 교류가 이루어지고 있음을 상징하고 있다. 그렇다면 우리는 처녀신의 역할을 수행하고 있는 계연을 '繼緣'으로 표기할 또 하나의 이유를 발견하게 되는 셈이다. 그녀는 생과 사, 윤회의 연이 끊임없이 되풀이되는 장소와 연관되어 있는 존재이다. 이인태의 묘자리가 가지고 있는 중심의 상징성은 작가에 의해 이렇게 확인된다.

최지관은 능구렁이를 내려다보며, 계연이에게 뱀을 구해다 먹이려 수석봉 산자락을 뒤지던 지난 이른 가을을 잠시 떠올렸다. 그렇게 찾던 뱀이 이 산의 배꼽 자리인 이인태씨의 묏자리에서, 그것도 한겨울에 불쑥 떼를 이루어 나타나다니. 이런 현상이 죽은 자는 이미 죽은 자의 일이고, 딸에게는 흉조로 짐작되어 마음이 찜찜하였다. 그는 문득 아무래도 딸애가 이번 겨울을 넘기지 못하리라는 예감이 들었다. (p. 246, 강조는 필자)

계연이 살았는지 죽었는지 작가는 아무런 암시도 하지 않는다. 어떻더라도 그것은 중요하지 않다. 문제는 계연이 이인태의 타락한 삶의 교정을 상징하고 있다는 사실이다. 이인태는 드디어 구멍을 찾아내는 데 성공했다! 아니다, 오히려 구멍을 뚫는 데 성공했다! 왜냐하면 이제 그가 들어갈 구멍은 그를 무덤 저편 outre-tombe으로 안내하는 통로가 될 것이므로.

자, 이제 우리가 마지막에 이야기하기 위해서 아껴두었던 사랑스러운 인물 명구에 대해 이야기하도록 하자. 사실 이 소설은 이인태에 대한 소설이지만, 이인태를 위한 소설이 아니라 명구를, 또는 명구의 세대를 위한 소설이다. 월포옥의 죽놈이 명구는 바로 울산댁에서 더부살이를 했던 작가 김원일 자신이다. 명구의 삶은 이인태의 죽음에 겹쳐져 있다. 그것은 여러 가지 사실로 확인된다. 우선 명구의 나이가 그렇다. 이인태가 죽던 해에 명구는 열여덟 살이 된다(p. 241). 그 나이는 바로 이인태가 고향을 등지고 독립 운동을 하러 떠났던 나이이다. 말하자면, 명구는 죽은 이인태를 이어 이제 바야흐로 넓은 세상으로 나가는 젊은이인 것이다. 그는 더군다나 대처로 나가기 위해서 호시탐탐 때만을 노리고 있다. 그는 이인태가 신장염에 걸려 죽음을 준비하기 위해 입암으로 흘러들어와 있던 때에 월포옥에 맡겨진다. 그가 이인태 세대의 실패한 인생의 몫을 떠맡은 채 보다 나은 생을 개척해야 할 젊은 세대의 상징이라는 사실은 그가 월포옥에 허드렛일 심부름꾼으로 맡겨진 사실과 무관하지 않다. 왜냐하면 그가 열다섯 살의 어린 나이에 객지에서 고생을 해야 했던 직접적인 원인이 그의 아비의 실패한 인생이었기 때문이다. 그의 아버지는 인공 치하에서 내무서원 완장을 찼다가 국군이 잃은 땅을 되찾자 마을 사람들에게 몰매를 맞아 죽는다(p. 13). 그 바람에 그의 식구는 이리저리 흩어지게 되었던 것이다. 그는 아비 세대의 비극으로 인하여 어려운 삶을 살아가야 하는 세대를 대표한다. 명구가 죽은 이인태의 실패한 삶을 극복해야 할 세대라는 사실은, 좀더 상징적인 방법으로 암시되고 있다. 이인태의 발설로 인하여 간도의 어느 마을에서 죽임을 당한 사람들의 수효는 흥미롭게도 열여덟 명이다(p. 231). 이 숫자의 선택은 과연 우연일까? 혹시 이 숫자의 일치는 이인태라는 실패한 인생이 명구라는 새로운 세대로 넘어오면서 맞바꾸어야 했던 희생 제의를 의미하는 것은 아닐까? 말하자면 이인태는 열여덟 명의 목숨을 지불하고 명구라는 새 생명을 얻은 것은 아닐까? 우연의 일치라고 보기에 이 숫자의 일치는 너무나 의미심장하다. 게다가 열여덟의 디지트 9는 이인태가 입암에서 죽음의 예식을 준비한 햇수이다. 숫자 9의 상징성은 뚜렷하다. 아즈텍인들에게 9는 영혼이 영원한 안식을 얻기 위해서 걸어 올라가야 하는 계단의 숫자이다. 그것은 통일성으로 되돌아가는 다수의 상징, 즉 죽음으로써 원초적 통일성에 합류하는 잡다한 개인이 우주와 맺게 되는 연대성을 상징한다. 마야 문명과 동양 문명, 그리고 기독교 문명권에서도 9는 숫자의 시리즈의 마지막에 위치함으로써 끝남과 시작, 즉 '새로운 차원으로의 전이'를 의미한다. 이인태가 월포옥에서 9년을 산 뒤 진혈에 입수(入首)한 것은 그러한 인류학적 상징성에 맥을 대고 있는 것이다. 그렇다면 이인태—죽음—명구의 도정은 숫자 9의 매개를 통하여 이루어지고 있다. 그렇다면 우리는 명구를 밝을명(明), 아홉구(九), 즉 죽어서 이제 환해진 저주받은 인간 이인태의 환골탈태의 기호로 표기할 수 있지 않을까(아니면 적어도 명구는 무엇이든 알려고 하는 호기심이 많은 젊은이이므로 明究라고 표기할 수 있을까).

　죽음의 의미를 거쳐서 어두운 인간 이인태를 극복할 밝은 새로운 세대 명구는 이제 막 어른이 되려고 하는 젊은이이다. 열다섯 살의 나이에 월포옥에 맡겨진 그는 주인집 바깥어른의 특별한 물건에 대한 소문에 관심을 기울이고, 주인집 부부가 방사의 현장에서 속삭이는 소리를 엿듣는다. 그는 남녀 음양의 이치를 깨우치기 시작한다. 그리고 그는 "나도 이렇게 어른이 되어가는구나"(p. 87)라고 생각한다. 그러나 명구가 관심을 기울이는 대상인 계연은 그의 사랑이 단순히 성적 인간 이인태의 짐승 같은 사랑이 아닐 것임을 암시한다. 우리가 앞서 이야기한 것처럼 계연은 순결한 여인이기 때문이다. 명구가 이인태와 다른 결정적인 점은 그가 책을 읽는다는 사실이다. 그는 화투판 심부름을 끝내고 난 뒤에는 장거리 책전에서 산 성공 사례담들이 들어 있는 수필집을 틈틈이 읽는다. 게다가 그는 무엇이든지 묻는다. 최지관과 이인태를 따라서 묘자리를 보러 갔을 때에도, 그는 삶과 죽음에 대한 어른들의 대화를 귀담아듣고, 최지관에게도 틈만 나면 이것저것 묻는다. 그는 이인태처럼 넓은 세상으로 나가고 싶어 하지만, 그것이 "아제맨쿠로 그렇게 놀며 뜨댕길 기 아니고 열심으로 살아가기 위해서"(p. 241)라고 당차게 못박는다. 요컨대 그는 시쳇말로 '의식화되어 있는' 세대인 것이다. 역사의 고통을 물려받은 채 새로운 인생을 일구어나갈 세대는 전쟁에서 한쪽 다리를 잘린 최지관의 둘째아들 학수의 모습으로도 나타난다. 그는 6·25의 상처를 극복해야 할 작가의 세대를 상징하고 있다.

이인태는 죽음으로써 비로소 진혈에 들었다. "어울려 조화를 이룰 자리를 못 찾아서 〔그렇게 ―〕 흘러댕〔겼던 ―〕"(p. 55) 「바람」의 존재 이인태는 죽어서 '강'의 존재가 되었다. 그가 이제 둥둥 떠돌던 결핍의 삶을 청산하고 천지와 조화하는 존재가 될 것이라는 사실은, 그의 상여에 치장되어 있던 색색의 꽃들이 마침 내리던 빗물에 젖어 색색의 꽃물을 이인태의 영정 위에 떨어뜨리는, 작품의 대미를 이루는 장면 속에 암시되어 있다(p. 249). 작가가 어린 시절 실제로 이인택씨의 장례식에서 보았고, 깊은 인상을 받았던 이 장면은 이렇게 해서 더욱더 포괄적인 의미를 부여받게 된 것이다.

그러나 그 조화는 역사의 터를 떠난 초월적인 또는 신비주의적인 해결 방식이 아니다. 김현의 지적처럼 『바람과 강』에 그려진 달관은 '역사적' 의미를 지니고 있다. 우리는 그것을 '소리패'의 등장을 통하여 확인할 수 있다. 마을 사람들에게 귀가 잘린 이인태는 실성을 하여 헤맨다. 이 귀 잘림은 이인태의 실성기와 관련되어 있다. 마을 사람들은 그의 귀를 잘라내며 '개 돼지같이' 살라고 저주한다. 귀는 인간적인 의사 소통의 기관이다. 그것은 인간을 짐승으로부터 분리시키는 '말'을 받아들이는 기관이다. 그 때문에 많은 종교 전통에서 귀는 눈보다 훨씬 중요한 영적 기능을 수행한다. 사도 바울은 '믿음은 들음에서 난다'고 기록하고 있으며, 「요한계시록」의 저자도 되풀이해서 '들을 귀 있는 자는 들을지어다'라고 말한다. 이인태의 귀 잘림은 이러한 영적 분별력의 박탈을 의미한다. 그는 정말 짐승처럼 용정 일대를 헤매어 다니다가 어느 날 소리패를 만난다(pp. 69~70). 그는 실성기가 있는 상태에서도 엉엉 울음을 터뜨렸고, 그들을 따라다니며 창을 하는 여인네와 정분을 나누게 된다. 그는 그 여인 덕분에 정신이 맑아지게 되었고, 이제 그의 본격적인 방랑이 시작된다. 그런데 죽음이 임박했을 때, 그는 다시 그 여인과 그녀의 짝패들을 떠올리고 죽기 전에 한번 「춘향전」의 이별 장면이나 심청이 인당수에 몸을 던지는 장면을 듣고 싶어한다. 그러나 막상 소리패가 소리를 시작하자 그는 혼절을 해버린다(pp. 217~18). 그가 그때껏 최지관에게마저 숨겼던 진실이 '욕지거리를 퍼부으며 어지러이' 달려들었기 때문이다. 소리 연주의 장면은 이 작품 속에서 제의적인 분절을 구성하고 있다. 그것은 고대의 통과 제의에서 비전 전수자가 마지막에 받게 되는 의례, 즉 '계시'의 국면에 상응한다. 그 계시는 많은 경우에 천지 창조의 비밀과 조상들의 역사를 알려주는 신화의 형태로 비전 전수자들에게 전달되었다. 이인태의 계시는 그러나 신화적인 것일 수 없었다. 그는 역사적 진실의 드러남을 감당하지 않으면 안 되었던 것이다. 그는 끝까지 버틴다. 그러나 최지관은 이인태의 운명의 제관답게 서서히 그를 진실 앞으로 끌어낸다. 그는 직접적으로 "고해성사"(p. 227)라는 용어를 사용한다. 머리를 깎는다든가, 돼지우리에 들어가 자는 일이 진정한 참회가 될 수 없는 법이다. 이제 마지막 한 점, 그것만 넘으면 되는 것이다. 이인태가 "증말 친구" "아니, 친구가 아니라 하늘이 내려준 심판관"(p. 228)이라고 부르는 최지관의 말은 얼마나 진지한 울림을 가지고 있는가.

　　정심이나 참[眞]이란 오직 하나뿐이네. 이 정도, 여기까지가 아니라 마지막, 더 이상도 이하도 아닌 오직 바늘 구멍보다 작은 점 하나, 그것이네. (p. 228)

　　김원일의 세계는 역사와 신화 사이, 그리고 과거와 미래 사이에 '열려' 있다. 그의 작품은 이것만이 아니라, 이것이며 저것이다. 그는 그가 한국 근대사의 왜곡의 기원으로 여기고 있는 식민지 경험을 주제로 택하여 역사와 운명 모두를 조명한다. 『바람과 강』은 입암 삼거리에서 진행되는 이야기이다. 그것은 과거와 현재 그리고 미래로 열려 있는 거리, 또는 지상과 천상과 지하로 열려 있는 장소이다. 그 열린 길 위에서 삶은 진행된다. 그것은 닫혀 있지 않다. 나도 이 글을 열어둔다, 언젠가 이 글을 뛰어넘기 위해서. 다 말해진 것은 아무것도 없다. 삶은 '참'을 향한 현재진행형의 순례이기 때문이다.

〔『작가세계』, 1991년 여름호〕

개인과 역사 2
── 김원일의 『늘푸른소나무』에 관하여

김치수

1

개인이 역사 속에서 살고 있는 운명의 비극성이 소설의 재미를 주도한다면, 김원일의 『늘푸른소나무』도 그러한 역사 소설의 속성을 그대로 지니고 있다. 이 소설의 배경이 되는 시대는 홍성원의 『먼동』과 거의 동시대인 1910년을 전후로 한 15년 동안 우리 민족이 일제의 강점에 항거하는 시기이다. 대개의 역사 소설이 그러한 것처럼 이 작품은 1910년 전후의 역사적 사건을 배경으로 삼고 있으면서 작가가 만들어낸 주인공들을 그 속에서 살고 있는 실재 인물들과 함께 생활하게 함으로써 그들의 삶의 역사적 정당성을 부여하고 있다. 가령 이 소설에는 을사오조약의 체결을 전후로 한 많은 의병들의 활동이 실명과 함께 거론되고 있고, 수많은 의병장들의 활약상이 서술되고 있다. 그러나 그러한 거론과 서술이 역사적 사실의 차원에 머문다고 한다면 굳이 소설이라는 장르가 있을 필요가 없을 것이다. 소설은 그러한 역사적 사실 속에서 겉으로 드러나지 않는 개인의 삶과 운명을 알아보고자 하는 것이며 그것을 통해서 역사적 사실의 진정한 의미를 드러내고자 하는 것이다. 그렇기 때문에 작가는 허구적인 개인을 역사적 상황 속에 위치시키고 그 안에서 생활하게 만든다. 그런 점에서 역사 소설에서의 허구적인 주인공은 역사의 문제를 푸는 데 도움을 주는 열쇠의 역할을 한다. 그것은 마치 기하학에서 직접적으로 측정할 수 없는 거리를 측정하기 위해 긋는 보조선과도 같다. 역사의 입장에서 본다면 작중인물이 관심의 대상인 것이 아니라 그들로 인해서 얻을 수 있는 해석이 관심의 대상이다. 반면에 문학에서는 역사에 대한 해석에 그들이 어떻게 기여하든 주된 관심사는 그들의 삶과 운명의 변화이다. 그것은 과거의 역사를 과거 속에 위치시키는 것이 아니라 현재의 삶과 관련 아래 통찰하고자 하는 문학 고유의 관심사이다. 사람이 살아가는 꼴을 통해서 삶 자체에 대한 평가는 물론이고 그 삶을 가능하게 한 삶의 조건이나 사회 제도와 풍속, 그리고 그 모든 것을 가능하게 한 가치 체계를 한꺼번에 알아보는 것이 문제가 되기 때문이다.

  역사에서 그 모든 것을 한꺼번에 알아본다고 하는 것은 그 시대를 사는 인물을 통해서이며, 그들의 삶의 꼴을 통해서이다. 옛날의 역사 소설은 역사적으로 실존한 영웅을 주인공으로 삼았다. 그들에 관한 기록은 역사의 기술에서도 이미 나타나고 있지만, 소설에서 다루고 있는 그들의 기록은 역사의 기록과는 전혀 다른 양상을 띤다. 역사의 기록에서 그들은 공적인 존재로서 어떤 결정을 내렸고 어떤 행동을 했는지, 그 결과 그들이 얼마나 위대한 인물이거나 실수를 저지른 인물인지 평가되고 있다. 반면에 소설에서 서술되는 그들은 사적인 존재로서 어떤 결정과 행동에 앞서서 엄청나게 많은 고민과 망설임 속에서 괴로워했다는 것을, 그들의 실패는 얼마나 인간적인 선택의 결과였고, 그들의 성공은 우연과 실수의 결과였다는 것을 이야기한다. 그러니까 역사 서술이 역사적 인물의 공식적이고 객관적인 평가를 제시하기 위한 것이라면, 문학적 서술은 역사적 인물의 사적이고 인간적인 이해를 가능하게 하기 위한 것이다. 따라서 이순신이 한산대첩을 가져오기 위해 많은 장수들의 반대에도 불구하고 어떤 작전을 구사했고 그 결과 얼마나 큰 승리를 거두었는지 이야기함으로써 그가 얼마나 애국심이 강했고 얼마나 탁월한 전술가였는지 드러내는 것이 역사의 서술이라면, 큰 전투를 앞에 두고 여러 가지 생각으로 잠 못 이루며 "한산섬 달 밝은 밤에 수루에 혼자 앉아……"라고 지도자의 외로움을 노래하고, 자신이 선택한 작전이 실패할 경우에 오게 될 결과에 대해 괴로워하며 음식도 들지 못하고 뜬눈으로 밤을 새우는 이순신의 인간적인 모습을 드러내는 것이 문학의 서술이다. 역사에서는 그가 투철한 애국심과 탁월한 전략과 통찰력 있는 세계관의 소유자였고 그것이 역사적 사실 속에 어떻게 구현되었는지 서술함으로써 그의 영웅적 측면을 부각시키고 있는 데 반하여, 소설에서는 그의 애국심과 전략과 세계관이 그의 내부에서 끝없는 시련을 겪는 과정과 실패의 유혹에 자신을 맡길 수 있는 가능성의 순간들을 통해서 그의 고민과 고통을 드러나게 함으로써 그의 인간적인 측면을 부각시킨다.

역사 소설의 주인공이 과거에는 역사적 영웅이었으나 오늘날에는 이름 없는 영웅이 된 것은 과거의 역사 해석이 일방적이고 단의적이었던 데 반하여 오늘의 그것은 문제 제기적이고 다의적인 것임을 이야기한다. 영웅을 주인공으로 삼는 것은 이미 알려진 인물에 대한 새로운 해석의 시도라는 측면도 있지만 역사가 그들에 의해 이루어진다는 영웅 중심적 역사관의 또 다른 표현이다. 반면에 이름 없는 인물들을 주인공으로 내세우는 것은 역사의 진행이 눈에 보이지 않는 요인들의 작용을 받을 수 있음을 보여줌으로써 역사에 대한 새로운 해석을 가능하게 하고자 하는 민중 중심적 역사관의 표현에 해당한다. 이 경우 그 인물 자체의 다양성이 얼마든지 가능한 것이기 때문에 그들을 내세움으로써 역사의 해석은 얼마든지 달라질 수 있다. 그래서 봉건적이고 중앙 집권적인 가치가 지배하던 시대에는 영웅을 중심으로 그의 영웅성을 나타낼 수 있는 역사 소설이 지배적이었다면, 자유와 평등이라는 민주적 가치가 지배하는 시대에는 이름 없는 서민 영웅이 나타나거나 일상적인 서민이 주인공으로 등장하는 역사 소설이 지배적인 위치에 선다.

2

『늘푸른소나무』에도 우리가 역사에서 확인할 수 있는 역사의 영웅들이 무수하게 나온다. 이강년·유인석·허위 등의 의병장을 비롯하여 박상진·김좌진·홍범도 등 일제의 손아귀에 들어가는 나라를 지키기 위해 목숨을 바친 실재의 영웅들의 이름이 나온다. 그러나 박상진을 제외하고는 그들은 이 소설에서 이름으로만 나타날 뿐 실제로는 등장할 수 없는 입장에 있다.

소설의 무대가 그들의 생존의 무대와 다르기 때문이기도 하지만 그들의 기치 밑에 독립 운동에 가담한 이름 없는 사람들의 이야기가 소설의 주체가 되어 있기 때문이다. 이 작품은 이미 그 제목이 이야기하고 있는 것처럼 1910년 일제가 강제로 우리나라를 침탈한 직후 국권이 상실된 시기로부터 3·1 만세 운동 이후까지 15년여에 이르는 가장 어두운 시대를 살고 있는 지사적 인물들을 형상화하고 있다. '늘푸른소나무'는 선구자적 이미지로서 작가 자신이 내세우고 싶은 가치로 보인다. 여기에서 주인공은 한 사람으로 보기 어려운 점이 있다. 그만큼 많은 인물들이 중요한 역할을 수행하면서 소설의 전체적인 구조에 기여하고 있다.

소설의 서두부터 눈에 띄는 인물은 울산에서 '백군수 댁'이라 불리는 사대부 집안의 둘째아들 '백상충'이다. 지주의 아들인 그는 선비로서의 기개와 유생으로서의 애국심으로 무장된 당대의 지사들이 갖추어야 할 여러 가지 요소를 다 갖추고 있다. 그는 일제의 침략 정책이 노골적으로 드러나자 일본인 통감의 암살 계획을 세우다가 옥고를 치르고 의병장 이강년의 휘하에서 싸우다가 붙잡혀 절름발이가 된 경력이 있을 정도로 행동하는 지식인의 모습이다. 소설의 서두에 등장한 그는 이 소설이 끝날 때까지 소설의 표면에서 사라지지 않고 사건의 핵심에 자리 잡고 있다. 그는 한일 합방 이듬해 동운사에 칩거하며 한편으로는 '박상진'이 주장하고 있는 무력 투쟁을 위한 거사 자금을 모집하며 '영남유림단'이라는 독립 운동 단체를 조직하고 다른 한편으로는 고등보통학교를 세우는 일에 열성을 바친다. 그는 의병에 가담했던 전력 때문에 일본 헌병대의 감시 대상에 올라 그들로부터 핍박과 수모와 고문을 당하면서도 자신의 기개를 꺾지 않는다. 그는 동운사의 초가에서 동지들과 접촉하고 근동의 유지들에게서 의연금을 모집하며 표충사에 가서 '영남유림단'의 조직에 참여한다. 또 '박상진'이 주축이 되어 전국 규모의 '대한광복회'가 조직되자, 가세가 이미 기울어지고 있음에도 불구하고 집을 잡히고 3만 원이라는 거금을 내놓고 영남 본부의 책임을 맡는다. 이러한 그의 활동은 그 자체로도 그가 역사에서 볼 수 있는 영웅에 손색이 없는 인물임을 말해 준다. 독립 운동에서 그의 역사적 성격은 '대한광복회' 총사령이 된 박상진과 대비되는 것으로 나타난다. 그와 마찬가지로 영남의 명문 출신인 박상진이 조선 땅과 만주를 무대로 거국적인 조직을 결성하고 독립 자금을 모으면서 이에 응하지 않는 인물들을 응징하는 적극적인 활동을 하고 있다면 그는 그 휘하의 영남 본부를 책임 맡고 있는 점에서 지역적인 인물이다. 그러나 그가 박상진에 비해 소설적 인물로 나타나는 것은 박상진의 서술이 공적인 활동에만 근거를 두고 있는 데 반하여 그의 서술은 사적인 자유와 행동까지 비교적 소상하게 다루고 있기 때문이다. 요컨대 박상진과는 달리 백상충은 자신의 사람됨, 한 개인으로서의 형상화가 이루어진 인물로 묘사되고 있다. 그는 유교적 전통에 뿌리내린 양반 출신임에도 불구하고 아들인 '형세'의 머리를 깎게 하고 자신의 몸종인 '어진이'를 속량하여 자신의 제자로 삼아 글을 가르친다. 또 독립 운동과 옥살이로 부인을 혼자

살게 한 자신의 미안함을 면하려다가 부친상을 당한 상주로서 지켜야 할 도리를 지키지 못하는 과오를 범하여 많은 사람의 비웃음의 대상이 되기도 한다. 그가 지나가는 길에 도둑의 누명을 쓰고 고초를 겪는 아녀자를 방면하도록 '한초시'에게 부탁하다가 오히려 봉변을 당하는 것은 매사에 의협심이 강한 그의 성격이 때로는 그의 삶에 고통을 가져다 주는 좋은 예에 속한다. 그는 이러한 성격 때문에 자신의 집안이 몰락하는 일을 사사롭게 생각하고 오직 독립 운동에만 관심을 모으고 있다. 그의 강직한 성격은 그가 여러 차례 일본 관헌에게 끌려가서 말로 다할 수 없는 고초를 겪으면서도 한 번도 이에 굴하지 않는 것으로 나타난다. 특히 '한초시'에게 의연금을 요구했다가 '영남유림단'의 옛 조직이 드러나는 과정에서 그가 당한 고문은 인간으로서의 한계를 시험당할 정도로 극악한 것이었음에도 불구하고 이를 끝까지 버텨내는 그의 모습은 감동 없이는 읽을 수 없도록 그려져 있다. 그의 일생은 독립 운동과 일제에 의한 고문과 감옥 생활로 점철되어 있다. 3·1 운동 때에는 동료들과 함께 서울의 만세 운동에 가담하고 언양의 고향으로 내려와 그곳에서 다시 만세 운동을 주도하다가 일제에 붙들려 모진 고문을 당한다. 그는 다시 실형 선고를 받고 복역하게 되고 출옥하자 다시 만주의 독립 운동에 합류하러 간다. 그는 자신의 주장과 신념을 굽히지 않고 지칠 줄 모르고 대일 항쟁의 길을 걷는다. 복역 중에 그는 아내도 잃고 자신이 경쟁의 대상으로 생각했던 '박상진'도 잃는다. 그런 점에서 그는 어떤 비바람에도 꿋꿋한 '늘푸른소나무'에 비유될 수 있다.

그러나 그를 주인공으로 생각하기에는 여러 가지 문제가 제기된다. 우선 그의 생각과 태도가 한결같다는 점을 들 수 있다. 물론 생각과 태도가 한결같다는 것 자체가 문제가 될 수 있는 것은 아니지만, 사람이 자신의 생각과 태도에 대해서 하나의 의심도 하지 않고 산다는 것은 그 인물 자체의 역동성에 의심을 갖게 한다. 인간은 누구나 하나밖에 할 수 없는 선택에 대해서 괴로워하며, 자신의 선택이 가져올 미지의 결과에 대해서 두려워하고 고통스러워한다. 자신의 이러한 선택이 옳은 것인가, 자신의 신념이 세상을 바꿀 수 있는가 등의 회의가 없다면 이 세계에서의 삶은 너무나 편안하고 용이할 것이다. 우리가 공부하고 생각에 잠기는 것은 편안하고 용이한 삶을 살기 위한 것이 아니라 고통스럽지만 진정한 삶을 살기 위한 것이다. 그리고 그러한 노력 속에 삶의 역동성이 있다. 운명이 바뀌고 삶의 질이 달라지고 사회적 지위가 변화하는 역동성이 우리로 하여금 삶을 살 만한 것으로 만들어준다. 그러나 백상충은 양반으로서, 스승으로서, 지도자로서 자아를 인식하고 있을 뿐, 늘 남을 위에서 내려다보는 입장을 떠나지 않는다. 그는 다른 사람을 의논의 상대로 대하는 것이 아니라 자신의 결정과 결심을 실천하는 사람으로 생각하고, 그렇지 못할 때에는 저조한 기분에 빠져버린다. 그것은 그의 이데올로기의 옳고 그름을 떠나서 그가 생명감 있는 인물로 평가될 수 없는 요소가 된다. 둘째로 문제가 되는 것은 그가 자신의 운명을 바꾸지 못하고 변화 없는 삶을 끝까지 사는 동안 그것이 소설의 전체적인 줄거리를 이끌어가지 못하고 소설의 배경을 이루고 있다는 점이다. 그 때문에 소설의 상당 부분은 그와 아무런 상관 없이 진행되고 있고 그의 존재는 전혀 무시된 채 다른 사람들의 삶에 의해 이끌어진다. 물론 그의 존재가 문제되지 않는다고 하더라도 그가 주인공이기 위해서는 다른 사람들의 삶이 끊임없이 그와의 관련 속에서 이루어져야 하며 그의 존재의 그림자가 어느 구석이든지 드리워져 있어야 한다. 그의 존재가 완전히 망각의 상태에 있다든가 그것이 역동적으로 작용하고 있지 못할 경우 그 순간 그의 존재는 소설의 구조로부터 벗어나게 된다. 소설 속에서의 그의 삶의 많은 부분이 고문을 당하고 있거나 감옥에 갇혀 있는 상태로 제시된다고 하는 것은 주인공으로서의 그의 한계를 드러내는 것이다. 그것은 그의 행동이나 사유에 대해 독자가 생각할 수 있는 여지를 주지 않기 때문이다. 그는 옳고 그의 선택은 이미 최선의 것이다.

그가 소설의 표면에 마지막으로 돌아오는 것은 제9권 서두에서이다. 그는 감옥에서 나오자 다시 만주로 떠나기로 작정하고 석주율의 삶의 방식이 민족의 독립을 가져올 수 없으리라는 단언을 내리면서 조선의 독립을 위해서는 온 민족이 최후의 일인까지 싸우는 수밖에 없다고 주장한다. 그러면서 자신의 만주행에 따라나서겠다고 하는 어린 둘째딸의 주장에 곤혹감을 느낀다. 열네 살인 딸이 만주로 따라나서기에는 너무 어리다고 말하면서 자신이 주소를 정하면 만주로 불러들이겠다고 함으로써 그는 소설의 표면에서 사라진다. 그것은 첫째, 그의 주소가 정해진다는 것이 기대할 수 없는 일이라는 것을 감안할 때 독립의 그날까지 정처 없이 떠도는 그의 운명을 예견하게 하고, 둘째, 그가 벌이는 독립 운동이 당대로 끝나는 것이 아니라 독립이 이루어질 때까지 다음 세대로 계승될 것임을 이야기한다. 여기에서 박상진의 상대역으로서 그의 역할은 충족되지만 소설 전체의 주인공으로서 그의 역할은 이 작품의 중반 이후에 완전히 축소되고 있음을 알 수 있다. 그는 당대의 유교적 지식인의 비극적인 삶을, 갑오경장 이후의 사회적 변화와 경술국치 이후의 역사적 변화와 싸우다가 온갖 고통에도 불구하고 좌절은 하지 않되 이 땅에서 그 근거를 빼앗긴 지식인의 비극적인 삶을 충분히 표상하고 있다.

3

이 방대한 소설의 진정한 주인공은 '어진이'라는 아명을 가진 '석주율'이다. 그는 백상충 집안의 노복인 '행랑아범'의 막내아들로 태어나 백상충의 몸종 노릇을 하다가 속량된 인물로서 그 파란만장한 생애와 유위전변의 삶은 이 소설을 읽는 독자의 관심의 핵심에 자리 잡는다. 그의 일생은 길지는 않지만 파란만장한 것으로서 소설 전체의 줄거리를 지배하고 있어서 그를 소설의 주인공이라 하는 데 이의가 있을 수 없다. 그가 종의 신분에서 벗어난다고 하는 것은 그를 통해서 사회적 계급의 변동을 드러내주고, 그가 옛 주인인 백상충을 스승으로 삼고 그에게서 문자를 배우고 그의 심부름을 통해서 민족과 역사의 현실에 눈을 뜬다고 하는 것은 식민지 시대의 전통적인 지식인이 아니라 새로운 지식인이 어떻게 형성되는지 알게 한다. 그러나 식민지 시대의 우리 사회의 격변하는 역사를 인식하게 되는 것이 바로 어진이라고 하는 종의 신분 출신의 비극적인 운명을 통해서 가능하다는 데 이 소설의 감동이 있다. 그는 자신의 출신 성분에 맞게 대단히 겸손하고 소극적인 성격의 소유자이다. 그는 자신이 글을 배우고 스승의 심부름을 하는 위치에 대해 불안해하면서 무식한 농군으로 농사나 짓기를 바란다. 그러나 일단 글을 알고 스승의 편지 심부름을 다니기 시작한 뒤에는 자신이 그 일에서 손을 떼고자 하는 의지에도 불구하고 그의 스승과 공동의 운명의 길을 걸을 수밖에 없다. 그것은 식민지적인 현실에서는 전통적인 지식인이나 새로운 지식인이나 그들이 동일한 역사관을 갖고 있는 한 공동의 운명을 걸을 수밖에 없음을 이야기하기에 충분하다. 그는 심부름을 하다가 처음으로 일경에 붙들려 심한 모욕과 고문을 당하게 되자 스승으로부터 글을 배운 사실에 대해 후회하며 농사짓는 일로 되돌아가고자 한다. 그는 일제의 탄압과 고문을 통해서 성장하고 그 나름의 역사관과 세계관을 갖게 된다. 그는 고문을 당할 때마다 그 이전의 신분으로 되돌아가고자 하지만, 오히려 그의 정신은 더 큰 세계로 확대되어감으로써 그의 성장을 가져온다. 그가 의연금을 전달하려다 제일 첫번째 큰 고문을 겪게 되자 그는 절에 들어가 선문의 세계에 몰입하고자 한다. 그는 훌륭한 선승이 되고자 고행의 길을 걷고자 한다. 그것은 그로 하여금 자신의 과거와의 완전한 단절을 의미한다. 왜냐하면 그가 표충사에 들어오기 전에는 비록 주인인 '백상충'에 의해 속량되었다고 할지라도 스승과 제자라는 명목으로 그에게 예속되다시피 했기 때문이다. 그는 독립된 인격체이기보다 스승의 지시에 따라 움직이는 인물에 지나지 않았다. 따라서 그가 중이 되고자 절에 들어간다는 것은 옛 주인과 몸종이라는 상하 관계, 스승과 제자라는 수직 관계로부터 완전한 결별을 의미한다. 그는 보이지 않는 주종 관계로 자신을 묶고 있던 속세로부터 벗어나 하나의 독립적인 인격체로 성장할 수 있는 새로운 선문의 세계로 나아간 것이다.

 이러한 그의 시도가 상징적으로 이루어지게 된 것은 그의 이름을 바꾼 것이다. 지금까지 불려온 '어진이'라는 아명이 성도 없는 종의 이름을 표상하고 있다면, 방장 스님이 그에게 지어준 '석주율'이라는 이름은 그를 종의 신분이었던 과거로부터 완전히 결별한 새로운 인격체로 승화시켜주는 이름이다. 그런 점에서 그가 중이 되기 위해 고행하는 과정은 석주율이라는 새로운 인격체의 탄생을 위한 아픔의 과정이라 할 수 있다. 그렇기 때문에 그는 다른 사람들보다 더 열심히 고행의 과정을 밟을 수 있었다. 석주율이라는 이름으로 살게 된 삶이 그의 새로운 탄생을 의미하며 그의 진정한 삶이다. 그는 이제 영남유림단으로부터 곽돌·경후 등과 함께 만주에 파견되어 온갖 난관을 겪으며 무기 구입의 임무를 수행하고 귀국하다. 그는 자신이 일제에 무력으로 맞서는 일을 할 만하지 못하고 다른 사람을 죽이지 못한다는 이유로 선승으로만 남기를 원하면서 독립 운동으로부터 멀어지고자 한다. 그러나 대한광복회 사건으로 노출된 영남유림단의 조직 때문에 그의 만주행이 탄로나면서 그는 모진 고문에 시달린다. 징역을 살고 나온 석주율은 자신의 출옥 환영 법회를 거북하게 생각하며 이제 승적을 떠난다. 그는 스스로 빈민굴에 들어가 구빈 사업을 벌인다. 빈민촌이 일제에 의해 철거되자 그는 빈민들을 이끌고 고향인 범서골에 들어가 '석송농장'과 '한얼서숙'을 운영하여, 그들을 자립하게 하고 교육시킨다. 3·1 운동이 일어나자 그 자신은 여러 가지로 망설이다가 야학당 학생들과 이에 참여, 또다시 옥고를 치른다. 감옥에 갇혀 있는 동안 벌목 부대에 동원되어 온갖 고통을 받지만 위기에 처할 때마다 좌선의 시위로서 이를 극복하며 초인적인 힘을 보여준다. 출옥 후 석송농장에 돌아온 석주율은 이제 일제의 토지 개혁으로 인해 도요오카 농장의 소작인이 되어버린 농민들의 의견을 대변하면서 농민 운동의 이론가로 글을 발표하고 실천가로서 농민들의 이익을 위해 앞장선다. 그는 일제의 위협과 회유에 굴하지 않는 지도자로 성장했으나 수리 조합의 수세에 반대하는 농민들의 시위에서 일제의 총에 맞아 일생을 끝맺는다.

　그의 이러한 일생은 10대 후반에서 시작해서 30대 초반에 완성되는 것으로 미천한 종의 신분으로부터 거대한 사회적 지도자로 성장하는 개인적 드라마이며 동시에 수난의 역사로 점철된 민족의 드라마다. 그가 특히 역동적인 인물로 형상화될 수 있었던 것은 신념으로 가득찬 백상충과는 달리 그 자신이 본인의 의도와는 상관없이 끊임없이 현실과 부딪치면서 매순간 구체적인 선택을 강요당하고, 그 선택에 의해서 그의 지식이나 생각은 물론 육체까지도 시련을 겪는 과정을 설득력 있게 제시한 데서 연유한다. 그의 사람됨은 소박함과 겸손함과 소심함으로 인해서 초기에는 괄목할 만한 것이 되지 못했으나, 그가 시련을 겪고 새로운 상황과 체험을 함에 따라서 그 크기가 상상을 초월할 정도로 외유내강형이 된다. 그가 이처럼 성장할 수 있었던 것은 그의 종교적 체험이 크게 작용하고 있는 것처럼 보인다. 그가 맨 처음 알게 된 것은 불교의 선의 세계이고, 그 다음으로는 그가 두 번에 걸쳐 만주에 다녀오는 과정에서 대종교를 통해 알게 된 민족의 정체성이고, 세번째로는 만주 가는 길과 감옥에서 알게 된 기독교의 박애와 평등 정신이다. 그는 이 세 종교의 체험을 통해 그 고유의 세계관과 인생관을 형성하게 되어 생명을 존중하는 비폭력 무저항의 항일 운동에 이르게 되고 여러 경향의 사회 사상의 독서를 통해서 구휼 활동과 같은 사회 운동을 독립 운동 못지 않게 중요하게 생각하기에 이른다. 문맹의 소년으로부터 장년의 독립 운동가요, 사회 운동가요, 사상가로 성장하는 주인공을 보면, 이 소설이 한 편의 훌륭한 성장 소설임을 알 수 있다.

그러나 그가 이렇게 성장하기까지 그의 스승 백상충처럼 그 자신 정신의 흔들림이 없는 것은 아니다. 그에게는 출신 성분이 그러한 것처럼 내세울 만한 선험적인 정신의 가치나 신념이 있는 것은 아니다. 그의 정신은 끊임없이 형성되어가는 과정에 있기 때문에 끊임없는 위기를 체험하게 된다. 그가 모진 고문을 당할 때 몇 번이나 흔들리는 것은 그 위기를 설명하기에 충분하다. 그가 독립군으로서 만주에서 일본군과 싸울 때 어쩔 수 없이 일본군을 죽이고 나서 일으킨 발작은 얼마 동안 그를 트로마의 상태에서 헤어나지 못하게 할 뿐만 아니라 그를 사회 운동으로 가게 하는 결정적인 계기를 마련한다. 그가 감옥에서 나올 때마다 기진맥진해서 사경을 헤맨 다음 일제에 대한 증오심을 보이지 않을 때 그가 항일 의지를 포기하지 않을까 하는 조바심을 갖게 만든다. 이처럼 그에게 선험적인 가치가 있는 것이 아니라 새로운 가치가 형성되고 있는 것은 그를 살아 있는 인물로 느끼게 만든다. 그는 이미 만들어진 인물이 아니라 생성 중에 있는 인물이기 때문이다. 그가 주인공으로서 이 작품에 우리들의 관심을 집중시키게 하는 것은 작중인물로서 이러한 역동성에 기인한다.

4

물론 이처럼 불확실성 속에 있는 주인공의 성격이 이 작품의 성공에 긍정적으로만 기여하고 있는 것은 아니다. 가령, 첫번째 감옥살이를 하고 난 다음 홀연히 표충사를 떠나기로 결심하고 부산으로 가서 빈민 운동을 한다든가, 오랜 감옥살이를 하고 돌아온 다음 갑자기 1일 2식주의자가 되어 점심을 거르게 된 것이라든가, '정심이네'의 헌신적이고 눈물겨운 사랑과 뒷바라지에도 불구하고 이를 외면하는 것이라든가, 산역을 하는 동안 뒷바라지를 해준 봉순네에게 자신의 몸을 허락하는 것 등은 필연적이라기보다는 대단히 우발적인 사건처럼 보여서 작품의 짜임새에 긍정적으로 작용하고 있는 것처럼 보이지 않는다. 작품의 짜임새로 말하자면, 이 작품에서 주인공이 지나치게 자주 붙들려서 너무 많은 고문을 당한다거나, 감옥 생활을 지나치게 오래 한다는 것은 우리 민족이 일제에 의해 당한 고통을 구체적이고 사실적으로 보여준다는 장점에도 불구하고 주인공의 적극적인 행동이나 모험을 제약한다는 점에서 작품 전체의 균형에 크게 기여하지 못한다는 인상을 준다. 그러나 이와 같은 지적은 모두 9권의 대작에 대한 일종의 투정에 지나지 않을 뿐 작품의 문학성에 전혀 손상을 입힐 수 있는 것이 아니다. 오직 한 가지 의심스런 것이 있다면, 그의 지적인 성장에도 불구하고 그가 개인적인 성공을 위해 아무런 욕망을 가지고 있지 않다든가, 아직 면천하지 못한 자기 부모들을 위해 무엇인가 해야 되겠다는 의지가 없다든가, 자신의 행복을 위한 아무런 의식을 소유하지 않고 있다는 사실이다. 요컨대 그는 개인 의식을 철저히 배격하고 민족의 독립이라고 하는 집단 의식에 사로잡혀 있다. 그것은 그가 스승인 백상충으로부터 받은 교육 때문인 것으로 보인다. 전통적인 유학자 출신의 독립 투사인 백상충은 잃어버린 국가를 되찾기 전에는 어떠한 개인적인 행복도 불가능하다는 인식을 갖고 있다. 그에게서 교육을 받은 석주율은 스승과 다른 방식으로 일제에 대항하고 있음에도 불구하고 스승과 마찬가지로 개인의 이익이나 행복이나 권리에 아무런 관심이 없다. 그래서 그는 자기 동료들을 일제의 탄압에서 구하기 위해 혼자 단식 투쟁을 하고, 선량한 농민들의 정당한 요구가 받아들여지게 하기 위해 혼자 단식 투쟁을 한다. 그것은 몸을 학대하여 정신의 승리를 얻고자 하는 이른바 살신성인의 유교적 정신주의를 스승으로부터 배우고, 중이 되고자 하는 과정에서 불교적 금욕주의를 표충사의 고행에서 얻은 데서 기인하는 것으로 보인다.

  이와 같은 그의 정신주의자가 백상충의 그것과 만나고 있다는 것은 이 작품의 작가 자신의 정신주의와 관계가 있지 않을까 유추하게 만든다. 왜냐하면 이 작품에 나타나는 대부분의 긍정적인 인물들이 고귀한 정신의 소유자인 반면에 그렇지 못한 인물들은 현실적 성공이나 물질적 부를 축적하고 있기 때문이다. 일본의 보조 헌병 강중우는 자신의 현실적인 출세를 위해 동포들에게 보다 악질적으로 대하여 보조원의 딱지를 떼게 되고, 백상충의 장인 조익겸은 일본 관헌들과 적당히 어울리면서 부를 축적하고 있고, 울산의 장판관 댁 아들이며 백상충의 동료인 장경부도 결국 광명보통학교 교감이 되면서 독립 운동의 대열을 벗어난다. 반면에 백상충의 아버지 백하명이나, 그의 동료인 박상진이나 글방을 운영하는 함명돈, 대장간을 운영하는 박생원 등은 모두 고귀한 정신의 소유자로 나타난다.

그러나 이보다 더 적나라하게 그의 정신주의가 드러나는 것은 섹스의 문제가 부정적인 것으로만 다루어지고 있는 데서 찾아볼 수 있다. 가령 석주율에게 연정을 품었던 여성 가운데 육체적인 접근을 시도하지 않은 '정심네'만이 긍정적으로 그려져 있을 뿐 첫사랑을 고백한 '삼월이'가 부정적으로 그려져 있을 뿐만 아니라 그가 만주에서 몽정의 대상으로 꿈꾸었던 '예복'에 대해서 자신을 불결하게만 생각한다든가 석주율의 동정을 빼앗은 '봉순네'가 그것을 후회하며 용서를 빈다든가 하는 것은 성을 순수하지 못하고 불결한 것으로 생각하는 정신주의의 한 표현이라고 볼 수 있다. 그 결과 이 작품 전체에서 성은 사랑이나 생명의 완전한 표현으로서는 한 번도 나타나지 않는다. 백상충의 형인 백상헌이 평생을 주색으로 보내다가 병사하게 된 성, 조익겸이 자신의 금권과 정력의 과시로 소비하는 성, 자신의 완력으로 많은 여성을 농락하고 겁탈하다가 마침내 남근을 잃고 마는 김기조의 성은 정신적 사랑이 결여된 육체적 쾌락이 얼마나 추할 수 있는지 보여주기에 충분하다. 그렇지만 이 작품 전체에 그렇지 않은 성, 사랑과 생명의 완전한 표현으로서의 성이 전혀 나타나지 않고 있다는 사실은 이 작가가 에피큐리언과는 정반대에 자리 잡은 유교적 정신주의와 깊은 연관이 있는 것처럼 보인다. 그런 점에서 석주율의 육체적 결벽성이 그에게 헌신적이었던 정심네를 석송농장의 박장쾌와 결혼시킨 것으로 보이게끔 작가가 만들었다고 말할 수 있다. 그런 점에서 이 작가는 성을 지나치게 신비화하고 상품화하는 오늘의 많은 작가들의 물신주의와는 정반대편에 서 있는 것으로 보인다. 그리고 이것이 김원일의 다른 작품에서 나타나는 현상인지 확인해보는 것은 그의 소설을 이해하는 데 대단히 재미있는 주제가 될 것이다.

5

　김원일의 『늘푸른소나무』에는 그 밖에도 다른 작품 같으면 주인공이 될 수 있는 인물들이 무수하게 나온다. 소작인 출신의 김기조, 백상층의 장인이며 친일파인 조익겸, 어진이에게 연정을 품었던 탐욕스런 삼월이, 석주율에게 충성스런 정심네, 한말의 군대 출신으로 헌병보조원이 되어 동포들을 핍박하는 강중우, 보부상 출신으로 독립 운동을 하는 곽돌 등은 각자가 독특한 개성을 갖고 있는 훌륭한 소설적 인물들이다. 작가는 이 방대한 작품에서 이처럼 많은 인물들을 형상화시킴으로써 그들의 삶이 소설의 전체 구조에 기여하게 만든다. 그들을 통해서 당대 사회의 우리 민족이 체험한 삶의 진정한 모습을 알 수 있을 뿐만 아니라 오늘의 서민들이 살고 있는 삶의 뿌리를 읽게 한다. 작가는 많은 등장인물에도 불구하고 대단원의 순간 그들의 삶이 정리되었다는 인상을 줄 정도로 이 시대의 역사에 대한 이해를 가능하게 해준다. 많은 민족의 지도자 뒤에는 그보다 훨씬 많은 민중들의 보이지 않는 삶과 죽음, 기쁨과 고통, 환희와 절망이 있고 그것으로 인해서 역사는 역류하지 않는다는 작가의 세계관, 그의 역사관을 읽게 만드는 것이 『늘푸른소나무』이다. 그런 점에서 역사적 상상력으로 가득 차 있는 그의 문학이 이 작품으로 집대성되었다고 말할 수 있다. 이 작품은 역사 속의 개인들을 극명하게 보여주고 있는 반면에 개인

속의 역사는 가려져 있다. 바로 그 때문에 새로운 문학적 상상력과 야심으로 가득 찬 변모된 세계에 우리는 또 다른 기대를 걸게 된다.

〔『문학과사회』, 1994년 가을호〕

못 깨닫는 기드온
── 김원일의 「믿음의 충돌」을 읽고

김주연

> 하나님이 그에게 지시하신 곳에 이른지라. 이에 아브라함이 그곳에 단을 쌓고 나무를 벌여놓고 그 아들 이삭을 결박하여 단나무 위에 놓고 손을 내밀어 칼을 잡고 그 아들을 잡으려 하더니, 여호와의 사자가 하늘에서부터 그를 불러 가라사대 아브라함아 아브라함아 하시는지라. 아브라함이 가로되 내가 여기 있나이다 하매 〔……〕(「창세기」 22: 9~11)

1

여든 살에 겨우 얻은 외아들을 그 아비 아브라함이 하나님의 명령에 따라 번제를 통해 제물로 바치려고 하는 장면이다. 그 아들 이삭은 다시 하나님의 명에 의해 죽음의 자리에서 벗어나고 아브라함의 충성이 칭찬된다. "네가 네 아들 네 독자라도 내게 아끼지 아니하였으니 내가 이제야 네가 하나님을 경외하는 줄 아노라"는 구절은 바로 그 다음 순간에 이어지는 하나님의 흐뭇한 칭송이다. 성경에는 믿음의 의인이 많지만, 아브라함은 그 가장 독실한 조상으로 너무 자주 인용·평가되는 인물이다. 하나님의 명령이라고 해서 과연 자신의 외아들을 바칠 수 있을까 하는 의문과 더불어, 아, 아브라함은 정말로 대단한 사람이구나 하는 감탄이 「창세기」를 읽는 이를 사로잡게 마련이다. 더욱, 그가 기독교인이라면 아브라함을 향한 경외의 마음은 감탄을 넘어 두려움, 혹은 질시의 감정까지 이를 수 있다. 물론 아브라함 이외에도 이른바 '믿음의 의인'들은 많이 있다. 바로 아브라함의 아들 이삭이 그렇고, 다윗이 그렇고, 신약 시대의 바울 또한 그렇다. 그러나 자신의 아들을 죽이기까지 하는 신앙은 아무래도 전율스럽다. 그것은 죽음, 특히 자살이나 자학과 같은 끔찍함과 연결되는 비극적 분위기를 풍기기 때문이다. 따라서 아브라함을 바라보는 우리의 가슴 한구석에는 안도감과 같은 것도 있다. 나는 아들을 바치지 않아도 좋은, 즉 자식을 죽이지 않아도 된다는 생각에서 오는 안심스러움이다. 이러한 안도감을 뒷받침해주는 논리로는, 지금 이 시대가 신약 시대라는 점이 크게 작용한다. 하나님이 우리 인간을 극진히 사랑하사 독생자 예수를 보내 우리 죄를 대신하여 죽지 않았는가! 이 사실만 믿는다면 우리는 죽지 않아도 좋고 우리 자식을 제물로 죽이지 않아도 좋은 것이다. 이것이 율법의 구약 시대가 아닌 복음의 신약 시대를 살아가는 우리 인간의 행복이다.

그럼에도 불구하고 기독교의 이러한 진리는 계속해서 논란의 대상이 되고 있다. 율법은 그렇다면 폐기되었는가? 예수는 내가 율법을 폐하러 온 것이 아니라 완성하러 왔다고 하지 않았는가? 구원받은 자의 삶은 어떠해야 하는가? 구원받았으면 그뿐일 뿐, 그 뒤의 삶은 구원에 아무 영향도 없는가? 기독교인들은 바로 그 때문에 죄와 회개를 거듭하며, 비교인들이 보기에 염치없어 보이는 게 아닌가? 이런저런 질문들은 끊임없이 계속되고, 그 해석을 둘러싸고 많은 교파들이 분파되어나간다. 이러한 현상은 비단 오늘 한국의 기독교계에서만 일어나고 있는 일이 아니다. 17세기 독일에서도, 18세기 프랑스에서도 이미 일어났던 일이며, 지금 이 시간에도 비슷한 일은 계속되고 있다. 다양한 신학과 다양한 교회는 기독교의 특징이자 운명이기도 하다. 물론 이러한 현상은 루터 이후 종교 개혁의 덕분이라고 할 수 있다. 프로테스탄트라는 말이 뜻하듯, 루터 이전의 기독교 형태에 대한 전면적인 저항의 결과 얻어진 것은 무엇보다 하나님과 교회가 어떤 특정 집단이나 종교인에 의해 독점될 수 없다는 인식이었다. 여기서 만인 제사장론이 대두된다. 즉 종래의 교회 지도자들이 제사장직을 배타적으로 차지함으로써 하나님 앞의 예배 의식을 전유하였던 폐단의 종식과 함께, 모든 기독교인들은 그 스스로 제사장이 되어 하나님과 직접 교통할 수 있게 된 것이다. 종교 행위의 허위 의식과 종교 지도자의 타락을 원천적으로 배제한, 획기적·혁명적인 사건이었으며, 그 토대 위에서 개신교가 태동하였던 것이다. 개신교의 출발은 이런 의미에서 매우 당연하고, 또 역사적 필연성을 지닌 것이었다.

그러나 만인 제사장주의는 현실적으로 많은 문제점을 드러내오고 있다. 한사람 한사람이 모두 하나님과 직접 교통한다는 원리는 곧 한사람 한사람이 모두 교회라는 만인 교회론을 낳게 되고, 그 결과 수많은 교회가 족출하는 사태를 맞게 된다. 각 교회는 또한 교회 공동체라는 의식 대신 이른바 개교회주의로 흐르게 된다. 거칠게 말한다면, 믿음의 내용이나 방법이 사람마다 가지가지, 교회마다 가지가지라는 형세가 된 것이다. 게다가 헤브라이즘 문화의 방대한 역사를 담고 있는 성경은 개별적인 사건으로 돌아갈 경우, 서로 모순되어 보이는 내용들을 갖고 있어 그 해석의 다양성은 분열적인 것으로 비칠 충분한 소지를 갖고 있다고 할 수 있다. 요컨대 기독교 신앙에는, 모든 기독교인들로 하여금 작가 김원일의 소설 제목대로, '믿음의 충돌'을 야기할 배경이 아주 높게 놓여 있다. 그러므로 기독교 해석에서 그 내용이 충돌한다는 것은 조금도 기이하다고 할 수 없다. 그러나 기독교 신앙은 유일신이며, 본질은 하나이다. 해석이란 성경 안의 사건과 말씀에 대해 역사적·문자적인 범주 안에 속한 것일 수밖에 없으며, 그 의미의 상징성, 혹은 직접성이라는 차원을 넘어 달리 뻗어갈 곳이 없다. 그 핵심이라면, 인간은 하나님 말씀에 불순종한 죄인이며, 그 죄는 어떠한 인간적 노력으로도 씻어지지 않으며, 오직 하나님이 주시는 믿음으로만 그 구원이 이루어진다는 것이다. 따라서 인간이 해야 하고, 또 할 수 있는 일이란 하나님을 사랑하고 인간을 사랑하는 일뿐이다.

이 큰 원리에도 불구하고, 논쟁과 분란은 교회 안에서 여전히 계속되며, 그 현실은 교회 밖에 있는 자들로부터 빈축의 대상이 된다. 따져보면 사실 이 문제는 기독교 및 기독교인에게만 한한 것은 아니다. 그러나 유독 종교를 도덕적인 관점에서 바라보기 좋아하는 한국인들에게 이 논쟁의 내용과 추이는 가십 이상의 흥미와 관심을 유발시킨다. 그것은 이미 구원받고 죄사함을 받은 인간이, 즉 '예수쟁이'가 왜 비교인과 다를 바 없을 뿐 아니라, 때로는 한술 더 뜨느냐는 것이다. 그 내용인즉, 도덕적으로 왜 모범이 되지 못하냐는 것인데, 이것을 교회적인 용어로 바꾼다면 왜 율법적이지 못하냐는 것이다. 특히 성(性)과 관련된 사안이 가장 중요하고, 또 빈번한 대상이 된다. 그 논의가 마치 신앙의 어떤 수준과 결정적인 관계라도 있는 양 거론되는 모습을 본다. 그것은 성에 대한 태도를 한 인간의 인격과 직접적으로 결부시켜온 우리 사회의 오랜 명분론적 도덕주의 때문일 수 있다. 그러나 그 밖에 더 결정적인 문제가 여기에 잠복해 있다.

성, 기독교 원리와 그 문화에 있어서 이것처럼 중요한 요인은 별로 없다. 아니다, 기독교 밖에서도 그것은 그렇다. 모든 사상과 종교, 더 쉽게 말하자. 우리 인생에 있어서 그보다 더 중요한 것으로 어떤 것들이 있는가? 성은 우리 생명의 근원이며, 우리 삶의 역동적인 현장이며, 죽음과 이웃해 있는 황홀하고 두려운 그 어떤 것이다. 우리 모두 성행위의 산물들이 아닌가. 우리 또한 성행위를 갈구하며, 그 결과로 다른 생명의 창조라는 엄청난 사업을 행하고 있다. 대체 그것이 무엇이기에? 서양 문화의 두 축인 헬레니즘과 헤브라이즘은 바로 이 문제를 중심으로 둘로 갈라진다. 많은 다른 요소와 역사 발전 과정의 상이점에도 불구하고, 그 본질적 변별점은 성이다. 더 정확하게 말한다면 인간 출생, 존재의 신비에 관한 답변이다. 헬레니즘에서 인간은 인간의, 즉 성의 자식이다. 그러나 헤브라이즘에서 인간은 하나님의 자식이다. 좀 자세히 보자. 먼저 헤브라이즘, 즉 기독교에서 인간의 출생은 성경에 정확하게 기술되어 있다.

하나님이 자기 형상, 곧 하나님의 형상대로 사람을 창조하시되 남자와 여자를 창조하시고 (······) 여호와 하나님이 흙으로 사람을 지으시고 생기를 그 코에 불어넣으시니 사람이 생령이 된지라. (「창세기」 1: 27, 2: 7)

사람은 여기서 성과 무관한 상태에서 창조된다. 재료는 흙이고, 힘은 하나님이 코에 불어넣은 생기다. 하나님 뜻대로, 마음대로, 방법대로 빚어진 피조물이다. 그러나 헬레니즘 문화 속의 인간은 그렇게 만들어지지 않는다. 잘 알려진 바대로, 인간을 인간 되게 한 자는 프로메테우스라는 희랍 신화 속의 한 신이다. 그는 제우스로부터 불을 훔쳐 인간에게 줌으로써 인간에게 노동 의식을 만들어주었을 뿐 아니라, 진흙과 물로 남녀의 형상을 떠, 최초로 성이라는 개념을 창조한 존재로 평가된다. 게다가 성욕이라는 힘의 신인 에로스 역시 희랍 신화 속의 인물이다. 요컨대 헬레니즘 속에서 인간은 불과 에로스라는 힘에 의해 만들어지는 존재인데, 그것이 바로 성인 것이다. 신화 속의 신이 결국 인간이라면, 헬레니즘의 인간관은 인간의 성적 에네르기에 의한 결합이 인간 출생의 비밀이 되는 것이다. 사실 이러한 인간 발생학은 굳이 비밀일 것도 없다. 왜냐하면, 오늘 우리 인간 존재가 바로 그렇기 때문이다. 어느 인간이 섹스의 자식 아닌 자 있는가. 현상적 차원에서 말한다면, 모든 기독교인도 결국 마찬가지로 섹스의 자식이다. 그러나 그들은 말한다. 하나님 아버지의 자식이라고. 그렇다면 엄연한 현실과의 모순은 어떻게 설명되어야 할 것인가. 영적으로 하나님의 자식이라는 믿음 아래에서 육적으로는 섹스의 자식임을 인정하는 양가적 행태? 아마 그럴 수밖에 없을 것이다. 하나님의 독생자로 이 땅에 온 예수가 성령으로 잉태된, 말하자면 성과 무관한 상태에서 생명을 얻은 존재였다는 사실을 상기할 때, 비록 기독교인이라 하더라도 예수처럼 오직 성령으로 육신을 얻을 수는 없을 것이다.

유일신을 믿는 신 중심주의인 기독교가 이처럼 애써 성을 죄악시하고 배제하는 까닭은 인간의 자식이라는 논리에 안주하는 것을 경계하기 때문이 아닐까. 반면 희랍 신화에 바탕한 신비주의인 헬레니즘에서는 창조의 원동력으로서의 성이 찬양되어, 성과 관련된 모든 예술 작품이 아름다움의 텍스트가 된다. 헤브라이즘과 헬레니즘의 극단적인 대조가 엿보이는 부분이다. 사실 헬레니즘뿐 아니라 거의 모든 신비주의에서 성은 신성시된다. 우리의 샤머니즘에서도 사정은 비슷하다. 샤머니즘을 한국 정신의 본질로 다루고 있는 한승원의 소설을 지배하고 있는 성적 에너르기의 세계를 상기해보라. 어쩌면 그 생명의 어머니인 성에서 인간은 한 발짝도 앞으로 나가지 못하고 버둥대다가 대지의 작은 자궁, 죽음 속으로 소멸하는지도 모른다. 그러나 기독교는 그것을 거부한다. 성을 어떻게 받아들일 것인가 하는 문제는, 따라서 죄사함과 구원의 새 지평에 오른 복음 시대의 기독교에서도 여전히 완전한 해결을 얻지 못한 듯하다. 구원받은 인간에게서도 성적 욕망은 구원 전과 다름없이 남아 있는 것이 사실이다. 그렇다 하더라도 그것은 그대로 용서, 혹은 용인되는 것이냐 하는 문제는 미상불 간단할 수가 없다. 예수가 대속했으므로 크게 문제될 것이 없다고 생각한다면, 이야기는 간단해진다. 그러나 이와 반대로, 구원된 인간은 당연히 성화의 길로 나아가야 하는데, 정욕이 억제되지 않는 현실은 어쩔 것인가? 육신을 갖고 실존하는 한, 불가피한 인간의 모

습일 수밖에 없는데도 그것이 죄악시된다면 아예 그 근원을 제거한
다? 김원일의 「믿음의 충돌」은 이 문제와 충돌하고 있는 문제작이다.

2

「믿음의 충돌」에는 기독교 신앙의 다양한 모습 가운데 세 가지 형
태가 제시된다. 하나는 소설의 화자인 소설가 자신의 어머니가 보여
주는 모습이며, 다른 하나는 친구인 신주엽의 기행에 가까운 모습,
그리고 또 다른 형태는 소설 속의 소설가가 쓴 소설에 나오는 노친네
의 그것이다. 세 형태는 서로 닮은 많은 부분을 갖고 있으나, 그 나름
의 각각 다른 모습도 갖고 있다. 소설의 주제는, 이 작가의 다른 소설
들이 그렇듯이 비교적 숨겨지지 않은 상태로 드러나 있다. 어떤 모습
이 올바른 신앙의 형태일까 하는, 작게는 기독교의 실존적 양태에 대
한 질문일 수 있는 주제는, 크게는 우리 문학의 불모지인, 문학과 종
교와의 관계에 대한 질문으로 확대될 수 있다.

소설의 화자인 소설가의 어머니가 보여주는 믿음의 형태(이하 1)로
표기)는, 우리 주변에서 가장 만나기 쉬운 모습이다. 광신자라고까지
는 말할 수 없겠으나, 다른 어떤 일보다 교회를 앞세우는, 따라서 가
정도 뒷전으로 내팽개쳐두는 많은 여신도들의 모습이 그 어머니 속
에서 전형화된다.

고주망태가 된 아버지는 방 안에 아무렇게나 쓰러져 잠들어 있기가
예사였고, 어머니의 악패는 소리가 그치지 않았기 때문이었다. "하나
님이 와 저 악귀를 지옥불에 처넣지 않노. 원수를 사랑하라 캤지마는
저 원수야말로 차라리 안 보는 게 낫다. 안 보모 인생이 불쌍해서 자선
할 마음이 생길란지도 몰라. 외인들은 하나님께서 심판하이 악한 자는
너거가 내쫓아라 했으이께, 사탄아 물러가라, 썩 물러가라!" 숙취로

곯아떨어진 아버지가 듣지 못할 텐데도 어머니는 성경 말씀을 빌려 저주를 퍼부었다. 그 사설에도 지치면 무슨 계시라도 받은 듯 손뼉을 치며 큰 소리로 찬송가를 불렀다. 그래도 가슴에서 치미는 미움의 감정이 가라앉지 않는지, 철야 기도를 하겠다며 휑하니 교회로 달려갔다. 예수란 성체의 미혹에 빠진 그런 어머니를 두고 삼포의 불신자들은 광신자라 쑤군거렸고, 신자들은 타고난 주의 종이라며 그 열렬한 신앙심을 기렸다. (pp. 27, 28)

한국 교회의 교인 대다수는 여신도로 구성되어 있으며, 많은 여신도들의 신앙 형태는 이와 흡사한 것이 사실이다. 대부분이 중년 부인들인 이들이 이런 모습을 하고 있는 현실에 대해서는 여러 각도에서 분석이 가능할 것이다. 그 가운데 아마도 사회 심리적인 분석이 가장 그럴싸한 결론을 이끌어내줄 수 있을지도 모른다. 남편의 무능·외도·폭력, 시어머니와의 불화, 자녀들의 말썽과 같은 요인들이 가정의 불안정을 가져오고, 그로부터의 심리적 안정을 교회에서 추구하게 된다는 논리인데, 현실적인 설득력이 있다. 이 소설에서의 어머니 역시 그러하다. 반공 포로였던 남편의 무능과 외도에 그녀는 극도의 불만을 갖게 되며, 이것이 그녀의 외곬 신앙을 재촉케 한다. 철야 기도와 통성 기도, 손바닥을 치며 찬송하면서 때로 큰 소리로 울기까지 하는 예배 형태는, 한국 교회에서 소위 '뜨거운 신앙'으로 찬양되기 일쑤다. '차지도 덥지도 않은 복음'에 대한 질책은 대부분의 목회자들이 행하는 바다. 뜨거운 신앙에 대한 요구인데, 사실 기독교의 원리와는 먼 거리에 있는 요구이다. '뜨거움'이란 불을 의미하며, 불 에네르기는 신 중심주의인 기독교가 아닌 신비주의의 원리와 교통한다. 희랍 신화에서의 프로메테우스와 에로스, 샤머니즘에서의 샤먼이 모두 불의 관리자라는 사실을 주목할 필요가 있다. 신비주의에서 생명의 본질로 파악하고 있는 성, 즉 섹스의 핵심도 불이며, 뜨거움이다. 그런데 왜 기독교에서 뜨거운 믿음을? 이 논리를 그대로 적용한다면 신비주의화된 기독교라고 할 수밖에 없다. 사실 한국 기독교는 많은 부분 신비주의화되었으며, 샤머니즘이나 다름없는 행태를 보여주는 경우가 잦다. 모든 종교에 그런 측면이 다소간 존재한다는 점을 인정한다 하더라도, 한국 기독교가 기복 종교화한 것도 중요한 현상이라고 할 수 있다. 요컨대 믿음 1)의 양식은 우리 사회에서 가장 만연되어 있는 기독교의 모습을 대변한다고 할 수 있다. 여기서 불만과 한의 사회 심리는 기복과 살풀이적 기능의 종교 행위를 통해서 그 출구를 찾는다. 믿음 1)에 대한 비판이 가능하다면, 그것은 기독교 자체가 맡아야 할 부분이 아니라, 우리 사회의 신비주의적 정신의 전통이라는 측면에서 설명되어야 할 것이다.

이 소설의 보다 큰 부분은 신주엽의 신앙 형태(이하 2)로 표기) 속에서 발견된다. 화자의 소설가 친구인 그는 유신 독재 시기에 반정부 정치 사건에 연루되어 잠적한 후 신학 공부를 한다. 그러나 그는 소속 교단으로부터 제명 처분을 당하고, 목사 아닌 목자를 자처하는 생활을 해나간다. 그의 신앙관은 한 집회에서 행한 강연 속에 압축되어 있다.

예수님이 제자들 앞에 불러세운 어린이란 누구입니까. 채 자라지 않아 몸집이 작고, 〔……〕 주님은 어린이와 같이 자기를 낮추라 했습니다. 주님의 말씀대로 먼저 자기를 낮추어야 합니다. 재물을 가졌다면 재물을, 권세를 가졌다면 권세를, 명예를 가졌다면 명예를 낮추어야 합니다. 낮춘다는 것은 겸손을 뜻합니다. 〔……〕 큰 죄든 작은 죄든 인간이기 때문에 죄를 짓고 삽니다. 기독교인이나 다른 교를 믿는 사람이나, 무종교인이나 다 마찬가지입니다. 〔……〕 그 시간은 영의 주님을 만나는 시간입니다. 그 만남의 시간은 교회가 아니어도 상관없고, 목회자 앞이 아니어도 상관없고, 이렇게 여럿이 함께 모인 자리가 아니어도 됩니다. 예수님은 골방에서 홀로 간구함이 더 귀하다고 말씀하셨습니다. 〔……〕 감히 제가 말합니다. 영혼의 갈증을 느끼는 자,

그 마음이 너무 가난하고 육신의 삶이 너무 고달파 주님께 매달려 간절한 구원을 바라는 자만 남고 나머지는 나가십시오. 물질의 축복을 받기 위해 오신 자들은 그가 지금 굶고 있더라도, 주님은 당장 축복을 내리지 않습니다. 〔……〕 여러분. 겸손한 자는 주님의 응답이 당장 없더라도 기다리며 참고 견디는 자입니다. (pp. 62~65)

믿음 2)의 이와 같은 모습은 사실 성경에 가장 근접해 있는 신앙 형태이다. 이 모습은 1)이 기복적 · 현세적 · 물질적이라면 2)는 초월적 · 정신적이며 영원 지향적이다. 수많은 성경 말씀 가운데 하나님이 그 아들, 예수의 행적을 통해서 몸소 보여준 것은, 현세적인 복락에 좌지우지하지 말고 조용하게 진리 추구의 삶을 살자는 것이리라. 그것은 물질과 육체가 만족해야 행복을 느끼는 세상의 현실과 비교해볼 때 쉽지 않은 결단의 세계다. 인내와 고통이 당연히 수반되는 세계이다. 그렇기 때문에 과연 그 결단이 가능한 것인가 하는 점에 대해서는 끊임없이 의문이 제기된다. 결단이 혹 이루어진다 하더라도 흠 없는 지속은 어차피 불가능할 수밖에 없을 것이다. 믿음 2)는 믿음의 올바른 모습을 보여주었다는 점에서는 가장 바람직하다고 할 수 있다. 그러나 인간은 그 점을 실천할 실력이 없다. 만약 실력이 있었다면, 구약이 보여주듯 이스라엘 민족은 실패하지 않았을 것이며, 예수 또한 올 필요가 없었을 것이다. 율법과 행위로는 구원을 얻을 자 단 한 사람도 없기에 예수가 이 땅에 와야 했던 것이다. 이스라엘 민족이 애굽을 벗어났으나 곧장 가나안 땅으로 가지 못하고 광야를 헤매야 했던 사실은 무엇을 말해주는가. 왜 하나님은 구원시켜준 당신의 백성을 곧 성화된 수준으로 바꾸어놓지 않고 광야와 같은 방황의 시간에 그대로 놓아두느냐는 말이다. 신학자들은 이에 대해 '인간의 속성과 수준을 더욱 잘 깨닫게 하기 위해서'라는 해석을 하고 있다. 요컨대 믿음 2)는 현실적으로 불가능할뿐더러, 하나님이 그 수준을 허락하지도 않는다는 논리다. 목자 신주엽이 그를 따르는 몇몇 신도들과 더불어 남해안 쑥도라는 곳에서 40일 금식 기도를 한 끝에 마침내 자신의 남성 성기를 절단하는 끔찍한 일을 저지르게 된 것은, 이와 같은 성경 해석상의 오류에 기인한 것으로 판단된다. 죄인인 인간은 오직 하나님에 의해 그 구원이 성취될 수 있고, 그 뒤의 성화 과정 역시 하나님이 주관한다는 인식에 그는 도달하지 못했다고 볼 수밖에 없는 것이다. 이 그릇된 인식은, 인간이 율법이나 선행을 자신의 의지로 완벽하게 할 수 있다는 착각이다. 그것은 마치 예수의 자리에, 그 누구든 결단과 노력 여하에 따라서 이를 수 있다는 생각과도 같다. 하나님 앞에서의 가장 큰 죄는, 바로 이렇듯 그 스스로 하나님 같아지려는 죄임을 성경은 창세기 첫 장에 이미 소중하게 깔아놓고 있지 않은가. "의인은 없으니 하나도 없다"는 성경의 지적은 여기서 심각하게 음미될 만하다. 물론 의인 열 명만 있으면 소돔과 고모라를 멸치 않았다는 내용도 성경에는 나오지만, 그것은 의인을 요구한다기보다 인간 스스로 의인이 될 수 없다는 지적임을 알아야 할 것이다. 구약 곳곳에 나오는 숱한 전투에서 하나님은 의인을 자처하는 군사들을 먼저 징벌하고, 나중에야 승리를 안겨준다는 사실을 곰곰이 되새겨볼 필요가 있다. 성기를 포함한 신체 어느 부분도 하나님이 몸소 창조한 생명체로서 그것을 인간 스스로 훼손한다는 것은 가장 큰 죄악이 된다. 믿음 2)는 여기서 그 올바른 신앙의 모습을 일순간 상실하고 1)보다도 더욱 타락한 상황이 되어버린다.

인류 최초의 죄악인 아담과 하와의 비극이 하나님에게 불순종하고 하나님과 같은 반열에 서고자 했던 데에서 연유하고 있음은 잘 알려진 바와 같다. 그 부분을 성경에서 확인해보자.

뱀이 여자에게 이르되 너희가 결코 죽지 아니하리라. 너희가 그것을 먹는 날에는 너희 눈이 밝아 하나님과 같이 되어 선악을 알 줄을 하나님이 아시느니라. (「창세기」 3: 4~5, 강조는 필자)

결국 예수를 닮은 삶을 살아가도록 기독교는 권면하고 있지만 그와 똑같은 상태에 이르는 것을 성경은 허락하지 않는, 얼핏 보면 기이한 모순을 보여준다. 그러나 기독교의 기본 원리를 세밀히 살펴본다면, 그것은 모순으로 남지 않는다. 가령 의인 아닌 죄인을 구하러 예수가 왔다든가, 죄 많은 곳에 은혜가 깊다는 전언, 기드온처럼 별 볼일 없는 사람을 즐겨 자신의 지팡이로 삼아 '큰 용사'로 삼는 하나님의 사역 원리 등등을 주목한다면, 인간은 죄인이며 그 노력은 불완전하다는 전제 위에서 하나님의 존재와 그 의의가 있는 것이다. 신주엽의 자해 행위는 그러므로 신 중심 아닌, 인간 중심주의의 숨은 의도가 드러난 경우라 할 수 있다. 인간은 결코 그 스스로 자신의 죄를 씻을 수도, 그 뿌리를 제거할 수도 없다는 것이 기독교의 본질적 메시지이기 때문이다.

소설의 많은 부분이 할애되어 있지는 않지만 작가의 시선은 제3의 신앙 형태에 가장 긍정적으로 머물고 있다. 그는 소설 화자인 소설가의 소설에 등장하는 노친네의 모습이다. 그 모습은 이렇다.

"하나님의 독생자로 이 세상에 오셔서…… 우리의 죄를 모두 지시고 십자가에 못박혀 죽으신…… 주님!"
어머니의 입에서 기도가 시작되었다. 그 뒤의 말은 내 귀에 들리지 않았다. 〔……〕 스웨터의 좁은 등심이 가늘게 떨림을 보고, 나는 어머니가 흐느끼고 있음을 알았다. 애타게 주님을 찾으며 아니 주님에게 매달려 당신의 맺힌 원을 하소연하리라. 그 원 중에 가장 큰 소원인, 혈육을 주님 앞에 인도하지 못한 죄를 용서해달라며 속울음을 울고 있을 것이다. (p. 19)

소설 속의 소설 내용이다. 작가 김원일은 여기서 화자인 소설가를 내세워 비교적 긍정적인 한 믿음의 자세를 제시하고자 한다. 천상의 노인인 여인은 남편을 잃은 뒤 그 자리에 예수를 영접하고 독실한 신자가 된다. 화자인 소설가는 그녀가 죽음에 순복함으로써 영생과 부활을 확신하는 의연한 모습을 그릴 예정이다. 앞의 인용이 보여주듯 그녀의 기도도 신앙 자체에 관한 것이다. 물론 제사를 거부하고 전도를 가장 높은 수준의 믿음으로 생각하는 도식성과 같은 점이 이 노친네에게서 부정적인 상으로 그려지기도 한다. 믿음 3)이라고 할 수 있는 이 모습은 확실히 앞의 1) 2)보다 기독교의 본질에 가장 근접해 있다. 그 소박성·진실성은 신주엽이 폐쇄적인 의인 행각으로 나서기 전에 강론했던 이른바 '어린아이와 같은 믿음'을 연상시킨다. 우리의 어머니들이 그만한 자세만이라도 견지한다면, 그 신앙은 아름다운 것으로 평가받아 좋을 것이다.

그러나 믿음 3)이 반드시 올바른 신앙의 전형이라는 보장은 아무 곳에도 없다. 우선 조상에 대한 제사가 타기되어야 할 우상 숭배의 근본인가 하는 문제, 전도하지 못한 것이 그토록 큰 죄인가 하는 문제들에 대하여 얼마든지 이론이 있을 수 있을 것이다. 그러나 막상 큰 문제는, 소설 「믿음의 충돌」이 발언하는 메시지가 올바른 신앙 형태의 단순한 제시와는 다르다는 사실이다. 대체 「믿음의 충돌」은 무슨 말을 하고 싶은가. 「믿음의 충돌」은, 내가 읽어온 범위 안에서 기독교인의 신앙 형태를 본격적으로 다룬 최초의 소설이다. 그것은 종교를 수용하는 인간의 문제를 다각적으로 살펴보고 있다는 점에서 근본적으로 문학적이다. 문학과 종교는 때로 대립되어 있거나 너무 멀리 떨어져 있는 것처럼 보이지만, 둘은 오히려 같은 뿌리의 쌍생아라고 할 수 있다. 문학에서든 종교에서든 인간은 구원을 찾으며, 초월을 경험한다. 그럼에도 불구하고 많은 경우 종교는 문학에서 백안시되기 일쑤다. 아마도 문학의 논리가 귀납적이라면, 종교의 그것은 연역적·선험적이기 때문이리라. 진리를 찾아가는 길과 주어진 진리에의 감동을 경험하는, 서로 다른 순서 때문에 생겨나는 갈등이다. 하나는 창조자의 원천적 질서에 대한 깨달음이며, 다른 하나는 비록 피조물이라 하더라도 그의 주체적·자율적인 노력에 의한 구도의 과정이라고 구별될 수 있을 것이다. 둘은, 말하자면 평행의 관계이지만 그 목적지와 하는 일은 같다고 할 수 있다. 종교가 인간의 생사를 넘는 대초월을 경험케 한다면, 문학은 작품을 통해 순간순간 수많은 현세적 초월을 맛보게 한다. 문학적 초월은 대 초월인 종교 경험을 감싸안을 때 그 감동의 깊이를 늘린다. 문학의 총체성이 인간에 대한 다면적인 이해를 통해 형성된다면, 종교성은 그 인간의 가장 깊숙한 정신 부분에 관계되기에, 그 형성을 결정적으로 돕는다.「믿음의 충돌」에 나타난 그 총체성은 인간 존재의 나약함이라는 전신상(全身像)이다. 자신의 무력함 때문에 하나님에게만 매달리는 노인이든, 자신의 의를 과신하고 금욕적 결단을 행한 젊은이든, 그 모습은 인간 실존의 한계를 동전의 양면처럼 보여줄 뿐이다. 우리 모두 연약한 기드온이지만, 그 사실을 짐짓 간과한다. 하나님에 대한 온전한 승복이 없으므로, 하나님으로부터의 은총도, 단 3백 명만으로 미디안 군사를 물리치는 전쟁에서의 승리도 주어지지 않는다. 이런저런 종교 행위가 곧 승복을 의미하지는 않는다는 사실을 이 소설은 전해준다. 못 깨닫는 기드온──문학은 아마 그렇기 때문에 존재할는지도 모른다.

〔『사랑과권력』, 문학과지성사, 1995〕

소설 속에서의 상상력과 그 근원
— 김원일의 『아우라지로 가는 길』을 중심으로

이창기

1. '6·25 소설'은 '역사 소설'인가?

계간 『작가세계』는 한 작가의 문학 세계를 이해하는 데에 보탬이 될 꼼꼼한 문학적 연대기와 비교적 다양한 시각의 비평을 한자리에 모아놓았다는 점에서 다른 잡지와 차별된다. 그 가운데 뒤늦게 다시 읽어본, 1991년 여름호의 '김원일 특집'은 그 차별화된 가치를 새삼 확인시켜주었으며, 그 과정에서 나는 사소하지만 하나의 가설로 확대할 수 있는 공분모를 발견하게 되었다. 그것은 이 특집에 참여한 젊은 비평가들의 대부분이, 적극적인 의미든 부수적인 의미든, 김원일 문학의 새로운 변모를 기대하고 또 예고했다는 점이다. 물론 돋보일 만큼 성실한 창작 활동을 하고 있는 한 중견 작가의 문학 세계를 논하면서 '끝으로' 그의 문학 세계가 발전적으로 변모하기를 기대하는 일은 문단의 선배에 대한 의례적인 경의의 표현일 수 있지만, 나에게는 분명하지는 않지만 쉽게 지나칠 수 없는 하나의 실마리를 제공했다.

우선 김원일의 삶과 문학을 꼼꼼히 되짚으며 깊은 이해를 담은 문학적 연대기를 완성한 류보선의 그 '변모'에 대한 입장을 요약하면: 1) 해방과 6·25, 4·19, 5·16, 7·4, 유신 같은 근현대사의 커다란 계기들을 작가는 자신의 삶, 그러니까 훼손된 가족, 그로 인한 가난, 아버지 없는 장자로서의 고통, 좌절, 우울을 통해 보편적인 문학의 세계로 '완결'했다; 2) 이는 우리 소설사에서도 중요한 가치를 지니고 있다; 3) 이제 그의 문학은 새로운 시작이다; 4) 그의 새로운 문학은 근현대사에 대한 총체적 이해 속에 어느 시기로도 갈 수 있다; 5) 그 변모를 뒷받침하는 작품은 「마음의 감옥」이다.

그런가 하면 박덕규는, 그의 변모를, "분단 문제와 시사적 현안 문제라 하는 데서 한 걸음 더 인간의 본질적인 문제로 나아가려는 생각은 눈앞의 세태에 집착할 수밖에 없었던 젊은 날의 번뇌와 좌절과 욕망을 이제 현상 세계를 지배하는 초월적 세계의 질서 속에서 파악해 보려는 자기 완성의 길목에 자신을 놓게 되었다는 한 징표"로 보고 그 근거로 다음과 같은 작가의 말을 인용하고 있다: "이를테면, 극도의 산업 사회에서 소외된 노인을 다루는데, 그 노인이 치매증이 있는데다 암 선고까지 받고 죽음의 대기 장소, 그런 병원에 와 있는 것으로 설정하는 거야. 살아 있어야 할 합리적 이유가 없는 목숨을 이 산업 사회가 어떻게 버리는가를 그 노인의 의식을 따라 묘사해서 인간의 본질을 성찰하는 그런 소설······."

류철균은 조금 다른 각도에서, 그러니까 그의 문학적 여정에 대한 통시적인 검토나 작가의 고백을 바탕으로 한 이해가 아닌 작가의 창작 방법(그는 이를 '대상화된 운명의 형식'으로 압축한다)이라는 공시적인 입장에서 김원일의 문학 세계의 변모를 기술하고 있지만 그 역시 「마음의 감옥」을 "대상화된 운명의 형식이 우리 시대의 현실적 과제와 만"난다는 점에서 상당한 의미를 부여하고 있다.

이처럼 간략한 줄거리의 압축으로 그의 변모에 대한 평자들의 기대를 어느 정도나마 예감했다면, 이번에는 좀더 차분하게 그들의 목소리에 귀를 기울여보자. 우선 류보선은 「마음의 감옥」을 예로 들며, "이제 작가가 인간을, 당대를 추동시키는 본질적인 것과의 상관성 속에서 파악"하였으며, 여기까지 오기 위해 "지나치게 동어 반복적이고 더딘 걸음이 아니었냐고" 묻고 있다. 앞서 요약했듯이, 김원일의 문학적 여정에 대한 따뜻하고 격정적인 이해를 표명했던 그가, 그 동안의 그의 문학이 "당대를 추동시키는 본질적인 것과의 상관성"을 갖지는 못했지 않느냐는 아쉬움을 조심스럽게 드러내고 있는 것이다. 그런가 하면 박덕규는 작가의 그간의 행로를 "너무 오래 그리고 힘겹게 져온 등짐"으로 비유하고 있다. 또 박혜경은, 김원일 소설에서 간과되는 "내적인 풍요로움"을 말하기 위한 반론으로서의 모양을 띠고 있긴 하지만, 그 시대의 중요한 문학적 관심을 역사적 사건 중심으로 이끌어간 편향성의 문제를 거론하고 있다. 나의 흥미를 끈 것은, 이들의 기대감의 저변에서 들리는 은근한 아쉬움의 목소리가 김원일의 묵직한 문학적 주제들이 '당대'가 아닌 '역사적'인 것에서 비롯됐다고 보는 시각이다. 물론 이 같은 진술에는 일관된 주제 의식을 가지고 매진하는 작가의 성실성과 노고에 대한 경의 같은 긍정적인 의미가 다분히 포함되어 있지만, 그럼에도 불구하고 여기서 나의 생각을 당기는 실마리는, 예를 들면, 그의 문학을 풀어가는 중요한 소재의 하나인 6·25 전쟁이 하나의 역사적인 소재로, 아니 역사 소설의 한 소재로 인식되고, 이해되고 있는 것이 아닌가 하는 점이었다. 마치 갑오경장이나 3·1 운동처럼 말이다.

여기에 흥미를 더하는 것은, 문학 전공자는 물론이고 문학에 관심이 있는 독자라면 한번쯤 들춰보았을 이상섭의 『문학 비평 용어 사전』에 나오는 역사 소설에 대한 구체적인 정의이다. 이 사전에 따르면, 역사 소설이란, "작품이 쓰인 시기보다 상당히 앞선 시대의 실제 배경과 인물 및 사건이 소재로 취급되는 소설을 말한다. 여기서 상당히 앞선 시대라는 것은 '역사적'이라고 느껴질 만큼 오래된 과거를 말한다. 따라서 현재의 우리에게 6·25 사변은 아직 역사 소설의 소재는 되지 않는다." 사전적 정의로서는 적절하지 못한 불투명한 표현이 눈에 거슬리긴 하지만, 여기서 우리가 간추릴 수 있는 내용은, 그 '역사적'이라는 것의 판별 기준이 다분히 주관적일 수밖에 없는 "느낌"에 있다는 점, 그리고 그 판단 주체의 중심은 "현재의 우리"이며, 그 구체적인 예로 "6·25 사변"을 들고 있다는 점이다. 이를 종합하면, 그것이 역사 소설의 소재인가 아닌가 하는 판별의 기준은 작품의 배경이나 인물, 사건이 현재의 우리에게 오래된 과거로 느껴지는가 그렇지 않은가에 달려 있으며, 그 점에서 6·25 사변은 역사 소설의 소재가 아니다는 말이 된다. 그러니까 좀더 구체적으로 지적하면, 1976년(이 책의 초판이 발행된 해이다. 그의 이 같은 판단이 수정 없이 언제까지 이어질지도 관심거리다)의 "우리(나)"나 "느꼈을" 때 "6·25 사변"은 역사 소설의 소재가 아니다는 것이 그의 판단이다.

이 정의에서 짐작하듯, '역사 소설'에서 일컫는 '역사'의 의미는 사전적인 뜻 그대로 단순히 과거에 일어난 사실이 아니라, 이미 당대의 삶으로부터 멀어진 '지나간 시대'의 어떤 것을 말한다. 따라서 '역사 소설'은 사실성에 기초를 둔, 적어도 과거 어떤 지점의 시대 상황이나 인물, 사건 등을 상상에 의해 재구성한 문학적 담론으로, 이는 역사가의 사관이나 사실 기술에 작가의 관점을 첨가하고, 삭제하고, 보완하는 기능을 가짐과 동시에 문학으로서의 가치 또한 공유한다. 그러나 특별한 경우를 제외하면 역사 소설을 통해 언급된 사실이나 상상적 해석이 직접적으로 독자들의 실존에 영향을 미치거나 간섭하지는 않는다. 따라서 어떤 의미에서 역사 소설의 '역사'는 당대의 실제적인 삶과 분리된 역사를 의미한다고 말할 수 있다(그 연관성이야 어찌 부인할 수 있을까). 미루어보건대, 이상섭의 "현재의 우리에게 6·25 사변은 아직 역사 소설의 소재는 되지 않는다"는 말은, 곧 6·25 전쟁이 아직까지 "우리"의 삶에 영향을 미치거나 간섭하고 있다는 뜻일 터이다.

1985년, 문학과지성사 창사 10주년을 기념하기 위해 기획된 『해방

『40년: 민족 지성의 회고와 전망』(김병익·김주연 엮음, 문학과지성사)이라는 평론집의 모두에 실린 송건호의「민족 지성의 회고와 전망」이라는 글은 바로 이 점에서 시사하는 바가 크다(문학과지성사는 지난해 역시 창사 20주년을 기념하는 책을 펴냈지만 해방 50년이 아닌 창사 20년 동안의 문화적 상황의 변화를 기술하는 것으로 대신했다). 그는 "지난 40년 간의 우리 민족의 지성사는 바로 우리 민족의 사상사이며 동시에 정치, 경제사를 반영한 것이며" 이로써 "그 나라의 정치 경제적 상황을 이해할 수 있"다고 전개하고, 회고하고 있다. 이를 요약하면 다음과 같다.

  1) 8·15 이후의 변화(실용주의·사회주의·민족주의의 대두, 일본 군국주의의 잔재)
  2) 6·25 이후의 변화(미국의 영향 강화, 반공과 반일 이데올로기)
  3) 4·19 이후의 변화(냉전 사조의 약화, 민주주의와 자유)
  4) 1965년, 한일 국교 정상화 이후의 변화(일본의 재상륙과 민족 의식, 경제 구조의 변질과 민중 의식)
  5) 80년대의 민중 문화(종속·계층 간의 위화, 의식화)

송건호가 요약한 해방 이후 지성사에 기대면, 정치나 경제, 문화 등 모든 면에서 적어도 이 글이 씌어진 1980년대 중반까지를 손쉽게 검증할 수 있다. 곧 해방과 6·25는 우리의 지성사의 중요한 맥락이며, 이는 지금의 우리를 아는 비교의 잣대가 된다. 따라서 그로부터 시기적으로 좀 벗어난 듯한 70년대나 80년대(80년대는 구조적으로 70년대의 연장이다)의 외향적인 경제 성장 역시 이 같은 맥락에 대한 고리를 갖지 않고는 이해될 수 없다는 것이다. 그 쉬운 예를, 6, 70년대의 경제 개발 정책을 주도한(그 자본의 출처와 성패에 대한 논의를 차치하더라도) 군사 독재 정권 역시 그 경제 발전의 '눈부신 성과'를 습관처럼 전쟁 전후의 처지와 비교해 홍보해왔다는 데에서도 찾을 수 있다. 물론 시기적으로도 그리 멀지 않은 때의 일이지만, 그만큼 그 '이야기의 뿌리'가 깊고 견고했다는 뜻도 된다.

이 같은 분석틀을 문학의 경우에 견준다고 해도 별 문제는 없다. 이미 관심이 있는 여러 평자들에 의해 논의가 됐듯이, 김원일의 「어둠의 혼」(1973)과 윤흥길의 「장마」(1973)에서 예고되어 그 시대를 산 작가라면 거의 대부분이 그 시절의 체험과 연대한 이른바 분단 문학 작품을 남겼다. 그리고 앞서 예로 든 작품들은 분단 문학의 모범적인 양식으로 자리하며, 80년대 중반 이후까지 그 영향을 미쳤다. 그 '양식'이란, 평론가 이동하의 말에 따르면, "순진한 어린아이의 눈을 통하여 좌우익의 이데올로기 투쟁을 관찰하고 그럼으로써 구호적인 이념의 차원을 넘어서는 삶 그 자체의 원질성에 비추어 한 시대의 미망을 비판한다"(「끊임없는 자기 확대의 길: 김원일론」, 1983)는 태도로 집약되면서, 소설가 이동하의 『장난감 도시』(1982)와 김원일의 『마당 깊은 집』(1988)에서 그 절정을 이루었다.

특히 김원일의 경우, 이 운명적인 전쟁과 가난을 겪는 한 소년의 성장사가 그의 뛰어난 상상력에 의해 복원되고 갈무리되어, 어려운 시대를 살았던 한 많은 한 개인의 이러저러한 사연을 넘어 그 시대를 산 인간의 보편적 문제로 확대되기 시작하면서 그의 소설은 많은 독자들을 폭넓게 감동시킬 수 있었다. 또한 여기서 김원일의 소설은, 분단의 현실에서 비롯된 역사의 상처라기보다는 궁극적으로 '철들 무렵'에 나는 이렇게 삶과 만났다는 이야기(김현, 「이야기의 뿌리, 뿌리의 이야기」)로 해석되거나, "극한적인 상황에서 인간이 어떻게 살아남을 수 있는가"(정과리, 「이데올로기 혹은 짐승의 삶」)라는 질문으로 요약되어 80년대라는 삶의 공간 속에서 살아 있는 체험으로 육화되고 개별화되었던 것이다.

이처럼 김원일에게 6·25 전쟁이라는 원체험은, 물론 시간적으로는 지나간 과거이며, 그 역시 그때를 되살고 있지는 않지만(오히려 그는 빨리 벗어나고 싶어하지 않을까), 그 시대를 살거나 기억하는 대다수의 독자와 함께 면면히 그들의 정신과 생활로 이어지고 있는, '현재화된 과거'이다. 따라서 이를 이야기하는 것은 당연하게도 김원일의 "문학 청년 시절의 바람"이었으며, 그리고 그는 여기에 그의 작가로서의 전 생애를 건 것이다.

그러나 한 인간의 기억과 체험은, 세월의 먼지를 뽀얗게 앉히며 그대로 창고에 쌓여 있는, 그래서 먼지만 털어내면 옛것 그대로인 그런 물건들이 아니다. 기억이란, 그것을 되새기게 만든 동기와 바로 그때 그와 마주한 세계에 대한 질문들 그리고 미래의 희망과의 관련 속에서 새롭게 선택되고 재해석된다. 그리고 이 기억이, 의미 있는 경험의 특질로 문학 속에 편입되어 독자를 향해 열릴 때, 그 기억에 대한 판단은 독자에게도 어김없이 적용된다.

90년대에 막 접어든 시점에서, 몇몇 젊은 평론가들의 글에 의해서 우연히 감지된 이 징후는, 분단이나 6·25 전쟁을 소재로 한 문학적 담론이 이제 그들이 품은 당대의 현실적인 문제와의 연관성에서 점차 멀어지고 있다는 느낌을 간접적으로 전하고 있다는 점에 나는 주목한다. 어떤 이는 한 역사적 사건을 아직도 현실 속에서 살고 있는데, 또 다른 이는 현실과의 연속성이 없는, 이해는 하지만 공유할 수 없는, '아름답지만 지루한 첫사랑 이야기'로 듣는다는 것은 인간의 역사를 조금만 되돌아본다면 즐거운 일도 불행한 일도 아니다. 그것은 단지 변화일 뿐이다. 그러나 다만 이 같은 역사에 대한 인식의 변화가 단지 세월의 흐름에 내맡겨진 채 묻혀지지 않고, 또 '이산 가족 찾기'와 같은 한풀이식 드라마로 연출되지 않고, 더 나은 세계와 삶을 위한 진지하고 발전적인 전망의 도구로 이끌어진다면 그것이야말로 바람직한 의미에서의 비판적 읽기에 다름 아니다.

『해방 40년: 민족 지성의 회고와 전망』의 서문에서 밝힌 편자들의 기획 의도는 이 문제를 이미 다음과 같이 간명하게 예고한 바 있다.

유례없는 변화와 갈등으로 이어져온 우리의 현대의 역사를 어떻게 평가하고 분석할 것인가는 아마도 지금으로서는 너무 빠른 일일지도 모른다. 그것은, 해방―분단―전쟁―정변―산업화라는 일련의 급격한 민족사적 진통 안에 우리가 여전히 갇혀 있기 때문이기도 하지만 그것들에 대한 우리의 인식과 표현이 자유롭지 못하다기보다는 오히려 강요된 순응주의 속에서 수행되지 않을 수 없었다는 점에 크게 기인하고 있을 것이다. 그렇기 때문에 우리의 진정한 평가와 그것을 내일을 향한 오늘의 선택 지평으로 삼는 작업을 위해서는 무엇보다도 반성적 사고와 원천적 성찰이 필요하다고 믿겨진다. 우리의 그러한 태도 설정은 역사와 현실에 대한 지적 사유와 그것들의 가장 예민한 감응계인 문학적 상상력에 대한 이해적인 접근에서 가능할 것이다.

90년대가, 아니 90년대를 몸으로 사는 이들이, 이 "강요된 순응주의"(무엇으로부터 어떻게 강요되었는지 정확히 알 수 없지만, 그렇다고 짐작할 수 없는 것도 아니다)에서 얼마나 벗어나 있는지는 알 수 없지만, 분명한 것은 이미 이 새로운 읽기의 세대로 진입했다는 사실이다. 분단은 아직도 현실로 남아 있지만 그 분단을 둘러싸고 있는 현실, 이를테면, 민족 문제나 지배 이데올로기, 세계 자본주의의 변화는 이미 그때와는 전혀 다른 새로운 양상으로 바뀌어져 있을 뿐만 아니라 어느 누구라도 짧게 몇 마디로 줄여서 말할 수 없을 만큼 복잡한 양상을 띠고 있다. 이 같은 분단을 둘러싼 현실의 구조적인 변화는 필연적으로 분단 문학에 대한 이해와 접근 방법의 변화를 요구한다. 따라서 분단 문학 작품으로 인해 그 동안 누누이 제기되고, 깨우쳐지고, 주입됐던 상징적·윤리적 인식 또한 이제 새로운 독자들에 의해, 새로운 반성적 성찰에 따른 추체험의 층위를 갖는 것은 너무도 당연한 귀결이다.

자, 이제 우리는 보다 더 생산적인 많은 문제를 만들어낼 수 있는 지점에 와 있다. 그렇다면 해방―분단―전쟁―정변―산업화라는 역사의 맥락은 자발적인 뚜렷한 출구를 갖고 있는가? 있다면, 이 역사적 맥락에서 90년대는 어떻게 규명되어야 하는가? 또 90년대는 전 시대와 어떤 차이성과 연속성을 가질 수 있을까? 분단 문학의 관점은 이제 어디로 어떻게 열려야 하는가? 나는 이 문제를 체계적으로 따지고 분석할 능력도 없지만, 애초부터 그런 의도로 시작한 글도 아니었다. 다만 김원일의 신작 소설 『아우라지로 가는 길』을 읽으며 가진 한 상념에서 '6·25 소설은 역사 소설인가?'라는 화두를 갖게 되었고, 이는 적어도 한 작가의 상상력과 그 근원을 이해하는 데에 도움을 주리라는 데에 생각이 미쳤기 때문이다.

"사람이 글을 쓰는 유일한 이유가 꼭 한 가지 있다면 자기라는 한 개성에 비쳐진 어떤 특수한 세계를 타인에게 제시하기 위한 것이다." 이 말은, 필립 휠라이트가 『은유와 실재』라는 자신의 저서의 머리글에서 인용한, 비평가 레미 드 구르몽의 말이다. 곧 글을 쓰는 가장 절실한 이유는 이미 공개된 지도에는 아직 기재되지 않은 새로운 관점을 최선을 다해서 제시하는 데 있다는 것이다. 나는 이 간명하면서도 탁월한 지적에 동의하면서, 한편으로는 그 간명함에 맥이 풀리면서, 김원일의 문학적 변모를 기대한 평론가들의 입장을 헤아려본다. 변모는 작가에게 과연 최상의 미덕인가? 과연 그들의 예고처럼, 아니 작가의 바람처럼 김원일 문학은 변모할까. 이 작품에는 이미 공개된 지도에는 기재되지 않은 새로운 관점이 제시되어 있을까. 그 기대의 안개 속을 오르내리며, 나는 김원일의 새 소설 『아우라지로 가는 길』을 더듬더듬 읽는다.

2. 소설의 힘과 상상력

김원일의 『아우라지로 가는 길』은 2권으로, 각 권 5장씩 모두 10장으로 이루어져 있다. 이 소설의 줄거리를 간단히 요약하면, 아우라지에서 자란 한 자폐증 청년(마시우)이, 주인공 자신이 회고하듯, 어느 날 "고물장수를 따라나선 뒤부터, 대전 지하실 슬리퍼 공장, 부랑아 수용소, 풍류 아저씨와의 거지 생활, 멍터구리배를 타고 바다에 갇힌 생활, 거기서 만난 강훈 형, 항구에서의 조폭 생활, 구리시로 올라와 서"(2권, p. 128) 새로운 폭력 조직의 일원으로 자기의 의지와 무관하게 이런저런 사건에 연루되어 휩쓸리다 천신만고 끝에 고향인 아우라지로 다시 돌아간다는 내용이다.

우선 눈에 띄는 대로 이 소설이 지닌 몇 가지 특징을 살펴보면 다음과 같다. 하나는 이 가상의 이야기를 실제의 시간과 혼재시킴으로써 그것의 현실성을 강조하고 있다는 점이다. 곧 이 소설의 주된 내용을 이루는, 구리시의 폭력 조직에 휩쓸려 황금호텔 지하 업소 폭력 사건에 연루된 뒤 달아나다 국밥집 인희 엄마의 도움으로 식당에서 허드렛일을 하던 때부터 다시 고향인 아우라지로 되돌아갈 때까지의 과정이 1995년 1월부터 그해 가을까지라는 실제의 시간을 배경으로 전개되고 있다는 점이다. 이 의도를 강화하기 위해 작가는 이 기간 동안에 화제가 되었던 사회적 사건들, 예를 들면 큰 인기를 끈 텔레비전 드라마 「모래시계」, 일본 간사이 지방 대지진, 삼풍백화점 붕괴, 온보현 사건, 일본 옴진리교 독가스 테러 사건, 지방 자치 단체장 및 지방 의회 선거 등을 그 시대적 배경으로 등장시키고 있다. 곧 실제의 사건과 가상의 사건을 혼재시킴으로써 이 이야기가, 지금, 여기에서 일어날 수 있는 일임을 환기시킨다.

이 소설의 구성적인 면에서의 특징은 이 주된 줄거리 속에 주인공 마시우의 과거에 대한 회상과 진술이 사이사이에 끼어드는, 이른바 '삽입형 배열'의 방식으로 작품의 전체적인 뼈대를 만들고 있다는 점이다. 이 배열 방식은, 시간적 순서와 인과 관계에 의한 사건의 배열 같은 단조로운 구성에 의해 야기될 수 있는, 사건의 추이에 대한 예측 가능, 단선적 구성으로 인한 호기심 반감 등의 약점을 극복하기 위한 구성 전략의 하나로, 주인공의 고향 시절에 대한 기억을 현실 세계에 대비, 확산시킨다. 이때 화자이자 주인공인 '나'(마시우)는 실제로 벌어지는 여러 사건의 주인공이면서, 때로 관찰자이고, 때로 몽상가이기도 하다. 그러나 이 소설의 화자인 '나'를 자폐증 청년으로 설정한 것은, 비록 1인칭이긴 하지만, 어쩔 수 없이 작가의 시점을 포함하도록 만든다. 따라서 '나'는 때로는 철저하게 마시우의 목소리를 내지만, 대체로 마시우의 어법으로 작가의 말을 대신하는 데에 더 기여한다. 이 같은 다양한 시점은 우선 문채에서 쉽게 구별된다. 곧 작가의 목소리를 포함한 내레이터로서의 '나'는 주로 이야기의 진행을 이끌거나 서술하며, 반면에 '나'가 완전한 시우의 시점으로 나타날 때는 대화나 회상(때로는 회상도 작가의 시점에서 전체 이야기의 서술을 위해 사용되기도 한다)에 의해서이다.

이 소설의 특징을 말할 때 빠질 수 없는 것이 자폐증을 가진 마시우라는 독특한 개성의 창조이다. 도스토예프스키가 절대적으로 아름다운 인간을 그린다는 유혹적인 생각에서 『백치』의 미슈킨을 창조하여 19세기 말 러시아의 페테르부르크 사회에 내던졌다면, 김원일은 세상을 비추는 더없이 깨끗한 거울로 마시우를 20세기의 끝에 서 있는 오늘의 대한민국 사회에 내던진 것이다. 이 두 소설이 모두 주인공을 둘러싼 세계와의 접촉 과정을 그리고 있다는 점에서는 같지만 그 접촉의 양상은 조금씩 다르다.

우선 미슈킨의 경우는 한 인격과 세상과의 만남, 곧 선한 인간과 악한 사회의 대립적 만남으로 표현한다면, 마시우의 경우는 대립이라기보다는 한 선한 인간에게 비쳐진 세상으로 표현할 수 있다. 따라서 『백치』의 경우 그 만남의 대립적 성격을 극복하지 못하고 미슈킨의 비극적인 죽음으로 끝난 반면, 『아우라지로 가는 길』의 마시우는 그 맑음으로 자신의 고향인 아우라지로 인도되는 것이다.

또 하나는 미슈킨이 인간의 속성이 결여된 천사와 같은 비지상적인 인물로, 그의 모습 속에는 인간적인 요소와 인간(자신)의 비극을 해결하려는 노력이 처음부터 부재했으며, 아름다운 인간이 갖추어야 할 개혁 의지와 능동적인 인간으로서의 면모가 부족하다는 몇몇 비판적인 견해를 가진 비평가들의 지적에 견주어보면, 마시우와의 대비는 좀더 확연해진다. 곧 미슈킨에 견주면 마시우는 오히려 인간적인 요소에 충실하고(지능이 낮은 것은 비인간적 요소가 아니다), 또 "비극을 해결하려는 노력이 부재"한 것이 아니라, 그 '능력'이 처음부터 없었다는 데에서 차별된다. 결국 이러한 능력의 부재는 더 많은 능력을 가진 사람들에게 그들이 무엇을 어떻게 해야 할 것인가에 대한 지표를 제공하기도 한다.

그렇다고 이 두 작품에 공통점이 없는 것은 아니다. 그 하나가 사회 전체가 악을 대표하고 있긴 하지만 악의 세계에 존재하는 사람들의 삶은 그들의 선한 본성과는 달리 악의 영향에 의해 왜곡된 모습을 보이고 있다는 점이다.

1) "어쭈, 성님두 인정파셔. 그런 인생 한둘 봤수. 요즘 미시족들 갈라서며 서로 자식 안 맞겠다며 콘돔처럼 버리잖아요. 더욱 병신 자식 거두기는 더 귀찮겠지. 늙은 부모 팽개치기도 마찬가지구요. 막가는 세상이라구요."
"이를 두고 개인 이기주의 시대라잖아." (2권, p. 24)

2) "물불 안 가리던 스무 살 전후 이런 생활도 괜찮았소. 반항기의 절정이니깐. 낡은 틀을 깨부수는 스릴도 있었구. 마음대로 하니 거칠게 없었구. 그러나 지금, 맞지 않는 생활을 하고 있긴 나도 마찬가지요. 폭력배가 자랑스런 직업은 못 되잖소." (2권, p. 88)

1)은 이 소설의 중요 인물로 조직 폭력배의 일원인 키요와 짱구의 대화이고, 2)는 그들의 우두머리인 쌍침의 말이다. 조직의 이권을 위해서는 서슴지 않고 칼을 휘두르는 이들이 보이는 성격의 이중성은, 이 소설에 비극적인 요소를 더하는 요인이면서 결국은 그들이 악의 세계의 일원으로서의 의미밖에 갖지 못한다는 한계를 드러내면서 선

과 악의 문제를 개인이 아닌 사회 전체의 문제로 확산시킨다.

그러나 정작 나의 관심은 이 같은 소설의 구조와 이야기, 인물의 특징 같은 일반적인 분석을 나열하는 데 머물지 않고, 이 같은 세계를 만들어낸 작가의 상상력은 무엇에 의해 어떻게 작용된 것인가로 옮아간다. 여기서 우리는 일단 이 작품의 시초에 있었을 법한 작가의 감정적·체험적 일화를 상정해볼 수 있을 것이다. 그러나 곧 소설이란 개인적인 조건에 의해 제한적으로 체험된 감정의 재현이 아니라 인간 유형의 본질 자체에 적용되는 진정한 의미의 창조라는 점을 떠올리고는 생각의 방향을 바꾼다.

제아무리 자전적인 요소가 강한 소설일지라도, 소설 속에 등장하는 작중인물은 작가에 의해 허구적 현실을 다시 산다. 따라서 그는 자신의 독특한 운명적인 삶을 통해 어쩔 수 없이 겪은 실망과 좌절의 깊은 상처를 지니고 있을 터이며, 아마도 현실에서 이루지 못한 삶의 목표 가운데 하나쯤은 실현할 수 있을 것이다. 이것을 우리는 흔히 작가의 상상력이라고 말한다. 그렇다면 작가의 상상력은 이처럼 현실에서 이루어지지 않은 것을 유도하는 능력만을 말하는가? 그러나 여기에 선뜻 동의하기는 어렵다. 왜냐하면 우리가 보아온 많은 능력 있는 작가들은, 단지 직간접적인 경험에 걸맞게 그럴듯한 허구적 사실을 엮는 데에 그친 것이 아니라, 사소하지만 진실했던 일들을 선택하여 의미 있는 경험의 세계로 이끌며, 또 그 사건들을 단선적으로 나열하지도 않는다. 게다가 거기에 치열한 역사와 사회 의식(작품 속에서는 대체로 감추지만)을 가지고 대응하면서 그 시대의 보편성을 드러내는 데에까지 이르렀다는 사실이다.

이 같은 부인할 수 없는 결과물들은 우리로 하여금 상상력의 범주를 폭넓게 만들며, 아울러 거칠게나마 다음과 같이 요약하도록 한다. 곧 작가의 상상력이란, 단순히 실재하지 않은 허구적 현실을 그럴듯하게 구성하는 능력은 머무는 것이 아니라, 그 사회에 대한 깊이 있는 탐구를 통해, 때론 화합하고 때론 거부하면서 끊임없이 변모해가는 사람들의 관계와 그 사회에 대한 열망의 구조를 드러내는 일일 것이다. 그리고 뛰어난 작가들은 그 속에서 미학적인 이미지와 감동의 관계를 포착한다. 작가에게 그런 것들을 재창조하도록 이끄는 것은 고통스럽고 즐거운 우리의 과거 경험들이지만, 텍스트를 통해 독자들이 타인의 고통이나 기쁨을 상상하는 것은 이미지에서이다.

그것이 발자크에게는 구체적인 관찰을 통해 강한 욕망을 가진 전형적인 인물의 성격 창조로 나타나는가 하면, 플로베르에게는 작가의 의식 속에 관념과 모든 감정 상태의 반향이 감동적이고 전신 감각적으로 나타나고, 프루스트는 면밀하게 개인의 행동을 분석하거나, 자연과 대면하며 더 깊고, 덧없고, 신비하고, 영원한 것과 공감하기를 꿈꾼다. 그런가 하면 현대 소설에서 나타나는 상상력은 작중인물의 성격 창조나 행동에 거의 흥미를 갖지 않는 대신에 어떤 분위기를 만들어내기를 갈망하며, 이 세계에서 인간의 상황에 숨겨진 의미를 밝혀내기를 희망한다.

이 같은 서구 소설 속에 나타난 상상력의 유형에 기대면, 김원일이 '나'(마시우)를 통해 보여주는 소설의 힘은 우리가 그 동안에 읽은 고전들의 심리적 발견과 갈등, 분석에 미치지 못한다. 대표적인 예로, 도스토예프스키의 그것보다 더 강렬하지도, 더 과감하지도 않으며, 그가 보여주는 사회는 발자크의 그것보다 덜 다양하고 덜 강박적이다. 그러나 우리가 읽어야 하는 김원일의 소설은 조금 다른 차원의 문제이다. 내가 보기에 김원일은, 마시우를 둘러싼 타락한 세상의 구체적인 모습보다는 그의 감각적인 기억과 이미지의 짜임에 의해 강조되고 대비되는 세상의 모습을 그리는 데 더 많은 열정을 쏟고 있기 때문이다.

3. 감각 — 기억 — 이미지의 수사학

『아우라지로 가는 길』의 주인공인 '나'는 아우라지를 떠나면서 사실상 현실 감각을 상실한다. 타의에 의해, 자기가 살고 싶은 곳을 떠나게 되었다는 데에서 오는 이 상실감은 끝없이 아우라지에서의 삶이라는 근원적 경험을 추억하게 하고, 그 삶의 의미를 자신의 기억 속에 새롭게 구축하게 한다. 이때 그를 이끄는 것은, 지적 능력에 의해 인과적 순서를 가지고 현실에서 이끌어낸 진리가 아니라 자기의 체험에 의해 마음속에 도달한 진리이다. 당연하지만, 지능에 의해 구축된 진리는 무미건조하고, 평면적이며, 깊이가 없다. 왜냐하면 그것들에 도달하기 위해 건너야 할 심연이 없었기 때문이다.

정말 봄이 오고 있다. 지금쯤 아우라지에는 땅이 풀렸을 터이다. 땅이 풀리면 흙이 부드러워진다. 부드러운 흙을 뚫고 싹이 나온다. 온갖 나무의 눈들이 싹을 틔운다. 잎눈은 잎이 되고 꽃눈은 꽃이 된다. (1권, p. 98)

마시우의 기억력은 몇 가지 경우에서 의미 있는 경험의 특질로 작용한다. "나는 한 번 본 사람은 반드시 기억한다"(1권, p. 11)거나, 한 번 들었을 뿐인 콘트라베이스 소리를 "여러 악기 속에 섞여 있어도" "가려낼 수 있"(1권, p. 86)을 만큼 시우는 일반 사람들보다 더 뛰어난 시청각적인 지각력을 가지고 있으며, 형태와 색상, 소리에 대해 특별한 주의력을 가지고 있다(그러나 종종 아버지의 목소리로 드러나는 논설이나 사전적인 지식은 시우의 순수한 기억이라기보다는 작가의 말로 구분해보는 것이 타당하다). 이 강렬한 시청각적인 기억을 그는 현재의 절박한 사정, 과거에 대한 추억과 공포, 미래의 희망 등에 의해 매우 빈번히 떠올린다. 한 사건을 기억한다는 것은 그 사건을 다시 경험하는 것이지만 물론 최초와 똑같은 방법으로 경험하는 것은 아니다. 실제의 경험은 여러 가지 광경, 소리, 감정, 신체적 긴장, 기대 등 혼란의 물결인 데 반하여 기억은 선택된 여러 인상들로 조정되고 재구성되기 때문이다. 이때 시우의 기억은 변화나 창조보다는 지속과 '지킴'에 더 큰 가치를 두고 있다.

이 현재의 절박함, 과거의 추억, 미래의 희망에서 수시로 촉발되는 그의 감각적 기억은 추상화된 과거로 드러나는 것이 아니라 구체적인 이미지로 나타난다. 이때의 정신적 이미지는 사고의 침입자가 아니다. 다만 그의 불분명한 사고를 이미지로 대치하는 것이다. 그 이미지는 유사성을 근거로 주관적 상상에 의한 환영과 포착된 현실에 있을 법한 현상들 사이를 수시로 오간다.

창문에 성에가 하얗게 끼어 있다. 꽃을 닮은 성에, 잎 모양의 성에, 수수 열매 같은 성에도 있다. 나는 갖가지 모양의 성에를 본다. 아름답다. 어릴 적이었다. 여름 방학이면 아버지는 나와 시애를 데리고 산속으로 들어갔다. 〔……〕 아버지는 열심히 식물 채집을 했다. 〔……〕 성에꽃도 식물의 표본과 똑같았다. 〔……〕 나는 성에꽃을 떼려 했다. 떼어서 아버지께 주고 싶었다. "오빠, 그건 곧 물로 변해." 시애가 내게 말했다. (1권, pp. 21~22)

대상을 닮은 그림이나 비유가 모두 예술로서 평가되지 않는 것은 그런 묘사들의 대부분은 독자의 영혼을 울리지 않기 때문이다. 단순한 유사성을 근거로 상기된 이미지들은 역동성을 가지고 있지 않으며, 따라서 그것들은 진정한 의미의 이미지로 볼 수 없다. 그러나 어떤 이미지들은 그것이 상당한 역동성을 갖고 있지 못함에도 불구하고 불완전한 기억을 재현하고 환기시킴으로써 오히려 의미의 점진적인 풍부함에 기여한다. 곧 한 이미지가 다른 이미지를 연속적으로 소환하는 것이다.

예를 하나 더 들면, 인희 엄마의 몸에서 나는 쑥내음에서 자극된 그의 기억은 곧 바로 아우라지에서 뜯던 쑥을 연상하고, 고향 마을과 어머니의 가출, 그리고 아버지의 죽음에까지 자연스럽게 이어진다. 물론 이 기억은 이성적인 판단, 곧 뚜렷한 인과 관계에 근거하지 않는다. 단지 어떤 유사성과 환기에 의해 그의 기억에 각인된 어떤 장면들의 순간이 연속적으로 보여질 뿐이다. 그리고 독자는 이를 통해 그 인과적 관계를 유추할 수밖에 없다. 아버지의 죽음을 암시하는 한 장면을 분석해보자.

(아버지는 지쳐 있었다). 1) 토끼풀밭에 누웠다. (아버지의 숨소리가 고르지 않았다.) 2) 가쁜 숨을 내쉬었다. 3) 아버지는 하늘을 보고 있었다. 4) 아버지의 눈이 감겼다. 5) 숨소리가 낮아졌다. (나는 아버지가 종다리 노래를 듣는 줄 알았다.) 6) 나는 그 옆에 앉았다. 7) 하늘을 나는 종다리를 보고 있었다. 8) 종다리들은 짓까불며 장난을 쳤다. 9) 아버지는 내내 말이 없었다. (나는 아버지가 깨어나기를 기다렸다. 오랜 시간이 지났다.) 10) 해가 서산에 걸려 있다. 11) "아버지" 하며, 나는 아버지를 흔들었다. 12) 아버지가 쓴 검은 테 안경이 풀밭에 떨어졌다. 13) 아버지는 움직이지 않았다. 14) 소주병이 그 옆에 버려져 있었다. (아버지가 마셔버린 술병이었다. 아버지의 입에서 술 냄새가 났다. 아버지가 숨을 쉬고 있는 것 같지 않았다.) 15) 나는 귀를 아버지 코에 대어보았다. (정말 숨소리가 들리지 않았다. 나는 겁이 났다.) 16) "하, 할머니!" 나는 (할머니를 데려오려) 언덕길을 뛰어내려갔다. (1권, pp. 8~9)

화면에는 욕실 문이 열려 있다. 침대 머리맡의 불빛이 은은하다. 침대에 큰 가방이 놓여 있다. 금발 여자가 침대 옆 의자에 앉아 있다. 여자는 창밖을 본다. 흰 가운 차림이다. 여자는 다리를 꼬고 앉는다. 한쪽 허벅지가 드러나 있다. 창밖으로 밤 풍경이 보인다. 항구 도시의 불빛이 밝다. 도시 가운데로 큰 강이 흐르고 있다. 강이 닿는 곳은 바다다. 부두에는 여러 척의 배가 멈춰 있다. 부두 쪽은 불이 밝다. (1권, p. 143)

이미 눈치챘겠지만, 첫번째 예문의 기억의 조각은 몽타주와 카메라의 움직임 같은 영화적 담론의 진술 과정과 닮아 있다. 또한 두번째 예문은 그 '닮음'을 강조하기 위해 시우가 감상한 영화의 장면을 묘사한 대목을 그대로 옮겨놓은 것이다. 물론 영화의 기본체는 스크린에 투사된 것이고, 그 실현은 평면 위에 나타난 이미지의 연속과 소리에 의해 이루어지지만, 이 소설적 담론의 특징은, 이야기의 지속성과 시간적 방향, 인과성, 관점에서 일탈된 기억 이미지를 영화적 문법에 기대어 문학적 담론의 세계로 옮겨놓았다는 데에 있다. 곧 이 다양한 쇼트(롱 쇼트와 미디엄 쇼트, 클로즈 쇼트가 혼재되어 있다) 사이에서 그의 기억 속의 공간은 놀라울 만큼 짜임새 있게 확대되기도 하고 축소되기도 하면서 극적인 집중과 감정의 강조에 성공하고 있다. 곧 어떤 부분은 배제시키고, 어떤 부분은 강조하면서 마음대로 통합하고 결합시키고 병치시키면서 관객(독자)의 시점을 뒤흔들어놓고 있다. 여기에서 현실적인 시간과 공간의 연속성은 근본적으로 변형된다. 그러나 심리적으로 연결된 쇼트들의 결합은 현실적인 연속성으로 대체되면서 아버지의 죽음이라는 하나의 사건의 기억을 '닫힌 과거'에서 '열린 과거'로 회복시키고 있는 것이다.

그런가 하면 이 같은 영화적 편집 기법은 때로 현실적 시공간의 연속성을 무시하고 관념 사이의 결합으로 나타나는 주제적 몽타주를 이용하기도 한다.

 수갑을 채운 형사가 내 뒷덜미를 잡아 누른다. 나를 밖으로 끌어낸다. 아우라지에 살 때, 마을 사람들이 개를 올가미 매어 강으로 끌고 갔다. 개가 끌려가지 않으려고 버팅겼다. 그들은 개를 나무에 매달았다. 보자기로 개의 머리통을 싸매었다. 장작개비로 개를 팼다. 개가 아프다고 소리를 질렀다. 끝내 개의 울부짖음이 약해졌다. 개는 축 늘어졌다. 〔……〕 그때는 여름이었다. (1권, pp. 10~11)

우선 이 소설의 장면은, 에이젠슈타인의 첫번째 극영화인 「파업」에서 황소가 도살되는 영상과 함께 노동자들이 기관단총에 의해 사살되는 쇼트를 삽입한 장면을 연상케 한다. 곧 문학의 담론인 "형사들은 나를 개를 잡듯이 밖으로 끌어낸다"는 직유를 대신해서, 몽타주라는 영화의 은유적 비유의 편집을 통해 보여주고 있는 것이다. 물론 이는 비유의 추상성을 이해하지 못하는 시우의 지적 능력을 고려하여 선택된 결과이지만, 결과적으로 영화적 담론의 형식을 빌려 훨씬 더 효과적으로 그 형사의 무자비함과 시우의 공포를 전달하고 있다. 이를테면, 영화의 담론이 문학의 담론처럼 시간과 공간의 제약 없이 상징적 비유가 자유롭고 유연해지길 바란 에이젠슈타인의 바람을, 김원일은 역으로 그 영화적 상상력을 극적인 효과와 함께 문학적 상상 세계로 옮겨놓은 것이다(김경수는 「한국 세계 소설의 영화적 기법」이란 글에서 우리 소설과 영화의 관계를 체계적으로 기술하고 있다).

여기에 보탤 수 있는 것이 환청이다. 시우는 이 소설 전체를 통해 끊임없이 누군가의 목소리를 듣는다. "쌍침 형님이 죽었다. 죽는다는 건 슬프다. 다시 그를 볼 수 없기 때문이다. 그러나 쌍침 형님은 내게 늘 말을 할 것이다"(2권, p. 246). 이 같은 환청은 영화적 기법의 하나인 사운드 트랙의 효과로 볼 수 있다.

그러나 이처럼 작가가 시우의 기억을 영상적 문법을 빌려 드러내는 것은 영화에 대한 이해가 있는 독자라면 지극히 상식적인 결과임을 알 것이다. 왜냐하면, 시우에게는 아우라지를 중심으로 한 공간에 대한 자각이 대단히 뛰어난 반면 자기의 나이는 물론이고, 언제 아우라지를 떠났는지조차 기억할 수 없을 만큼 시간에의 의지가 박약하기 때문이다.

"싸리골에서 살다 언제 떠났어요?"
나는 말문이 막힌다. 머리를 떨군다. 그곳을 떠난 지 많은 낮과 밤이 흘렀다. (1권, p. 50)

이 같은 시우의 특성은 마치 소설과 영화의 기본적인 차이를 그대로 드러내는 듯하다. 그 한 예로, 채트먼의 말을 빌리면, "언어적 서사물이 시간적으로 축약된 서사 내용을 표현하는 데 있어서 영상물보다 더 편리한 반면, 영상적 표현물은 공간적인 관계를 보여주는 데 더 많은 이점을 가지고 있"(S. 채트먼, 한용환 옮김, 『이야기와 담론』, 고려원, p. 32)기 때문이다. 따라서 영화에서는 종종 이질적인 장면들을 결합하여 그 충돌로부터 새로운 의미를 드러내곤 한다. 단언컨대, 시우에게 만약 이미지들의 변화와 이미지들의 뜻밖의 결합이 없다면 그에게는 추억도 상상력도, 삶에 대한 의지도 없었을 것이다.

기억은 사물들 사이에서 동일성을 발견하는 상상력의 촉매제이다. 특히 객관적 인식에 가치를 두지 않은 기억은 상상력에 민감하다. 상상력의 근원으로서의 기억의 가치는 시우로 하여금 자기다움이라는 개성을 형성하며, 결국 다시 아우라지로 돌아가고 싶다는 자기 삶의 재구성을 꿈꾸게 한다. 이는 곧 나는 언제나 나다라는 신화적인 동일성으로 제시되면서, 자아의 분열과 상실로 일컬어지는 현대에 특별한 의의를 지닌 신화의 휴머니즘적 가치로 해석될 수도 있다. "신화는 인식의 시도로보다는 감동의 원천으로 더 많이 나타난다. 왜냐하면 신화에 활기를 주는 것은 해명을 찾기 위해서가 아니라 도피와 자유에 대한 인간의 욕구이기 때문이다"(잔느 베르나스, 이재희 옮김, 『상상력』, 탐구당, p. 65). 이 잔느 베르나스의 신화에 대한 표현은 그래서 너무도 시의적절하다.

아울러 이 소설에서 이 같은 영화적 기법이 가장 절묘하고 극적으로 그려진 다음의 두 장면은 역시 같은 이유에서 시사하는 바가 크다.

"듣자 하니 정말 형사 찜쪄먹겠다구 덤벼. 그래 통장 보여주면 어쩌겠다는 거야? 그 적금 찾아내 쟤 고향으로 데려다주겠다는 거야, 송금을 해주겠다는 거야? 네가 뭔데? 시우 누나라도 돼? 아니면 여편네라두. 별꼴 다 보겠군." 인희 엄마가 경주씨에게 삿대질을 한다.

안방에서 인희가 "엄마 왜 싸워," 하며 방문을 연다. 캔디야 나랑 놀아 하는 말소리가 들린다. 어린이 만화 영화다. 나는 주방에서 일을 한다. 기명통의 수저를 꺼낸다. 갈라터진 손등이 쓰리다. (1권, p. 102)

"아주머니하곤 말이 안 되겠어요." 경주씨가 나를 본다. "시우씨, 시우씨가 쓰는 방이 어디예요?"

나는 안방을 본다. 나는 거기서 주로 잠을 잔다. "캔디야, 숲으로 놀러 가 다람쥐랑 토끼랑 함께 놀아. 자, 어서 가재도." 안방 텔레비전에서 사내 아이 목소리가 들린다.

"내 방요? 저기."

숟가락을 행주로 닦다 나는 골방 쪽을 돌아본다. 내 방은 그 골방이다. (1권, p. 104)

4. 작가의 상상력을 자극한 몇 가지 개념들
──그 '상징적 균형 잡기'

한 작가의 작품을 분석하고자 할 때 그 작품을 이끄는 이미지가 지닌 불투명성은 종종 비평가들의 문학적 가치에 대한 불투명한 신념과 더불어 작품에 대한 바른 감상과 이해를 저해해왔다. 따라서 한 작가의 상상력의 근원에 대한 탐색은 곧 그 이미지의 투명성을 향한 노력으로 간주되어 오랜 기간 시학의 주된 방법으로 자리를 굳혀왔다. 이 같은 방법은, 종종 과학적(시적) 실증주의자들에 의해, 되돌려 말하면 결국 이런 얘기가 아니었냐고 명증한 논리로, 온갖 이미지의 안개를 덮어쓴 작가를 다그치려는 의도로 쓰이기도 했지만, 대체로 그 이미지의 역동성과 그 정신의 풍요로움에 최대한 가까이 가기 위해 채택되었다.

내가 이 소설에서 따로 눈여겨본 것은 바로 작가의 상상력을 자극한 몇몇 개념들이다. 이 관념들은 창조의 핵심으로 상상력에 의해 활발해지고, 정확하게 표현할 수 없는 영혼들 사이의 추상적인 관계를 이미지를 통해 보여준다. 그런가 하면 이 이미지들은 다시 부여된 의미를 뿌리치고, 기억에 의해 밝혀지고 요약된 지각을 되찾음으로 해서 한 영혼의 지적인 작업으로 완성된다. 이 같은 상상력에 의한 관념과 이미지의 결합은 대개 그가 믿고 소원하는 올바른 세상의 빛깔이라는 신념과 잇대어 있음으로 해서 그 소설의 상상적 구조의 특수성을 드러내곤 한다.

물론 내가 그 개념에 주목하는 주된 이유는 작가의 신념의 타당성과 시비하고 싶은 생각에서라기보다는 그가 드러내고자 하는 세계관을 좀더 명확히 이해하고, 가능하다면 그 신념에는 어떤 가치 기준이 쓰이고 있는지를 알아보자는 것이다. 따라서 이들 개념에 대한 선험적인 이해는 역으로 작가가 포착한 이미지의 지향성을 바르게 이해하는 데에 효과적이다. 이 시점에서 질베르 뒤랑이 말하는 '상징적 균형 잡기'는 아주 요긴한 인용이 될 수 있다. 뒤랑의 적극적인 소개자인 진형준의 잘 요약된 글을 보자.

한 개인에게 있어서건 한 사회에 있어서건 개인이나 사회가 병들었다는 것은, 상징 체계가 여전히 작용 중에 있되 그것이 지나치게 한쪽 체제로 굳어 있고 치우쳐 있는 경우를 의미하게 된다. 그때 하나의 문화, 혹은 하나의 사회와의 관계에 있어서의, 그 시대의 가장 훌륭한 이미지의 적극적 의미는(특히 그 사회가 병들어 있을 때, 즉 한쪽으로 지나치게 치우쳐 있을 때), 바로 그 사회의 상징적 균형 잡기를 활성화해주는, 혹은 활성화하려는 의지를 지닌, 하나의 치료약이 될 수 있다는 데 있다. 그때 시적인, 예술적인 이미지들은 단순히 한 사회가 지니고 있는 구조를 드러내는 역할을 넘어서서 그 구조 자체를 역동적으로 변화시키는 능동적 기능을 갖게 된다. 다시 말해 그 이미지란, 인간 주체에 의한 세계의 의미 부여, 인간 주체의 가장 내밀한 개인의 전기로부터 사회적 합의에 참여한 대화로까지, 그리고 궁극적으로는 인류의 온갖 주체적이고 보편적인 열망으로까지 펼쳐진 하나의 의미론적 두터움이다. (진형준, 「문학, 그리고 상상력」, 『깊이의 시학』, 문학과 지성사, pp. 24~25)

I. 순진성

주인공의 성격 창조에 절대적으로 기여한 순진성은 타락한 사회에 대한 상대적인 개념이라기보다는 삶의 긍정성을 드러내려는 양식으로 보는 것이 옳을 듯하다. 순진성은 온갖 사회의 악에 대한 반대의 개념인 선을 대변하지는 않는다. 오히려 악의 행동을 강화하는 데에 이용을 당함으로써 본의 아닌 도움을 준다.

"저런 치도 쓸 데가 있어요. 성 '레인 맨' 봤지요? 성님으로 나오는 멍청이 말예요. 상대방 트럼프를 기똥차게 잘 맞추잖아요. 말대가리 쟤도 어느 구석엔가 반짝하는 머리가 있을 거예요." (1권, p. 34)

세상은 참말 험악하단다. 도시는 시우 너 같은 순진뜨기를 속여먹는 도둑놈들 소굴이야. (1권, p. 51)

그러나 악은 이런 존재를 한때 이용할 수 있을지언정 결코 지배하지 못한다. '동생공사'를 약속하고 의리를 중시하는 집단인 폭력 조직도 결국 시우의 순진성 앞에서는 이를 포기하고 만다. 그리고 시우의 순진성은 그의 아버지에게 이런 깨달음을 준다.

"오늘의 세상은 자기만이 완전한 인간이라고 믿기 때문에 개인주의가 팽배해. 그래서 각종 범죄와 탈법이 횡행하는 거야. 이 세상을 순치하는 방법은, 내가 완전하다고 생각하는 사람이 줄어들어야 해. 내가 조금 모자란다고 생각하는 사람들이 많을수록 협동이 이루어져. 그게 바람직한 공동체 사회야. 선량하기 때문에 모자라 보이는 사람이 많은 사회일수록 협동이 이루어져. 모든 일에 자기가 최고라는 착각에 빠진 사람이야말로 골치 아픈 욕망의 덩어리지. 다가오는 세기야말로 인간의 교만이 겸손으로 순치되어야 해. 자연에 귀기울여야 하고 인간이 순박한 심성을 회복하지 않으면 안 돼." (1권, p. 210)

그래서 그에게는 순진성이란 곧 선과 악이 무화된 "자연"이자, "바람직한 공동체 사회"의 덕목이다. 그러나 미셸 투르니에는 도스토예프스키의 『백치』에 나오는 미슈킨이 그 순진성으로 인해 "한 여인을 사랑할 수도 없고, 외부 세계의 공격에 저항할 수도 없기 때문에 결국 살아남을 수 없었"다고 지적하고 있다. 다시 투르니에의 표현을 빌리면, 서로 다른 의미에서, 김원일에게나 도스토예프스키나 언제나 "믿을 수 없는 기적이 문제이다."

II. 자폐성

"자폐증은 바깥 세상과의 접촉을 끊고 자기만의 세계에 틀어박혀 있는 게 특징이지요. 주위에서 일어나는 일에는 관심이 없어요. 접촉 대상에 주의를 기울이지 않다 보니 반응이 없습니다. 말을 걸어도 성실하게 대답하지 않게 됩니다. 엉뚱한 대답을 하거나 물어도 뚱한 표정을 짓지요." (1권, p. 208)

당연한 말이지만, 몽상에 빠진 자는 행동을 포기한다. 외향적인 시각으로 보면 그것은 투쟁에 대한 의지와 힘의 상실이고, 후퇴이지만,

몽상에 빠진 자는 모든 것이 쉽고, 마음대로 이루어지는 그 상상의 피난처를 즐긴다. 자폐성이란 바로 이 연장된 몽상의 필연적인 결과이다.

마시우의 자폐성은 일반적인 경우와는 달리 다른 사람들에 대해서 적의의 감정을 가지고 있지 않다. 또 의사 소통이 제대로 이루어지지 않는 것도 거절의 의지에 의한 것이 아니라 선천적인 언어 장애로 인한 것이다(나의 의학적 상식에 의하면 장애는 대체로 중복되어 나타난다). 그러나 그럼에도 불구하고 꿈꾸는 자는 대개 원하지 않는 외부의 힘에 의해 자기의 환경으로부터 이탈된다. 이는 곧 몽상과 힘의 상실이라는 인과에 다름 아니다. 이때 그의 기억은 미력하나마 자폐적인 행동으로 인해 입은 상처를 다스리고 치유하는 동시에 또한 자기의 바람과 의지의 실체(예를 들면, 아우라지로 돌아가고 싶다는 생각)를 확인하는 계기를 만들기도 한다. 그 기억을 잔느 베르나스는 '자폐성의 기억'이라 부른다.

이미지가 실제로 기억과 구별되는 것은 분명히 환기의 역동성에 의한 것이다. 사람들은 이미지가 시간에 국한되지 않는다고 말하는 습관이 있으며, 이미지는 우리 생활에서 사건이 일어나는 것처럼 인식되지 않는다고도 말하고 있다. 그것은 사실이다. 그러나 모든 기억은 시간 속에 정확하게 게재되지 않으며, 그 상태가 연대순으로 설정되지 않는 우리 생활의 지속으로부터 이루어진 기억도 있다. 다시 말해서 자폐성의 기억도 있다는 것이다. 그것은 상상력과 때때로 혼돈되는 그런 기억이며, 사람들이 '상상적 기억'이라는 이름으로 지칭하는 일종의 그런 기억이다. 지각적인 기억이 지각 앞에 유사한 기억들을 투영하면서 대상들을 인식하는 것을 돕는 반면, 상상적인 기억은 기억들에 아주 강한 강도를 줄 수 있다. (잔느 베르나스, 『상상력』, 탐구당, p. 126)

시우가 지닌 자폐성의 기억은 일반적인 의미의 상상력이 토대가 되는 그런 기억이 아니다. 그것은 "상상적 기억"이며, "연대순으로 설정되지 않는" "생활의 지속으로부터 이루어진 기억"이다. 앞서 말했듯이, 시우의 기억이 변화나 창조보다는 지속과 '지킴'에 더 큰 가치를 두고 있는 것은 이 때문이다. 따라서 그의 상상력에는 어떤 존재의 본질을 수정하려는 힘이 결핍되어 있으며, 단지 억압받거나 행동에서 책임을 져야 하는 일이 문제가 될 때 그로 인한 불안과 회환과 두려움에 대한 감정들을 강화한다.

III. 이타 정신

이 소설에 등장하는 특색 있는 인물들의 유형을 크게 둘로 나누면, 하나는 조직 폭력배, 창녀, 구두닦이, 호스티스 등 임금 노동이라는 자본주의의 규범에 줄을 서지 않은 주변부 프롤레타리아들이며, 또 하나는 타락한 자본주의 사회의 모순에 저항하는 투쟁적 인물들이다. 전자는 대개 초기 자본의 축적에서 소외되었거나 산업화 과정에서 제 몫을 찾지 못한 농촌 출신의 2세로 도시 빈민화 과정에서 가정의 결손을 체험하였으며, 또 고등 교육을 받지 못했다는 특징이 있다. 이 같은 환경적인 요인은 이들이 자본주의 구조 속에 편입되는 것을 막았으며, 그들 스스로 인간적인 의지로 이를 극복하여 능동적으로 삶을 꾸려가지 못하고 마침내 사회의 그늘진 곳에 둥지를 틀고 갈등한다. 반면에 이들과 대비된 몇몇 인물들은, 그 성장 배경에서 조금씩 차이가 있으나, 자신의 행위를 깨닫고 분석할 줄 아는 의식화된 인물들이다. 곧 이들은 사회의 모순에 대한 분명한 문제 의식을 가지고 자신의 환경을 극복하고 발전적인 삶을 창조할 가능성을 지닌 인물이다. 그러나 석연치 않은 것은 이들이 보여주는 한없는 이타적 행위이다.

상이 군인 아버지를 둔 경주는 대학 시절 휴학을 하고 위장 취업을 하는 등 이른바 운동권에 속해 있었다. 그러나 그녀는 80년대가 막을 내리자 뿔뿔이 제 살길을 찾아 흩어진 동료들을 비판하면서 자신만은 끝까지 남을 것을 다짐한다. 그리고 그녀는 한때 "사기꾼 자선 단체"에 속해 있었지만, 곧 자신의 투쟁의 방향을 장애자에 대한 헌신적인 사랑으로 바꾸고 독자적으로 이를 수행해나간다.

"그러나 내 싸움은, 아직 끝나지 않았어. 끝날 수 없는 싸움이야. 영원히⋯⋯ 시우씨, 당신들을 위해 싸울 테야. [⋯⋯] 이 일은 혁명도 반체제 투쟁도 아니야. 끝없는, 정말 끝없는 자기 헌신일 뿐이야. 장애자를 뜨거운 마음으로 껴안고 살찐 자본주의, 부패한 자본 세력과 등 돌려서, 아래로 아래로 내려가서⋯⋯" (1권, p. 79)

그런가 하면 시국 사범으로 경찰의 수배를 받던 강훈은 새우잡이 배를 타고 숨어 지내며 "희망을 믿기에 무릎 꿇지 않고 끝까지 투쟁"하겠다는 의지를 밝히고, 뒷날 노조위원장으로 변신하여 활약한다. 말할 것도 없이 전교조 활동으로 해직된 시우의 아버지 역시 이 유형의 대표적인 인물이다. 그러나 어떠한 보상에 대한 기대도 없이 타인을 이롭게 하는, 그래서 영웅적이기까지 한 이들의 이타적 행위를 설명하기는 쉬운 일이 아니다. 물론 이들을 자극하는 사회적 책임과 상호 호혜, 도덕적 판단 같은 누구도 부인할 수 없는 사회 규범의 잣대를 갖다 대면 그만일 수도 있지만, 그럴 경우에 그 개별적인 인물들이 한낱 전형적인 관념의 꼭두각시로 취급될 것을 우려하기 때문이다. 그리고 이 우려는 마치 종교처럼 그들의 일관된 불굴의 의지에 의해 강화된다.

이 인물들이 지닌 절대적 이타성을 설명하는 데에는, 그 행위의 결과로서 어떠한 보상이 뒤따를 때 그 이타적 행위가 강화된다는 전통적인 자극-반응 이론의 입장도, 인간의 본성이 이기적이고 공격적이므로 이타 행위를 설명하기가 어렵다는 정신분석학적 입장도, 또 이타적 행위가 유전적인 본성에 의한 것인가, 아니면 후천적인 양육 과정에서 비롯된 것인가 하는 진화론적인 입장에서의 질문도 큰 도움이 되지 못한다.

나의 의문은 그런 인간형이 바람직하냐 아니냐 하는 문제가 아니라 그들의 행위가 자신들의 개인화·사회화의 과정이라는 토대 아래서 공감할 만한 현실적 상관성과 사회 의식을 드러내고 있는지의 여부이다. 자신이 만들지 않은 사회의 구조적 모순을 오로지 휴머니즘에 입각한 사회적·도덕적 규범을 가지고 전면적으로 종횡무진하는 소영웅주의의 모습은 납득하기 어려울 뿐만 아니라 문제의 정확한 원인과 해결 방식의 초점을 흐트러뜨릴 수 있다는 데에 나의 우려가 있는 것이다.

IV. 식물성

우선 김원일의 소설에 나오는 식물 이미지는 동물의 특성과 대비되는 이분법적인 구분에서 출발한 것이 아니라 동물(인간)과의 유사성에서 출발한다는 점이 특징이다. "식물의 눈도 사람이나 동물처럼 뭐든지" 볼 수 있으며, "계절의 변화도 빨리 알아"(1권, p. 98)낸다. 식물도 인간처럼 "무서움과 불안에 떨"며, "자기를 사랑하는 사람을 사랑한다"(1권, p. 99) 또 사람에게 "말을 걸"기도 한다. 이 같은 식물이 지닌 인간과의 감각적 유사성은 "식물은 베풂을 통해 자기 이익도 얻"는 "의타 정신(이 말은 '이타 정신'의 오기가 아닌가 싶다)"(1권, p. 121)을 가지고 있다는 발견에 이름으로써 도덕성 표상으로 확대되기도 한다.

그러나 주인공의 경험적 세계로서의 식물 이미지는(이렇게 구분하는 까닭은 앞서의 식물 이미지들이 모두 주인공에 의해 아버지의 말로 기억되고 있으나 실제로는 작가의 말로 보아야 할 만큼 사전적이고 관념적이기 때문이다) "하얀 토끼풀꽃, 좁쌀 같은 분홍 냉이, 보라색 엉겅퀴꽃이 언덕에 가득 피어 있었"고, "나비와 벌이 꽃들 사이에서 바쁘게 숨바꼭질을" 하는 "푹신한 풀밭" 정도의 감각적인 기억에 불과하다. 다시 말하면, 풀꽃과 나무에서 유발된 이미지들이, 우리가 쉽게 상상할 수 있는, 기어오르고, 숨고, 뛰어내리고 했던, 그러나 잊고 있었던 유년의 흥분과 향수가 구현되거나 깊이 연관되어 있지 않다는 데에 있다. 이 같은 상징의 공허함은 아우라지라는 지명에서도 유사하게 드러난다. 작가는 아우라지라는 실제의 지명에 걸맞게 상세한 역사적·지리적 특성을 공들여 설명하고 있지만, 그런 상식 이외에 아우라지만의 구체적인 삶이 빠져 있다는 점에서 아우라지가 그저 '자연 풍광이 좋은 산골 마을'을 대신하고 있으며, 또 그곳이 「정선 아리랑」의 고향이라는 점에서 그 노랫말의 정서를 하나의 상징으로 차용하고 있으나 이 역시 '백두산-민족 정기' 같은 예에서 보듯 때 묻은 상투성 때문에 그 공허함은 오히려 더 커진다.

그러나 이 같은 문제점은 앞서 작가의 집필 방법과 작품의 특징을 이야기하면서 이미 예견되었던 일이 아니었을까. 왜냐하면, 이 소설은, 병들고 타락한 이 세계를 있는 그대로 꼼꼼히 그리려는 데에 있는 것이 아니라, 이 병들고 타락한 세계를 그가 믿고 소원하는 올바른 세상의 빛깔로 만들려는 한 작가의 강렬한 의지와 희망의 한 표현 양식이기 때문이다. 그의 이 종교적이랄 만큼 절박한 작의는 아우라지를 소외된 자들의 이상적인 터전으로 만드는 데 가슴 벅차 하고 있으며, 이를 수행하는 인물들의 사랑과 신념에 진심으로 감동하고 있을 것이기 때문이다.

이 글의 이곳저곳에서 제기한 문제의 몇몇은 윤곽만 보인 채 여전히 문제인 상태로 남아 있다. 이를 쫓기듯 서둘러 마무리하고 싶은 생각은 없지만, 분명한 것은, 김원일의 문학적 상상력의 근원은 그 소재의 색다름에도 불구하고 그 동안의 문학 세계와 비교할 때 크게 달라진 것이 없다는 점이다. 다만 소재나 기법, 사건의 시간적 관점을 김원일 문학의 변모의 화제로 삼는다면 나로서는 더 덧붙일 말이 없다. 또 '달라졌다' '변함없다'는 것이 문학적 가치를 평가하는 기준이 될 수 없다는 점 또한 자명하다. 오해의 소지는 있는 말이지만, 변화는 작가의 몫이 아니라 그것을 읽는 자의 몫이다.

한 작가의 소박한 바람에 의해 움직인 문학적 상상력이, 그의 소망은 물론이고 모든 소외된 이들을 위한, 모두의 소망으로 번질 수는 없는 것인지를 작가의 마음으로 기원한다. 그러나 이런 나의 이 바람은 진정임에도 불구하고 공허하고 초라하기 그지없다. 왜 그럴까? 자, 여기서 이 소설의 새로운 면모가 한번 더 드러난다. 왜냐하면, 이 소설은 읽고 느끼는 데서 그치는 것이 아니라 행동하는 데까지로 우리를 이끌고 가기 때문이다.　　　〔『동서문학』, 1996년 가을호〕

가족 이야기, 그 역사적 형식에 관하여
—— 김원일의 『가족』을 중심으로

권명아

1. 역사적 형식으로서의 가족 이야기
—— 근대와 가족 이야기

 김원일의 『가족』은 "뿌리 마른 실향민 일가의 다양한 삶을 통해 20세기 말의 제반 모순 현상"[1]을 탐색하는 작품이다. 한국 전쟁 중 월남한 이른바 '삼팔따라지'인 김 옹은 빈손으로 냉면 장사를 시작하여 자수성가하지만 그 아들과 손자들은 "선대가 고생 끝에 채워놓은 곳간에서 좀벌레처럼 양식이나 축내는" 부류들이다. 자수성가한 월남 1세대의 고향에 대한 기억과 가족을 위한 헌신적 삶과 대비되어 김석현 옹의 아들인 김치효와 그 손자들은 '뿌리'도 근원도 없이 부유하는 삶을 살아간다. 삼대에 걸친 가족 관계 속에서 분단 이후 한국의 현주소를 역사적으로 탐색하고 있는 『가족』은 그런 점에서 한국 근대 소설에서 매우 낯익은 가족 소설의 형식을 보여준다고 할 수 있다.

---

1) 김원일, 「작가의 말」, 『가족』, 문이당, 2000.

특히 월남한 실향민 가족의 무너지는 가족 관계를 통해 분단 이후 한국 사회의 '뿌리 없음'을 살피고 있는 『가족』은 가까이는 이호철의 『무너앉는 소리』 연작과 같은 작품들과 동일한 계보에 놓여져 있다. 또한 이호철의 『무너앉는 소리』가 구체제의 상징인 귀족 일가의 몰락을 통해 재정 러시아의 몰락을 '서정적'인 방식으로 그려낸 체호프의 『벚꽃 동산』과 같은 서사 형식을 보여준다면, 김원일의 『가족』은 몰락하는 귀족과 상승하는 부르주아, 사회주의적 지식인 사이의 갈등적 관계를 한 가족의 '해체' 속에 그려낸 고리키의 미완의 작품 『끌림쌈긴의 생애』를 연상하게 한다. 물론 작품에서도 구체적으로 드러나고 있는 것처럼 김원일의 『가족』에서 '기억'의 단위를 중심으로 진행되는 가족 이야기는 프루스트의 『잃어버린 시간을 찾아서』의 연장선에 놓여 있다.

프루스트의 『잃어버린 시간을 찾아서』는 제목이 말해주듯이, 주인공 마르셀의 추억의 재생, 그 첫 권에서 보여주는 유년기의 회상 부분이 압권이다. 마르셀이 콩브레에서 보낸 어린 시절, 어른 혈육들과 내방객 스완 씨의 방문으로 어머니가 그들과 함께 시간을 보내자 어머니의 사랑을 빼앗긴 데서 오는 고뇌, 스완 씨의 어린 딸 질베르트에게 느낀 감미로운 첫 연정, 꿈같이 떠올라 펼쳐지는 아름다운 콩브레의 풍경 묘사…… 언젠가 할아버지께 평양에서 보낸 유년의 기억을 재생시켜보면 듣는 이보다 말씀하시는 할아버지가 더 재미있어하리란 생각이 든다.[2]

가족 소설은 자기 동일성을 찾아가는 서사적 여행의 근대적 형식이다. 현실 속에서 사라진 자기 동일성의 근원은 기억 속에 저장되어 있고(유년의 집, 존재의 근원으로서의 기억) 그 기억을 소화해내는 '기

---

2) 『가족』 1권, p. 84.

억으로서의 서사' 형식이 바로 자기 찾기의 여정이 된다. 근대 서사로서의 '소설'은 이러한 정체성의 서사인 기억의 형식에 의해 구성된다. 이러한 근대적인 기억의 서사가 '가족 소설'(또는 가족 플롯)의 형식을 취하는 것은 근대인(특히 근대 부르주아)이 스스로를 아비를 부정한, 아비를 상실한 '고아'로서의 자기 정체성을 구성한다는 점과 밀접한 관련이 있다.[3] 따라서 가족 플롯으로 드러나는 기억의 서사와 정체성의 서사는 가족의 '해체'를 통해 정체성의 균열을 탐구하고, '오래된' 가족 관계의 붕괴와 '새로운' 가족 관계(흔히 가족의 해체로 드러나는)를 통해 근대적 관계의 '새로움'을 탐색한다는 공통점을 지닌다.

가족 플롯에서 표면적으로 드러나는 가족의 해체나 억압적인 아버지의 권위에 대한 부정(부친 살해나 근친상간, 오이디푸스 콤플렉스 등의 모티프로 나타나는)은 소위 봉건적인 가족 관계의 해체를 통해 근대적인 질서로의 이행을 탐색하는 것으로 평가되곤 한다. 즉 '가족'으로 상징되는 봉건적 공동체, 억압적 가부장제적 질서의 해체가 가족 소설의 역사적 형식을 규정한다는 것이다. 이 경우 가족은 구질서, 혹은 봉건적 질서나 공동체적 질서의 상징으로 평가되고 가족의 해체는 봉건적 질서로부터 근대적 질서로의 전환이나 공동체적 이념의 해체를 상징적으로 드러내는 것으로 평가된다.

물론 가족 소설은 특정한 역사적 이데올로기를 반영하고 있다. 그러나 가족 소설이 반영하고 있는 것은 '가족'이 봉건적이고 '오래된' 공동체적 질서의 상징이고 가족의 해체는 이러한 오래된 질서의 붕괴를 기반으로 한 '새로운' 사회를 상징한다는 지점에서만은 아니다. 오히려 가족 소설에 내포된 역사적 이데올로기는 가족이 사회의 축도판이고 가족사가 역사의 축도판이라는 이념이다.

가족 관계를 통해 사회적 관계를 탐색하고 가족사를 통해 역사를

---

3) 이에 대해서는 졸고, 『가족 이야기는 어떻게 만들어지는가』, 책세상, 2000년 참조.

탐색하는 소설 형식은 근본적으로 가족이 사회 구성의 기초적 단위이자 인간 관계의 근원적인 방식이라는 가족에 대한 근대적인 이념을 반영하고 있는 것이다. 소위 '가족주의'를 봉건적 이념의 잔재라고 평가하는 통상적 방식은 '가족'에 대한 가치 개념의 역사적 변화와 차이에 따른 이데올로기의 역사적 층위를 간과하고 있는 것이라고 할 수 있다.

근대적인 사회는 '개인'을 기본 단위로 구성된다는 일반적 인식과 달리 근대 체제는 가족을 기본 단위로 설정하여 운영된다고 할 수 있다. 모든 사람은 가족 속에서 살아야 한다는 '통상적인' 믿음의 체계들, 가족을 기본 수혜 단위로 운영되는 국가 정책들을 통해 가족의 유지와 보호는 '인간적인 것의' 근원으로서 자연스럽게 의미화된다. 텔레비전이나 각종 매체에서도 가족 생활이 가장 자연스러운 삶의 모습으로 그려지고 학교나 시설 양육 기관 역시 부모나 형제의 역할을 본뜬 모델로 운영된다. 소위 가족주의 이데올로기란 이와 같이 가족에 대한 가치와 개념을 생산하는 동시에 이러한 가족과 관련된 가치 준거들을 사회적인 것들 속에서 확대 재생산하는 메커니즘이다. 따라서 가족 이데올로기의 근대적 형식은 가족이 사회의 기본 단위이며 '모든 인간은 가족 속에서 산다'라는 가족에 대한 개념 속에서 드러난다.

정체성의 서사이자 역사 탐구의 서사인 가족(사) 소설이 가족에 대한 근대적인 이데올로기를 반영하는 것은 바로 이 지점에서이다. 소위 '아비 찾기'로서의 길 찾기의 서사나 근대 부르주아의 이념으로서의 '교양'의 형성 과정을 반영하는 성장(교양) 소설,[4] 사회와 역사의 축소판으로서 가족을 다루는 가족사 소설들은 가족에 대한 근대적

---

4) 성장 소설과 교양 소설에서 중요하게 드러나는 것이 인생의 '조언자'로서의 은사들의 모습이다. 이는 근대의 '아버지'의 이념이 억압적인 아버지로부터 '교육자'로서의 아버지로 대체되는 과정의 역사적 반영물이다. 이에 대해서는 린 헌트, 『프랑스 혁명의 가족 로망스』, 새물결, 2000 참조.

이념을 반영하는 서사 형식들이다.

김원일의 『가족』이 가족 삼대의 역사를 통해 근대사를 탐색한 염상섭의 『삼대』나 실향민 가족의 몰락하는 모습을 통해 분단 이후 한국 사회의 '뿌리 없음'을 탐색한 이호철의 『무너앉는 소리』 연작, 체호프의 『벚꽃동산』, 고리키의 『끌림 쌈긴의 생애』, 프루스트의 『잃어버린 시간을 찾아서』와 동일한 계보에 놓인다는 앞서의 논의는 바로 이들 '근대 서사'가 가족에 대한 근대적 이념의 반영이라는 맥락에 따른 것이다.

물론 이들 소설들이 가족에 대한 근대적 이념의 반영이라는 공통적인 면모를 보인다 할지라도 각각의 서사에 작동하는 역사적 규정의 차이에 의해 서로 다른 서사 형식을 보여준다. 특히 한국 현대 소설에서 가족 소설은 식민지 시대의 경우와 분단 이후에 뚜렷한 차이를 보인다.

식민지 시대 가족사 소설은 주로 1930년대 후반 '가족사 연대기 소설'의 형식으로 등장한다. 한국 현대 소설에서 주요한 문학사적 작품으로 평가되는 염상섭의 『삼대』, 채만식의 『태평천하』, 김남천의 『대하』, 이기영의 『봄』, 한설야의 『탑』 등 식민지 시대 가족사 연대기 소설은 현실에 대한 총체적인 반영과 역사적 시각의 정립을 통한 주체성의 서사의 일환으로 등장한다. 30년대 후반 가족사 소설에 대한 논쟁에서도 보이는 것처럼 가족사 소설은 "'중류 계급 시민의 가족 관념을 옹호하고 찬미하는' 가정 소설과 구분하여 '가정 생활을 사회 문제로서 취급하는 소설'"[5)]로서 파악된다. '가족이라는 사회의 기초적 단위'를 통해 사회와 역사에 대한 총체적 비전을 수립하고 이를 통해 자기 정체성을 확립하려는 시도의 일환으로서 가족사 연대기 소설은 가족의 해체 과정을 통해 '해체 이전의 가족 관계'로 상징되는 부재하는, 근원적인 것을 탐색하는 전형적인 정체성의 서사와 기원의 서사 형식을 보여준다.

---

5) 최유찬, 「가족사의 흐름 속에 숨쉬는 개체적 삶」, 『문학사상』, 1997년 3월호 참조.

2. 전쟁과 분단, 가족 이야기

　전쟁과 분단의 경험은 분단 이후 한국 사회에 특수한 가족 이데올로기를 구성하는 주요한 요인이 된다. 전쟁은 식민지 경험과 또 다르게 한국 사회의 사람들에게 사회의 총체적 파탄의 경험으로 각인된다. 모든 것이 산산조각난 듯한 느낌으로 표현되는 이러한 전체주의적 경험은 전쟁 경험 세대들에게 고유한 '무사회적 고립자'로서의 자기 정체성을 형성하는 주요한 주체 구성의 형식이 된다. '뿌리 없음' '근거 없음'을 자기 규정으로 삼고, 단독자, 고향 상실자로 자기를 정립하는 전쟁 체험 세대들의 정체성 형성의 과정은 이러한 전체주의적 전쟁의 경험에 의해 구성되는 주체화 과정의 역사적 층위를 보여준다. 이는 소위 전쟁으로 인한 '이산'의 경험과 '탈향'의 경험에 국한되는 것은 아니다. 한국 전쟁의 경험은 사람들에게 모든 것이 깨어지는 전체주의적 파괴의 경험으로 각인된다. 이 점에서 식민지 체험과 전쟁 체험은 상이한 경험으로 작동한다. 앞서 살펴본 식민지 시기 작품들에서 일제의 지배는 사회적 · 경제적 · 인간적 관계의 총체적 파괴의 형식으로 경험되기보다는 타율적 근대라는 비민족적 형식으로 경험된다. 그러나 전쟁은 식민지 지배와 달리 관계의 형식을 물을 수 없는 완전한 파국의 경험이 된다(물론 이러한 논의는 일제 말기의 '전시 체제'의 경우와 동일하다고 할 수는 없을 것이다). 전쟁에 동원되어 완전히 소모된 결과 직장을 잃고 이웃 및 친구들과의 관계도 산산조각나며 격심한 인플레이션으로 물건과의 관계에서 살아갈 수 있는 기본적인 척도나 기준마저 잃게 된 사람들, 이것이 전체주의적 전쟁의 경험이 산출한 무사회적 고립자로서의 '전후'의 인간들이다. 실업, 사교의 소멸, 경제적 · 사회적 관계의 전체적 파괴 등으로 전쟁 경험은 전후의 인간들에게 무사회적 상황에 대한 공포를 남겨준다.

　전쟁과 분단의 경험은 소위 '분단 세대'와 전쟁 체험 세대에게 '무사회적 고립자'로서의 주체성을 구성하는 역사적 형식을 제공한다. 전후의 한국 문학에 자주 등장하는 '뿌리 뽑힌 자'로서의 자기 정체성과 상실자 의식, '천더기' 의식은(특히 월남 세대를 다룬 작품에 종종 드러나는 '삼팔따라지' 의식) 전쟁과 분단의 경험이 분단 체제의 '주민'들의 주체화를 구성하는 메커니즘을 보여준다.

전후의 한국 소설들이 보여주는 바와 같이 '뿌리 뽑힌 자'로서의 자기 의식은 전후의 인간들이 개발과 독재로 일관하는 분단 이후 한국 사회의 모순을 비판하는 한 입각점으로서의 역할을 수행하였다. 이호철과 이청준, 최인훈, 박완서의 소설 등은 공히 이러한 '뿌리 뽑힌 자' '근거를 갖지 못한 자'들의 시선을 통해 부박한 생존 본능만이 살아남은 분단 사회의 '뿌리 없음'을 비판적으로 고찰하는 주요한 시각을 제공하였다.

그러나 전체주의적 전쟁의 경험에 의해 구성되는 '무사회적 고립자'로서의 주체 형성의 과정은 무사회적 상황을 타개할 강력한 전체와 '주체'에 대한 갈망을 내포하는 것이기도 하다. 이는 전쟁의 경험으로 인한 무사회적 상황에 대한 공포와 밀접한 관계를 맺는다. 이는 전후 한국 사회를 구성하는 데 주요한 '원동력'이 되었다. 뿌리 뽑힌 자들은 끝없이 '뿌리'를 갈망하게 되며 근원에 대한 집요한 동경을 자기 정체성의 모순적인 토대로 삼는다.

무사회적 고립자로서의 분단 세대들의 자기 의식은 한편으로는 분단 사회의 '근거 없음'을 비판적으로 고찰하는 입각점이자 '고향' '완전한 가족'으로 표상되는 심미적인 근원을 생산하는 이데올로기적 기능을 동시에 수행한다. 특히 '완전한 가족'으로 표상되는 심미적 근원에 관한 이야기는 분단 이후 한국 사회에서 수난받은 가족 이야기로서의 민족 이야기를 구성하는 주요한 이데올로기적 효과를 생산한다. 이러한 형식의 가족 이야기는 식민지와 전쟁, 분단, 개발, 독재의 역사적 과정을 '수난사' 형식으로 구성한다. 이러한 수난사 이야기로서의 가족 이야기는 핍박받고 떠도는 가족의 이야기를 통해 완전한 가족에 대한 이상을 심미적으로 재구성한다. 이러한 완전한 가족에 대한 이상은 강력한 중심과 유기적 통일성, 가족적 '질서'를 사회적 관계 속에 투영함으로써 '강력한 민족'에 대한 신화적이고 민족주의적인 이야기를 구성하게 된다. 가족에서 민족으로의 '미학적 초월'이 가능한 것은 이러한 이야기가 가족에 대한 가치 개념을 사회와 민족에 대한 가치 개념으로 확대 재생산하는 미학적 이데올로기를 효과적으로 생산하기 때문이다. 사실 수난 민족의 이야기로서 가족 이야기는 분단 체제를 관통하는 파시즘적 이데올로기와 밀접한 관련성을 맺는 것이다.[6]

한국 현대 소설사를 관통하는 주요한 형식인 가족 이야기는 이처럼 모순적이고 불균질한 층위를 내포한다. 분단 체제의 한국 사회에서 가족 이야기는 역사의 모순과 사회적 관계의 변화를 탐색하는 주요한 형식이 되었다. 가족 이야기는 앞서 살펴본 바와 같이 가족에 대한 근대적 이념의 미학적 상관물이라 할 수 있다. 가족을 사회적 관계의 기본 단위로 상정하고, 모든 인간을 '가족 속의' 인간으로 간주함으로써 가족을 사회와 역사의 축도판으로 상징하는 방식은 가족에 대한 근대적 이념이 미학적 구성물에서도 동일하게 작동하고 있음을 보여준다. 또 이러한 가족에 대한 근대적 이념에 의해 가족은 인간 관계의 가장 '본질적인' 근원으로 상정되며 가족의 파괴는 인간적인 것의 극단적인 파괴를 의미화하는 주요한 상징적 지표로 기능하게 된다. 또한 가족 관계의 해체가 모든 인간적 관계의 '파국'을 의미하게 되는 것 또한 가족에 대한 이러한 근대적 이념의 생산물이다. 가족의 해체는 인간적·사회적·이념적 관계의 해체를 상징적으로 드러낸다는 이념이 가족 이야기에 내포된 가족에 대한 근대적 이데올로기인 것이다.

---

6) 이에 대해서는 졸고, 『가족 이야기는 어떻게 만들어지는가』 참조.

3. 가족 이야기와 『가족』

　김원일의 『가족』은 앞서 살펴본 가족 이야기의 근대적 형식을 전형적으로 보여준다. 『가족』의 가족 구성원들은 모두 '근거를 상실한' 인물들이다. 그러나 이 근거의 역사적 형식은 상이하다. 월남 일세대인 김석현 옹이 북에 두고 온 가족과 고향에 대한 집착과 기다림으로 평생을 소진해온 인물이라면, 김 옹의 아들인 김치효는 "선대가 고생 끝에 채워놓은 곳간에서 좀벌레처럼 양식이나 축내는 대표적 부류"로 자기 근거를 형성하지 못하는 인간형이다. 또 김치효의 삼남 일녀인 김용규, 김시규, 김준, 김선결은 근거를 상실한 삶의 역사적 형식을 체현하고 있는 인물들이다. "물신주의 시대의 세속적 출세 지향형"인 김용규는 스피드와 쾌락으로 상징되는 20세기 말의 삶을 투영한다면, 심해어 같은 삶을 사는 김준은 "심해어처럼 눈멀어 바다 밑을 어슬렁거리는" '갇힌 자'의 전형을 보여준다. 또 80년대 운동권 학생이었던 김선결은 장애아, 부랑아, 무의탁 노인들을 위한 복지 시설을 운영하는 인물로 80년대의 사회주의적 이념의 쇠퇴와 새로운 이념을 위한 지향을 몸소 체현하는 인물이다. 또 병든 두 자식 때문에 아내를 잃고 비관과 체념으로 알코올 중독과 마약 중독에 빠져 결국 비극적인 종말을 맞는 김시규는 소위 IMF 시대의 '비극적인 가장'의 운명을 상징적으로 보여준다.

　『가족』은 이러한 가족 구성원들의 상이한 삶의 형식을 탐색하면서 이 가족의 해체를 가업과 가족 의식, 공통의 이념의 붕괴라는 지점을 통해 그려낸다. 평양 출신의 기독교 집안 출신인 김석현은 전쟁 직후 월남하여 포장마차에서 시작한 냉면 장사로 자수성가한다. 김석현 집안의 모든 삶은 죽원면옥이라는 '가업'에 의해 이루어진다. 그러나 김석현의 아들인 김치효는 장사에 손을 뗀 지 오래고 남의 손에 맡긴 죽원면옥에서 꼬박꼬박 들어오는 월세로 생활을 이어간다. 김준과 김선결의 카페와 보육원도 이 죽원면옥이라는 가업의 부산물이다. 가족의 해체의 과정은 죽원면옥의 폐업의 과정과 궤를 같이하며, 또 이는 이 가족의 공통의 이념이었던 기독교의 '타락'과 궤를 같이한 다. 김석현 옹에게 부박한 피난 시절과 궁핍한 타향살이에서 삶의 지주로 기능했던 '기독교'의 이념은 아들 김치효 대에 이르러서는 형식 적인 의미로만 남게 된다. 또 장여사가 아들의 죽음과 가족의 잇단 파멸 속에서 괴로움 끝에 종말론에 빠져드는 과정은 이들 가족의 공 통적 이념으로서의 '기독교'가 파괴되는 과정을 상징적으로 보여준 다. 또 이로 인해 죽원면옥이 문을 닫게 되는 과정은 가족 공통의 이 념의 붕괴와 가업의 붕괴가 같은 형식으로 구성되고 있다는 것을 보 여준다. 또한 '아버지로서의 감정'을 상실한 지 오래인 김시규는 마 약에 취해 부모에게 돈을 갈취하는 등 '패륜적인 행동'을 일삼는 인 물로 그려지는데, 마약과 범죄를 일삼는 구공자 패거리가 스스로를 '가족적 관계'라고 자부하는 데서 드러나듯이『가족』은 우리가 가족 에 대해 투영하는 '따뜻함, 우애, 공동체 의식, 위안' 등의 가족 감정 이 현실적인 '가족' 속에 더 이상 존재하지 않음을 보여준다.

『가족』은 이처럼 가족 해체와 가족 구성원의 파괴 속에서 탈이념 시대의 중산층의 모습을 냉철하게 탐색하고 있다.

성욕과 식욕만이 지배하는 세기말 현상 속에서, 김수영의 시를 변용 하자면, 부패는 스스로를 반성하지 않는다. 이제 그도 자신의 욕구를 더 억제할 자제력을 잃고 부패 속으로 함몰된다.[7]

이 '가족'의 구성원들은 자신의 앞에 무엇이 놓여져 있는지, 어떠 한 '별'을 지표 삼아 길을 찾아야 하는지 모른 채 부유하고 있다. 그 들은 끝내 "사태가 왜 이 지경으로 됐는지, 자신이 어디에 있는지, 뭘

---

7) 『가족』1권, p. 62.

어떻게 해야 될지조차 차츰 잊어버"린 인물들이다. 김원일을 비롯한 전쟁 체험 세대의 작품들에서 가족 이야기는 줄곧 기억과 망각의 형식을 통해 구성된다. 여기서 기억은 자기 동일성의 원천으로서의 유년기의 기억이기도 하며 '역사적 근원'에 대한 향수로서의 기억이다. 특히 이 유년의 기억의 원점에 놓여진 전쟁과 분단이라는 역사적 경험에 의해 전쟁 체험 세대의 작품들은 가족 이야기와 기억의 서사를 통해 자기 정체성의 역사적 규정력을 반성적으로 질문하는 형식을 취하게 된다. 물론 이러한 질문이 생산하는 이데올로기의 층위는 동일하지 않다. 그러나 중요한 것은 기억과 망각이라는 형식은 전쟁 체험 세대의 작품에서 정체성의 역사적 형식과 비역사성(역사성의 결여, 자기 반성의 부재)을 구별하는 주요한 서사적 형식으로 작동한다는 점이다. 이는 박완서와 최인훈·이청준·황순원 등등 무수한 전쟁 체험 세대들의 작품이 '기록과 증언'을 소설적 소명으로 여겼다는 점과 밀접한 관련을 맺는 것이다. 박완서의 작품이 이 풍요로운 세대를 향해 '우리가 이렇게 살았다우'라는 증언의 형식을 취하듯이 전쟁 체험 세대의 소설은 이러한 기억의 소명에 의해 구성된다. 물론 이러한 기억의 소명은 한편으로는 기억에의 고착을 내포할 수 있다.

『가족』에서 김석현 옹의 현재적 삶은 기억에 고착된 삶이라면 김치효와 그의 가족들의 삶은 과거에 대한 망각뿐 아니라 '자기 망각'에 빠진 인물들로 그려진다. 따라서 『가족』에서 중요한 것은 기억에의 소명과 망각에의 경계라기보다는 기억의 형식에 대한 탐구, 자기 망각의 형식에 대한 탐구라고 할 것이다. 『가족』이 프루스트의 『잃어버린 시간을 찾아서』와 만나는 것은 바로 이 지점이다. 『가족』에서 김석현 옹의 고생담과 고향에 대한 기억은 다른 가족 구성원의 자기 망각을 되비쳐주는 거울로서의 기능을 수행하지 못한다. 그의 기억과 가족 이야기는 "듣는 이보다 말씀하시는 할아버지가 더 재미있어하"는 독백적인 자기 진술에 그치는 것이다. 따라서 이 가족에게 김석현의 기억으로 상징되는 '뿌리의 기억'은 더 이상 자기 정체성의 근원으로서의 역할을 수행하지 못하며 잃어버린 자기 동일성을 회복할 상징적 준거로서의 기능을 수행하지 못한다.[8] 이 점에서 『가족』은 기원의 서사이자 주체성의 사사로서의 가족 이야기를 구성한다. 그러나 이 작품은 가족 이야기를 통해 상실된 뿌리와 기원을 회복하려는 재생적 기획에 의해 구성되는 민족 수난사 이야기와는 뚜렷이 구별된다. 『가족』은 민족 수난사 이야기로서의 가족 이야기나, 자기 동일성의 근원으로서의 고향 이야기, 가족의 가치를 재정립하는 가족 중심주의에 입각한 소설들과 뚜렷하게 구별된다. 오히려 이 작품은 앞서 살펴본 바와 같이 가족에 대한 근대적 이념에 입각하여 가족 관계를 통해 개인과 사회의 관계를 탐구하는 근대적 서사의 '고전적 형식'을 보여준다. 물론 이러한 점에서 이 작품은 가족에 대한 근대적 이념을 반영하고 있다.

이 점에서 『가족』에서 가장 흥미로운 인물 중 하나는 심해어의 삶을 사는 김준이다. 김준은 철저하게 파괴되는 가족 관계와 구성원들의 삶에 대한 관찰자로서의 위치에 놓여져 있는 인물이다. 그러나 김준의 '기억의 형식에 대한 탐구'는 '뿌리로서의 고향'과 가족의 기억으로 상징되는 집단적 주체성에 대한 탐구보다는 19세기 말 예술가들의 세계로의 여행으로 상징되는 근대적 주체성의 '원형적' 형식에 대한 탐구로 향해 있다. 여기서 예술가 주체에 대한 탐구는 자율적 개인에 대한 이상과 관계된다. 『가족』에서 기억의 형식에 대한 탐구는 19세기 예술가들의 세계로 침잠하는 김준의 심해어적 방식과 대안적 공동체의 이상을 꿈꾸는 김선결의 '이념적' 방식 사이에 놓여져

---

[8] 가족 해체를 그리는 가족 이야기는 주로 부모와 자식간이 서로를 비쳐주는 '거울상'의 관계를 상실하는 과정을 보여준다. 이는 가족 해체의 이야기가 실은 부모와 자식간의 거울상 관계를 회복하고자 하는 소망적 형식을 내포한다는 것을 보여준다. 또한 '거울상'으로서의 가족 관계에 대한 소망의 형식은 '부모'를 자기 동일성을 위한 상징적 준거로서 지속적으로 소환해내려는 욕망을 내포한다. 이러한 방식으로 가족 이야기는 주체성의 서사를 '기원'의 서사로 구성한다.

있다. 이는 자율적 개인에 대한 이상과 환멸, 대안적 공동체의 이념과 현실성 사이에서 갈등하는 20세기 말 이 땅 사람들의 역사적 여정을 상징적으로 드러낸다.

특히 김준의 개성적 면모는 이 작품에 인상주의적 화풍과 서정적 농담을 부여하는 중요한 요인이 된다. 이는 이 작품이 실향민 가족의 삶을 통해 20세기 말의 제반 모순을 다루고 있지만 그 방식에 있어서 "기존의 논리적인 음악, 다수를 위한 엄청난 음향 효과 대신 사소한 개인적인 감정, 그 여린 소리에 인상주의적 색채감을 부여"한 인상주의 화가들의 방식을 지향하고 있기 때문이기도 하다. 이처럼 '사소한 개인적인 감정'에 '인상주의적 색채감'을 부여하는 방식으로 인해 이 작품은 일종의 예술가 소설의 형식을 동반한다. 김준이 운영하는 카페 드라마틱에 '출연'하는 지지부진한 예술가들, 베끼기와 속물적 저급함으로 일관하는 지지부진한 예술가들의 초상은 20세기 말과 19세기 말의 예술가의 존재 방식을 명확하게 대비해준다. 그들은 "일백 년 전 파리 예술 중 속물적 저급함만 맹목적으로 추구"하는 인물들로 예술가로서의 자기 의식조차 망각한 존재들이다.

김준은 이 작품에서 모든 파국을 끝까지 냉정하게 관찰하는 역할을 수행하지만 결국 그도 '갇힌 존재'이자 "세상 세균에 이길 수 있는 면역체를 갖고 있"지 못한 존재이다. 그는 이제 막 자기 망각의 긴 터널을 벗어나 길 찾기를 시작할 뿐이다. 그런 점에서 작품 말미에 김준의 어린 조카 환과 동호의 '길 찾기 여행'은 작품에서 유일한 희망의 형식을 투영한다. 심장 이식으로 건강해진 환은 첫 여행인 산행에서 길을 잃지만 '별을 보고 길을 찾아 집에 당도한다.' 그러나 이는 소망적 형식일 뿐이다.

기차는 속력을 낸다. 한강 다리를 건넌다. 강변 아파트의 불빛이 침침한 시야에 어룽지더니 어둠 속 한티버든의 밤하늘이 떠오른다. 별이 더욱 영롱하게 보였던 하늘이다. 그러나 자신이 별을 본 마음에는 환처럼 꿈이나 희망이 실려 있지 않았다. 조영욱씨 삶대로 나도 거기에 묻혀 전근대적 농경 생활에 자족하며 시계를 보지 않는 느린 삶을 살 수 있을까. 그러면 별을 환의 마음으로 볼 수 있을까. 김준의 지금 마음은 한동안 서울로 돌아오고 싶지 않은데, 한티버든에 안주 못 할 불안한 그림자가 마음의 수면 위에 일렁이고 있음을 본다.[9]

이 '가족'들은 '가족'이라는 근대적 형식이 해체된 자리에서 이제 막 길 찾기를 시작하고 있다. 월남 일세대인 김석현의 죽음과 '패륜의 극한'을 치달은 김시규의 죽음, 종말론에 빠져버린 어머니와 화재로 한쪽 눈을 잃고 대신 새로운 이념(종교)을 얻은 김선결, 김선결의 정신적 지주가 되어주는 민한세와 공동체 가족들, 김준의 여행의 시작은 이 파국과 출발 사이에 놓여져 있다. 따라서 그 여행은 출발점도 목적지도 불명확한 여행이다. 여행의 목적지인 한티버든으로 상징되는 '그곳'은 현실에 존재하지 않는 유토피아적 형식과 '불안한 마음의 그림자'로 상징되는 '이곳' 사이 어딘가에 놓여져 있을 뿐이다. 하늘의 별을 보고 길을 찾을 수 없는 이 시대에 눈을 상실한 심해어의 방식으로 길을 떠나는 것, 그것이 이 시대의 길 찾기의 한 방식일 것이다.　　　　　　　　　　　　〔『동서문학』, 2000년 겨울호〕

---

9) 『가족』 2권, p. 294.

제 5 부

사람과 글

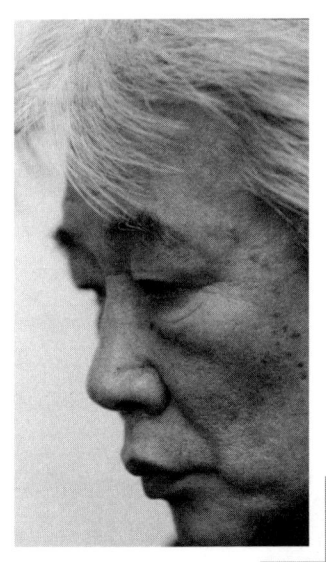

■ 김원일과 나

김원일의 내면 풍경

김병익

　9시 뉴스가 끝나고도 담배 두어 대 피웠을 만한 시간인데 전화벨이 울린다. 때 아닌 김원일이다. 웬일? 그의 말은 짧았다: "형을 사랑해요." 아마 내가 잘못 들었을 것이다. 뭐라구요? "지금 술 한잔 하고 온 길인데, 형을 사랑한다구요." 그리고 그것으로 전화는 끊어졌다. 수화기로 들려온 목소리에서 술기는 맡을 수 있었지만 평소의 그다운 진지함이 빠져 있는 것이 아니어서 자신이 무얼 말하는지도 모를 만큼 술에 취해 있는 것이 아닌 것만은 분명하다. 전화기를 놓고 멍청하게 앉아 있는 내게 아내가 물었다. 무슨 일이에요. 김원일씨가 나를 사랑한대. 잠시 생각에 잠겨 있던 아내가 말했다. "무척 고독했던가 보네." 그래, 나도 그렇게 생각하고 있는 중이었다. 왜 누구에게나 그럴 때가 있지 않던가. 사랑하는 가족이 있지만 때로 그들만으로도 채워지지 않는 빈자리의 아쉬움, 열정을 다하는 문학이 있지만 그래도 끝내 그것이 남겨두지 않을 수 없는 허전함, 친구들과 어울려 술을 마시고 속마음을 다 풀어놓아도 그러고 나면 슬그머니 끼어드는 자신에 대한 안쓰러움. 그날 밤 그는 어쩌다 그런 경우에 부닥쳤던 모양이고, 술자리라면 거의 으레 빠지는 내가 문득 생각났던가 보았다. 반년 전의 어느 날 그 느닷없는 전화로 들려온 '사랑해요'란 그의 시니피앙을 나는 지금도 '나는 외로워요'란 그의 시니피에로 받아들인다.

그럴 이유가 있다. 나는 그날 밤, 오래 전에 훔쳐본 그의 어떤 모습을 회상했다. 아마 그의 출세작「어둠의 혼」을 발견하고『문학과지성』에 재수록하면서 처음 만나 인사하고 그리고 어찌어찌 해서 김현이랑 함께 종로의 어느 술집에서 어울렸을 때였으니까 30년 전 어름이다. 그는 물론 술을 많이 마셨을 것인데 나는 술로 숨이 차서 식식거리고 김현은 예의 그답게 낄낄거리며 재담을 하고 있었는데 문득, 김원일은 그렇지 않아도 흰 얼굴이 창백하게, 정확히 말하자면 어둡게 창백한 안색으로 변했고 표정은 갑자기 정지된 화면처럼 굳어져 버렸다. 오직 손만을 움직여 맥주를 입 안으로 쏠어붓고 있었다. 내 보기에 그의 정신은 멈추어 있었고 아무 의식도 움직거리지 않는 듯했다. 술이 술을 마시는 단계 다음의, 술이 사람을 마시는 단계가 저런 것이 아닐까, 그때 내게 먼저 든 생각이 그것이었다.

그리고 그보다 훨씬 후였지 싶은데, 그날 그는 술이 술을 마시는 단계쯤에 이르러 내가 한번 추지! 하더니 문득 자리에 일어서 몸을 천천히 움직거리기 시작했다. 음악이 어떤 것이었는지 혼자 추는 춤이었는데, 그것이 '춤추다'란 가벼운 말로는 전혀 어울리지 않는 것, 차라리 몸으로 울부짖는 듯한 기괴한 동작이었다. 무겁게, 팔이며 몸을 천천히 하나씩, 조금씩 하나씩 움직거리며, 마치 위에서 억누르고 있는 힘에 버티며 꿈틀거리며 일으켜세우듯, 그리고 다시 눌려 기우뚱하며 비켜나듯 뒤틀리고 그리고 그 무거움을 밀쳐올리듯 무겁게 밀어내는 힘겨운, 자신을 짓누르는 것에도 불구하고 속에서 완강한 힘으로 버티는 듯한 몸짓이었다. 격식도 없고 결코 가벼운 마음으로 볼 수 없는 그 기상천외한 춤은 마치 시지푸스가 자신의 운명에 저항하는 듯, 그것과 참담한 절망을 예견하며 벌이는 거인의 육중한, 고뇌가 짓이겨져 삐어져나오는 듯한, 야곱의 씨름 같은 것이었다. 그러는 그의 표정은 어딘가에 집념하고 있었고 그의 동작은 리듬을 거스르고 무시하며 무산시키고 있었고 그의 육체는 자기를 둘러싼 것들, 그것이 공기이든 어둠이든 소리이든 침묵이든 그 모든 것들에 항거하고 있었다. 그래서 그의 '춤'은 세계를 향한 실존적 항거처럼 보였다. 나의 이 묘사가 지금껏 잊히지 않는 그 장면에 충격받은 나의 현학적인 해석일까. 멕시코의 어느 술집에서, 그의 독무가 남미풍의 춤을 추며 즐기던 술꾼들을 압도하여 그를 둘러싸며 구경하던 사람들로부터 박수를 받았다는데 그때 춘 춤이 분명 내가 본 그 절규의 동작이었을 것이다. 그리고 그 자리에 내가 함께하지 않았다는 것을 다행스럽게 생각한다. 처절한 비극적 긴장을 겪는 일이란 내게 한 번으로 족한 것이니까.

그가 술에 먹혀들었을 때의 어두운 창백, 실존을 향한 그의 무거운 육체적 항거를 보며 나는 그것들이 그 자신도 모르는, 억제하고 숨겨온, 그의 가장 깊은 무의식적 정서의 표현이 아닐까 싶었다. 그 무겁고 저항적인 운명에의 버티기라는 그의 내면의 살벌한 풍경이 어디서 비롯되었을까. 차라리 고통스럽게 다가오는 그의 그런 모습을 보며 그때의 나는 궁금해했다. 그리고 그의 초기작들, 실존주의적인 한계 상황이며 부조리에 대한 시지푸스의 신화를 연상시키는 작품들을 읽고서 그의 내면 풍경이 대충 그려졌고, 그리고 「어둠의 혼」이후의, 6·25를 겪는 그의 가족들에 관한 소설들에서 그의 심성을 그렇게 만들어준, 유년기로부터 청년기에 이르기까지 그가 치러내야 했던 아픈 삶의 이력을 통해 조금 눈치챌 수 있을 뿐이다. 그럼에도 그의 술과 춤이 보여주는 그 막막한 절망은 결코 그 바닥까지 이해되는 것은 아니었다.

새해 들면서 좀 한가해진 아내가 뜻밖에 김원일의 『노을』을 손에 들고 있었다. 틈새 시간에 몇 쪽 보다가 다른 일로 일어서기도 하고 몇 줄 눈을 주다가 아주 누워 잠들기도 하면서, 그녀답게 느릿느릿, 그러나 끈질기게, 그 소설을 붙잡고 있더니 드디어 일주일 만에 '독파'를 했다. 아니, 때 아니게 웬 『노을』? 전에부터 읽어보겠다고 생각해오던 중에 문득 눈에 띄어 잡은 것인데, 보아가면서 그 수식에 신경쓰지 않은 듯한 대범한 문장이 읽을수록 씹는 맛이 돋기도 하고 특히 경상도 사투리가 그렇게 감칠맛이 흥거울 수 없어 그것을 끝내지 않을 수 없었다는 것이다. 말에 대해 유난히 민감한 그녀가 그녀의 시댁 어른 말씨와 그리 멀지 않은 토속 말씨에 재미가 돋아 대화 부분은 몇 번을 되씹어보기 때문에 더 느리게 읽게 되었단다. 사실은 내가 그랬다. 그의『노을』을 만들 때, 그리고 그 이후의 그의 작품이 문학과지성사에서 나올 때마다 나는 교정을 보았는데, 문장과 어휘와 표기에 세심하게 신경을 써야 하는 그 교정을 보면서 그의 문체에 감탄한 적이 많았다. '대가답다'는 것을 느끼기 때문이다. 그는 문장에 멋을 내려 하지도 않고 관념이나 사변도 끼워넣지 않으며 까다롭거나 에두르거나 하지도 않는다. 그저 덤덤하게, 고심하지 않고, 글줄에 따라 그냥 이끌려 나오는 대로 묘사며 서술을 꾸려나간다. 그 범연함, 자연스러움, 무애스러움이 그의 문체를 움직이고 있다. 그래서 문득, 20여 년 전의 나는 그의 소설을 교정 보다가 아내에게, 이 친구는 제가 쓰고 싶은 대로 마음대로 쓰는 듯한데 그게 대가다운 무게와 맛을 주는군, 하고 감탄했다. 그런데 19세기적인 낭만주의 소설이나 영화를 좋아하는 그녀도, 정말 그래, 하고 동의했다.

그의 40년에 이르는 왕성한 창작 생활에서 가장 중요한 주제는 한국 전쟁이지만, 그런데 그에 못지 않게 내가 그의 소설에서 정작 그의 인간다움을 확인하는 것은 그의 작품 속에 자주 등장하는 순진무구한 인물에 대한 그의 유다른 편애이다. 장·중·단편의 그의 소설 곳곳에 그런 인물들이 때로는 소년으로 때로는 청년으로 등장하는데 특히『늘푸른소나무』는 그런 인격의 성장기이며『아우라지로 가는 길』은 그런 젊은이의 방랑기이다. 그 인물은 백치의 모습으로 나타나지만, 그 백치가 가장 지혜로운 현자임을, 그러니까 도스토예프스키의 알료샤나, 특히 미슈킨 같은 지고의 지순한 인간형으로 묘사된다. 그의 소설에 으레 나타나는 이 고상한 인간상이 어떻게 그의 내면에 자리 잡게 되었을까에 가끔 생각이 미친다. 어쩌면 그 자신이 유다른 애정을 가지고 있는 가벼운 자폐 증상의 아들 때문일 수도 있을 것이지만, 그것만으로는 설명될 수 없는 어떤 비밀이 있을 듯하다. 나는 그 비밀을 알 수 없지만, 그가 그런 인물을 이상적인 인간형으로 모시고 있다는 것만은 분명하다고 믿는다. 순결하지만 어리숙하고 맑지만 어눌하고, 지혜롭지만 결코 속되지 않은, 원천적으로 죄가 없고 더러운 세월 속에서도 결코 때 묻을 수 없는, 성경의 말씀대로 비둘기처럼 순결하고 뱀처럼 지혜로운, 천국에서 가장 귀염받을 그 구원(久遠)의 인간상. 나는 그의 이 같은 인간 신뢰 때문에, 파울 틸리히가 말하는 '종교적 인간'의 한 예를 그가 보여주는 것이 아닐까 생각한다. 비록 어설픈 신자이고 게으르게 교회를 다니고 있지만 그는 기독교적 구원(救援)의 핵심을 몸 안에 품고 있는 듯한 것이다.

아마도, 그의 젊었을 시절, 내게 보였던 그 고통의 표정, 항거의 몸짓, 육중한 존재와의 씨름이 없었더라면 그의 작품에서 품어 보이는 그 영원히 순결한 인간형은 어쩌면 태어나지 않았거나 묘사된다 하더라도 가짜이기 십상이었을 것이다. 그는 고뇌와 열정, 고통과 가혹의 심연을 온몸으로 씨름하고 이겨내 통과함으로써, 단순함 속에 세계의 진상을 투명하게 직관할 수 있는 고결한 영혼의 세계에 다다른 것 같다. 그것은, 그런 경지를 소망하면서도 결코 그 경지에 이르지 못할 내게 분명 한 편의 드라마틱한 비의로 다가온다.

〔인하대 석좌교수〕

내가 본 김원일

김주영

이 사람은 멋쟁이다. 예나 지금이나 한결같이 기억력이 탁월하고, 사물을 관찰하는 안목이 매우 정교하고 세밀하다. 처음 만난 사람이라도 그 사람의 속내를 금방 읽어내는 치명적이리만큼 예리한 통찰력을 가지고 있다. 그리고 끊임없이 공부하고 연구한다. 그로부터 허공에 막연히 시선을 둔 채 멍하니 앉아 있거나 머리통을 벅벅 긁고 있는 모습을 발견하기 어렵다. 끊임없이 독서하고 뭔가를 한다. 바둑을 둘 때도 바둑 이외의 뭔가를 생각하고, 술을 마실 때도 다른 뭔가를 생각한다. 그처럼 그는 쉬지 않는다. 그는 소설가다. 그런데 시와 회화, 그리고 바둑과 환경 문제에 일가견을 이루었다. 이제 갓 문단에 나온 시인의 시 세계를 바늘에 실 꿰듯 정확하고 폭넓게 이해하고 있다. 회화에 대한 지식과 평론은 그 분야에서 벌어먹고 사는 분들의 수준에 결코 뒤지지 않는다. 회화 부문에 책을 냈으니 이를 입증한다. 바둑도 김병익 선생과 벌써 십수 년째, 네가 이기나 내가 이기나 혈투에 버금가는 대국을 벌이고 있다. 그 대국이 언제 끝날지 아무도 모른다.

아무거나 되는 대로 걸치고 다니는 법이 없고, 오만하지 않지만, 체통을 잃어버리는 일을 경계한다. 평소에 고향 사람이나 문단 후배들을 대하는 태도가 매우 원만하고 너그럽지만, 조언이나 훈계할 일이 있으면 머뭇거리거나 두려워하지 않는다. 두루뭉술하게 넘어가는 것을 경계하고 강직하기 때문이다. 그래서 때로는 후배들이 그를 거북하게 생각하기도 한다.
 그의 소설 세계는 전쟁으로 빚어진 운명의 흉터와 뒤틀림, 인간의 삶에 태생적으로 동행하고 있는 비리를 분석하고 해석하는 것에 초점이 맞춰져 있다. 그 일관된 천착을 김원일씨는 소설가로 출발한 이후부터 지금까지 한번도 방향 전환을 해본 적이 없다. 자신의 철학이나 가치관이 뚜렷하다는 징표다. 대개의 소설가들은 도나 개나 자신의 작품이 잘 팔려나가서 인구에 회자되기를 바란다. 때문에 그 인구의 구미에 맞는 소설을 우격다짐으로 조작해내기도 하고, 출판사와 낯 뜨거운 거래를 하기도 하며 그것은 묵인하는 경우도 없지 않다. 김원일씨는 그런 일에 휩쓸리지 않았다. 단 한 번도.
 그런데 사실은 이 사람 김원일씨는, 서리 내리기 전에 산기슭에 저 혼자 피어 있는 수레국화같이, 소박하고 쓸쓸한 사람이다. 겉으로 강직해 보이지만, 사실은 저 깊은 곳에 자리 잡고 있는 심정은 여리고 겁이 많다. 그 숱한 술자리를 섭렵하지만, 그가 수수떡같이 검붉게 취한 얼굴로 팔뚝을 내흔들고 고래고래 주정을 하는 모습을 발견한 적은 없다. 언제나 조용하지 않으면 익살스럽다. 나는 술자리에서 간혹 땡깡도 부리고 같은 일행과 멱살잡이도 하고 분탕질을 놓기도 하는데, 그때 그는 언제나, 주영이 형 또 와 이카십니까 하면서 뜯어말리느라, 진땀을 빼고 있다. 그런데 그 다음이 문제다.
 이럭저럭해서 와자지껄하던 분란이 가라앉고 뒤숭숭했던 술자리가 얼추 정돈되고 뛰던 가슴이 가라앉을 무렵이면, 그런 분란이 어디서부터 어떻게 누구에서부터 누구에게 발단이 되었든 아무런 상관을 두지 않고, 뜯어말리는 축에 있었던 김원일씨로부터 한 가지 제안을 받게 된다. 자기가 개발해둔 조용한 집이 있는데, 그쪽으로 자리를 옮겨 한잔 더 하자는 것이다. 한바탕 분탕질로 취기도 확 가셨겠다 막살하고 한잔 더 하자는 데 마다할 사람이 없다. 그가 거리낌 없이 그런 제안을 하는 것은 사건의 발단이야 어떻게 되었든 또 분탕질의 당사자가 김 아무개이든 박 아무개이든 섭섭하고 꺼림칙한 마음으로 귀가해야 한다는 것과 전체적으로 침울한 분위기 속에서 헤어져야 한다는 사실이 자신의 마음으로부터 용납되지 않기 때문이다.

그는 나와 같은 고등학교의 후배이고, 같은 대학의 동기이며 같은 문단의 선배다. 그러나 그가 친숙하게 지내는 문학과지성사의 편집인들과의 모임에 나는 자주 빠지는 편이다. 김원일씨를 비롯해서 그분들 모두를 내심 존경하고 사랑하고 있어서 보고 싶은 얼굴들이 틀림없고, 만나지는 못하더라도 일주일에 한두 번쯤은 그분들 면면을 떠올리며 문학적 열정을 부추기며 살고 있다. 참으로 아름답고 좋은 사람들이라는 생각에 변함이 없고, 앞으로도 그럴 것이다. 그러나 내가 워낙 돈 되는 일도 없으면서 항상 분주하고, 할 일은 없어도 구경할 것은 많은 사람이기 때문에 그 모임에 시간을 못 맞추는 경향이 있다. 김원일씨는 그 모임의 중심에 있는 것 같다. 그렇다는 것은 그에게 변덕이 없다는 뜻이다. 내가 살아오면서 가장 경계하고 싫어하는 사람은 바로 변덕이 심한 사람이다. 때로는 그런 징후가 보이는 사람을 두 번 다시 만나지 않았던 적도 있다. 변덕이란 것이, 한 번뿐인 세상살이에 시행착오를 줄여주거나 우둔하다는 평판을 듣지 않는 효험이 있겠지만, 우둔하더라도 그것을 지켜나가는 김원일씨 같은 사람도 있어야 멋있는 세상을 바라볼 수 있게 된다. 〔소설가〕

내가 아는 인간 김원일

김용성

　내가 김원일과 처음 만난 것은 이른바 '문청' 시절을 보내고 있던 1960년의 초봄이었다. 그 무렵에는 학생 잡지인 『학원』이나 『신문예』를 통하여 글을 발표하거나 각 대학에서 연례 행사로 치르고 있던 고교생 문예 현상 모집에 입선된 학생들로 이루어진 고교 문단이라는 것이 실재하고 있었는데 김원일도 그 고교 문단 출신의 일원이었다. 그해 신년 벽두 조선일보 신춘문예에 「이류항」이란 소설로 입선했던 양문길과 고교 문단에서 이름을 떨쳤던 김원두와 함께 그는 김동리 선생의 천거로 서라벌예대 문예창작과에 장학생으로 발탁되어 막 1학년에 입학했을 때였다. 편모 슬하에서 떨쳐버릴 수 없는 가난을 체험하며 대구에서의 소년 시절을 보냈던 그로서는 대학에 다니게 되었다는 것이 크나큰 행운이 아닐 수 없었다.
　나는 그와 대학이 달랐지만, 고교에서 3년 동안 죽 같은 반에서 공부했던 양문길이 있었으므로 이따금 그들 학교로 놀러 가고는 했다. 그 무렵 나도 소설을 써야겠다는 입지를 세우고 있었으므로 장차 한국 문단을 주름잡겠다고 기고만장하던 그들이 무엇을 배우고 쓰는지 정탐도 할 겸 자극을 받기 위해서였다. 그해 초여름의 어느 일요일 아침 나절이었다. 나는 한국일보에 투고할 목적으로 쓴 장편 소설의 첫머리 3백여 매 원고를 가지고 김원두의 누님 보살핌으로 하숙인지 자취인지를 하고 있던 당시 한남동 버스 종점 근처 그들의 기숙방을 찾아갔다.

언제나 그랬듯이 그날도 그들은 누구는 앉아서 누구는 뒹굴면서 소설을 읽거나 무엇인가를 끄적거리고 있었다. 나는 싸들고 간 원고 뭉치를 풀어보이며 그들 앞에서 소설의 주제 따위를 열심히 설명해 보였다. 내 말에 주의를 기울이던 친구는 양문길뿐이었다. 당시 학생 문단의 일인자를 자처하고 있던 김원두는 처음부터 내 말을 무시하는 태도였고 김원일은 방 한쪽 구석에서 무엇인가 쓰는 일에 몰두하는 척 은근히 내 기를 죽이고 있었다.

당시 김원일은 훤칠한 키, 야리야리한 몸매에 희고 갸름한 얼굴을 지닌 귀공자형의 앳된 청년이었다. 해맑은 두 눈에서는 초롱초롱 재기 넘치는 빛을 발하고 있었지만 별로 말이 없었기 때문에 때로는 그 눈빛이 차갑게 느껴지기도 했다. 그러나 일주일에 한 번 정도 만나면서 차츰 그의 내면에 간직되어 있는 온기를 감지하게 되었다. 초기 그와의 사귐은 양문길과 김원두와 함께였는데 그럴 수밖에 없었던 것은 그들 세 사람은 일심동체로 늘 붙어 다녔기 때문이었다. 그들은 하루 세 끼 중 한 끼 정도는 굶는 것을 예사로 여겼다. 김원두의 누님이 낙향하자 방세에 시달리던 그들은 싼 자취방을 찾아 이곳저곳 여러 군데 옮겨 다녔다. 어쩌다가 돈이 생기면 명동 갈매기집에서 막걸리 대포로 끼니를 때우거나 싸구려 영화관을 찾았다. 그들에게는 음악 감상실에서 그림을 강매한다든가 문학 지망 여학생에게 음식 바가지를 씌운다든가 하는 짓궂고 반항아적인 기질이 있었는데 실상 그것은 그나 양문길의 것이라기보다는 김원두의 주도하에 이루어진 것들이었다. 아이러니컬하게도 기성 문단에 얼굴을 먼저 내민 것은 나였다.

이듬해 나는 운 좋게 한국일보에 장편이 당선되어 꽤 많은 상금을 받았으므로 금전적으로 그들보다 훨씬 여유가 생기게 되었다. 경희대학교로 옮기기 전인 그때 나는 서대문에 있는 야간 대학에 다니고 있었는데 김원두는 저녁 때 술 생각이 나면 두 사람을 거느리고 학교로 찾아와 수업 중인 나를 막무가내로 불러내고는 했다. 그 무렵 우리는 20년대 문인들 못지 않은 객기를 부리며 대폿집으로, 도라지 위스키집으로, 북창동 니나노집으로 잘도 쏘다녔다. 그 무렵부터는 시인 신중신도 이따금 어울렸다.

내가 대학을 졸업하고 5년 간의 긴 군대 생활을 마치고 1969년 사회에 첫발을 디뎠을 때에는 김원두는 시나리오를 쓴다고 영화계에 몸을 담고 있었으나 김원일도 양문길도 정식으로 문단에 입신한 지가 수 년씩은 경과한 신진 작가들이 되어 있었다. 그와의 우정이 돈독해진 것은 그때부터가 아닌가 여겨진다.

김원일의 20대 말과 30대 초는 사회 생활과 문학 활동의 시련기이자 동시에 출세기에 해당된다. 그는 이후 20년 동안 봉직하게 되는 출판사 국민서관에 갓 입사해 혼자 고희를 훨씬 넘기신 노조모를 모시고 돈암동 아리랑고개 중턱에서 셋방을 얻어 살고 있었다. 그의 조모는 이제는 북한에서 타계한 것으로 알려진 자식에 대한 한에 사무쳐 평생을 보내신 분이었다. 그래서 맏손자에게 기울이는 애정만큼 의지하고 싶은 심정 또한 깊었으리라 생각된다. 그는 그러한 조모의 아픔을 잘 이해하고 있었고 부친이 못다 한 몫까지 도맡아 효손의 역할을 눈물겹게 해내었다. 대취하도록 술을 마신 날 밤 통금이 가까운 시각에도 잠 못 이루고 계실 조모에게 쥐어드릴 담배나 군고구마를 꼬박꼬박 사들고 돈암동으로 가는 마지막 버스를 타고는 했다.

그의 조모와 자당에게 한을 남겼을 뿐만 아니라 70년대 연좌제에 연루될까 보아 소설 한 편을 발표할 때마다 그로 하여금 전전긍긍하게 했던 부친이었으나, 그의 문학 정신과 열정은 그 부친을 향한 그리움과 부친의 사상적 행로에 대한 그 어떤 신뢰로부터 생성되고 있는 것으로 보였다. 나는 그 최초의 작품이 「어둠의 혼」이며 그의 소설의 주류를 이루고 있는 대부분의 작품들은 그것에서 비롯되는 것이라고 생각하고 있다. 아무튼 그는 결혼하여 생활의 안정을 이룬 뒤부터는 바쁜 출판사 일과에 쫓기면서도 정력적으로 작품을 발표하여 문학적으로 훌륭한 평판을 얻기 시작했다.

그는 문학이나 직업에 임함에 있어서 한결같이 부지런한 사람이다. 그는 무절제와 태만을 경멸하는 사람이다. 그는 직장 초기 박봉에도 불구하고 월급을 타면 최소한의 생활비를 제외하고는 모두 저축을 했다. 그는 60년대 말부터 적금 통장과 예금 통장을 갖고 있었고 70년대 말부터는 가끔 손해를 보면서 주식에도 투자를 했다. 오늘날 그가 남부럽지 않은 건물을 소유하고 있는 것도 그러한 근면성과 저축 정신에 말미암은 것이다.

또한 그는 맺고 끊는 데가 분명한 사람이다. 술에 물 탄 듯 물에 술 탄 듯 밍밍하거나 두루뭉술 뭉그적거리는 것을 싫어했다. 마음에 들지 않는 말을 하는 사람에게는 대놓고 못마땅한 표정으로 면박을 주었다. 그래서 그의 앞에서는 자기도 모르게 주눅이 들어 말조심을 하는 사람이 많았다. 그렇다고 주먹을 내두르는 과격한 행동을 하는 것은 아니다. 나는 지금까지 그와 술을 마셔오지만 술좌석에서 논쟁을 할지언정 그가 주먹 다짐 싸움판을 벌이는 것을 한 번도 보지 못했다.

한편, 그는 사정이 딱한 사람에게 따뜻한 인정을 베풀 줄도 아는 아량을 지니고 있기도 하다. 출판사에서 편집부장으로부터 전무에 오르는 동안 그에게 취직을 부탁해오는 고향 후배나 문단 후배에게 일자리를 마련해주는 일에는 발 벗고 나서곤 했다. 내가 25년째 살고 있는 지금의 남현동 집도 철산리에 살고 있던 그 시절 나의 부탁을 받고 그가 백방으로 뛰어다니던 끝에 주선해준 것이기도 하다. 또 반체제적이거나 경제적인 문제로 곤경을 겪고 있는 사람에게는 다소나마 물질적인 도움을 주기도 했다. 최근에는 불우한 장애인을 돕는 일에도 적극 참여하고 있는 것으로 알고 있다.

그는 많은 사람 앞에 선뜻 나서기를 꺼려하는 듯하지만 실은 보스 기질을 갖고 있는 사람이다. 70년대 말 동인지『작단』발간을 처음으로 거론하여 그 실현을 본 것이라든지, 20년 전 결성되어 현재까지 이어져오는 경북 문인 모임인 보리회의 초대 회장을 맡았다든지 한 것은 그 좋은 예일 것이다.

그의 이야기를 하면서 술 이야기를 빼놓을 수 없다. 그는 술을 점잖게 마시면서도 많이 마시는 편이다. 이제는 체력을 핑계로 나와는 2차 정도 하는 것으로 끝내지만 의기가 투합하는 사람들과 만나면 3차 4차 더러는 밤이 새도록 마시는 모양이다. 15년 전쯤만 해도 술좌석에서 흥취가 오르면 이른바 '도전 30곡'이라 해서 트로트 유의 유행가를 연이어 불러대기도 했다. 그는 경제 관념이 투철한 사람이지만 술값에 대해서만은 인심을 잘 썼다. 그러나 그의 음주 역시 무절제한 것은 아니다. 술을 마시기 싫으면 며칠씩 심지어는 일주일 동안 한 모금도 입에 대지 않는다.

그 칩거의 기간 동안 인간적 반성과 문학적 사색에 잠기면서 작품을 쓰거나 독서에 열중하는 것이다. 그는 작품을 집필할 때 먼저 자료를 수집하는 데 정성을 기울인다. 나는 그가 자료 없이 소설을 쓴 적이 거의 없다고 알고 있다. 또한 작품에 대한 자문을 구하는 데에도 게을리하지 않는다. 『불의 제전』을 쓸 때일 것이다. 그가 평안도 사투리 구사에 한계를 느끼자 그것을 극복하기 위해 황순원 선생님으로부터 가르침을 받는 열의를 보인 것도 그 한 예이다. 쓰는 일에서만 치밀한 것이 아니다. 독서량도 만만치가 않아서 발표되는 소설과 시들을 두루 섭렵하는 편이다. 그뿐만 아니라 사회학에 관한 관심도 커 가히 학구적이라 할 만큼 관련 서적들을 많이 읽어낸다.

10여 년 전, 그는 사장직을 맡으라는 것을 사양하고 전무직을 마지막으로 국민서관을 사직했다. 연보를 보면 알 수 있듯이 그는 그 동안 문학사에 남을 기념비적인 소설들을 다수 발표했다. 장한 모습이 아닐 수 없다. 그와 우리 사이의 40여 년 동안의 교우 관계를 통해 알게 된 그의 인간상을 어찌 몇 줄 글로 다 표현할 수 있을까. 서울 거리가 좁다고 쏘다니던 '문청' 시절이 엊그제 같건만 김원두는 벌써 고인이 되었고 그나 양문길이나 신중신이나 나나 1, 2년 사이를 두고 회갑을 맞았으니 감회가 깊고 깊다.

모쪼록 여생을 건강하게 지내고 목숨이 다하는 날까지 좋은 작품을 발표하여 우리를 즐겁게 해주기를 바랄 뿐이다. 〔인하대 교수〕

만난 지 어언 40년 세월이……

도광의

김원일 형은 나의 첫 시집인 『갑골(甲骨)길』의 발문을 써주었다. 그 중의 일부를 여기 적어보는 것은 60년대를 대구에서 김원일 형과 보냈던 한 시절을 간직하고 기억하고 싶은 심정에서 비롯되었다.

시인이란 대체로 청명한 가을날의 고추잠자리 같아서 섞은 나뭇가지 끝에 위태로이 앉아 있는 거동이 잔망스럽고, 소슬바람에도 놀라 경기 들린 듯 파르르 떠는 날갯짓이 수다스럽고, 게으르기 또한 무한 공간에 선으로 남은 정물 같으다. 온 신경을 큰 눈에 모아 사방 좌우를 보는 데도 초점이 없고, 화성인 같은 낯짝보다는 날개에 멋을 부려 그 치장이 너무 가벼워 육신은 간데없고, 가을 하늘이 망사 사이로 얼비쳐 보인다. 아무리 화려한 변신을 하여 높낮이 없는 공간을 자유로 만끽한다지만, 자랄 때 굼벵이 같은 벌레였으니 소싯적부터 세상 물정에 어둡고 둔하기가 가히 짐작이 간다. 또한 시인이란 대저 마음이 좁쌀같아서 이름 석자의 활자가 박히면 '서림이'처럼 헤헤거리고, 벌거숭이 임금처럼 비실용적인 관명을 쓰고 알몸으로 거리를 활보하면서도 염치가 없고 부끄러움을 모른다. 〔……〕 내가 도광의 형을 알기는 우리가 가을날 고추잠자리같이, 코스모스밭이나 가을볕이나 그런 자애로운 자연의 운행도 제대로 깨치지 못한 채 경망스럽고 겉멋만 들어 신경병을 앓던 시절이니, 벌써 서른 해가 가깝다. 60년대 초 문학 지망생이었던 우리 친구들이 불알 두 쪽밖에 없는 알거지로 대구 향촌동 '고구마집'을 주무대로 하여 아침부터 저녁까지 술로 허기를 달랠 때, 유일한 직업인으로 만난 친구가 도형이었다. 그는 그때 심인중학교 국어 선생으로 그 큰 키를 꾸부정히 숙이고 심심한 얼굴로 나타나선 "눈물로 세상의 아름다움이 함께 저무는" 듯 이미자의 「동백 아가씨」나 부르곤, "먼 마을 포플러"같이 어둠 속으로 총총히 사라졌다. 〔……〕 도형만 생각하면 나는 우리가 늘 배고프고 춥던 겨울에만 만난 듯 착각한다. 그의 긴 머리칼의 쓸쓸한 나부낌, 선하고 서러운 노랫가락, 「산정무한」이나 「우리를 슬프게 하는 것들」을 하도 줄줄 잘 외워 영원히 선생 노릇을 벗지 못할 것 같은 백묵 냄새, 따뜻한 우정의 그 넉넉한 마음씨, 그리고 향수같이 젖어오는 유년의 추억을 특유의 분위기로 지니고 있었다. 〔……〕

원일 형 하면 상서여자상업학교 옆담을 끼고 있는 장관동 9번지 낮은 골목이 생각나고, 경북대학교 영문과에 다니던 구활 형과 원일 형의 고등학교 동창생인 말수가 적은 일수 형, 이오웅, 이동선 형이 생각난다. 그리고 일찍이 고인이 된 이상실을 잊을 수 없다. 60년대 초 대구 향촌동 '고구마집'을 중심으로 하룻밤 사이 작은 놋양푼으로 50잔을 마신 일이 있었고, 원일 형, 상실 형, 나 셋이 6일 간 백열 되가 넘는 막걸리를 마신 일이 있었다. 그러할 무렵 우리들은 봉산동 골목 안에 있는 술집에 가끔 드나들었다. 서투른 글을 쓰면서 싸돌아다니던 문학 청년 시절 우리들은 늘 그렇게 다섯 평 남짓한 그런 막걸리 집을 찾아다니며, 돈 안 내는 기본 안주에 싼 막걸리를 마시면서도 영화 배우 윤정희의 고운 뒷어깨선을 한 번만 쓰다듬어볼 수 있다면

10년 봉급 다 털어도 후회하지 않겠다고 호기를 부리고 다녔지만, 김원일 형은 달랐던 것이다. 청구대학 청구춘추사 편집국장을 하면서 신문을 혼자서 만들었고 많은 양의 원고를 썼고, 소설에의 열정으로 문장 속으로 파고들었던 것이다. 그때부터 나는 원일 형을 통해서 많은 것들을 얻을 수 있었다. 도스토예프스키의 『카라마조프 가의 형제들』에 나오는 알료사의 성격을 알게 되었고, 카뮈의 『표리』, 허먼 멜빌의 『백경』도 읽었고, 제임스 조이스의 '더블린'이나 윌리엄 포크너의 '요크나 파토파'의 고향도 알게 되었다.

나는 김원일 형의 소설을 거의 다 읽었다. 그의 소설은 가난과 외로움의 절실한 체험에서 원을 그리며 퍼져가는 물결같이 가족 단위의 이야기를 엉킨 실타레 풀어가듯이, 생존을 위협하는 역사의 횡포 앞에서 가족을 중심으로 인간의 삶이 어떻게 존멸의 부침을 거듭하며 역사의 가운데 서서 그 소용돌이에 휘말려 파멸하거나 역사의 아픔을 안고 삶에 뿌리를 내리지 못한 채 방황하는가 하는 모습을 그리고 있다.

김원일 형은 그간 30권이 넘는 소설책을 썼다. 그의 자전 소설 『마당깊은 집』은 졸라가 『목로주점』을 쓰기 위해 파리 빈민촌인 구트도르 가 일대를 치밀한 관찰과 정밀한 조사를 하듯이 김원일이 막막하고 외로운 자신의 안을 들여다보며 장남 길남이 다니던 거리의 간판이나 옷차림까지 하나하나 기록하고, 밤늦도록 바느질을 하는 재봉틀 소리며, 호롱불 밑에 헌 옷을 깁던 어머니 모습을 수성천변이나 냇가에서 빨래 광주리를 든 여인들을 스케치하여 50년대 대구의 생생한 모습을 옮겨놓은 것이다.

원일 형도 이제 60줄에 섰다. 나는 실없이 사람을 좋아했지만, 원일 형은 사람을 가리는 편이었다. 치사한 소행을 보아주지 못했고, 일을 선뜻 떠맡지도 않지만 일을 맡으면 철저했다. 방대한 동서문학관 건립을 추진 계획한 일들이 그것을 말해주고도 남을 것이다. 뒤돌아보면, 40년이 넘게 사귀어온 것으로 보아 원일 형과 나는 서로 다르면서도 인간적으로 통하는 사이가 아니였던가.

제르베즈라는 한 세탁녀의 행복과 불행을 파리의 노동자 거리에 있는 술집을 중심으로 그린 『목로주점』이 처음으로 하층민 사회를 적나라하게 들추어낸 작품이라는 점에서 크게 평가되어온 것처럼 50년대 대구의 생생한 모습을 통해 6·25 피난 시절의 가난과 생존의 어려움 속에서도 이웃 간의 인정과 진정한 삶의 뿌리가 무엇인지를 그린 김원일의 『마당깊은 집』은 대구에서 살아왔고, 대구를 고향처럼 사랑하며 살아갈 사람에게는 최상의 작품으로 남을 것이다. 〔시인〕

정직한 사제(司祭) 혹은 도스토예프스키

김주연

김원일은 술을 좋아하고, 여자를 좋아하지 않는다. 보통 술과 여자는 함께 묶여 다니기 일쑤인데, 기이하게도 김원일에게 있어서는 이 둘이 철저하게 분리되어 있다. 술에 관한 한 나는 정문길 교수와 더불어 김원일 주당의 열성 당원인 시절이 있었다. 문지 친구들이 일주일이면 한 번 모이는 목요일(원래는 수요일이었다)이면 셋이서 반드시 2차, 3차까지 가서 밤 12시 가까워야 헤어지곤 했던 시절이었다. 아득한 과거처럼 지금 나는 말하고 있는데, 사실 불과 2, 3년 전까지의 일이었다. 많은 공통점이 있기에 아마도 그것은 가능한 일이었을 것이다. 그러나 도저히 공통될 수 없는 특출한(?) 요소를 김원일은 한 가지 더 가지고 있는데, 그것은 우리 둘이 일어설 즈음, 그러니까 시간으로는 밤 11시쯤 되어서 그가 본격적인 발동이 걸린다는 사실이다. 대개의 경우 이때 정문길과 나는 단호하게 일어나서 매정하게 그와 이별한다. 그러나 그는 그로부터 훨씬 많은 시간 밤거리를 주유(酒遊)한다. 나중에 본인 자신이 고백한 바로는, 새벽 두세시까지 통음하기 예사라는 것이니, 사실 한때 나 역시 주당 3총사를 자처했던 일이 얼마나 송구스럽고 황당한 처사였는지 그에게 사과해 마땅할 노릇이겠다. 그처럼 그는 술을 좋아한다. 그의 이 같은 실력은 내가 그 3인방으로부터 탈락한 지 꽤 시간이 지난 오늘에도 크게 달라지지 않은 모양이니 그저 타고난 건강 체질이라고나 할까. 그러나 여자를 탐탁지 않게 여기는 심사는 또 어떤 체질 탓일까, 미상불 그를 아는 많은 사람들이 그것을 궁금해한다.

술을 좋아하고 여자를 싫어하는 그의 체질이 어디서 유래하는지, 세심한 독자라면 그의 소설 곳곳에서 읽어낼 수 있을 것이다. 그중에서도 가장 직접적인 단서는 장편 『마당깊은 집』과 중편 「깨끗한 몸」에 숨어 있다. 특히 자신의 어머니를 말하고 있는 「깨끗한 몸」은 그가 어린 시절 얼마나 혹독한 결벽 훈련을 어머니로부터 받아왔는지를 여실히 보여준다. 무책임하게도 아버지가 홀로 월북한 이후 4남매를 키우면서, 장남인 작가를 매로 단련시킨 독한 어머니, 남편에 대한 원망과 증오가 고스란히 이식된 사람이 장남 김원일이었고, 그는 어머니로부터 결벽과 여성 혐오증을 함께 얻었음이 분명하다. 어린 시절의 욕구 불만이 성인이 된 다음에도 끊임없이 퍼마시는 갈증을 가져온다는 프로이트식 해석은 그에게 있어서 제법 적중하고 있는 셈이다. 그리하여 그는 여자들을 제쳐놓고 늘 마시고 또 마시고 있는데, 거짓말을 잘 할 줄 모르는 그는 이러한 의식과 삶을 자신의 소설에 그대로 반영한다.

김원일이 여자 못지않게 싫어하는 것이 거짓말이다. 아뿔싸, 그런데 소설이란 거짓말 아닌가. 소설가 김원일의 면모는 이 모순 속에서 발견된다. 얼핏 보면 소설은 허구이므로 거짓말이고, 따라서 거짓말을 싫어하는 김원일은 소설가로서 근본적인 문제를 지닌 듯이 보인다. 그러나 소설은 거짓말일 뿐 거짓은 아니다. 오히려 그 거짓말은 진실을 지향하는 전략 개념 안에 놓여 있다. 그럼에도 김원일에게는 이 전략이 조금은 찜찜하다. 그의 소설에 여성이 거의 등장하지 않는 까닭은, 여자와 함께 거짓말에 대해서 생래적 거부감을 지닌 작가의 체질 탓이다. (생래적이라는 표현을 나는 썼는데, 어머니로부터의 훈련 이후, 즉 10대 이후의 그 철저한 이행은 거의 생래적인 느낌을 줄 정도다.) 그의 소설이 어딘가 건조한 듯하면서 비감각적인 분위기를 풍기는 이유도 여기에 있다는 것이 이제는 꽤 알려져 있다. 그러므로 30년이 훨씬 넘는 세월 수많은 장·단편을 써온 그에게 두드러진 베스트 셀러가 없다는 사실은, 글쎄 오히려 당연하다고 해야 할지.

사실 여자와 거짓말을 싫어한다면 소설쟁이로서는 치명적인 결함을 안고 있다고 생각할 사람들이 많을 것이다. 선험적 윤리성이라고 해도 좋을 이런 성격에도 불구하고 그는 그러나 오늘날 높은 수준의 작품들, 김원일 문학이라고 부를 수 있는 경지를 쌓아올렸다. 어떻게 그것이 가능했을까. 나로서는 그 원인을 그의 탁월한 감성과 지칠 줄 모르는 노력이 합쳐서 이루어낸 거대한 성취라고 생각한다. 과연 그는 천박한 감각주의와 퇴폐적 무절제를 예술적 감성의 전부로 받아들이기 일쑤인 우리 문학의 맹목적 관습을 넘어서, 참다운 감성의 진면목을 꾸준히 일구어왔다. 최근에 발간된 중편 연작 「푸른 시간의 기억」은 청년기의 치기(稚氣) 주위에 머물러온 문학적 감수성을 인생의 전 연령대로 확대하면서 삶의 총체성을 심화시키는 힘찬 리얼리즘의 승리를 보여주었다. 요컨대 그는 감성을 성적 묘사와 같은 부분적 시각에만 할애하지 않고 삶 전반의 의미, 즉 윤리적 문제와 반드시 결부시킨다. 검은 옷 입기를 좋아하는 사제의 풍모는 실제의 현실과 문학에서도 그대로 드러나니 참으로 명실상부한 위인이 아닐 수 없다. 감성과 윤리를 대립의 자리 아닌, 발전 단계로 껴안고 닦아

나가는 그의 모습에서 나는 예술의 순교자를 발견한다. 죄와 구원이 치열하게 부딪치고 있는 도스토예프스키를 연상시키는 그의 갈등과 고투(苦鬪)는 곧 우리 소설의 깊이가 아니랴. 이런 사정을 뻔히 바라보는 나로서는 건강에 당연히 나쁠 것이 분명한 그의 폭음과 줄담배를 말릴 재간이 없다. 대저 그것들도 아니라면, 그의 절제와 인내는 어디에서 폭발할 것인가.

퉁명스러운 어조, 남을 배려하지 않는 듯한 무뚝뚝한 표정의 저 뒷길에 그러나 섬세함, 기억력과 같은 전혀 다른 능력을 김원일은 숨기고 있다. 언젠가 그는 뉴욕을 갔다 오면서 내게 검은색 셔츠 한 벌을 사다 준 일이 있다. 다정다감하다는 여성도 생각하기 힘든 일을 그는 문득 이렇게 아무렇지도 않은 듯 행한다. 그러고 보니 그는 내 얼굴도 연필 초상화로 그려준 일이 있으며, 화가들의 그림을 독자적인 시각으로 감상·해석한 책까지 낸 바 있다. 그뿐인가. 그가 모처럼 술자리의 기분이 흥겨워질 때 추는 플라밍고나 캉캉춤은 본고장 주민들의 그것을 압도하고도 남을 실력이다. 실제로 남미 여행에 동행했던 나는 그것을 확인까지 했다. 이처럼 예술에 관한 한 못 하는 것이 없을 만큼 그 재주가 비상한 김원일은, 그러나 오늘도 무엇에 화가 난 듯, 혹은 세상이 귀찮은 듯 우울한 얼굴로 상념에 젖어 있다. 이럴 경우, 그를 조금은 신명나게 할 또 다른 도락이 있는데, 그것은 바둑이다. 바둑을 잘 못 두는 나는 그의 실력이 어느 정도인지 알지 못한다. 그러나 여행길의 비행기 속에까지 바둑판을 들고 다니는 것으로 미루어보아 상당하지 않겠는가. 그렇다면 그가 잘할 줄 아는 놀이의 대부분을 하지 못하는 나 같은 이도 하루하루 감사하면서 사는 마당에 노상 무슨 불만의 얼굴이란 말인가. 그가 믿는 하나님의 세상에 가기까지 이 세상은 어차피 그런 것. 활짝 웃으면서 60대로 들어서기 바란다.

〔숙명여대 교수〕

먹어야 할 술이 있지 않는가?

정문길

내가 소설가 김원일을 처음 만난 것은 초창기 문학과지성사의 사무실이었다. 그러나 그와 나의 만남은 유행가 가락이 아니더라도 '우연이 아니었다.' 왜냐하면 우리는 이미 어릴 때부터 서로가 알지 못하는 사이에 수많은 지우와 환경을 공유하고 있었기 때문이다. 먼저 그는 내가 알고 있는 많은 친구들과 오랜 교우 관계를 유지하고 있었으며, 그가 유소년 시절을 보낸 시기와 대구라는 환경 — 그의 소설『마당깊은 집』의 배경을 형성하는 6·25 직후의 시기나 대구의 장관동, 염매시장, 그리고 중앙통과 역전 거리 등 — 은 바로 나 자신의 그것이기도 했기 때문이다. 거기다가 우리 둘의 서울 진출은 우리 또래의 다른 친구들보다 조금씩 늦은 데다 이러저러한 면에서 어정쩡한 데가 없지 않았다(하기야 원일은 6·25로 대구나 진영으로 밀려나기 전에는 서울 사람이었고, 우리가 만나던 시점에서도 그는 이미 중견 작가로서의 위치를 확보하고 있었다).

우리는 매주 수요일 오후에 문지 사무실에서 얼굴을 맞대고(근래 수년 간 문지 동인과 문인들의 만남은 목요일이지만 당시에는 수요일이었다), 나에게는 지겨운 바둑판이 끝나면 문지 사무실 부근의 음식점이나 술집을 전전했다. 이러한 과정에서 그와 나는 맨 나중까지 술집에 남게 되고, 그러면서 서로의 마음에 담아둔 얘기들을 나누곤 했다. 우리는 둘의 괴팍한 성격 때문인지 아니면 결벽증 때문인지 주변에 앉은 여자들에 관심을 두기보다 죽자 하고 애꿎은 술만 들이켜며 얘기에 열중했다. 우리들의 얘기는 서로가 잘 아는 친구들의 근황이나 각각의 주변사에서 출발하여 마침내는 그의 작품 구상이나 최근의 작업 상황을 듣는 데로 귀결된다.

그는 나에게 자주 그가 구상하는 작품을 얘기하고, 또 이미 발표된 작품의 수정이나 퇴고가 어떻게, 그리고 얼마나 진행되고 있는가를 얘기해주었다. 그의 일상은 물론이고 소설에서조차 여성 문제에 무덤덤한 그가 성이나 사랑의 문제를 다룬 『아우라지로 가는 길』과 『사랑아 길을 묻는다』 등을 구상하고 집필하던 시기, 나는 그의 원고를 미리 읽은 적이 있었고 거기서 그의 관심의 변화를 보기도 했다.

나는 가끔 내가 왜 이렇게 그의 창작 세계의 빈객으로 초대되는가를 자문하기도 하지만, 어쨌든 중요한 것은 적어도 그가 나를 그의 소설의 좋은 독자의 한 사람으로 치고 있다는 사실을 확인하는 것만으로도 이 같은 우리의 대화가 싫은 일은 아니었다. 사실 나는 그의 소설을 열심히 읽고, 이미 출판된 소설의 오자, 탈자, 낙자 들을 부지런히 찾아주는 역할을 하곤 한다. 그러면서 그의 그 많은 소설 가운데서 서슴없이 "네 소설 중에 내가 제일 좋아하는 것은 『바람과 강』과 『불의 제전』"이라고 잘라 말하면 그는 눈과 그 긴 인중의 끝에 있는 입술로 싫지 않은 표정을 짓곤 했다.

그는 술을 마시면 자주 그의 이루지 못한 꿈의 하나인 미술가로서의 생애를 아쉬워하곤 한다. 『그림 속 나의 인생』이나 최근 그가 구상하고 있는 피카소의 생애와 그림을 대상으로 한 작품은 그의 젊은 시절의 이루지 못한 꿈을 재현하려는 열망의 하나로 보이기도 한다. 그러기에 우리의 술자리에는 자주 19세기 말이나 20세기 초반의 미술가를 포함한 유럽의 예술가들이 화제로 떠오르고, 그들의 보헤미안으로서의 생활이 안주로 등장하기도 한다. 그러나 우리들의 화제가 여기쯤 이르면 우리는 이미 술의 양에 밀려 자리를 뜰 시간이 된다. 주량이나 시간에 관계 없이 원일은 그의 집 가까이에 있는 생맥주집까지 기어코 들러서 마지막 500시시의 맥주를 마신 후에야 집으로 들어가곤 했다. 그러면서 그는 뜬금없이 나는 오래 살지 못할 거야라는 말을 우울하게 내뱉곤 했다. 그러나 나는 언제나 그의 긴 인중을 생각하면서 너는 아직도 할 일이 남아 한참 살아 있어야 할 거야라는 말을 입 속으로 중얼거리며 강북으로 향하는 택시를 잡아타곤 한다.

이제 이처럼 부지런히 살아온 원일이 회갑을 맞았다. 그러기에 그는 지금부터 그가 하고 싶어하던 일을 다시 시작할 때가 되었다고 생각하는 나의 바람이 결코 욕이 될 수는 없을 것이다. 우리는 아직도 더 살아남아 먹어야 할 술이 있지 않는가? 원일아. 〔고려대 교수〕

유일한 '형님' 김원일

이태수

내겐 형이 없다. 위로는 누님이 둘이나 있지만, 어릴 때부터 여자들 틈에서 자랐으므로 형을 둔 사람이 무척 부러웠다. 내가 열두 살 되던 해 오랜 병원 생활을 하시던 아버지가 돌아가시고, 홀어머니 밑에서 자랐기 때문에 '아버지 콤플렉스'가 있는 건 어쩔 수 없는 일이었다. 그러나 형님이라도 한 분 있었으면 하는 마음을 좀처럼 접을 수가 없었다.

힘겹게 살아오는 동안 몸을 기대거나 등을 부빌 수 있는 '언덕'이 없었으므로 그런 생각이 절실할 수밖에 없었던 건 당연한 일이었는지도 모른다. 더구나 아버지의 타계로 집안 사정이 급격하게 어려워지고, 시골인 고향(의성)에서 살아야 했던 암담한 현실이 그런 마음을 더욱 부채질했던 것으로도 여겨진다.

그런가 하면, 어린 시절은 물론 나이가 들면서까지 가장으로서는 중심을 잡지 못한 채 흔들릴 때가 많았고, 쉽게 상심에 빠지며, 방황을 거듭하는 유약함에서 빠져나오지 못하고 있다는 자격지심에서 자유롭지 못했던 것도 숨길 수 없는 사실이다. 스물 몇 해 전까지는 어머니가 아버지 역할까지 궁여지책으로 해내는 집안 분위기였기는 했어도, 형이 있었으면 하는 절실한 바람은, 나를 들여다보면 한심스럽게도 동생이나 누이들에게 믿음직한 형이나 오빠가 되어주기에는 '약골'이라는 생각을 떨치지 못했던 탓도 없지는 않았을 것이다.

김원일 선생은 내 쪽에서는 그런 문맥 위에서 만난 유일한 '형님' 같은 분이며, 실제 여러 가지로 '형님' 노릇을 해준 분이다. 지금까지 변함없이 '형님'이라 부르는 그와의 만남을 이 세상 그 누구와의 인연보다도 소중하게 여기기는 어떤 우여곡절 속에서도 마찬가지였다.

소설가로 명성을 얻기 시작한 젊은 시절의 그는 내가 늘 간절하게 바라던 바처럼 인간적으로 '기댈 언덕'과 같이 우람하게 다가오는 존재는 아니었다는 게 솔직한 심정이다. 하지만 먼발치에서 몇 번 마주치거나 어떤 연유로든 다른 분들과 함께 만나는 자리가 늘어나면서 점점 더 끌리는 농도가 짙어지는 매력을 뿜고 있었던 것도 사실이다. 더구나 내가 가고 싶은 길을 저만큼 앞서 가고 있는 '멋있고 부러운 존재'로 느껴졌기 때문에 더더욱 그랬을 것이다.

아무튼 김원일 선생은 나를 그같이 잡아 끌며 '형님'으로 부르도록 견인력을 발휘하면서 문을 활짝 열었고, 적지 않은 세월 동안 기대고 치대는 나를 변함없이 받아주기도 했다. 30년이 넘어선 지금까지 유일한 '형님'으로 마음속에 깊숙이 자리하고 있는 것도 그 때문일 것이다.

어린 시절에는 변덕이 죽 끓듯 하고 괴팍하며 까다롭기 이를 데 없었던(누님들은 옛날을 떠올리면서 지금도 이따금 그런 눈으로 나를 본다) 나는 세파에 적지 않게 시달리면서 그 뾰족한 손톱 같은 것들이 닳거나 숨겨져 있는지도 모를 일이나, 고백하건대 내심은 여전히 그런 편임을 굳이 감추지는 않고 싶다. 그렇다면 내가 왜 김원일 선생에게 그토록 끌렸을까. '형님'이라 부르며 그와 가까워지면서는 차갑고 까다로운 듯한 성격이나 그런 체취마저 도리어 이끌리는 요인으로 작용했던 것일까.

좀더 생각해보면, 나를 오랜 세월 동안 형님으로 따르도록 한 원동력은 차갑고 까다로운 듯하면서도 이율배반적이라 할 수 있을 정도로 뜨끈뜨끈하고 끈적끈적한 인정, 문학이나 삶을 향한 끝없는 열정과 열기, 통음을 불사하는 술자리, 한결같은 사람 좋아하기와 변함없는 그 길 걷기 등에 있지 않았나 싶다. 게다가 게으른 나에게는 언제나 몸소 귀감이 되어주기도 했기 때문인지도 모르겠다. 어린 시절 잠시 살았던 고향(경남 진영)을 끊임없이 문학의 무대로 삼는다든지, 지겨울 법도 한 분단 문제를 줄기차고 집요하게 파고드는 열정과 지구력, 문학의 정도에서 한번도 벗어나지 않고 밀고 나가는 외길 걷기와 그 강력한 추진력, 어떤 악조건 속에서도 자신의 문학을 끊임없이 새롭게 갈고 닦는 성실성 등 남들이 갖기 어려운 미덕들을 많이 갖고 있어 굳이 다른 말을 하지 않고도 언제나 나를 질타하고 일깨워오기도 하지 않았던가.

여담이지만, 어쩌다 서울에 가면 다른 특별한 일이 없는 한, 때로는 다른 일이 있어도, 일단은 가장 먼저 그를 만난다. 그러다 보니 그가 가는 자리에 눈치도 없이 껴붙어 앉을 때도 적지 않다. 그뿐만이 아니다. 수십 년 동안 거의 예외 없이 술자리 다음에는 그의 집에서 숙박 신세(그것도 대부분이 안방)를 지며, 그렇지 않은 경우 뭔가 잘못됐다고 느껴질 정도였으니, 그게 어디 보통 일이라고 할 수 있겠는가. 그런 우리 사이를 보고 일찍이 김현 선생은 '제발 더러는 떨어져 다니라'는 말까지 한 적도 있다. 그만큼 그는 내게 차가운 듯 언제나 뜨거웠고, 무심한 듯 자상한 형님이었다. 여태 그 까닭이 완전히 풀리지 않은 숙제처럼 남아 있는 부분도 없지 않은 건 사실이지만, 이 질긴 인연은 어쩌면 '숙명'이라고 해야 마땅할는지 모를 일이다.

김원일 선생을 처음 만난 시기는 그가 대구에서 소설가로 이름을 얻기 시작하던 60년대 후반이었다. 당시 대학생이었던 나는 그의 절친한 친구였던 이상실 선생이 베푸는 술자리에 어쩌다 끼게 되기도 했는데, 한번은 훤칠한 키에 희고 길쭉한 얼굴과 손가락이 인상적이고, 귀공자처럼 장발이 흘러내리듯 멋을 풍기는 김원일 선생이 함께 자리를 하고 있었다. 그리고 얼마 뒤인 어느 여름이었던가, 이상실 선생이 교통 사고로 홀연 서른의 젊은 나이에 타계해 장지에 가는 장의차 안에서 연신 눈물을 훔치는 그를 다시 지켜보면서 우수에 차 있는 듯한 체취에 이상한 마력 같은 것을 느꼈던 기억이 지금도 선연하다.

그 뒤, 육군 장교로 있던 시절, 서울로 외출을 가서 출판사 사무실에서 역시 지금은 작고하고 없는 이재행 형 덕택으로 몇 번 술자리에 낀 적도 있으며, 1973년 제대해 대구의 매일신문에 입사한 이래 나보다 세 살 아래인 그의 동생 김원도가 가교가 되어 자연스럽게 가까워지는 계기가 됐던 것으로도 기억된다.

그의 둘째 동생인 김원도는 소설 문학도였으나 평소 나와 자주 만나면서 건강과 형들(바로 위의 형도 소설을 쓰므로)과의 차별화 등을 이유로 내가 권유해 시로 방향을 바꾼 '문재가 있고 인정이 많은' 청년이었다. 당시 나는 『현대문학』을 통해 갓 등단한 신인이었고, 문화부 기자로 일을 할 때여서 매일신문 인근의 다방이나 술집에서 동료들은 물론 김원도가 주도하는 문학도들의 모임인 주변문학회 동인들과도 자주 어울리곤 했다. 그때 이미 병색이 짙었던 김원도는 이창동·이기희·안효일 등 동인들 중 가장 먼저 매일신문 신춘문예에 시 「루오의 손」이 당선됐으나 그해 여름 안타깝게도 간경화가 악화돼 25세의 젊은 나이로 이 세상을 떠나고 말았다.

김원도의 죽음은 김원일 선생에게는 충격이 아닐 수 없었을 것이며, 동생을 생각하는 마음에서 대구의 후배들에게 관심과 배려, 따스한 손길을 주는 계기가 되지 않았나 싶기도 하다. 그의 죽음을 추모하는 1주기 모임 때는 이하석을 비롯한 우리 또래의 젊은 시인들과 김원도와 가까웠던 동인·지기 들이 모였고, 김원일 선생이 서울에서 내려와 우리와 함께 정신을 잃을 정도로 술을 마시기도 했다.

  그런 모임이 있은 뒤 김원일 선생은 나를 포함한 대구의 후배들을 문단에 끌어주는 자상함이 각별했다. 그는 언제나 베풀어주고 나는 따르는 사이가 됐다고나 할까. 서울이든, 대구든 만나기만 하면 술자리였고, 문학을 축으로 한 이야기 마당이었다. 그 결과 대구의 많은 후배들이 그를 따르고, 마치 '큰 형님'처럼 받들게 됐으며, 대구에 문학적인 열기가 고조되는 견인차 역할도 하지 않았나 하는 생각도 새삼 해보게 된다. 특히 나로서는 '형님' 덕분에 문학과지성사와의 인연이 맺어지고 큰 혜택을 누렸으며, 김병익·김주연·김현·김치수·오생근·황동규·정현종·오규원·김광규·김형영·홍성원·이청준·정문길·서우석 선생 등 언제나 존경하고 부러워하는 분들을 가까이 만나게 되지 않았던가.

  김원일 선생을 따라 주요 작품들의 무대가 된 곳도 수십 번이나 동행했다. 분단 문학의 주요 무대가 됐던 경남 진영에는 몇 번 갔는지 기억나지 않을 정도이며, 『겨울골짜기』의 현장인 거창, 『바람과 강』의 무대인 경북 포항의 입암(처가 고향) 일대도 몇 차례나 동행했다. 그런 곳에 함께 가서 술잔을 기울일 때마다 그가 더욱 가깝게 느껴지던 까닭은 진정 어디에 있었을까. '형님'의 문학이 더욱 우람하고 우뚝해지기를 기원하면서, 앞으로는 더욱 착실한 동생이 돼야겠다는 생각도 새삼 해보게 된다.

〔시인·매일신문 논설위원〕

늘푸른 소나무로 서서
— 원일 형 갑년에 부쳐

구석본

　60년대 우리의 몸부림과 언어는 불이 되지 못한 어둠으로, 동성로와 향촌동으로 흘렀습니다. 정처 없이 밀려다닐 그 시절, 형은 더 짙은 어둠을 몰고 왔지요. 어깨 너머에는 산그늘 같은 그림자를 짊어지고 걷는 걸음마다 어둠이 피어올랐지요. 그 발자국 따라 우리는 향촌동으로, 동성로로, 그곳에 섬처럼 떠 있던 옥이집, 옥천집에서 술잔을 기울일 때 당신의 어둠은 새로운 세상으로 넘어가는 길목이었습니다. 문학, 청춘, 시대 위에 고름으로 고인 막걸리를 막막히 마셨습니다. 형과 함께하는 열정, 혼돈, 고통이, 그것들이 부딪치며 내뿜는 어둠을 잊지 못한 한 시대, 형은 묵묵히 세상을 밝히려던 어둠이었습니다.

　대구에는 시인이 많지요. 밤마다 목로에 모여 떠도는 말로 취했지요. 알로 가득 찬 물고기처럼 그들의 입에서는 쉴새없이 말의 알이 쏟아졌지요. 알은 부화되자마자 다른 알을 잡아먹었지요. 말이 말을 잡아먹어 끝내 어둠 속 같은 침묵을 대구 중앙로에 무덤처럼 쌓았지요. 형은 말이 없었어요. 시인의 말 앞에 술만 마셨지요. 시인들이 버린 말을 안주로 먹습디다. 안주 없던 가난한 시절, 떠도는 말이 안주였습니다. 형은 조금씩 천천히 먹으며 상에 떨어지는 말을 뒤적였지요. 형은 그 말들 조각에서 사람을 보았지요. 섬 사이로 흐르는 정을 먹었지요. 형의 긴 침묵은 안으로 삭아 마침내 종이 위에 말이 되었습니다. 우리들 사이에 어둠의 혼이 되어 알로 부화했습니다.
　늙는다는 것은 욕망에서 자유로워진다는 것. 빨리 늙은이가 되어 모든 대상과 화해하고 자연을 닮아 순종하는 삶, 그 평화의 세계에서, 이제 형은 품이 넉넉한 산이 되었습니다. 늘푸른 소나무 한 그루 쓰다듬더니 마침내 슬픈 시간의 기억을 건너 늘푸른 소나무로 우리 앞에 섰습니다.

　　자신을 지워 어둠이 되었던
　　마당깊은 집 한 시절 장관동
　　약전 골목 향촌동 동성로쯤
　　여명을 쪼던 자정녘 그림자,
　　어느새 갑년
　　우리 시대 한 줄기 정신으로
　　노을 비껴선 산자락에 홀로 섰는
　　늘푸른 소나무여,
　　소나무는 산이 되려
　　산으로 갑니다.　　　　　　　　　　　　　　〔시인〕

나를 모처럼 주눅 들게 만드는 어른
―― 내가 본 김원일

김정환

　통유리 창밖은 눈보라다. 밤을 샌 오전 9시. 시야를 가득 채운 당산 서중학교 건물 뒤편이 바야흐로 지워질 듯 내 의식도 혼미(混迷)를 탐할 듯 그때, '간절하게 아름다운 지상(地上)'이라는 추상 명사를 또 다른 눈보라가 덮치는 그때 나는 김원일의 백발을 생각한다. 환갑의 나이에 백발인 게 신기할 것은 없다. 아니 환갑 훨씬 전부터 백발이었다고 한들 특이할 것은 없다. 그의 소설 역정이 파란만장과 지난함으로 아름다워서 이런 날의 폭설에 어울리고 그의 생애 자체가 백발인 것처럼 느껴지는 것이다. 소설가가 된 후 그의 생계와 직장은 누구보다 안정된 것이었지만 그럴수록 그는 굶주렸던 과거의, '월북-공산주의자 자식'의 남한 삶을 한국 현대사 전체의 아픔과 감동으로 확산-형상화했고 끝내는 미래의 백발로 심화-형상화시켜왔다. 그의 최근 소설집 『슬픈 시간의 기억』은 우리 문학사에 희귀한 '백발미(白髮美)의 만년작'에 다름 아니다. 내가 명색 소설이라고 쓰지만 '소설가' 대접을 제대로 받은 적 없으니 이 땅의 '제대로 된' 소설가들을 괜히 선망 겸 질투하느라 여념 없을 법한 내가 그에게 모처럼 주눅 드는 첫번째 이유다.
　'묵묵히'라는 부사는 내가 아는 한, 거의 오로지 그를 위해서 존재한다. 문학을 하는 행위(작품 자체가 묵묵할 수는 없으니)도 그렇고 사람을 대하는 것도 그렇다. 그와 첫 만남 때 나는 그에게 큰 실수를 했다. 그가 커다란 출판사 주간으로 한 젊은 시인의 이름을 출판물에 도용했다는 소문이 있었다. 이성복의 첫 시집 출판 기념회(1980년이니 내가 데뷔한 지 몇 달도 안 돼서다)에 '불청객'으로 불쑥 끼어들었던 나는 술이 거나했지만 정중하게 인사를 건네는 웬 신사가 바로 김원일이라는 것을 알고는 대뜸 '당신, 그러면 되겠어?' 하고 정말 '열혈에 싸가지 없이'(그때 내 나이 스물여섯, 그는, 나보다 열두 살이 많은 것 이상으로, '문학의 큰 어른'이었다) 대들었으나 그는 한마디 변명도 없이 묵묵히 술만 마셨다. 이성복의 '봄배'는 '저자는 평생 미워하지 않을 테다'고 내가 속으로 단단히 다짐할 만큼 여리고 '간절하게 아름'답고 감동적이었지만 그런 와중에도 나는 고약한 눈길과 언사를 김원일에게 툭툭 던져댔다.

   소문은 1년을 넘기지 못하고 '오보'로 판명났다. 나는 그후로도 오랫동안 그에게 사과하지 못했는데, 그건 내가 그를 자주 만나지 못했거나(나는 김주영 다음으로 그를 자주 만났다), 계속 열혈이긴 했지만 싸가지 없어서는 아니고 그가 계속 나를 '묵묵히' 대해주고 그것에 내가 나도 모르게 익숙해진 탓이 크다. 어쨌거나 사과 전이든 후든 그는 나의 잘못에 언급은커녕 내색도 없었고, 없다. 그를 왜 자주 만났는가? (자실) 회비도 주고 술도 사주고 그랬기 때문이다. 술이라. '주정 담당' 술상무를 내 또래에 나만큼 한 사람은 단언컨대 없다. 자기 작품 자랑하는 것도 꼴불견이겠지만 이런 유의 자랑거리밖에 없는 나도 참 한심하고 딱한 놈이지만, 어쨌거나, 술상무를 하려면 술의 속도전과 지구전을 비롯하여 술 외의 산전수전에도 능해야 한다. 독한 꼬장을 받아줄 뿐 아니라, 심한 경우 좌중에서 빼내어 집에까지 무사히 운송(세태가 험악해졌는지 요즘에는 '운구'라는 말을 쓰지만)하려면 맨정신을 유지할 만큼 주량이 세야 한다. 또 어쨌거나, 그런 고로, 술자리에서 취해본 적이 별로 없는 내가 술을 좋아하는 '문단 어른들'에게 잘못할 기회는 거의 원천 봉쇄되고 오히려 '억울하게 당하'는 경우가 많게 마련이다. 그러므로 내가 어른들한테 지레 주눅 들일은 없다. 김원일 말고는. 그가 아무리 술이 취한들 내게 함부로 한 적이 없고 운송을 맡긴 적이 없고 나는 그에게 초장에 크게 잘못했으니 스코어는 언제나 1:0, 나의 완봉패다.

그리고 돈이라. 한때 '단체 회비 수금에 천재'(이것도 한심한 자랑)라는 평을 받았던 나는 '돈품'과 '인품,' 그리고 '문학품'이 서로 통하는 것에 이따금씩 놀라곤 한다. 아니, '돈품'으로 어떤 문인을 평가할 때 결국에는 '인품'은 물론 '문학품'에 대한 정확한 평가가 가능하다는 사실을 경험적으로 꽤나 확신한다고 해야겠다. 이때 '돈품'은 '돈으로 만든 품'이 아니라 '돈을 내는 품'을 뜻한다. 어디 볼까. 단체를 주도적으로 꾸리는 경우는 어디나 같다. '몸'으로 혹은 '이름'으로 때우는 부류는 돈을 내지 않으니 그렇고, 이를테면 소설가 이호철은 좌우를 막론한 안면을 동원하면서 '나를 돕는 셈치고 자실 도와다오' 하는 자기 희생형, 평론가 백낙청은 운영 자금을 정기적으로 또 장기적으로 걱정하고 책임지는 조직가형, 소설가 이문구는 '단체'에 정통하지만 그만큼 '단체'가 지긋지긋하므로, 더군다나 '운동' 단체는 신물이 난다며 얼굴을 안 내밀다가도 책임을 맡으면 그 동안 안 낸 회비부터 내는 양심형, 시인 고형렬은 '깜빡 잊고 안 내면 나중에 목돈 되는' 큰 일이 벌어질까 봐 자동 이체 처리를 해놓는 회비 순결형, 그 밖에 정기 독자형과 사전 처리형, 그리고 사후 처리형은 비율이 비슷하고, 드문드문 상금 처리형도 있다. '드문드문'하다는 것은, 수상자뿐 아니라 수상 '희망'자까지 이 부류를 자처하는 까닭이다.

흥미로운 현상은 '외곽에서 지원하는' 경우에 나타난다. 왜냐. 단체에 대한 태도가 병행되기 때문이다. 이를테면 소설가 김주영은 직원에게 '야, 통장 갖고 와.' 그러면서 통장에 있는 돈을 몽땅 희사할 태세지만 정작 '운동'에는 관심이 없다. 야 그런 건 하는 놈들이 알아서 해. 소설가 이인성은 주(週) 정기적인 '문지' 술자리에서 틈틈이 챙겨 월 회비를 집단적으로 건네주지만, 선을 긋는 스타일. 난, 단체에 가담한 적이 없어. 소설가 서기원은 서울신문 사장일 때도 일부러 불러 '회비와 술'을, 그리고 용돈까지 안기면서 '운동의 과격함'에 놀라는 법이 없었다. 소설가 강호무는 없는 돈을 애써 챙겨주면서 '같이 못 해서 미안해.' 소리를 정말 진심으로 하는 형, 박완서는 너무 많은 적도 너무 적은 적도 결코 없는 (좋은 의미의) 깍쟁이형, 이문열은 꼬박꼬박 회비는 내면서 꼬박꼬박 '젊은 놈들이 날 욕할 것'이라며 생맥주를 너무 급하게 마셔대고 급기야 취하던, 그랬던 형이다. 나는 이런 '돈품'들이 각각의 문학에 반영된다고 생각한다. 골치 아픈 형은 줄 듯 안 줄 듯 서너 시간을 질질 끌며 온갖 훈계 다 하는 데다 1, 2만 원 주고는 마치 1, 2천만 원 준 듯 사해 광고를 해대는 인간. 이름을 밝힐 수 없는 그 '인간'은 현재 문학을 하지 않는다.

김원일은 어떤 형인가. 그는, 내가 알기로 '자실' 이전부터, 그후 10년 가까이, '월급 이외의 수입'을 운동 단체에 골고루 나눠주었던 '근면형'이다. 그렇게 그의 문학은, 문학의 시간을 많이 축내는 직장 생활로 보자면 더군다나, 근면하지 않은가? 거기서 끝나지 않는다. 문학에서 '근면'이라는 말은 '천재' 혹은 '에스프리'라는 말과 정반대의 의미로 씌어진 감이 없지 않지만, 그는 소설 문학에서야말로 근면과 천재가 동전의 양면이라는 점을 보여준 희귀한 사례다. 그러므로 그의 『슬픈 시간의 기억』은, 만년작 '이므로'('임에도 불구하고'가 아니다!) 더욱, 늙지 않았다. 환갑 이후 그의 문학은 한 단계 더 높은 진경을 열 것이다. 그것은 한국 문학사 최초의 진경이 될 것이다.

p. s. 어느 새 눈이 씻은 듯 그쳤지만 그의 백발이 여전히 흩날린다. 내 아버지는 그랬다. 무엇보다, 어른이라고 무턱대고 주눅 들지 말고 살아라. 아버지는 나를 정말 친구로 대해주었다. 김원일은 아버지의 그런 모습과 단 한 번 만났다. '없는' 아버지에 대한 회한과, '친구인 아버지'에 대한 부러움이 겹쳤을까. 둘은 마음이 금방 통했다. 재작년 아버지가 돌아갔을 때 김원일은, 장례를 치르고도 날벼락을 맞은 사람처럼 경황이 없던 어머니가 의아해할 정도로 많은 액수를 부의금

으로 냈다. 지나다가 얘기를 듣고 들었다 했는데, 아마도 그는 그때 수중에 있던 돈을 모두, 딴 데 쓸 돈까지 모두 냈던 것 아닐까? 그의 외모가 세인트 버나드 종을 닮았다고 한다. 나는 그 말이 우습지 않다. 세인트 버나드 종은, 인간이 얼마나 얄팍한가를 반성하게 만드는 형용이다. 오죽하면 세인트(聖)이겠는가. 장애인 아들을 생각할 때 그의 표정은 '피에타'다. 〔시인〕

그를 생각하면 내 귀가 근질거린다

박덕규

올해 들어 그를 통 보지 못했다. 아마도 최근 10여 년 간, 그를 두 달 가까이나 만나지 못한 적은 없었던 것 같다. 더욱이나 3, 4년 전부터 그와 내가 2차로 가는 단골 술집이 같아진 이후로는, 약속을 하지 않고도 맞부딪치는 일이 잦아 열흘에 한두 차례는 상면을 해온 터인데, 좀 의외다. 그 술집이 뭔가 못마땅해져서 "술집을 옮기든지 해야지……" 입버릇처럼 그러시더니 지난 해 말 진짜로 새 술집을 택해서 옮기고는, 나의 변치 않은 단골집으로는 통 안 나타나고, 또 연락도 없다. 나 쪽에서 전화를 할 일도 없지 않아 있는데도, 나도 그의 새로운 주점을 알면서도 약속 없이는 주점에 안 가는 내 버릇대로 그쪽으로는 굳이 걸음을 안 하고 있고, 어쩌다 저절로 만나지겠지 하다가 그냥 이러고 있다.

그를 만나지 않고 있는 시간 동안 편한 점이 없지 않다. 그를 만나서 불편한 점이 있었다는 얘기다. 그는 무뚝뚝하고, 투박하고, 어쩌다 입을 떼더라도 꼭 찍어서 입바른 소리만 골라 하는 듯한 사람인데, 그럼에도 편한 술자리에서는 의외로 다양한 화제를 자랑하는 다변가다. 남에게 들은 음담패설도 곧잘 유포시키기도 한다. 그 다변에 나는 '경청'으로 오래고 일관되게 응해온 사람 중 하나다. 나이로 보나 경력으로 보나 성격으로 보나, 나는 그의 말을 잘 듣고 있어야 할 사람이다. 그런데, 그는 주변의 소란의 농도에 상관없이 자신의 톤으로만 말을 하기 때문에 그 말을 잘 들으려고 내 큰 키를 숙여 그쪽으로 가까이 몸을 붙이는 때가 많고, 그러고도 주변이 시끄럽거나 그의 사투리 억양과 취기 탓이거나 해서 알아듣지 못하게 되는 말이 많다.

그 말의 내용 중에는 그냥 흘려듣기 아까운 교훈적인 것으로부터 시작해서, 자신의 집필과 출간에 대한 상황이며, 어떤 사람에 대한 사소한 비판 또는 그 반대의 사소한 찬사, 어떤 작품에 대한 독특하고도 작가다운 해석, 여러 사람에게 뜻을 전달해서 새로운 일을 도모해야 하는 일 등이 포함되어 있게 마련이다. 술꾼들이 모두 그렇듯이, 중요한 말은 오히려 주기가 올랐을 때 하는 습성이 나타나곤 하는데, 그의 말도 술자리가 무르익을수록 심도가 깊어져, 그 스스로 평소에는 미처 생각해두지 않은 아득한 추억 속에서 건져올리는 말들까지 생겨나곤 한다. 그런 말을 건성으로 듣지도 못하고 또 남이 말하는 도중에 자르고 내가 하고 싶은 대로 말머리를 돌리지도 못하는 나로서는, 취기가 오르다가도 정신을 차리고 또 그의 말에 '경청'하는 자세가 되고 만다.

3차 주점으로는 노래방이 택해지곤 하는데, 그의 다변은 그곳에 가서도 누그러지지 않을 때가 많다. 일본에서 유행한 '가라오케' 문화를 가장 전폭적으로 가장 독창적으로 변주, 확산시킨 대한민국 노래방의 음악 소리, 노랫소리는 얼마나 가공할 정도로 큰가. 그 속에서도 그는, 노래하고 춤추고 앉은 틈틈이, 스스로 우스꽝스럽게 상소리를 해서 좌중의 흥을 돋우다가 틈틈이, 또 무슨 말씀인가를 하시고, 나도 노래하고 앉은 틈틈이, 그의 노래를 따라 부르고 그의 로봇춤(이 춤을 보지 않고는 그에 대해서 말하지 말라고 말하고 싶다고, 이 춤을 본 사람들이 말하곤 한다)에 박장대소를 하고 난 틈틈이, 그의 말에 귀기울이고 그 많은 말에 수긍하고 그 못지 않은 양의 말을 잘 알아듣지 못한 채로 고개만 끄덕인다.

물론 이런 일들에 내가 처음부터 불편해한 것은 아니다. 나는, 남의 얘기를 잘 듣고 짜맞추어 나 자신의 깨달음인 양 적당히 꾸며대는 능력만 좀 괜찮고 책을 읽고 아는 데는 둔하고 무식한 편이어서, 삶의 이력이 두둑한 분들이 결코 자랑삼아 하는 얘기가 아닌 눅진한 육성으로 들려주는 인생 편력에는 어김없이 귀를 쫑긋 세우는 사람이다. 따라서 그의 작가로서의, 인간으로서의 풍성하고도 다양한 경험담 얘기는 상당 부분 잘 들려오지 않은 중에도 오랫동안 내 귀로 흘러들어와 내 피와 살의 일부가 되곤 했다(나는, 나의 강의실에서 그에 대한 얘기만 너무 자주 언급될까 봐 조심하는 사람이다). 그의 적지 않은 작품들의 뒷얘기를, 남들이 부러 시간을 내서 작가 인터뷰다 대담이다 뭐다 하면서 들으러 오는 것을, 맥주와 양주와 '나막스' 안주를 잘도 얻어먹으며 자연스럽게 듣고 있었던 것만으로도 나는 아쉬울 것 하나도 없다.

문제는 뭔가 하면, 안타깝게도 그보다도 더 속도감 있는 세대인 나의 기억력 감퇴가 그보다도 더 급속도로 빨라서, 그 다음에 만나도 그는 스스로 얘기한 것을 거의 다 기억하는 데 비해 내가 기억을 못해내는 경우가 잦아지고 있는 것이다. 말이 나온 김에, 노래방 얘기 쪽을 더 해나가면, 나는 그의 소위 '십팔번'(어쩌다 계발되곤 하는 그의 신곡까지도)을 다 알게 되어서 그가 노래 색인책을 뒤적거리기 전에 내가 알아서 척척 곡목을 찾아내 번호를 누를 정도이고, 어떤 '십팔번'은 그가 "야가 내한테 노래 배워가 내보다 더 잘한다"고 품평할 정도로 내가 그럭저럭 잘 부르게 되었는데, 그런데 이제 그의 그 '십팔번'마저도 함께 노래방에 들어가서도 잘 찾아내지 못하고, 그러다 '에이, 누군가 알아서 찾아 누르겠지' 하고 뻗대고 앉아 있는 게 곧 내 요즘의 방만한 형세였다. 게다가 나는, 폭음에 줄담배인 그의 음주벽에, 내일을 생각하지 않고 맞서곤 했던 내 버릇을 제법 수정하기까지 해버리고도, 그보다 훨씬 잦은 작취미성에 괴로움을 겪는 처지다.

이처럼 방만해진 김에 계속 바빴던 것으로 하고, 물어보고 확인해야 할 일들이 조금씩 생겨나 있음에도 전화를 하지 않고 뻗대고 있어 보나 어쩌나 그러는 사이에 불쑥불쑥, 떠오르는 것도 많다. 1976년 봄 고등학교 2학년 때 내가 소속된 문예반의 시화전이 열리던 대구 YMCA 2층 복도 전시실에서, 당시 문예반 지도 교사 도광의 시인의 친구 소설가로서 잠깐 들르게 된 그와 악수하던 순간이 생각나고(마른 체구에 키가 삐죽 커 보인 그는 그때 30대 중반으로, 장편 『노을』을 『현대문학』에 연재하고 있었다) 출향 후배 문화인들의 친목 도모와 취업을 돕기 위해 그와 함께 '보리회'를 결성하는 주역이 되었던 한 후배 작가가 역사(轢死)했을 때 "이래 죽을라 카마 담배 안 피우고 건강 챙긴다 카는 것도 다 필요 없지, 뭐" 하며 망연자실하던 그의 표정도 떠오르고, 장편 대작 『불의 제전』을 완간했을 때 마련된 조촐한 주연 중에 주점 주방에서 발생한 화재에 긴급 대피하던 때도 생각나고, 그의 주변에 출몰하던 많은 후배 문필가들이며, 출판사 취업 대기생이며, 출간을 원하는 문필가들이 생각나고 그런다. 무엇보다, 그를 생각하면 나는 귀부터 근질근질해진다. 조만간 그를 만나게 될 것 같은 것이, "야, 언 놈 안 바빠본 놈 있나, 너무 바쁜 척하지 마라" 하고 눙치는 그의 말이 미리부터 내 귓바퀴에 생생하게 울리고 있기 때문이다.

이튿날, 내가 먼저 그에게 전화를 건다. 그의 꾸준한 화제작 『마당 깊은 집』의 현장 답사를 위한 '마당발' 팀과 길을 떠나기 앞서 자료를 구하기 위해서다. 그 이튿날은 그에게서 전화가 온다. 일간지 기자 시절 자신의 어머니와 함께 『마당깊은 집』에 빠져 독단적으로 취재 여행을 연장시키면서 대문짝만한 답사기를 썼다가 시말서를 쓴 적이 있다는 고향 후배가 6년 미국 유학을 마치고 귀국해서 찾아와 가진 술자리에서 내 얘기가 나와서 2차에 동참해보라고 한 전화다. 그의 새 단골집에서 모처럼 그의 변설에 귀를 적신다. 값싼 원고료 얘기며, 동료 문인들 근황 얘기를 이어가는 그에게, 이번에는 성질 급한 기자 출신 후배가 "알아듣지 못하는 지방 방송"이라고 불만이다. 치유되지 않을 우울증을 술을 벗삼아 근근히 견딘다는 그의 말을 이해하지 못하는 그 후배와 함께 귀가하면서 나는, 결코 달변이 아니면서 술자리에서 말하기를 즐기는 그의 버릇도 모두 천성적인 외로움과 낯가림과 우울을 견디는 방법이라고 설명해준다. 그러고 나니 그를 만나고 온 내 귀도 편안해졌다.　　　　　　　　　〔협성대 교수〕

■ 작가의 글들

시

잠언 1

일어서서
하늘을 보다
뿌리 다하니
땅에 눕는다

잠언 2

불은 타올라 높게 솟아 혁명이 되고
물은 바다로 낮게 흘러 소금이 된다

잠언 3

내 귀밑머리 셀 때
눈감으신 어머니
귀밑머리에 눈물 머무니
지난 말씀 마음 다시 적신다
'정직한 사람이 되어라'

잠언 4

눈 가자 귀도 가고
벙어리 삼중고에
수족마저 못 쓰면
동무삼아 치매와 놀다
마지막 식물 인간 되어도
혀는 맛을 안다나
징그러워라
생명의 마지막 욕망

잠언 5

슬픔을 겪었다
거짓 희망도,
죽음의 절정
참을 수 없는 고통마저
자리 뜰 때,
뒤안 한 장면만
살짝 보여다오

잠언 6

눈썹에 서리 내리면
귀먹고 말도 줄어
노자쯤 잠자리에 둔다니

지천명
설마 나까지야
교통 사고 뇌졸중 암 같은
소환장
내 바삐 떠날 수 있으니
구천은 어둠길
선소리 한 마당
허위 넘는 저승길
출상 때 들려다오

아버지

해방과 전쟁 사이
말갈기같이
어둠의 산야를 달리다
젊은 나이에
이슬로 마른
아 · 버 · 지
한 번도 불러본 적 없는
두려운 그리움
이슬.

어머니

어금니. 어리석다. 어질다.
머루. 머리. 머슴.

니건 날. 니근 물. 니부자리.
뒤집어도 우리말
어. 머. 니.

소나무

할머니 따라 성묘길 나선 날 산길 걷다 홀로 선 잘생긴 왕소나무를 만났지. 할머니 걸음 멈춰 비손하며 절하데. 소나무님 소나무님 전쟁통에 부모 잃고 할미 품에 사는 종손 새끼 부디 장성해 소나무님처럼 만고풍상 이기게 해주소서. 할머니 육순 보릿고개에 세상 등지고 나 애솔로 자라 옹이 많은 조선 소나무로 벼랑에 섰네.

〔『동서문학』, 1990. 1〕

잠언 7

나 태어나지 않았다면
침묵하실 분
말씀에 이르자면
태어나지 않아야 했다

잠언 8

나는, 너다 우리다
공동체의 겸손에 이른 자
聖人

잠언 9

누가 처음 지었을까
마음에 드는 말
'마음'
변덕 많은 賢者가?

잠언 10

예수의 인간화,
소설가가 이룰
마지막 주인공,
영혼의 매혹자,
진정한 사기사?

잠언 11

태풍이 지나가자
쓰러진 큰 나무
일어나지 못하고
들풀은 허리 세워……

잠언 12

고요하고 맑은 날

새들 노래하는
숲은 아름다워,
바람 세찬 흐린 날
숲은 천지를 흔들며
제 몸 찢고 운다

잠언 13

환경 오염.
욕망에 항의하는
자연의 자기 희생
또는 焚身.

잠언 14

산은 오르면 되고
땅은 파보면 알고
물은 건너면 되리.
하늘은 파면
神의 처소?

잠언 15

흙과 물이 없어
생명이 없는 하늘

별은 왜 있고
바람과 비는 어디서 올까
하늘에 神을 세워도
침묵하는 너그러움,
네가 바보다

잠언 16

마당에 모깃불 피워놓고
아우와 나는 별을 보았지
내 도시로 떠돌 동안
아우는 별이 되고
나는 별을 본 적 없으니
나이 들자 보이는
별 하나
눈짓하는 눈망울

잠언 17

보지 말라 남의 음행도
자지 말라 자리 가려서,
욕망과 금욕 사이
견뎌온 삼십 년,
서리 철에 달린
마른 고추
바랜 색.

잠언 18

선고받자 찾는 책
위안과 희망은
한 줄도 없네
저만큼 넘보는
말씀 한마디
이제야 구원을 바라다니 〔『현대문학』, 1993. 8〕

어머니에 관한 두 편의 글

1. 불행한 여인의 생애

어머니는 여장부로 기골이 장대했다. 말을 아끼고 잘 웃지도 않아 늘 근엄해 보였다. 남 앞에 살가운 말 할 줄 모르는, 여자로서의 애교는 물론 자식에게조차 엄한 지아비로 자처했다. 장년이 된 뒤까지 당신 앞에만 서면 나는 늘 두려워 눈을 마주 보지 못했다.
 어머니는 경남 울산 땅 몰락한 유생 집안 막내딸로 태어났다. 구차한 집안의 끝둥이라 소녀기에 부모님이 이미 연로하여 귀염도 받지 못한 채, 스무 살에 먼 김해 땅으로 시집갔다. 맞선조차 못 보고 시집가니 키가 당신보다 작은 신랑은 홀시어머니 아래 응석둥이로 자란 외동아들이었다.
 당시 마산상업학교를 나와 수재 소리를 듣던 문학 청년 기질의 낭만적인 아버지와, 배운 바 없이 『내훈』이나 익힌 엄정한 어머니가 성격이 맞을 리 없었다. 상업 학교를 졸업한 아버지는 읍내 금융 조합에 취직했으나 곧 그만두고 학업을 계속하느라 일본으로, 동무들과 어울려 바깥으로만 싸도니 어머니 시집살이는 초년부터 불행했다.

아버지는 해방 직후부터 좌익 운동에 헌신했다. 아버지가 쫓기는 몸이 되자, 어머니가 대신 지서로 잡혀가 아버지 행방을 대라며 타작매를 맞고 들것에 실려 나오기 일쑤였다. 뼛골 쑤시는 그 후유증은 궂은 날이면 더 심해, 별세하실 때까지 이어졌다. 1948년 봄에 서울로 솔가하게 된 것도 아버지가 더 넓은 공작터로 차출되었기 때문이었다. 이듬해 전쟁이 나자 그나마 우리 가족은 아버지와 생이별한 이산 가족이 되었다.

"시집 와서 육이오 전쟁 나기까지 열다섯 해 동안 니 애비하고 한솥밥 먹은 게 삼사 년도 안 될 끼다. 개차반 같은 놈. 그놈으 사상이 먼지, 거게 미칠라 카모 장가는 와 가노. 이 어미를 보더라도 너들은 제발 네 애비처럼 그런 데 나서거나 정치하지 마." 어머니는 월북한 아버지를 두고 평생 이렇게 못마땅해하다, 우리 형제가 겨우 먹고 살 걱정에서 놓여나자, 가난의 설움을 풀 짬도 없이 막내아들을 앞서 보내고 66세로 세상을 등졌다.

35세에 청상이 된 적수공권의 어머니가 타관 땅 대구에 정착하여 기생옷 삯바느질로 우리 4형제를 키운 전쟁 뒤의 애옥살이 세월은 당신 말로 이야기 책을 써도 한 권은 된다고 말씀하셨다. 나는 그 답으로 어머니가 별세한 뒤에야 겨우 우리 가족의 가난했던 시절의 이야기를 담은 『마당깊은 집』을 썼다.

어머니는 허구한 날 자정 가까이 손틀 돌려 당신의 못 배운 한을 푸느라 우리 남매를 교육시켰다. 자식들로 하여금 '아비 없는 자식' 소리를 듣지 않게 하느라 근면·절약·정직을 몸소 실천하셨고, 유난한 결백증과 청결벽으로 그 꿋꿋함이 남 앞에 흐트러짐이 없었다. 어머니의 청결벽은 「깨끗한 몸」이란 중편 소설로 써보기도 했다. 또한 아버지 혐담에 곁들여 자식을 한두 시간씩 이어지는 긴 사설과 매질로 다스렸다.

'자식 교육은 매가 아닌 사랑'이란 말도 이해하지만, "채찍과 꾸지람이 지혜를 주거늘 임의로 하게 내버려두면 그 자식은 어미를 욕되게 하느니라"는 성경「잠언」29장 말씀이 새롭다.   〔1989〕

2. 남에게 손가락질 받지 않아야

"니는 애비 없는 집안에 장남이고, 우리 집안이 얼매나 찢어지게 가난한 줄 니도 알제? 우짜든동 열심히 공부해서 훌륭한 사람이 되는 길밖에 없데이." 소년 시절, 귀에 딱지가 앉을 정도로 어머니는 이 말씀을 되풀이하셨다.

6·25 전쟁으로 집안이 풍비박산이 되었다. 전쟁 당시 서울에 살던 우리 식구는 아버지와 헤어졌고, 물 설고 낯선 대구에 정착했다.

아버지는 독자였고 내가 장남이라, 어머니는 유독 나에게만 온갖 관심을 쏟았다. 당시로서 나는 그 화풀이를 '사랑'이라고 이해하지 못했다. 왜냐하면 어머니 관심이란 다름 아닌, 나를 철저히 매질로써 길렀기 때문이었다. 여장부인 어머니보다 내 키가 더 자라 어머니 매질을 완력으로써 물리칠 수 있었던 고2 때까지, 나는 일주일이 멀다하고 매를 맞고 자랐다. 숯포대로 쓰던 싸리 회초리가 몇 개째 분질러질 정도로 어머니 매질은 다반사였다. 당시 숯을 낱개는 봉지로 많게는 포대로 팔았는데, 바느질 다림질에는 숯이 필수품이라 우리집은 늘 숯을 포대로 사다 썼다. 숯포대는 싸리나무를 칡줄기로 엮은 원통꼴로 이 싸리나무는 매질감에 맞춤했다. 싸리 줄기로 하도 매질을 당하다 보니 온몸에 지렁이 기어간 듯 핏자국이 섰고, 여름이면 반소매 옷이라 그 자국이 보여 바깥에 다니는 게 창피할 정도였다.

젓가락처럼 여위어 한 달에 한 번꼴로 가던 목욕탕에서도 재는 얼마나 굶어 저렇게 말랐나 할 정도라 사람들 이목을 모았고, 내성적이고 온순했던 내가 사흘들이 매질을 왜 당했을까. 내가 그렇게 모진 매를 맞을 만큼 무슨 잘못을 저질렀을까. 어머니가 별세하신 지 열세 해째, 이제와 돌이켜보면 매질당한 분명한 이유가 생각나지 않는다. 이를테면 어머니가 바느질을 하는 깊은 밤에 책을 펴놓고 졸았다든가, 방 청소를 깨끗이 하지 않았다든가, 아우 둘 데리고 목욕 가서 때를 깨끗이 빼지 않았다든가, 학업 성적이 나쁘다든가, 그런 이유였을 것이다. 나는 중학교에 입학하고부터 고2까지 신문 배달을 했으므로 날마다 2, 30리는 좋게 집집마다 신문을 뿌리고 다녔고 매달 받는 월급을 통째 어머니께 바쳤으니, 앞에 열거한 그런 자잘한 잘못쯤은 상쇄될 수 있었다. 중학교 땐 지방지 석간을 배달했으나 고등학교 땐, 학교 수업이 늦게 끝나 중앙지 조간을 배달했다. "일아, 일나거라. 나갈 때 됐다"며 어머니가 깨우면, 꾸벅꾸벅 졸며 새벽 어둠을 밟고 신문 보급소로 갔다. 온몸이 동태가 되어 돌아오는 겨울철 신문 배달과 미처 우산을 준비하지 못해 비에 쫄딱 젖어 귀가할 때도 어머니는, 남자는 그런 고생쯤 해야 된다 하셨지, 고생이 많다는 위로의 말씀은 한 적이 없었다.

고등학교 졸업할 때까지 단칸방 남의 집 살이를 못 면했던 터라 자정 가까이 어머니가 바느질 끝낼 때까지, 어렸던 막내아우만 빼고 우리 형제는 잠자리에 들지 못했다. 졸기라도 하면 바느질 자가 사정없이 머리꼭지에 떨어져 혹이 삭을 날 없었다. 바느질일 끝내고 이부자리 펼 때가 그렇게 반가울 수 없는데, "일이, 니 좀 보자. 나가서 숯포대 매 가꼬 온나" 하는 어머니 명령이 떨어지면 나는 파랗게 질려 버렸다. 옷을 벗게 해 팬티만 입혀놓고 어머니가 이런저런 이유를 대어 매질을 시작하면 내가 입에 거품 물고 넉장거리로 쓰러져야 매를 거두었다. 고문 치고 견디기 힘든 고문이었다. "나가 뒈지라"며 한겨울에도 알몸으로 쫓아내면 어머니가 잠자리에 들 때까지 방문 밖 쪽마루에 쪼그려 앉아 병아리처럼 떨며 소리 죽여 울었다. "어무이 주무신다. 인자 들어와서 자거라." 누나가 나를 불러들이면, 꼴에 장자라고 가장 추운 방문 쪽 냉돌에 새우처럼 웅크리고 잠을 잤다. 그래서 나는 결혼할 무렵까지 '주워왔거나 데려온 자식이 아닐까?' 하는 혐의에서 자유롭지 못했다.

어머니는 아버지에 대한 증오심, 가난, 외로움, 또는 노후 걱정을 두고 장자인 나에게만 그렇게 화풀이를 했는지도 모른다. 온갖 험구를 쏟아부으며 "니도 니 애비 닮을라 카나! 그래 될라 카모 마 진작 죽거라!" "당장 나가! 빨가벗고 나가 집에 들어오지 마. 자슥 하나 전쟁 때 죽은 셈 치모 된다!"며 사정없이 매질하다 스스로 지쳐 매를 내던졌다. 단칸 셋방이었기에 나 역시 매질당할 때 옆방에 들리지 않게 이빨을 앙다물어야 했다. 아프다고 소리치면 매질이 더 가혹했던 것이다. 매질을 하며 하는 말씀이, '장남' '가난' '훌륭한 사람'이었다.

나는 지금, 훌륭한 사람이 되지 못했다. 어떤 인품, 어떤 위치가 훌륭한 사람인지, 막연한 생각이 들기도 한다. 뭇 사람들로부터 존경의 대상이 되는 인물이 되기란 쉽지 않다. 나는 좋은 학교를 다니지 못했고 학업 성적도 시원찮았다. 출세하여 명예나 부를 쌓지도 못했다. 그러나 나는 언제나 어머니의 그 말씀을 생각한다. '아비 없는 맏이로 남에게 손가락질 받지 않는 사람이 되라.' 어머니 소망을 소박하게 이해하자면 그 정도일 것이다. 훌륭한 사람은 못 될지언정 그 정도 삶을 실천하려고 기를 쓰며 여기 이 나이쯤에 당도한 듯하다.

〔1993〕

이산 가족에 관한 다섯 편의 글

1. 이산 가족의 고통

'이산 가족을 찾습니다'란 텔레비전 생방송을 보며 전 국민이 한마음이 되어 울기도 많이 울었고, 나 역시 복받치는 감정을 억제 못 해 내내 눈물을 닦았다. 7월 10일 일요일에는 KBS 광장에 나가 그 많은 사람의 물결과, 벽이란 벽은 물론 심지어 광장 콘크리트 바닥에까지 헤어진 가족을 찾는 수만 장의 가지각색 사연을 보며, 분단 현실의 아픔을 다시 한번 확인했다. 한이 많은 민족이긴 하지만 이토록 사무친 한이 슬픔으로 여물어 그 응어리가 일시에 터져나와 절규를 이룬다는 것은 한마디로 민족적 비극의 진수를 보는 듯했다.

사실 텔레비전 프로가 장장 100시간에 이르도록(물론 앞으로 더 계속되겠지만) 생방송으로 진행된 경우가 세계 텔레비전 사상 그리 흔치 않을 것이며, 동원된 시청자 수는 물론 그들을 일시에 그토록 눈시울을 뜨겁게 만들어놓은 경우 또한 그 유례를 찾기 힘들 것이다. 유목민의 피를 받아 주거 개념이 농경 민족인 우리와 다르고, 개인주의와 핵가족 제도가 일찍 정착한 서양인들 눈에는, 부모 형제간의 상봉이 그토록 눈물과 울부짖음을 자아내게 할까 하는 의아심도 들겠지만, 그들의 눈에도 그 생방송은 이념의 쟁투가 낳은 비극적 측면에서 큰 반향을 일으킨 것만은 분명하다.

텔레비전이란 '바보 상자'라는 말도 있듯 교양적 측면보다 오락적 측면이 더 강조되게 마련이다. 화면을 들여다보고 있으면 사고의 활동은 정지되고 말초적인 자극만 끊임없이 신경을 자극해 판단력을 마모시키고, 삶의 진지성을 우습게 만든다. 시각 매체의 속성이 그러하니 텔레비전에 등장하는 인물들은 선남선녀나 사회적 지명도가 높은 사람들이 자주 화면에 나타나게 마련이다. '인격과 교양과 품위를 갖추고, 잘생기고, 예쁘고, 감칠맛 있는' 사람들이 '잘 차려입고 나와 유식하고 재치 있는 말이나 노래를 부르는' 화면에 길들여져 있으니 나까지도 우리의 조상이 몽고리안이라는 사실을 까맣게 잊을 때가 있다. 생활 수준의 향상과 더불어 광대뼈가 불거지고, 이마가 좁고, 인중이 튀어나온 구리색 피부의 작은 몽고리안형의 외모도 많이 수정되어, 늠름한 신체 조건으로 얼굴 또한 서양인 수준을 따라가고 있다고 막연하게 짐작하고 있었다.

이번 이산 가족 찾기의 생방송은 그런 나의 안일한 타성을 여지없이 깨뜨려버린 데 나 스스로 놀랐다. 찾는 사람 이름과 헤어진 경위를 적은 문자판을 든 이산 가족의 슬픈 표정에서 나는 진정한 우리 이웃을 보았다. 고랑진 주름, 세파에 찌든 찌그러진 얼굴, 거친 손마디, 사구려 옷에서 풍기는 서민들의 모습이 생방송 화면 속에 재현되었다. 귀고리를 단 아낙네도 없었고, 양복 잘 차려입어 풍골 좋은 신사도 눈에 띄지 않았다. 동대문시장 장바닥에서, 저 농촌의 뙤약볕 밭고랑에서 호미를 든 채, 갯벌에서 굴을 따다, 서둘러 방송국으로 달려온 듯한 서민, 다수의 진정한 한국인 모습이 화면 가득 차지하고 있었다. 여기서 우리는 다시 한번 '이산 가족은 왜 하층민이 많은가?'를 자문해보지 않을 수 없다.

여유 있고 살 만한 중산층 이상은 어떤 경로를 밟아서든 헤어진 가족을 남한에서 이미 찾았다는 생각이 먼저 떠오른다. 헤어진 시기 중에 대종을 이루는 '1·4 후퇴 때'를 따질 때, 비단 이북에서 가난하게 살던 층만 넘어오지는 않았다. 오히려 보수주의적인 유생 출신, 온건한 지식 계층, 종교인, 지주나 상공업에 종사했던 중산층 이상의 가족이 결사적으로 피난 행렬에 끼었다. 물론 재산은 남겨두고 몸만 내려온 그들이지만, 그래도 전시의 와중을 넘기는 가운데 배운 바 본 바 있는 층이 노동력에만 의존했던 무지한 층보다는 한 발 앞서 가계를 정착시킬 수 있었을 것이다. 한편 북한에서의 생활이야 어쨌든, 남한에 내려와 쉽게 생활의 터전을 확보한 층은 지명도 여하를 떠나서라도 좁은 남한을 다 뒤져 피난길에 헤어진 가족을 찾을 수 있었을 것이다. 그러나 30여 년을 사회의 밑바닥을 전전하며 호구를 이어온 서민층은 헤어진 가족을 찾을 여유를 갖지 못했음이 자명하다. 내 몸 하나도 건사 못 해 세파에 밀려 다니다 보니 헤어진 형제와 부모를 찾는다는 것은 운명이나 팔자에 맡기고 한해 두해를 체념 속에 넘기다 오늘에 이르렀을 것이다. 그러다 이번의 이산 가족 찾기의 생방송이 그들에게 절호의 기회가 되어 방송국을 향해 피맺힌 한을 안고 몰려들었다.

7월 중순 현재 이산 가족 접수 창구에 헤어진 가족을 찾아달라고 신청서를 낸 이산 가족의 숫자는 10만을 넘어섰고, 지금까지의 생방송을 통하여 재회의 기쁨을 누린 숫자는 텔레비전에 나온 사람의 1할에 이르고 있었다. 나머지 9할은 아직도 가족을 찾지 못하고 있다. 어쩌면 영원히 찾지 못할 경우도 있을 것이다. 이미 30여 년이란 세월이 흘러버린 때문이다. 가족을 찾은 사람의 만남이야말로 우리가 화면을 통해 본 것처럼 극적인 한순간이고 감격과 기쁨 또한 말로써 설명할 수 없다 하겠다. 그러나 대부분이 형제 자매간의 상봉이고, 부모와 자식간의 상봉은 드물고, 숫제 부부의 만남은 거의 없는 형편이다.

여러 형제 중 부모와 함께 성장한 경우와 고아로 떨어져 고아원을 전전하며 성장한 경우의 형제간 상봉이란 그 동안 우리가 겪었던 환경과 생활의 격차로 앞으로의 원만한 형제간 우의가 문제점으로 부각된다. "왜 나를 버렸느냐?" "여태까지 왜 찾지 않았느냐?"는 원성도 간간이 섞여 있는 것을 볼 때, 일순간의 기쁨 뒤에 따르는 허탈감과 만남 뒤의 생활 격차의 후유증 또한 심각하리라 짐작할 수 있다. 인간은 감정의 동물인 만큼 극적인 만남 하나로 응어리진 과거의 모든 고통을 쉽게 망각할 수 없을 것이다. 어디에 맡겨놓았건, 피난길에 잃어버렸건, 한쪽은 가해자의 끊임없는 참회와 한쪽은 피해자로서의 원망이 가슴을 저밀 것이고, 서로가 넉넉지 못한 살림일 때는 그 아픔이 새롭게 인식될 것이다.

부유하게 살든 가난하게 살든 인간 70평생이 부와 영예의 자족함에 있지 않고, 인간다운 삶에 참뜻이 있고, 마음의 평안과 행복을 스스로 발견해내는 데 있다면, 이산 가족 찾기는 그 문제를 풀어주는 가장 첨경의 해답이다. 가족 중에 한 혈육을 잃고 그 행방을 모른 채 오매불망 애태우는 삶이란 다른 온갖 부와 명예가 다 소용이 없음을 인간이면 누구나 느끼게 되는 상정이다. 텔레비전 화면에 나와 문자판을 들고 목메어 흐느끼는 그 많은 찌그러진 얼굴들이 바로 인간으로서의 기본적인 권리를 해결해달라는 염원임을 이산과 관계 없는 국민도 가슴 깊이 새겨 그들을 위로하고 도와줄 책임이 있다.

일제의 식민지 통치에서 광복이 된 지 38년, 38선의 분단으로 남북한의 왕래가 끊긴 지 35년이 되었다. 그 뒤 전국을 초토화시키고 전 국민을 이재민으로 만든 6·25 전쟁을 거쳐, 오늘의 휴전선으로 남북이 대치하고 있는 지도 30년이 흘렀다.

1972년 7월 4일, 당시 중앙정보부장이었던 이후락씨가 청와대의 내외 보도진 앞에서 발표한 중대 뉴스는 그 동안 굳게 쌓인 휴전선의 장벽을 무너뜨릴 만한 엄청난 충격으로 국민을 놀라게 하였다. 이후락 부장이 5월 2일부터 5일까지 나흘 간 평양을 다녀왔고, 북한의 부수상 박상철이 5월 29일부터 6월 1일까지 서울을 방문했다는 것이다.

그 회담의 결과로 합의를 본 사항의 골자는, 첫째, 통일은 외세에 의존하지 않고 자주적으로 해결한다. 둘째, 서로 상대방을 중상 비방하지 않고 불의의 군사적 충돌을 방지하기 위한 적극적 조치를 취한다. 셋째, 자주적 평화 통일을 촉진시키기 위하여 남북 사이에 다방면의 교류를 실시한다. 넷째, 남북 적십자 회담이 하루 빨리 성사되도록 협조한다는 등이었다.

이 내용은 당시의 정세로서는 감히 누구도 예측 못 한 극적인 합의요, 통일 논의의 일대 진경이었다. 그와 더불어 국민의 기대가 남북 적십자 회담과 남북 조절위원회의 활동에 쏠렸고, 특히 5백만이 넘는 월남 이산 가족은 세번째 합의 사항과 네번째 합의 사항에 비상한 관심을 보여 사태의 진전을 주목하게 되었다. 월남 실향민은 꿈에도 그리던 북한 땅에 두고 온 부모 형제를 이번 회담의 결과로 만나게 되지 않을까란 희망으로 들떠 있었다. 그러나 그 기대는 곧이어 허망한 환상이 되고 말았다.

그러나 이번의 '이산 가족을 찾습니다'를 통하여 우리는 다시 한번 '7·4 공동 성명'의 정신을 되새기게 되고, 그 환상을 현실로 바꿀 수 있다면 어떤 애로라도 인내로 이겨나가야 함을 강조하지 않을 수 없다. 서로 간의 방문이 불가능하다면 휴전선 어디에 '이산 가족 재회의 집'을 마련해서라도, 그것도 어렵다면 서로의 생사를 알 수 있는 편지 왕래의 길이라도 터야 할 것이다.

5백만이 넘는 월남 실향민과 또 전쟁의 와중에서 북으로 끌려간 또 다른 이산 가족을 합쳐, 그들의 절절한 마음은 오늘의 '이산 가족을 찾습니다'를 보며 남다른 고통으로 눈시울을 적실 것이다. 굳게 닫힌 문을 열고 남북으로 헤어진 가족의 안부라도 묻게 되는 그날이야말로 분단 시대의 양단 논리를 뚫고 민족 대단합과 평화적 통일의 지름길로 힘차게 내딛게 됨을 한갓 꿈 같은 그리움과 소망으로만 묻어두어서는 안 된다. 그런 의미에서 분단 시대를 사는 오늘의 현실은 국민 모두가 이산 가족임을, 이번의 KBS '이산 가족을 찾습니다'의 쇼크가 시사한 가장 감명 깊은 교훈이었다. 〔1983〕

2. 남북 접촉, 만남이 선결

대동강의 얼음이 풀리는 봄소식과 더불어 2월에 6차 남북 고위급 회담이 평양에서 열린다. 이번 회담에서 정치 군사 교류 협력 3개 분과위원회의 합의서가 채택될 예정이며 남북경제교류협력공동위원회가 설치될 전망이다. 그렇게 되면 무엇보다 남북한 공존의 평화 정착이 진일보하며 경제 협력 체제가 한층 더 공고히 될 것이다. 한편, 황해도 해주에 건설하기로 약속한 '평화 공단(工團)' 또한 이번 회담에서 구체적인 마스터 플랜이 잡혀질 것으로 보인다.

작년 북한과의 교역량이 2억 달러에 이르렀고 올해는 더욱 증가될 추세이다. 북한은 국제적 고립으로 자초한 경제난의 시급한 해결을 위해 자존심이 상하지 않는 범위 안에서 남한과의 보다 긴밀한 유대를 강화해나갈 것이므로 올해야말로 남북한이 그 어느 해보다 화해에 따른 접촉을 다져나가리라 예견된다. 그 친화에는 남한의 선진 기술 제공, 북한의 노동력 제공의 경제 협력이 근간을 이루리라 짐작된다.

여기에 한마디 덧붙인다면, 화해를 바탕으로 남북 교류에 있어 먼저와 나중, 즉 본말의 전도에 관해서이다. 물론 서로가 유익하며 상호 존중이 유지되는 부분부터 순차적인 교류 확대가 이루어져야 하지만, 무엇보다 우선적으로 추진되어야 할 부분이 남북한 이산 가족 재회이다.

남북한 비핵화 문제와 경제 협력 추진에 가려 이산 가족 재회가 소홀하게 다루어진다면 사경을 헤매는 부모의 면전에서 비로소 효도를 다짐하는 자식을 보듯, 시효가 걸린 화급한 문제가 아닐 수 없다. 남북한 핵무기의 완전 제거나 경제 협력보다 수순을 풀어나가기에 난관이 있겠으나 이산 가족의 안부와 상봉이야말로 분단 반세기에 해결해야 할 최우선의 민족적 숙원이다.

휴전선 철책으로 갈라진 이산 가족의 수는 대략 1천만 명이라고 한다. 남한에 살고 있는 이산 가족은 1983년 '이산 가족을 찾습니다'란 텔레비전 생방송을 통해 전국민을 눈물에 젖게 했고, 6·25 전쟁의 참화를 겪으며 당시 남한으로 내려온 피난민이 우선 연상된다.

6·25 전쟁 당시 남한으로 내려온 연령의 평균치를 20세로 잡는다면 올해 나이가 환갑을 넘었고, 30세로 잡는다면 칠순을 넘긴 고령층이

다. 북녘 땅에 두고 온 가족을 오매불망 그리다 이미 고인이 된 이산 가족도 많다.

불과 한나절이면 갈 수 있는 땅을 북녘에 두고 40여 년 한 맺힌 이별의 장탄식을 하는 민족이 이 지구 위에는 우리나라밖에 없을 터이다. 공산권 붕괴로 남북한의 물꼬가 트이기 시작한 근년에 들어서도 가족 상봉을 염원하다 눈을 감은 이산 가족을 생각할 때, 그 기다림의 긴 세월이 더욱 안타깝기만 하다. 재미 동포의 북한 고향 방문 소식을 접할 때면, 차라리 일찍이 이민이라도 갔다면 하고 때늦은 후회를 하는 이산 가족도 있을 것이다.

남한의 이산 가족은 비단 북한 땅에서 내려온 그들만이 아니다. 통계로 정확하게 잡을 수가 없지만 해방과 6·25 전쟁 공간에 자신이 추종하던 이념을 좇아, 또는 피치 못 할 사정으로 북한을 선택한 월북자 이산 가족도 그 수가 수월찮을 것이다. 월북자의 이산 가족은 남북 냉전 반공 이데올로기의 족쇄에 묶여 여태껏 지하 생활자와 다름없는 사회적 냉대를 감수하며, 북으로 올라간 가족을 마음놓고 불러 볼 수도 없는 가슴앓이를 하며 통한의 세월을 살아왔다.

정치 이데올로기가 경제 이데올로기로 대치되어 동서가 평화 공존 시대를 맞은 오늘의 시점에서, 어느 쪽 이산 가족이든 그들이야말로 40여 년 동안 '불모의 희생자'였다. 새해를 맞으면서도 그들은 물가 안정, 4대 선거, 남북 경제 협력, 수출 신장 등 당면 과제를 제쳐놓고 그 무엇보다 올해야말로 이산 가족의 서신 왕래와 재회를 기원했을 것이다.

남북 교류에 있어 무엇이 장애가 되어 그 문제가 우선적으로 거론되지 않고 구체적인 대안이 제시되지 않는가. 여기에는 남북한 모두 국내법 저촉과 또 다른 껄끄러운 그 무엇이 내재해 있다. 분단 이후 남북한의 행정 구역 변화가 있긴 했으나 생사의 소식을 묻는 정도의 편지는 얼마든지 교환할 수 있을 것이다. 또한 북한 주민이 친지 방문 목적으로 압록강·두만강을 거쳐 중국 국경을 자유로이 넘듯, 그런 상호 방문은 당장 실현되기 힘들더라도 휴전선 일대에 '만남의 광장'을 설치하는 문제는 그 가시화가 힘들지 않다고 판단된다.

이산 가족 상봉에 있어 북한은 폐쇄적 사회의 노출을 두려워하고 있음이 분명하다. 북한은 지금 심각한 경제난으로 인민의 의식주에 곤란을 겪고 있다. 거기에다 권력 승계의 막바지 진통을 치르고 있는 시기이기도 하다. 그런 와중에 자유 세계와 인적 봇물을 터뜨린다는 것은 모험이 아닐 수 없다.

남한 또한 북한의 전략 전술의 저의를 아직 의심하고 있으며 완강한 토착 반공 세력이 그 배후에 잠재하고 있다. 그러나 이제 우리 쪽만이라도 그 시효가 다한 반공법을 치안유지법으로 과감히 대치하여 진정한 민족 화합의 차원에서 이산 가족 재회를 보다 능동적으로 추진해야 하리라 본다. 통일원이 이산 가족 재회에 따른 '상호 접촉 허용'에서 그 주선까지 책임 있게 추진해나갈 때, 자유의 물결 또한 북녘 땅으로 도도히 넘쳐 흘러갈 것이다.

남북 정상 회담의 북측 상대가 아버지든 아들이든 올해 전반기 안에 이루어질 전망이 밝다고 한다. 그 만남이야말로 분단 반세기의 획기적인 경사가 아닐 수 없다. 야당 대표는 선거 전에 정상 회담이 이루어져서는 안 된다는 속 보이는 당리당략의 기자 회견도 가졌지만, 남북 정상 회담의 조기 성사야말로 국민적 염원이다.

정상 회담이 열리기 전 예비 접촉을 통해 공동 선언문 채택의 초안이 마련된 터이나, 이산 가족 재회가 선결 문제로 처리되어 합의에 이르기를 소망한다. 〔1992〕

3. 북으로 간 희수(喜壽)의 아버님

남북 분단 거의 반세기에 1992년 5월 7일은 통일 일지에 기록될 만한 날이다. 남북 분단의 높은 장벽을 허무는 데 또 한번 힘찬 걸음을 내디딘 날이기 때문이다. 남북 연락 사무소와 군사―경제 교류 협력,

사회 문화 교류 등 남북 합의서의 실천 기구를 오는 18일 발족시키기로 합의하고 양측 대표가 서명 교환했다.

무엇보다 오는 8·15 광복절을 기해 240명 규모의 이산 가족과 예술 공연단을 교환키로 합의함으로써 전 국민의 이목을 집중시켰음은 물론, 특히 1천만 이산 가족의 기대가 그 어느 때보다 자못 높다. 이번 7차 남북 고위급 회담에서 이산 가족 재회는 양측이 각 100명으로 결정되었다.

물론 일이란 순서가 있게 마련이고, 첫술에 배 부르랴는 속담도 있지만 1985년 150명 규모의 고향 방문단이 평양과 서울에 다녀간 선례를 돌이켜볼 때, 진일보하지 못한 이번의 결정에 이산 가족의 한 사람으로서 적이 실망하지 않을 수 없다.

첫째, 인원을 100명으로 제한한 점이다. 1천만 남북 이산 가족이 한꺼번에 재회의 기회를 가질 수는 없겠지만 그 인원 수가 너무 적다 하지 않을 수 없다. 고령자 위주로 선발한다지만 6·25 전쟁 이후 42년의 세월이 흘렀음을 감안할 때, 이산 1세대는 대체로 고령자로서 이제 생존할 날 수를 헤아려야 할 형편이다. 그렇다면 8·15에 100명, 추석절에 200명, 이렇게 문호를 지속적으로 열어놓지 않고 1회성으로 결정했다 함은 나머지 이산 가족의 한을 다시 한번 부각시키는 결과를 빚게 될 것이다. 독일은 분단 상황에서도 상호 가족 방문이 가능했고, 대만의 중국인들은 경제 교류와 동시에 자유로이 본토를 드나든 지 이미 오래이다.

둘째, 제한적인 인원의 상호 방문에 앞서 서신 왕래부터 자유로워져야 한다. 헤어진 지 40여 년, 이산 가족은 무엇보다 그 긴 세월 동안 가족의 생사 확인이 더 궁금할 수밖에 없다. 상호 체제나 이념의 우월성을 배제한 혈육으로서의 서신 교환은 그 동안의 거주지 변경을 감안하더라도 쌍방 체신 부처의 행정력을 동원한다면 가능한 일이다. 1950년 9월 하순에 월북한 필자의 부친도 생존해 있다면 올해 77세이다. 우선 나부터도 아버지의 생사 여부가 더욱 화급한 편이다.

모친의 기일을 맞을 때마다 장남인 나로서는 앞으로 아버지의 제사 문제를 어떻게 해야 할까를 두고 고민하지 않을 수 없다. 나 역시 이미 반백의 나이가 되었기 때문이다.

셋째, 상호 교환 방문에 있어 그 만남의 장소 문제이다. 이번 8·15 광복절 이산 가족 재회도 그 장소는 1985년의 선례대로 양측의 수도 평양과 서울로 결정되었다. 이산 가족의 고향 방문이라면 마땅히 그가 태어나고 성장한 땅을 밟아야만 진정한 의미의 숙원을 성취한다 하겠다. 고향 땅에는 오늘의 자신을 있게 한 선영이 있고, 친척과 죽마고우가 살고 있으며, 옛집은 변했더라도 그 산과 강과 마을은 있게 마련이다. 아버지가 북에 생존하여 남한의 고향을 방문한다면 나 역시 당신을 모시고, 당신이 자라고 그 자식이 태어난 고향을 함께 방문하고 싶은 마음이 간절하다. 그래야만 그 긴 세월 동안의 서먹서먹함을 씻어내고, 부자 사이의 옛 정이 소생할 것이다.

쌍방 당국은 이산 가족이 원적지의 고향을 방문하는 데 따른 번거로움도 없지 않을 터이다. 고향으로 가기까지의 신변 안전 문제가 가장 우려되고, 불가피하게 만날 수밖에 없는 대중과의 의사 소통도 문제가 될 것이다. 한편, 여러 고장을 거쳐감으로써 보여주고 싶지 않은 쌍방의 현실도 문제가 될 수 있다. 그렇다면 판문점 부근에 '만남의 광장'을 설정하여 월 1회나 2회 정도 상봉의 장소로 제공함도 고려해봄 직하다.

이제 이산 가족 고향 방문은 인도주의적 차원을 넘어 그 시효성을 보더라도 더 지연되어서는 안 된다. 트인 물꼬가 1회성으로 그치거나 다시 막혀서도 안 된다.

이번 8·15 광복절 상봉을 계기로 쌍방 이산 가족 재회는 제도적인 장치가 마련되어야 하고, 수적 제한을 넘어 헤어진 가족을 누구나 자유롭게 만날 수 있게 문호가 개방되어야 한다. 분단의 비극과 고통은 핵·군사·정치·경제에 앞서 그 일부터 우선적으로 박차를 가해야 하다. 〔1992〕

4. 한가위와 이산 가족

늦더위가 한동안 기승을 떨치더니 추석 절기에 들자 비로소 하늘도 노염을 풀었다. 아침 저녁으로 살갗에 닿는 공기가 서늘하다. 고향에서 자라던 어릴 적은 하도 배가 고파 그득한 쌀밥과 햇과일과 고깃국이 풍성한 추석 명절이 즐거웠으나 근년에는 추석을 맞아도 별다른 감흥이 없다.

나는 남한 출신인데도 고향을 잃어버린 지가 오래되었다. 내가 태어나기 훨씬 전에 별세하신 할아버지만이 저 김해 고향 땅 공동 묘지 산자락에 묻혀 있을 뿐이다. 서울 생활을 하며 모셨던 할머니 묘는 김포 들녘에, 어머니 묘는 분당 가는 길 '남서울공원묘지'에 있다. 6·25 전쟁 와중에 단신 월북한 아버지는 아직도 생사를 알 수 없으니 차례조차 모실 수가 없다.

우리 민족에게 고향과 혈연이란 무엇인가. 유교적 농경 사회의 공동체 생활에 오래 익숙해져온 우리 민족은 유별나게 태어나고 자란 땅을 기리고, 네것 내것 가리지 않고 대소가가 함께 동고동락한 피붙이의 인정을 귀하게 여겨왔다. 누대로 쪼들린 살림일망정 제례를 숭상하고 조상의 음덕에 감사하며 분묘에 정성을 다했다. 좁은 국토와 과밀한 인구에도 불구하고 우리나라만큼 개인 분묘 공간을 넓게 차지하는 민족도 흔치 않을 것이다.

거품 경제의 과소비가 진정되고 중소기업의 도산이 많았던 탓인지 올해 추석은 백화점과 시장도 예년만큼 경기가 없었다 한다. 제례란 정성이 중요하지 상차림이 간소화된다 하여 흥이 되지는 않는다. 쪼들리는 가계부를 맞추느라 장을 보다 보면 제상에도 중국산 도라지며 두릅나물이 오를 수밖에 없다. 그러나 두시간 거리의 대전까지가 고속도로 체증 현상으로 물경 열시간, 2천만에 달하는 민족 대이동은 이번 추석도 예년과 다를 바가 없다.

가진 자나 못 가진 자나 이런 명절이면 귀소 본능이란 오랜 관습을 충족시키는 데 시간과 돈이 아깝지 않기 때문이다. 가는 데 하루, 오는 데 하루를 길에서 보내고 하루이틀 정도 고향의 바람과 대소가 친인척과 선산을 만나고 온다는 기쁨이야말로 서구인들이 1년 동안 열심히 저축한 돈으로 여름 휴가를 만끽하는 경우와 견줄 만할 것이다. 개인주의에 익숙한 그들의 삶보다 우리야말로 얼마나 정겹고 인정스러운지 모른다. 이 점은 우리 민족만이 가진 미덕이 아닐 수 없다.

나누어 살자고 우리 스스로 반쪽으로 찢지 않았건만 어언 분단 40여 년. 고향과 혈연의 정만은 어느 민족보다 그 집착이 강하기에 하늘은 그 질투로 우리 민족을 분단의 철책으로 갈라놓았을까. 하느님은 그가 선택한 자에게 시련의 매를 더 주듯, 우리 민족에게 그런 고통의 짐을 주었을까.

분단 이전으로 거슬러 가면 식민지 체험을 겪으며 이산 가족이 되었던 사할린과 만주 지방의 동포를 통해 고향을 그리워하는 한 맺힌 절규를 들었다. 지금 이 시간에도 추석 휴가를 북녘 땅 바라보며 눈물과 한숨으로 보내고 있을 많은 이산 가족을 옆에 두고 있다. 그렇게나 기대했던 '추석 성묘 고향 방문단' 왕래도 명분 없는 자존심 대결 끝에 무산되어버리니 '5년에서 10년 안의 통일'이란 국내외 발언들도 헛소리나 공염불로 들릴 뿐이다.

인민들에게 쌀밥과 고깃국을 먹이는 게 소원이라는 저쪽 사정을 들으며, 그래도 추석 명절에 수령님께서 쌀밥과 고깃국을 내렸거니 하고 여기면 한결 마음이 편해진다. 그쪽 피붙이가 식량 부족으로 굶주리고 있다면 진수성찬인들 목의 가시가 아닐 수 없다. 콩 한 개도 형제가 나누어 먹는다는 우리의 속담이 있지 않은가.

동구와 구 소련의 공산주의가 무너지고 필리핀마저 공산당을 합법화한 마당에 이 나라는 아직도 보안법의 중무장을 풀지 않고 있다. 며칠 전 30여 년 동안 지하가 아닌 지상에서 활동한 거물급 고정 간첩이 체포되었다. 그가 너무 알려진 이름이기에 우리는 새삼스럽게 두려운 눈으로 주위를 둘러보게 된다. 혹시 저 사람도 그런 혐의가 없을까 하고. 그런 경계심은 남북 교류의 기대감을 한순간에 무너뜨린다. 김일성 정권이 북에 존재하는 한 그 법을 포기할 수 없다면 이산 가족 상봉이란 '순수한 만남'도 한갓 체면을 위한 말성찬으로밖에 들리지 않는다. 저쪽이 백기를 들고 허리 숙여 나오지 않는 이상 우리는 더욱 철통같이 무장을 해야 한다는 논리가 아직도 집권층을 지배하고 있기 때문이다.

이번 추석에는 많은 이산 가족 중에 먼저 떠오르는 얼굴이 34년 옥중 생활을 이겨낸 미전향자 이인모씨다. 올해 추석을 보내며 그분이야말로 어느 누구보다 북에 두고 온 가족을, 그쪽 가족은 노령의 병자인 지아비를 그리워하고 있을 터이다. 조건 위에 조건을 달지 않고, 자존심을 너그러움으로 희석시켜, 형이 아우에게 하듯 조금 손해를 본 듯하지만 대의에 입각해서, 그 가족에게 상봉의 기회를 마련해 줄 수는 없을까. 그 염원 한 가지만으로도 내게는 올해 추석 명절이 끝내 한으로 남는다. 〔1992〕

5. 미전향 장기수의 고향 찾기

미전향 장기 복역수였던 이인모씨(75세)가 드디어 오늘, 그가 꿈에도 그리던 처자가 있는 북한의 고향 땅으로 돌아간다. 1950년 6·25 전쟁 발발과 더불어 인민군 소위로 참전 남한에 내려왔으니 이씨의 귀향은 43년 만에 이루어진 숙원이다. 덕유산에서 빨치산 활동 중 1952년 1월에 체포되어 1988년 출옥하기까지 34년을 감옥에서 보냈다. 출옥할 때까지 그는 '함께 싸우다 죽은 동지를 배반할 수 없다'는 이유로 끝까지 전향을 거부하다가 병으로 석방의 혜택을 입었다. 북에는 가족으로 부인 김순임씨(64)와 딸 현옥씨(44) 부부 및 외손 3명이 생존해 있는 것으로 알려졌다.

문민 정부의 출범 이후 개혁의 의지는 여러 부분에서 좋은 조짐으로 나타나고 있다. 그러나 비록 과거 군사 정권의 경우에도 정권 초창기에는 부정 부패 척결, 민생 안정 등 선심 공약의 실천을 내걸고 개혁의 청사진을 펼쳐보였다. 기득권 세력에 의해 그 공약이 끝내 용두사미가 된 경험에 익숙한 국민은 이번 새 정부의 개혁이 과연 어느 정도 지속성을 유지할까 예의 주시하고 있다.

그러나 무언가 달라지겠지 하는 반신반의의 와중에서, 정부는 북한측에 어떤 조건도 달지 않고 '인도적인 측면'의 한 가지 이유로 이인모씨의 북한 송환을 전격 결정했다. 이번 결정은 '새 정부는 과거의 군사 정부와 다르다'고 누누이 강조해온 발언이 실천으로서 가장 선명하게 현실화된 첫 실증이라 할 것이다.

더욱 지금의 남북 관계는 그 어느 때보다 경색되어 있는 상황이다. 북한은 핵 확산 금지 조약(NPT)의 탈퇴 선언으로 국제 사회의 신의를 배신해가며 자충수를 두고 있다. 한편 한국과 미국측의 팀 스피리트 훈련에 대응하여 '준전시 상태'를 선언하고 인민 총궐기를 획책하며, 공공연히 남침 전쟁설을 유포시키고 있다.

현재 북한의 국제 사회 고립과 낙후한 경제 사정을 감안할 때, 전쟁설은 엄포에 불과함이 자명하다. 빈곤의 악순환으로 동요되는 민심을 수습하며 김일성 부자에게 충성을 강요하는 내국용 선언적 효과를 노리고 있지 않다면, '죽기로 작정할 때 무슨 짓을 못 하느냐'는 광적 자폭 현상으로 해석할 수밖에 없다.

이런 시국 아래 과거의 군사 정권이라면 남한측 역시 정권 안정책의 차원에서 북한의 도발성을 응징하자며 극우 단체를 앞세운 성명서 발표와 궐기 대회가 요란했을 터이다. 아닌 게 아니라 4월 24~26일쯤 한반도에 전쟁이 일어날 것이란 전혀 '근거 없는' 유언비어가 시정에 유포되고 있는 요즘이다.

이 심리적 위기감(?)의 시점에서 정부가 보인 이인모씨의 즉각 북한 송환은 그 결단의 의지가 더욱 돋보인다. 위기감을 조성하여 신뢰를 획득하려는 과거의 정권보다, 자신감 넘치는 정부의 결단에 더욱 신뢰감을 느끼기는 비단 필자뿐만이 아닐 것이다.

물론 기득권 세력의 막강한 중추인 극우주의자들은 '지서를 습격하고 양민을 학살한 빨치산 출신의 빨갱이를 어찌 조건 없이 북으로 넘겨주느냐' '남북한의 한 맺힌 이산 가족이 어디 이씨 한 사람뿐인가' 하는 불만도 있을 것이다. 그러나 무슨 일이든 첫 물꼬를 트는 데는 그 사건이 갖는 대표성과 상징성이 있다.

이번 이씨 북한 송환에서 정부가 보인 결단은 첫째, 앞으로 통일을 앞당기는 데 보다 능동적 자세로 임하겠다는 적극적 의지의 한 표상이다. 둘째, 이씨 북한 송환 문제가 거론되기 시작한 작년 가을부터, 노정권은 북송 어부, KAL기 납북 인사의 상호 교환이란 지엽성에 연연했는데 새 정부는 도덕적·윤리적 차원에서 만형답게 너그러움과 자신감을 보였다. 셋째, 1천만 남북 이산 가족의 맺힌 한이 이씨의 북한 송환을 계기로 그 출구가 열렸다는 기대감이고, 북측 역시 이제 적십자 회담을 속개 못 하겠다는 어떤 조건도 내세울 수 없게 되었다.

병을 앓는 이인모씨는 북한으로 돌아가 인민의 영웅으로 거국적인 환대를 받을 것이다. 그러나 북측의 그런 정치적 선동성은 중요하지 않다. 우리가 한 인간의 숙원인 고향 찾기와 가족 상봉을 흔쾌히 성취시켰다는 그 인도적 배려가 더욱 돋보일 뿐이다. 〔1993〕

자술 연보

1942년(1세) 3월 15일(양력) 경남 김해시 진영읍 진영리에서 함창(咸昌) 김씨 부 김종표(金鍾杓), 경주(慶州) 김씨 모 김말선(金末善)의 3남 1녀 중 장남으로 출생.

1947년(6세) 진영 대창초등학교 입학. 아우 원수(필명: 원우) 출생.

1948년(7세) 3월 가족이 서울로 이주 퇴계로 4가에 정착. 영희초등학교 2학년에 편입.

1950년(9세) 4월 막내아우 원도 출생. 6월 전쟁 발발. 9월 연합군 서울 수복 때 부친만 단신 월북. 11월 고향으로 귀환. 가족은 대구에 정착. 본인만 진영 대창초등학교에 편입.

1954년(13세) 초등학교 졸업 후 대구로 나와 가족과 합류. 대구 수성중학교(현 경일중학교) 입학. 신문 배달 시작.

1957년(16세) 대구농림고등학교(현 대구자연공학고등학교) 축산과 입학. 고학 계속.

1960년(19세) 서라벌예술대학 문예창작과에 입학. 김동리 선생으로부터 배움. 양문길·김원두와 한남동에서 자취.

1962년(21세) 초급 대학 졸업 후 대구로 내려가 잡역부로 1년을 보냄.

1963년(22세) 청구대학(현 영남대학교) 국문학과 편입. 8월 사병

입대. 강원도 양구군 동면 최전방 복무. 1966년 3월 만기 전역.

1966년(25세) 대구 매일신문 공모 '매일문학상'에 단편 「1961 · 알제리」 당선. 대학 복학 대학 신문 편집을 맡아 학비 조달.

1967년(26세) 『현대문학』 제1회 장편 소설 공모에 『어둠의 축제』가 준당선. 경북 청도군 이서중고등학교 교사로 1년 봉직.

1968년(27세) 영남대학교 국문학과 졸업. 3월에 상경 출판사 '국민서관' 입사. 18년 근무 후 고문직을 마지막으로 1985년 퇴사.

1971년(30세) 5월 경북 구미 출신 죽산(竹山) 전씨 전인숙(全仁淑)과 대구에서 결혼. 세례를 받음. 이듬해 딸 다영 출생.

1973년(32세) 단편 「어둠의 혼」을 발표하며 본격적 소설 집필. 첫 소설집 『어둠의 혼』 자비 출간(국민서관).

1974년(33세) 단편 「바라암」 「잠시 눕는 풀」로 '현대문학상' 수상. 아들 구영 출생.

1975년(34세) 장편 『어둠의 축제』 출간(예문관). 막내아우 원도 25세로 작고. 유고집 『김원도 시집』 출간(한국문학사).

1976년(35세) 제2소설집 『오늘 부는 바람』 출간(문학과지성사). 8월 1950년 전쟁 와중에 월북한 부친이 원산 부근 서광사 요양소에서 폐결핵 악화로 사망했다고 알려짐.

1977년(36세) 문예진흥원 청탁으로 역사 소설 『진토』 집필, 1987년 개명하여 『깊은 골 큰 산』으로 출간(작가정신). 아우 원우 소설가로 데뷔.

1978년(37세) 장편 『노을』 출간(문학과지성사). 이 소설로 '대한민국문학상 대통령상'과 '한국소설문학상' 수상.

1979년(38세) 제3소설집 『도요새에 관한 명상』 출간(홍성사). 표제 중편으로 '한국일보문학상' 수상. 유재용 · 전상국 · 이동하 · 현기영 · 김용성 등과 함께 '작단' 동인 결성. 3집까지 냄.

1980년(39세) 66세로 어머니 고혈압 악화로 별세.

1981년(40세) 첫 해외 여행으로 유럽 6개국 순방. 이후 세미나 ·

강연 등으로 자주 해외 여행. 백두산, 이집트 룩소르, 페루 쿠스코와 마추픽추, 아프리카 케냐 여행이 인상 깊었음.

1983년(42세) 중편 「환멸을 찾아서」 발표. 이 소설로 '동인문학상' 수상. 중앙대 문예창작학과 소설 지도 출강. 1986년 그만둠.

1984년(43세) 제4소설집 『환멸을 찾아서』 출간(동서문화사).

1985년(44세) 장편 『바람과 강』 출간(문학과지성사). 영어·불어·독일어로 번역 출간됨. 18년 간 직장 생활을 청산하고 전업 작가로 출발. 단국대학교 대학원 국어국문학과 졸업. 경북 지방 출신 문우회 '보리회' 초대 회장을 맡음.

1986년(45세) 서초동에 집필실 마련 아우 원우와 3년 간 함께 씀.

1987년(46세) 장편 『겨울골짜기』 상·하 출간(민음사). 일어로 번역 출간됨. '요산문학상' 수상.

1988년(47세) 장편 『마당깊은 집』 출간(문학과지성사). 불어·독일어·스페인어·일어로 번역 출간됨.

1990년(49세) 중편 「마음의 감옥」 발표. 이 소설로 '이상문학상' 수상.

1991년(50세) 첫 산문집 『사랑하는 자는 괴로움을 안다』 출간(문이당).

1992년(51세) 제5소설집 『그곳에 이르는 먼 길』 출간(현대소설사). 장편 『늘푸른소나무』를 '중앙일보'에 5년 간 연재함. 이 소설로 '우경문화예술상' 수상. 서라벌예대, 중앙대 문예창작과 초대 동창회장 일을 봄.

1993년(52세) 장편 『늘푸른소나무』 전 9권 출간(문학과지성사). 이 소설로 '서라벌문학상' 수상. 제2산문집 『삶의 결, 살림의 길』 출간(세계사). 3월 경기도 의왕시 소재 계원조형예술대학 상임이사로 출근. 계간 『동서문학』 주간을 맡음.

1996년(55세) 장편 『아우라지로 가는 길』 상·하 출간(문학과지성사).

1997년(56세) 15년에 걸쳐 여러 잡지에 연재한 장편 『불의 제전』을 완결 전 7권으로 출간(문학과지성사). 장편 『아우라지로 가는 길』로 '한무숙문학상' 수상. 데뷔 후 발표한 중·단편 57편을 개작해 『김원일 중·단편 전집』 전 5권 출간(문이당). 영남대학교 개교 50주년 '영남대학을 빛낸 인물' 문화 부분 수상. 전숙희 선생을 도와 '한국현대문학관' 개관 실무 담당. 8월 막내아우 타계 22주기를 맞아 생전 그의 문우들 이창동·심만수·이태수 등에 의해 대구 가창면 정대리에 '김원도 시비' 제막.

　1998년(57세) 장편 『사랑아, 길을 묻는다』 출간(문이당). 장편 『불의 제전』으로 '이산문학상' 수상.

　1999년(58세) 『사랑아, 길을 묻는다』로 '기독교문화대상' 수상. 딸 다영 출가. 이듬해 외손자, 연년생으로 외손녀를 봄.

　2000년(59세) 장편 『가족』 상·하 출간(문이당). 미술 산문집 『그림 속 나의 인생』 출간(열림원). 중편 「그곳에 이르는 먼 길」을 개작해 장편 『히로시마의 불꽃』 출간(문학과지성사).

　2001년(60세) 연작 장편 『슬픈 시간의 기억』 출간(문학과지성사).

　2002년(61세) 3월 회갑에 맞추어 장편 『늘푸른소나무』를 개작해 장정본 3권으로 출간(이룸).

참고 문헌

1. 작품집

1) 중·단편집
『어둠의 혼』, 국민서관, 1973.
『오늘 부는 바람』, 문학과지성사, 1976.
『도요새에 관한 명상』, 홍성사, 1979.
『환멸을 찾아서』, 동서문화사, 1984.
『그곳에 이르는 먼 길』, 현대소설사, 1992.
『김원일 중·단편 전집』 1~5, 문이당, 1997.

2) 장편 소설
『어둠의 축제』, 예문관, 1985 / 개정판, 중앙일보사, 1992.
『진토』, 동화출판공사, 1977 / 개정판, 『깊은 골 큰 산』, 문학정신, 1988.
『노을』, 문학과지성사, 1978.
『바람과 강』, 문학과지성사, 1985.
『겨울골짜기』 상·하, 민음사, 1987 / 개정판, 둥지, 1994.
『마당깊은 집』, 문학과지성사, 1988.
『늘푸른소나무』 1~9, 문학과지성사, 1993 / 개정판, 이룸(상·중·하), 2002.

『아우라지로 가는 길』 1~2, 문학과지성사, 1996.
『불의 제전』 1~7, 문학과지성사, 1997.
『사랑아, 길을 묻는다』, 문이당, 1998.
『가족』 1~2, 문이당, 2000.
『히로시마의 불꽃』, 문학과지성사, 2000/중편, 「그곳에 이르는 먼 길」, 1992, 개정판.
『슬픈 시간의 기억』, 문학과지성사, 2001.

3) 산문집
『사랑하는 자는 괴로움을 안다』, 문이당, 1991.
『삶의 결, 살림의 길』, 세계사, 1993.
『그림 속 나의 인생』, 열림원, 2000.

2. 외국어로 번역된 작품들

1) 『마당깊은 집』
일역: 『庭の深い家』(韓國の現代文學 第2卷), 長谷川由紀子·李銀澤 共譯, 柏書房, 1992.
불역: *La Maison dans la cour du bas*, traduit par J. Byon-Ziegelmeyer, Editions L'Harmattan, 1995.
스페인어역: *La Casona de los patios*, Hyesun Ko de Carranza / Francisco Javier Carranza, R. Partificia Universidad Catolica del Peru Fondo Editorial, 1995.
독어역: *Das Haus am tiefen Hof*, Gwi-Bun Schibel-Yang / Wolfgang Schibel, Indicium, München, 2000.

2) 『바람과 강』
영역: *The Wind and The River*, Choi Jin-young, Sisa, 1988.
불역: *Le Voyage de Monsieur Lee*, traduit par Jean Golfin, Hye-young, Tcho, Edition Philippe Pisquier, 1993.
독어역: *Wind und Wasser*, Üersetzt von Heidi Kang und Ahn Sohyun, Mit einem Nachwort von Heidi Kang, Pendragon, 1998.

3) 『겨울골짜기』
일역: 『冬の谷間』, 尹學準 譯, 榮光敎育文化硏究所, 平成 8年.

3. 작가론 · 작품론

강상대, 「70년대 소설에 나타난 죽음의 의미: 김원일의 경우」, 『국문학 논집』 15, 단국대학교, 1997.
강진호, 「아버지 복원, 또는 민족사로 승화된 가족사」, 『작가』, 2001년 여름호.
권명아, 「가족 이야기, 그 역사적 형식에 관하여: 김원일의 『가족』을 중심으로」, 『동서문학』, 2000년 겨울호.
권성우, 「실존의 우울한 풍경: 김원일의 『마당깊은 집』」, 『문학사상』, 1989. 8.
권오룡, 「개인의 성장과 역사의 공동체화」, 『문학과지성』, 1979년 봄호.
─── , 「자유의 이상과 실제」, 『어둠의 사슬』해설, 삼성출판사, 1980.
─── , 「역사의 이성을 찾아서」, 김원일 전집 1, 『어둠의 혼』 해설, 문이당, 1997.
─── , 「기억의 윤리성에 대한 성찰」, 『문학동네』, 2001년 겨울호.
김교선, 「역사적 상흔의 증언」, 『창작과비평』, 1979년 봄호.
김만수, 「지식인 작가로 살아온 30여 년의 기록」, 『동서문학』, 1998년 봄호.

김병걸, 「정치 현실과 인간 조건」, 『창작과비평』, 1974년 겨울호.
──, 「두 개의 정치 소설」, 『문학과지성』, 1983년 여름호.
김병덕, 「김원일 분단 소설의 변모 양상 연구」, 중앙대학교 대학원 석사 논문, 1997.
김병익, 「60년대 의식의 편차」, 『문학과지성』, 1974년 봄호.
──, 「비극의 각성과 수용」, 『현대문학』, 1978. 10.
──, 「시대의 무게와 인간의 삶」, 『제3세대 한국 문학: 김원일』 해설, 삼성출판사, 1983.
──, 「'핏빛'에서 '가을볕'으로」, 『연』 해설, 나남, 1985.
──, 「병든 세상 혹은 왜곡된 역사의 퇴적」, 『그곳에 이르는 먼 길』 해설, 현대소설사, 1992.
──, 「세 가지 큰 화해: 자연·역사·인간」, 『문학과사회』, 1996년 가을호.
김영화, 「통증의 깊이와 넓이」, 『소설문학』, 1987. 6.
김우종, 「비인간화와 개인의 자유」, 『현대문학』, 1980. 1.
김윤식, 「6·25와 우리 소설의 내적 형식」, 『한국문학』, 1985. 6.
──, 「모계 가부장제론」, 『오늘의 문학과 비평』, 문예출판사, 1988.
──, 「새로운 가부장제의 창출」, 『80년대 우리 소설의 흐름(I)』, 서울대 출판부, 1989.
──, 「김현과 김원일: 비평의 뿌리, 소설의 뿌리」, 『작가와 내면 풍경』, 동서문학사, 1991.
김종회, 「개인의 수난사에서 민족사의 비극으로」, 『동서문학』, 1990. 5.
김주연, 「억압과 열림」, 『문학과 지성』, 1980년 봄호.
──, 「모자 관계의 소외/동화의 구조」, 『마당깊은 집』 해설, 문학과지성사, 1988.
──, 「못 깨닫는 기드온」, 『사랑과 권력』, 문학과지성사, 1995.
──, 「성장 소설의 한국적 성취」, 『사랑과 권력』, 문학과지성사, 1995.
──, 「신앙과 애정」, 『디지털 욕망과 문학의 현혹』, 문이당, 2001.

김주연, 「육체의 소멸과 죽음의 상상력」, 『슬픈 시간의 기억』 해설, 문학과지성사, 2001.
김치수, 「융합되지 못한 삶」, 『문학과지성』, 1977년 여름호.
———, 「역사의 닫힌 문을 여는 새로운 힘」, 『학원』, 1984. 7.
———, 「개인과 역사 2」, 『문학과사회』, 1994년 가을호.
김태현, 「반공 문학의 양상」, 『실천문학』, 1988년 봄호.
김 현, 「수동적 세계관의 극복」, 『사회와 윤리』, 일지사, 1974.
———, 「분단 소설의 포착」, 『두꺼운 삶과 얇은 삶』, 문학과지성사, 1986.
———, 「객관적 현실주의로의 길」, 『오늘의 역사, 오늘의 문학』 15권, 중앙일보사, 1987.
———, 「달관의 역사적 의미」, 『바람과 강』 해설, 문학과지성사, 1988.
———, 「이야기의 뿌리, 뿌리의 이야기」, 『문학과사회』, 1989년 봄호.
김현주, 「70년대의 패배자들과 그들의 외로운 싸움」, 『현역 중진 작가 연구』, 한국문학연구회, 1998.
류 미, 「김원일 소설에 나타난 갈등 연구: 『어둠의 혼』『노을』『불의 제전』을 중심으로」, 한남대학교 교육대학원 석사 논문, 1992.
류보선, 「분단 문학의 새로운 지평을 위하여」, 『문학사상』, 1989. 3.
———, 「어둠에서 제전으로, 비극에서 비극성으로: 김원일 문학이 걸어온 길」, 『작가세계』, 1991년 여름호.
———, 「김원일 문학을 보는 두 개의 시선과 앞으로의 과제(연구 자료)」, 『작가세계』, 1991년 여름호.
———, 「자신만의 진리를 위한 서사적 모험」, 김원일 전집 4, 『잃어버린 시간』 해설, 문이당, 1997.
———, 「자유의 왕국을 향한 서사적 모험」, 『불의 제전』 서평, 『문학동네』, 1997년 가을호.
류철균, 「대상화된 운명의 형식」, 『작가세계』, 1991년 여름호.
박덕규, 「엄정한 비판 정신에서 넉넉한 자기 완성까지」, 『작가세계』, 1991년 여름호.

박일현, 「탈모성성의 사회학」, 『마당깊은 집』 분석, 매일신문, 1991. 1.
박혜경, 「실존과 역사, 그 소설적 넘나듦의 세계」, 『작가세계』, 1991년 여름호.
방민호, 「내성적 개인과 더불어 펼쳐지는 시대의 파노라마: 『늘푸른소나무』론」, 『늘푸른소나무』 해설, 이룸, 2002.
불어불문학 심포지엄, 「골드만과 문학사회학: 분석의 예, 김원일 소설의 세 소설, 주제의 변화 관계를 중심으로」, 서울대 인문대 불어불문학과, 1987. 11.
서경석, 「1970년대 김원일 소설의 현대성」, 김원일 전집 3, 『도요새에 관한 명상』 해설, 문이당, 1997.
———, 「우리 시대의 '불의 제전'」, 『실천문학』, 1997년 겨울호.
서정기, 「역사의 신화적 열림」, 『작가세계』, 1991년 여름호.
성민엽, 「화해와 긍정의 세계」, 『현대문학』, 1985. 9.
———, 「고통의 삶과 고행의 삶」, 『문학의 빈곤』, 문학과지성사, 1988.
———, 「윤리적인 것과 역사적인 것」, 『문학과사회』, 1992년 겨울호.
———, 「분단 소설과 복합 소설」, 『문학과사회』, 1997년 가을호.
———, 「고향 찾기, 혹은 화해의 서사: 『노을』론」, 문학사상, 1999. 3.
송상일, 「자연적 삶과 역사적 삶」, 『창작과비평』, 1980년 봄호.
신재기, 「가족적 삶의 서사적 범주」, 매일신문, 1990. 1. 7~10.
신형기, 「분단사의 소설화에 대한 사색」, 『작가세계』, 1991년 여름호.
양진오, 「중견, 그들의 문학」, 『실천문학』, 2000년 겨울호.
———, 「해원하는 영혼과 죽어가는 노인들」, 『문학과사회』, 2001년 가을호.
오생근, 「분단 문학의 확장과 현실 인식의 심화」, 『그리움으로 짓는 문학의 집』, 문학과지성사, 2000.
유임하, 「아버지 찾기와 성장 체험의 역사화: 김원일의 분단 서사」, 실천문학, 2001년 여름호.
윤성근, 「어느 희생적 삶, 또는 사랑의 말을 추적하는 작가의 길(오늘의 작가를 찾아서)」, 『문학사상』, 1991. 5.

윤재근, 「정한(情恨)의 장인(匠人)」, 『한국 현대 문학 전집』 제50권 해설, 삼성출판사, 1979.
─── , 「김원일의 『노을』」, 『현대문학』, 1981. 10.
이동하, 「끊임없는 자기 확대의 길」, 『소설문학』, 1984. 1.
─── , 「분단 소설의 세 단계」, 『문학의 길, 삶의 길』, 문학과지성사, 1987.
─── , 「진실과 해방」, 『문학정신』, 1987. 8.
─── , 「어느 쪽이 더 행복한 시대인가」, 『월간조선』, 1990. 9.
─── , 「가족사의 다양한 소설적 변형」, 김원일 전집 5, 『마음의 감옥』 해설, 문이당, 1997.
─── , 「성숙한 균형 감각으로 포착한 인간과 역사」, 『불의 제전』 서평, 『작가세계』, 1997년 겨울호.
─── , 「김원일 후기 중단편 연구」, 『전농 어문 연구』 10, 1998.
이바노바 윅토리아, 「현대 해외 문학: 김원일의 『바람과 강』」, 『경계를 넘어』, 1990. 5~6.
이보영, 「암담한 상황과 인간」, 『현대문학』, 1981. 10.
이유식, 「역사적 문맥에 장치한 감동의 덫」, 『소설문학』, 1982. 11.
이재선, 「초월의 표상으로서의 새」, 『도요새에 관한 명상』 해설, 홍성사, 1979.
이창기, 「소설 속에서의 상상력과 그 근원: 김원일의 『아우라지로 가는 길』을 중심으로」, 『동서문학』, 1996년 가을호.
임우기, 「80년대 분단 소설의 새로운 전개」, 『문학과사회』, 1988년 봄호.
임헌영, 「증언과 예언」, 『문학과지성』, 1979년 봄호.
장수익, 「자전적 경험, 이념에의 공포, 그리고 중산층 의식」, 『문학정신』, 1993. 1~2.
전영태, 「현실을 투시하는 두 겹의 시각」, 『허공의 돌멩이』 해설, 삼중당, 1987.
정과리, 「소설 주체의 집단화」, 『문학, 존재의 변증법』, 문학과지성사,

1985.
정과리, 「이데올로기 혹은 짐승의 삶」, 『스밈과 짜임』, 문학과지성사, 1988.
─── , 「세상 살아내기의 의미」, 『현대문학』, 1989. 4.
정찬영, 「증언 소설과 가족 공동체주의: 『불의 제전』론」, 『지역 문학 연구』 2, 1998.
정현기, 「얽힌 삶의 매듭 풀기」, 『문예중앙』, 1984년 여름호.
정호웅, 「분단 소설의 후퇴와 전진」, 『문예중앙』, 1987년 가을호.
─── , 「분단 문학의 새로운 넘어섬을 위하여」, 김승환 · 신범순 편, 『분단 문학 비평』, 청하, 1987.
정홍수, 「장편 소설의 자리」, 『가족』 서평, 『문학사상』, 2000. 10.
조남현, 「6·25 문학에 열린 새 지평」, 『신동아』, 1987. 6.
─── , 「분단 문학의 새 지평」, 『삶과 문학적 인식』, 문학과지성사, 1988.
─── , 「긴장의 인간학, 그 분광(分光)」, 『문학사상』, 1990. 10.
진형준, 「문학 언어와 불가해한 상처」, 『세계의 문학』, 1984년 여름호.
─── , 「역사의 기록과 소설 쓰기」, 『한국문학』, 1987.
─── , 「저잣거리에서 득도하려는 야심」, 『세계와 나』, 1990. 7.
천이두, 「비극의 현장 : 김원일의 『노을』」, 『문학과지성』, 1978년 겨울호.
하응백, 「부권 상실 시대, 그 소설적 변주」, 『문학으로 가는 길』, 문학과지성사, 1996(서울신문, 1991. 1. 8).
─── , 「민족 공동체의 원형적 삶의 회원」, 『문학으로 가는 길』, 문학과지성사, 1996.
─── , 「장자(長子)의 소설, 문학의 장자(長者)」, 『문학으로 가는 길』, 문학과지성사, 1996.
─── , 「들끓음의 문학, 혼돈의 문학」, 김원일 전집 2, 『오늘 부는 바람』 해설, 문이당, 1997.
─── , 「가을 햇살에 만난 남자」, 『문예중앙』, 2000년 겨울호.
─── , 「니힐리즘과 리얼리즘의 밀회」, 『서평문화』, 2001년 겨울호.
한수영, 「분단과 전쟁과 비극적 역사의 아이들: 좌익 2세의 삶과 양식」,

『역사비평』, 1999년 봄호.
한수영, 「세기말에 기록하는 역사의 대차대조표」, 『문학과사회』, 2000년 겨울호.
홍기돈, 「'마음의 감옥'에 갇힌 수인」(이상문학상 수상 작가 인터뷰), 『문학사상』, 1992. 10.
홍정선, 「기억의 굴레를 벗는 통과 제의」, 『노을』(문학과지성 소설 명작선) 해설, 문학과지성사, 1997.

Huan-dok BAK, Young-ok KIM, "Übernahme, Anverwandlung, Umgestaltung, Thomas Mann in der Koreanischen Literatur, Zeitschrift für Germanistik," *Neue Folge* 1, Peter Lang Europäischer Verlag der Wissenschaften, 1997.

4. 대담 · 좌담

「분단 문학이 가야 할 길」, 『문예중앙』, 1980년 겨울호.
「나의 문학, 나의 소설 작법」, 『현대문학』, 1984. 3.
「통시적인 시각과 가족 구조」, 『문예중앙』, 1984년 여름호.
「문학과 역사」, 『현대문학』, 1986. 4.
「한국 문학, 무엇이 문제인가」, 『문학과 비평』, 1987년 봄호.
「작가 김원일의 문학 세계」, 『문학정신』, 1987. 6.
「가족사의 수난에서 민족사의 비극」, 『동서문학』, 1989. 11.
「인간과 문학의 심오한 본질을 향한 도정」, 『문학정신』, 1990. 5.
「어느 희생적 삶, 또는 사랑의 말을 추적하는 작가의 길」, 『문학사상』, 1991. 5.